Decameron

Giovanni Boccaccio

Decameron

Introduzione, commenti
e note a cura di
Antonio Enzo Quaglio

volume secondo

Garzanti

i edizione: maggio 1974
v edizione: agosto 1980

FINISCE LA QUARTA GIORNATA DEL « DECAMERON »;
INCOMINCIA LA QUINTA, NELLA QUALE, SOTTO IL REGGIMENTO
DI FIAMMETTA, SI RAGIONA DI CIÒ CHE AD ALCUNO AMANTE,
DOPO ALCUNI FIERI O SVENTURATI ACCIDENTI, FELICEMENTE
AVVENISSE.

La quinta giornata reimmerge la narrazione nel mare dell'avventura, che galleggia sulle onde degli accidenti imprevedibili grazie all'aiuto dell'amore, che fronteggia le insidie della sorte. L'intreccio romanzesco accomuna le prime tre novelle, dove la forza del sentimento, ostacolato da forze umane, all'acme del successo raggiunto per iniziativa del personaggio, s'infrange contro disgraziati interventi fortuiti, che mettono a repentaglio i disegni dei protagonisti. Alla fine la più tenera poetica passione sbaraglia ogni altra, contraria, volontà. Dal lato artistico, nella prima, piuttosto che il ritmo degli eventi, è la qualità della metamorfosi che domina la novella: Cimone vive tutto nella trasformazione, per opera di amore, da rozzo e tardo in uomo e innamorato, nella scoperta della sua vita nuova durante l'estatica, rapita e stupefatta, contemplazione di Efigenia, pienamente esaltato, oltre che rinsavito, nelle fibre dell'anima e del corpo. Nell'idillio di Martuccio e Gostanza, contrastato dalla disparità economica, il segno dell'amore è nel darsi del primo alla vita piratesca per arricchire e nell'affidarsi della seconda al mare per morire: la loro protesta contro il rifiuto della società trova nell'agitato svariare degli avvenimenti l'alleato decisivo alla consacrazione di affetti borghesi. L'intreccio amore-avventura movimenta la fuga di Pietro e Agnolella, separati da dislivelli socio-economici, e alla fine riuniti dal capriccioso alternarsi di smarrimenti e paure in una desolata campagna romana percorsa da banditi e da fiere, che li irretisce nei suoi oscuri anfratti o li espone a pericoli mortali. I pianti e le invocazioni echeggianti nel labirintico errare alla reciproca ricerca del loro amore si compongono in un quadro pastorale di affettuosa domestica semplicità, come se la natura ricompensasse dei torti della legge. L'amore dei giovani, con le loro inesperte decisioni, le temerarie complicità, i candidi raggiri, illimpidisce la novella di Caterina, chiudendo un motivo popolaresco scherzoso (l'«usignuolo», vero e proprio leit motiv ironico-musicale) nella cornice familiare, onoratamente illustre: bandito il drappeggio romanzesco, respinto ogni compiacimento descrittivo, l'esile trama di affetti corrisponde nella semplicità non solo all'ingenuità degli espedienti, ma anche alla naturalezza degli atti amorosi: donde un fanciullesco sorriso che smorza la pur indulgente malizia dello scrittore. La seconda novella romagnola ripropone la trama di contese e intrighi tra adolescenti innamorati della medesima giovinetta. A scioglierne i nodi interviene questa volta l'agnizione di stampo classico, che mettendo pace tra i rivali acquista alla ragazza uno sposo e un fratello. Una fragrante tenerezza, un gentile pudore siglano le avventure e le sventure di Gian da Procida, dove l'agnizione consacra la storia di due ragazzi d'amore — già accarezzata pateticamente dal Boccaccio nella giovinezza —, solcata da rapimenti e ricerche, rocamboleschi incontri, scoperte e catture; e sfiora appena, nel momento dello sboccio, l'idillio di Teodoro e Violante. Note più drammatiche, esperienze dolenti innervano le storie parallele di Nastagio degli Onesti e di Federigo degli Alberighi. Entrambe rasentano, con il loro disperato amore, in quanto non ricambiato, entro un fondale di alta cortesia e gentilezza d'animo, il tragico. Alle forze esterne è demandato il compito di instaurare un rapporto amoroso negato da donne sprezzanti o indifferenti: con la misteriosa rituale apparizione della caccia infernale dinanzi agli occhi dell'allucinato e solitario Nastagio, mediante un generoso sacrificio consumato dal povero e magnanimo Federigo alla prima richiesta dell'amata. Nell'irriderlo con una scabrosa smentita, Dioneo capovolge il tema con la tresca apuleiana dell'adultera ben degna dei depravati costumi di Pietro da Vinciolo. Dietro ai sotterfugi, al tramestio, alle coincidenze che movimentano il via vai narrativo, i diritti della donna, sostenuti da piccanti e popolareschi argomenti, hanno la meglio sull'astratto vincolo matrimoniale, formalmente rispettato dal coniuge, con paradossale semplicità domestica. La finale cena a tre chiude felicemente per tutti il crudo di-

verbio, ponendo le basi di un equivoco e giocoso ménage, *dal quale . il saggio e scanzonato novellatore si ritira con un'astuta massima mercantesca, cioè rinunciando a commentare ulteriormente l'esito di un'ambigua vicenda che ripropone in chiave negativa le* liaisons *sentimentali, strizzando l'occhio alle seguenti giornate.*

Era già l'oriente tutto bianco e li surgenti raggi per tutto il nostro emisperio avevan fatto chiaro, quando Fiammetta da' dolci canti degli uccelli, li quali la prima ora del giorno su per gli albuscelli tutti lieti cantavano, incitata, su si levò, e tutto l'altre e i tre giovani fece chiamare; e con soave passo a' campi discesa, per l'ampia pianura su per le rugiadose erbe, infino a tanto che alquanto il sol fu alzato, con la sua compagnia, d'una cosa e d'altra con lor ragionando, diportando s'andò.[1] Ma, sentendo che già i solar raggi si riscaldavano, verso la loro stanza volse i passi: alla qual pervenuti, con ottimi vini e con confetti il leggiere affanno avuto fé ristorare, e per lo dilettevole giardino infino all'ora del mangiare si diportarono. La qual venuta, essendo ogni cosa dal discretissimo siniscalco apparecchiata, poi che alcuna stampita[2] e una ballatetta o due furon cantate, lietamente, secondo che alla reina piacque, si misero a mangiare. E quello ordinatamente e con letizia fatto, non dimenticato il preso ordine[3] del danzare, e con gli sturmenti e con le canzoni alquante danzette fecero. Appresso alle quali infino a passata l'ora del dormire la reina licenziò ciascheduno; de' quali alcuni a dormire andarono e altri al lor sollazzo per lo bel giardino si rimasero. Ma tutti, un poco passata la nona,[4] quivi, come alla reina piacque, vicini alla fonte secondo l'usato modo si ragunarono; ed essendosi la reina a seder posta *pro tribunali*,[5]

---

1 *diportando s'andò*: se ne andò a diporto, a svagarsi.
2 canzonetta.
3 *il preso ordine*: l'usanza stabilita.
4 *passata la nona*: dopo le tre pomeridiane.
5 *pro tribunali*: letteralmente « davanti al tribunale », cioè « al posto d'onore ».

verso Panfilo riguardando, sorridendo a lui impose che principio desse alle felici [6] novelle. Il quale a ciò volentier si dispose, e così disse:

6 *felici*: a lieto fine.

Novella prima

CIMONE AMANDO DIVIEN SAVIO, ED EFIGENIA SUA DONNA
RAPISCE IN MARE : È MESSO IN RODI IN PRIGIONE, ONDE
LISIMACO IL TRAE, E DA CAPO CON LUI RAPISCE EFIGENIA
E CASSANDRA NELLE LOR NOZZE, FUGGENDOSI CON ESSE
IN CRETI; E QUINDI, DIVENUTE LOR MOGLI, CON ESSE
A CASA LORO SON RICHIAMATI.[7]

Molte novelle, dilettose donne, a dover dar principio a
così lieta giornata come questa sarà, per dovere essere da
me raccontate mi si paran davanti : delle quali una più
nell'animo me ne piace, per ciò che per quella potrete
comprendere non solamente il felice fine per lo quale a
ragionare incominciamo, ma quanto sien sante, quanto po-
derose e di quanto ben piene le forze d'Amore, le quali
molti, senza saper che si dicano, dannano[8] e vituperano a
gran torto : il che, se io non erro, per ciò che innamorate
credo che siate, molto vi dovrà esser caro.

Adunque (sì come noi nelle antiche istorie de' Cipriani
abbiam già letto) nell'isola di Cipri fu uno nobilissimo
uomo, il quale per nome fu chiamato Aristippo, oltre ad
ogn'altro paesano[9] di tutte le temporali cose ricchissimo :
e se d'una cosa sola non lo avesse la fortuna fatto dolente,
più che altro si potea contentare. E questo era che egli,
tra gli altri suoi figliuoli, n'aveva uno il quale di grandezza
e di bellezza di corpo tutti gli altri giovani trapassava, ma
quasi matto era e di perduta speranza,[10] il cui vero nome era
Galeso; ma, per ciò che mai né per fatica di maestro né
per lusinga o battitura del padre o ingegno[11] d'alcuno altro
gli s'era potuto mettere nel capo né lettera né costume[12]

---

7 Piuttosto che invocare generici e lontani precedenti bizantini,
conviene sottolineare che il tema della novella è profondamente
radicato nella produzione giovanile del Boccaccio, e al centro della
Comedia delle ninfe fiorentine.

8 condannano.

9 isolano.

10 *quasi... speranza* : pressoché stupido e tale da non dare speranza di miglioramento.

11 espediente, accorgimento.

12 *né lettera né costume* : né istruzione né educazione.

alcuno, anzi con la voce grossa e deforme e con modi più convenienti a bestia che ad uomo, quasi per ischerno da tutti era chiamato Cimone, il che nella lor lingua sonava quanto nella nostra « bestione ». La cui perduta vita il padre con gravissima noia portava;[13] e già essendosi ogni speranza a lui di lui fuggita, per non aver sempre davanti la cagione del suo dolore, gli comandò che alla villa[14] n'andasse e quivi co' suoi lavoratori si dimorasse; la qual cosa a Cimone fu carissima, per ciò che i costumi e l'usanze degli uomini grossi[15] gli eran più a grado che le cittadine.

Andatosene adunque Cimone alla villa e quivi nelle cose pertinenti a quella esercitandosi, avvenne che un giorno, passato già il mezzodì, passando egli da una possessione ad un'altra con un suo bastone in collo, entrò in un boschetto il quale era in quella contrada bellissimo, e, per ciò che del mese di maggio era, tutto era fronzuto: per lo quale andando, s'avvenne,[16] sì come la sua fortuna il vi guidò, in un pratello d'altissimi alberi circuito, nell'un de' canti del quale era una bellissima fontana e fredda, allato alla quale vide sopra il verde prato dormire una bellissima giovane con un vestimento indosso tanto sottile, che quasi niente delle candide carni nascondea, ed era solamente dalla cintura in giù coperta d'una coltre bianchissima e sottile; e a piè di lei similmente dormivano due femine e uno uomo, servi di questa giovane. La quale[17] come Cimon vide, non altramenti che se mai più forma di femina veduta non avesse, fermatosi sopra il suo bastone,[18] senza dire alcuna cosa, con ammirazione grandissima la incominciò intentissimo a riguardare; e nel rozzo petto, nel quale per mille ammaestramenti non era alcuna impressione di cittadinesco[19] piacere potuta entrare, sentì destarsi un pensiero il quale nella materiale e grossa mente gli ragionava costei essere la più bella cosa che giammai

13 *con... portava*: sopportava con grandissimo dolore.
14 in campagna.
15 rozzi.
16 *s'avvenne*: giunse per caso.
17 Complemento oggetto.
18 *sopra... bastone*: appoggiandosi al bastone.
19 civile.

per alcuno vivente veduta fosse. E quinci cominciò a distinguer [20] le parti di lei, lodando i capelli, li quali d'oro estimava, la fronte, il naso e la bocca, la gola e le braccia, e sommamente il petto, poco ancora rilevato: e di lavoratore, di bellezza subitamente giudice divenuto, seco sommamente disiderava di veder gli occhi, li quali ella, da alto sonno gravati, teneva chiusi; e per vedergli, più volte ebbe volontà di destarla. Ma parendogli oltre modo più bella che l'altre femine per addietro da lui vedute, dubitava non fosse alcuna dea; e pur tanto di sentimento avea, [21] che egli giudicava le divine cose esser di più reverenza degne che le mondane, e per questo si riteneva, [22] aspettando che da se medesima si svegliasse; e come che lo 'ndugio gli paresse troppo, pur, da non usato piacer preso, non si sapeva partire.

Avvenne adunque che, dopo lungo spazio la giovane, il cui nome era Efigenia, prima che alcun de' suoi si risentì, [23] e levato il capo e aperti gli occhi, e veggendosi sopra il suo bastone appoggiato star davanti Cimone, si maravigliò forte e disse: « Cimone, che vai tu a questa ora per questo bosco cercando? »

Era Cimone, sì per la sua forma [24] e sì per la sua rozzezza e sì per la nobiltà e ricchezza del padre, quasi noto a ciascun del paese. Egli non rispose alle parole d'Efigenia alcuna cosa; ma come gli occhi di lei vide aperti, così in quegli fiso cominciò a guardare, seco stesso parendogli che da quegli una soavità si movesse, la quale il riempisse di piacere mai da lui non provato.

Il che la giovane veggendo, cominciò a dubitare non quel suo guardar così fiso movesse la sua rusticità ad alcuna cosa che vergogna le potesse tornare: per che, chiamate le sue femine, si levò su dicendo: « Cimone, rimanti con Dio. » A cui allora Cimon rispose: « Io ne verrò teco. » [25]

E quantunque la giovane sua compagnia rifiutasse, sem-

---

20 esaminare minutamente.
21 *e pur... avea*: e tuttavia aveva quel tanto di senno.
22 *si riteneva*: si tratteneva.
23 *si risentì*: si destò.
24 bellezza.
25 *Io... teco*: ti accompagnerò.

pre di lui temendo, mai da sé partir [26] nol poté infino a tanto che egli non l'ebbe infino alla casa di lei accompagnata; e di quindi n'andò a casa il [27] padre, affermando sé in niuna guisa più in villa voler ritornare; il che quantunque grave [28] fosse al padre e a' suoi, pure il lasciarono stare, aspettando di veder qual cagion fosse quella che fatto gli avesse mutar consiglio.

Essendo adunque a Cimone nel cuore, nel quale niuna dottrina era potuta entrare, entrata la saetta d'Amore per la bellezza d'Efigenia, in brevissimo tempo, d'uno in altro pensiero pervenendo, fece maravigliare il padre e tutti i suoi e ciascuno altro che il conoscea. Egli primieramente richiese il padre che il facesse andare di vestimenti e d'ogni altra cosa ornato come i fratelli di lui andavano; il che il padre contentissimo fece. Quindi usando co' [29] giovani valorosi e udendo i modi i quali a' gentili uomini si convenieno, e massimamente agli innamorati, prima, con grandissima ammirazione [30] d'ognuno, in assai brieve spazio di tempo non solamente le prime lettere apparò, ma valorosissimo tra' filosofanti [31] divenne; e appresso questo, essendo di tutto ciò cagione l'amore il quale ad Efigenia portava, non solamente la rozza voce e rustica in convenevole e cittadina ridusse, ma di canto divenne maestro e di suono, e nel cavalcare e nelle cose belliche, così marine come di terra, espertissimo e feroce [32] divenne. E in brieve, acciò che io non vada ogni particular cosa delle sue virtù raccontando, egli non si compié quarto anno dal dì del suo primiero innamoramento, che egli riuscì il più leggiadro e il meglio costumato e con più particulari virtù che altro giovane alcuno che nell'isola fosse di Cipri.

Che dunque, piacevoli donne, diremo di Cimone? Certo niuna altra cosa se non che l'alte virtù dal cielo infuse nella valorosa anima fossono da invidiosa fortuna in picciolissima parte del suo cuore con legami fortissimi le-

26 *da sé partir*: allontanare da sé.
27 *a casa il*: a casa del.
28 penoso, pedante.
29 *usando co'*: frequentando.
30 meraviglia.
31 filosofi.
32 fiero, audace.

gate e racchiuse, li quali tutti Amor ruppe e spezzò, sì
come molto più potente di lei; [33] e come eccitatore degli ad-
dormentati ingegni, quelle da crudele obumbrazione [34] offu-
scate con la sua forza sospinse in chiara luce, apertamente
mostrando di che luogo tragga gli spiriti a lui suggetti e
in quale gli conduca co' raggi suoi.

Cimone adunque, quantunque, amando Efigenia, in alcune cose, sì come i giovani amanti molto spesso fanno,
trasandasse,[35] nondimeno Aristippo considerando che Amor
l'avesse di montone fatto tornare un uomo, non solo pazientemente il sostenea,[36] ma in seguir ciò in tutti i suoi
piaceri il confortava. Ma Cimone, che d'esser chiamato
Galeso rifiutava, ricordandosi che così da Efigenia era stato chiamato, volendo onesto fine porre al suo disio, più
volte fece tentare [37] Cipseo, padre d'Efigenia, che lei per moglie gli dovesse dare; ma Cipseo rispose sempre sé averla
promessa a Pasimunda, nobile giovane rodiano, al quale
non intendeva venirne meno.

Ed essendo delle pattovite [38] nozze d'Efigenia venuto il
tempo, e il marito mandato per lei, disse seco Cimone: « Ora
è tempo di mostrare, o Efigenia, quanto tu sii da me amata. Io son per te divenuto uomo, e se io ti posso avere,
io non dubito di non divenire più glorioso che alcuno
iddio: e per certo io t'avrò o io morrò. » E così detto,
tacitamente alquanti nobili giovani richiesti,[39] che suoi amici erano, e fatto segretamente un legno armare con ogni
cosa opportuna a battaglia navale, si mise in mare, attendendo il legno sopra il quale Efigenia trasportata doveva
essere in Rodi al suo marito. La quale, dopo molto onor
fatto dal padre di lei agli amici del marito, entrata in
mare, verso Rodi dirizzaron la proda e andar via. Cimone, il qual non dormiva, il dì seguente col suo legno gli
sopraggiunse,[40] e d'in su la proda a quegli che sopra il le-

33 *di lei*: va riterito all'*invidiosa fortuna*.
34 tenebra.
35 passasse la misura.
36 sopportava.
37 sondare.
38 pattuite.
39 *alquanti... richiesti*: avendo domandato aiuto a.
40 *gli sopraggiunse*: li raggiunse.

gno d'Efigenia erano forte gridò : « Arrestatevi, calate le vele, o voi aspettate d'esser vinti e sommersi in mare. » Gli avversari di Cimone avevano l'armi tratte sopra coverta e di difendersi s'apparecchiavano : [41] per che Cimone, dopo le parole preso un rampicone [42] di ferro, quello sopra la poppa de' rodiani, che via andavano forte, gittò, e quella alla proda del suo legno [43] per forza congiunse; e fiero come un leone, senza altro seguito d'alcuno aspettare, sopra la nave de' rodian saltò, quasi tutti per niente gli avesse; [44] e spronandolo Amore, con maravigliosa forza fra' nimici con un coltello in mano si mise, e or questo e or quello ferendo, quasi pecore gli abbattea. Il che vedendo i rodiani, gittando in terra l'armi, quasi ad una voce tutti si confessaron prigioni.[45]

Alli quali Cimon disse : « Giovani uomini, né vaghezza di preda né odio che io abbia contra di voi mi fece partir di Cipri a dovervi in mezzo [46] mare con armata mano assalire. Quello che mi mosse è a me grandissima cosa ad avere acquistata e a voi è assai leggiere a concederlami con pace; e ciò è Efigenia, da me sopra ogn'altra cosa amata, la quale non potendo io avere dal padre di lei come amico e con pace, da voi come nemico e con l'armi m'ha costretto Amore ad acquistarla. E per ciò intendo io d'esserle quello che esserle dovea il vostro Pasimunda : datelami, e andate con la grazia d'Iddio. »

I giovani, li quali più forza che liberalità costrignea, piangendo Efigenia [47] a Cimon concedettono; il quale vedendola piagnere disse : « Nobile donna, non ti sconfortare; io sono il tuo Cimone, il quale per lungo amore t'ho molto meglio meritata d'avere che Pasimunda per promessa fede. »

Tornossi adunque Cimone, lei già avendo sopra la sua nave fatta portare senza alcuna altra cosa toccare de' rodiani, a' suoi compagni, e loro lasciò andare. Cimone adun-

41 si apprestavano.
42 rampone.
43 *alla proda... legno* : alla prua della sua nave.
44 *per niente gli avesse* : come se non li considerasse affatto.
45 *si... prigioni* : si dichiararono prigionieri.
46 *in mezzo* : in mezzo al.
47 *piangendo Efigenia* : Efigenia che piangeva.

que, più che altro uomo contento dello acquisto di così cara preda, poi che alquanto di tempo ebbe posto in dover lei piagnente racconsolare, diliberò co' suoi compagni non essere da tornare in Cipri al presente: [48] per che, di pari diliberazion di tutti, verso Creti, dove quasi ciascuno e massimamente Cimone per antichi parentadi e novelli e per molta amistà [49] si credevano insieme con Efigenia esser sicuri, dirizzaron la proda della lor nave.

Ma la fortuna, la quale assai lietamente l'acquisto della donna aveva conceduto a Cimone, non stabile,[50] subitamente in tristo e amaro pianto mutò la inestimabile letizia dello 'nnamorato giovane. Egli non erano ancora quattro ore compiute poi che Cimone li rodiani aveva lasciati, quando, sopravegnente la notte, la quale Cimone più piacevole che alcuna altra sentita giammai aspettava, con essa insieme surse un tempo fierissimo [51] e tempestoso, il quale il cielo di nuvoli e 'l mare di pestilenziosi [52] venti riempié; per la qual cosa né poteva alcun veder che si fare o dove andarsi, né ancora sopra la nave tenersi a dovere fare alcun servigio. Quanto Cimone di ciò si dolesse non è da domandare. Egli pareva che gl'iddii gli avessero conceduto il suo disio acciò che più noia gli fosse il morire, del quale senza esso prima si sarebbe poco curato. Dolevansi similmente i suoi compagni, ma sopra tutti si doleva Efigenia, forte piangendo e ogni percossa dell'onda temendo: e nel suo pianto aspramente maladiceva l'amor di Cimone e biasimava il suo ardire, affermando per niuna altra cosa quella tempestosa fortuna esser nata, se non perché gl'iddii non volevano che colui, il quale lei contra li lor piaceri [53] voleva aver per isposa, potesse del suo presuntuoso disiderio godere, ma vedendo lei prima morire, egli appresso miseramente morisse. Con così fatti lamenti e con maggiori, non sappiendo che farsi i marinari, divenendo ognora il vento più forte, senza sapere o conoscere dove s'an-

48 *al presente*: subito.
49 amicizia.
50 *non stabile*: instabile.
51 furioso.
52 rovinosi.
53 *contra... piaceri*: contro il loro desiderio.

dassero, vicini all'isola di Rodi pervennero; né conoscendo
per ciò che Rodi si fosse quella, con ogni ingegno, per
campar le persone, si sforzarono di dovere in essa pigliar
terra, se si potesse. Alla qual cosa la fortuna fu favorevole,
e loro perdusse [54] in un piccolo seno di mare, nel quale
poco avanti a loro li rodiani stati da Cimon lasciati erano
colla lor nave pervenuti; né prima s'accorsero sé avere
all'isola di Rodi afferrato [55] che, surgendo l'aurora e alquanto rendendo il cielo più chiaro, si videro forse per una
tratta d'arco [56] vicini alla nave il giorno davanti da lor lasciata. Della qual cosa Cimone senza modo dolente, temendo non gli avvenisse quello che gli avvenne, comandò che ogni forza si mettesse ad uscir quindi,[57] e poi dove
alla fortuna piacesse gli trasportasse; per ciò che in alcuna parte peggio che quivi esser non poteano. Le forze
si misero grandi a dovere di quindi uscire, ma invano: il
vento potentissimo poggiava in contrario, intanto che,[58]
non che essi del piccolo seno uscir potessero, ma, o volessero o no, gli sospinse alla terra. Alla quale come pervennero, dalli marinari rodiani della lor nave discesi furono
riconosciuti; de' quali prestamente alcun corse ad una villa ivi vicina dove i nobili giovani rodiani n'erano andati,
e loro narrò quivi Cimone con Efigenia sopra la lor nave
per fortuna, sì come loro, essere arrivati. Costoro udendo
questo, lietissimi, presi molti degli uomini della villa, prestamente furono al mare; e Cimone, che già co' suoi disceso aveva preso consiglio di fuggire in alcuna selva ivi
vicina, e 'nsieme tutti con Efigenia furon presi e alla villa
menati; e di quindi, venuto dalla città Lisimaco, appo il
quale quello anno era il sommo maestrato [59] de' rodiani, con
grandissima compagnia d'uomini d'arme, Cimone e' suoi
compagni tutti ne menò in prigione, sì come Pasimunda,
al quale le novelle [60] eran venute, aveva, col senato di Rodi
dolendosi, ordinato.

54 condusse.
55 approdato.
56 *per... arco*: ad un tiro di schioppo.
57 di qui.
58 *intanto che*: tanto che.
59 magistratura.
60 notizie.

In così fatta guisa il misero e innamorato Cimone perdé la sua Efigenia poco davanti da lui guadagnata, senza altro averle tolto che alcun [61] bascio. Efigenia da molte nobili donne di Rodi fu ricevuta e riconfortata, sì del dolore avuto della sua presura [62] e sì della fatica sostenuta del turbato mare; e appo [63] quelle stette infino al giorno diterminato alle sue nozze. A Cimone e a' suoi compagni, per la libertà il dì davanti data a' giovani rodiani, fu donata la vita, la qual Pasimunda a suo poter sollicitava di far lor torre, e a prigion perpetua fur dannati: nella quale, come si può credere, dolorosi stavano e senza speranza mai d'alcun piacere; ma Pasimunda quanto poteva l'apprestamento sollicitava delle future nozze.

La fortuna, quasi pentuta della subita ingiuria fatta a Cimone, nuovo accidente produsse per la sua salute.[64] Aveva Pasimunda un fratello minor di tempo di lui, ma non di vertù,[65] il quale avea nome Ormisda stato in lungo trattato di dover torre per moglie una nobile giovane e bella della città, chiamata Cassandra, la quale Lisimaco sommamente amava; ed erasi il matrimonio per diversi accidenti più volte frastornato.[66] Ora, veggendosi Pasimunda per dovere con grandissima festa celebrare le sue nozze,[67] pensò ottimamente esser fatto se in questa medesima festa, per non tornar più alle spese e al festeggiare,[68] egli potesse far che Ormisda similmente menasse moglie: per che co' parenti di Cassandra ricominciò le parole e perdussele ad effetto;[69] e insieme egli e 'l fratello con loro diliberarono che quello medesimo dì che Pasimunda menasse Efigenia, quello Ormisda menasse Cassandra. La qual cosa sentendo Lisimaco, oltre modo gli dispiacque, per ciò che si vedeva della sua speranza priva-

61 qualche.
62 cattura.
63 presso.
64 salvezza.
65 valore.
66 rimandato.
67 *per dovere... nozze*: sul punto di celebrare con grandissime feste le sue nozze.
68 *per non... festeggiare*: per non dover ripetere le spese e i festeggiamenti.
69 *ricominciò... effetto*: riprese le trattative e le portò a termine.

re, nella quale portava [70] che, se Ormisda non la prendesse, fermamente doverla avere egli. Ma, sì come savio, la noia [71] sua dentro tenne nascosa, e cominciò a pensare in che maniera potesse impedire che ciò non avesse effetto,[72] né alcuna via vide possibile, se non il rapirla. Questo gli parve agevole per lo uficio il quale aveva, ma troppo più disonesto il reputava che se l'uficio non avesse avuto: ma in brieve, dopo lunga diliberazione, l'onestà diè luogo [73] ad amore, e prese per partito, che che avvenir ne dovesse, di rapir Cassandra. E pensando della compagnia che a far questo dovesse avere e dell'ordine che tener dovesse, si ricordò di Cimone, il quale co' suoi compagni in prigione avea; e imaginò niun altro compagno migliore né più fido dover potere avere che Cimone in questa cosa.

Per che la seguente notte occultamente nella sua camera il fé venire e cominciogli in cotal guisa a favellare: « Cimone, così come gl'iddii sono ottimi e liberali donatori delle cose agli uomini, così sono sagacissimi provatori delle lor virtù, e coloro li quali essi truovano fermi e costanti a tutti i casi, sì come più valorosi, di più alti meriti [74] fanno degni. Essi hanno della tua virtù voluta più certa esperienza che quella che per te si fosse potuta mostrare dentro a' termini della casa del padre tuo, il quale io conosco abondantissimo di ricchezze: e prima con le pugnenti sollicitudini d'amore da insensato animale, sì come io ho inteso, ti recarono ad essere uomo; poi con dura fortuna [75] e al presente con noiosa prigione voglion vedere se l'animo tuo si muta da quello ch'era quando poco tempo lieto fosti della guadagnata preda. Il quale, se quel medesimo è che già fu, niuna cosa tanto lieta ti prestarono [76] quanto è quella che al presente s'apparecchiano a donarti: la quale, acciò che tu l'usate forze ripigli e divenghi animoso, io intendo di dimostrarti.[77] Pasimunda, lieto della tua disaventura e sollicito

70 *nella quale portava*: la quale speranza egli nutriva.
71 dolore.
72 *non avesse effetto*: non accadesse.
73 *diè luogo*: lasciò il posto.
74 ricompense.
75 *con dura fortuna*: attraverso dure vicende.
76 *ti prestarono*: ti diedero.
77 farti conoscere.

procuratore della tua morte, quanto può s'affretta di celebrare le nozze della tua Efigenia, acciò che in quelle goda
della preda la qual prima lieta fortuna t'avea conceduta e
subitamente turbata ti tolse; la qual cosa quanto ti debba
dolere, se così ami come io credo, per me medesimo il cognosco, al quale pari ingiuria alla tua in un medesimo giorno Ormisda suo fratello s'apparecchia di fare, a me, di
Cassandra, la quale io sopra tutte l'altre cose amo. E a fuggire tanta ingiuria e tanta noia della fortuna, niuna via ci
veggio da lei essere stata lasciata aperta, se non la virtù [78] de'
nostri animi e delle nostre destre, nelle quali aver ci convien le spade, e farci far via [79] a te alla seconda rapina e a
me alla prima delle due nostre donne; per che se la tua,
non vo' dir libertà, la qual credo che poco senza la tua donna curi, ma la tua donna t'è cara di riavere, nelle tue mani,
volendo me alla mia impresa seguire, l'hanno posta gl'iddii. »

Queste parole tutto feciono lo smarrito animo ritornare
in Cimone, e senza troppo rispitto [80] prendere alla risposta,
disse : « Lisimaco, né più forte né più fido compagno di me
puoi avere a così fatta cosa, se quello me ne dee seguire
che tu ragioni; [81] e per ciò quello che a te pare che per me
s'abbia a fare, impollomi, e vedera' ti con maravigliosa
forza seguire. »

Al quale Lisimaco disse : « Oggi al terzo dì [82] le novelle
spose entreranno primieramente [83] nelle case de' lor mariti,
nelle quali tu co' tuoi compagni armato, e io con alquanti
miei ne' quali io mi fido assai, in sul far della sera, entre-
remo, e quelle del mezzo de' conviti rapite, ad una nave,
la quale io ho fatta segretamente apprestare, ne menere-
mo, uccidendo chiunque ciò contrastare presumesse. »

Piacque l'ordine a Cimone, e tacito infino al tempo posto [84] si stette in prigione.

Venuto il giorno delle nozze, la pompa fu grande e ma-

78 forza.
79 *farci far via* : aprirci il cammino.
80 tempo, indugio.
81 *che tu ragioni* : che tu dici.
82 *Oggi... dì* : fra due giorni.
83 per la prima volta.
84 fissato.

gnifica, e ogni parte della casa de' due fratelli fu di lieta festa ripiena. Lisimaco, ogni cosa opportuna avendo apprestata, Cimone e i suoi compagni e similmente i suoi amici, tutti sotto i vestimenti armati, quando tempo[85] gli parve, avendogli prima con molte parole al suo proponimento accesi, in tre parti divise, delle quali cautamente l'una mandò al porto, acciò che niun potesse impedire il salire sopra la nave quando bisognasse; e con l'altre due alle case di Pasimunda venuti, una ne lasciò alla porta, acciò che alcun dentro non gli potesse rinchiudere o a loro l'uscita vietare, e col rimanente insieme con Cimone montò su per le scale. E pervenuti nella sala dove le nuove spose con molte altre donne già a tavola erano per mangiare assettate[86] ordinatamente, fattisi innanzi e gittate le tavole in terra, ciascun prese la sua, e nelle braccia de' compagni messala, comandarono che alla nave apprestata le menassero di presente. Le novelle spose cominciarono a piagnere e a gridare, e il simigliante l'altre donne e i servidori, e subitamente fu ogni cosa di romore e di pianto ripiena. Ma Cimone e Lisimaco e i lor compagni, tirate le spade fuori, senza alcun contrasto, data loro da tutti la via,[87] verso le scale se ne vennero; e quelle scendendo, occorse loro Pasimunda, il quale con un gran bastone in mano al romor traeva,[88] cui animosamente Cimone sopra la testa fedì e ricisegliele ben mezza, e morto sel fece cadere a' piedi. Allo aiuto del quale correndo il misero Ormisda, similmente da un de' colpi di Cimone fu ucciso, e alcuni altri che appressarsi vollero, da' compagni di Lisimaco e di Cimone fediti e ributtati indietro furono. Essi, lasciata piena la casa di sangue e di romore e di pianto e di tristizia, senza alcuno impedimento, stretti insieme, con la lor rapina alla nave pervennero; sopra la quale messe le donne e saliti essi e tutti i lor compagni, essendo già il lito pien di gente armata che alla riscossa delle donne venia, dato de' remi in acqua, lieti andaron pe' fatti loro.

85 occasione.
86 sedute, preparate.
87 *data.. via*: tutti dando loro il passo.
88 *occorse... traeva*: venne loro incontro Pasimunda che accorreva al chiasso con un gran bastone in mano.

E pervenuti in Creti, quivi da molti e amici e parenti lietamente ricevuti furono, e sposate le donne e fatta la festa grande, lieti della loro rapina goderono. In Cipri e in Rodi furono i romori e' turbamenti grandi e lungo tempo per le costoro opere. Ultimamente, interponendosi e nell'un luogo e nell'altro gli amici e i parenti di costoro, trovaron modo che, dopo alcuno essilio,[89] Cimone con Efigenia lieto si tornò in Cipri e Lisimaco similmente con Cassandra ritornò in Rodi; e ciascun lietamente con la sua visse lungamente contento nella sua terra.

---

89 *dopo alcuno essilio* : dopo un periodo di esilio.

Novella seconda

GOSTANZA AMA MARTUCCIO GOMITO, LA QUALE, UDENDO
CHE MORTO ERA, PER DISPERATA SOLA SI METTE IN UNA
BARCA, LA QUALE DAL VENTO FU TRASPORTATA A SUSA:
RITRUOVAL VIVO IN TUNISI, PALESAGLISI; ED EGLI GRANDE
ESSENDO COL RE PER CONSIGLI DATI, SPOSATALA, RICCO
CON LEI IN LIPARI SE NE TORNA.[1]

La reina, finita sentendo la novella di Panfilo, poscia che
molto commendata l'ebbe, ad Emilia impose che una di-
cendone seguitasse; la quale così cominciò:

Ciascun si dee meritamente dilettare di quelle cose alle
quali egli vede i guiderdoni secondo le affezioni seguitare:[2]
e per ciò che amare merita più tosto diletto che afflizione
a lungo andare, con molto mio maggior piacere, della presente materia parlando, ubbidirò la reina, che della precedente non feci il re.[3]

Dovete adunque, dilicate[4] donne, sapere che vicin di
Cicilia è una isoletta chiamata Lipari, nella quale, non è
ancor gran tempo, fu una bellissima giovane chiamata Gostanza, d'assai orrevoli genti dell'isola nata; della quale un
giovane che dell'isola era, chiamato Martuccio Gomito,
assai leggiadro e costumato e nel suo mestiere valoroso,
s'innamorò. La quale sì di lui similmente s'accese, che
mai bene non sentiva se non quanto il vedeva; e disiderando Martuccio d'averla per moglie, al padre di lei la
fece addimandare, il quale rispose lui esser povero e per
ciò non volergliele dare. Martuccio, sdegnato di vedersi
per povertà rifiutare, con certi suoi amici e parenti armato un legnetto giurò di mai in Lipari non tornare, se
non ricco; e quindi partitosi, corseggiando cominciò a co-

1 L'antecedente più significativo (dalla *Cronica* di Giovanni
Villani, VIII, 35) tocca appena di striscio un particolare storico della
novella.

2 *i guiderdoni... seguitare*: seguire un premio conforme ai desideri.

3 *con molto... re*: ubbidirò alla regina, parlando del tema presente, con piacere molto maggiore di quello con cui obbedii al re
parlando sul tema precedente.

4 onorevoli, nobili.

steggiare la Barberia, rubando ciascuno che meno poteva di lui:[5] nella qual cosa assai gli fu favorevole la fortuna, se egli avesse saputo por modo alle felicità sue.[6] Ma, non bastandogli d'essere egli e' suoi compagni in brieve tempo divenuti ricchissimi, mentre che di trasricchire[7] cercavano, avvenne che da certi legni di saracini, dopo lunga difesa, co' suoi compagni fu preso e rubato, e di loro la maggior parte da' saracini mazzerati e isfondolato il legno,[8] esso menato a Tunisi fu messo in prigione e in lunga miseria guardato.[9]

In Lipari tornò, non per uno o per due, ma per molte e diverse persone, la novella che tutti quelli che con Martuccio erano sopra il legnetto erano stati annegati. La giovane, la quale senza misura della partita di Martuccio era stata dolente, udendo lui con gli altri esser morto, lungamente pianse, e seco dispose di non voler più vivere; e non sofferendole il cuore di se medesima con alcuna violenza uccidere, pensò nuova necessità dare alla sua morte:[10] e uscita segretamente una notte di casa il padre e al porto venutasene, trovò per ventura alquanto separata dall'altre navi una navicella di pescatori, la quale, per ciò che pure allora smontati n'erano i signori di quella, d'albero e di vela e di remi la trovò fornita. Sopra la quale prestamente montata e co' remi alquanto in mar tiratasi, ammaestrata alquanto dell'arte marinaresca, sì come generalmente tutte le femine in quella isola sono, fece vela e gittò via i remi e il timone, e al vento tutta si commise;[11] avvisando dover di necessità avvenire o che il vento barca senza carico e senza governator rivolgesse,[12] o ad alcuno scoglio la percotesse e rompesse, di che ella, eziandio se campar volesse, non potesse, ma di necessità

---

5 *rubando... lui*: rapinando tutti quelli meno forti di lui.
6 *por... sue*: darsi un limite nella sua fortuna.
7 diventare smisuratamente ricchi.
8 *mazzerati... legno*: buttati a mare e affondata la nave.
9 *in lunga miseria guardato*: tenuto a lungo in misera condizione.
10 *nuova... morte*: darsi la morte in un modo insolito.
11 affidò.
12 *barca... rivolgesse*: capovolgesse la barca vuota e senza pilota.

annegasse; e avviluppatasi la testa in · un mantello, nel fondo della barca piagnendo si mise a giacere.

Ma tutto altramenti addivenne che ella avvisato non avea : per ciò che, essendo quel vento che traeva,[13] tramontana, e questo assai soave, e non essendo quasi mare e ben reggente la barca,[14] il seguente dì alla notte che su montata v'era, in sul vespro ben cento miglia sopra Tunisi ad una piaggia vicina ad una città chiamata Susa.[15] ne la portò. La giovane d'essere più in terra che in mare niente sentiva, sì come colei che mai alcuno accidente da giacere non avea il capo levato né di levare intendeva. Era allora per avventura, quando la barca ferì sopra il lito,[16] una povera feminetta alla marina, la quale levava dal sole reti di suoi pescatori : la quale, vedendo la barca, si maravigliò come con la vela piena fosse lasciata percuotere in terra; e pensando che in quella i pescatori dormissono, andò alla barca, e niuna altra persona che questa giovane vi vide; la quale essalei che forte dormiva, chiamò molte volte, e alla fine fattala risentire e allo abito conosciutala che cristiana era, parlando latino [17] la domandò come fosse che ella quivi in quella barca così soletta fosse arrivata. La giovane, udendo la favella latina, dubitò non forse altro vento l'avesse a Lipari ritornata; e subitamente levatasi in piè riguardò attorno, e non conoscendo le contrade e veggendosi in terra, domandò la buona femina dove ella fosse.

A cui la buona femina rispose : « Figliuola mia, tu se' vicina a Susa in Barberia. »

Il che udito, la giovane, dolente che Iddio non l'aveva voluto la morte mandare, dubitando di vergogna [18] e non sappiendo che farsi, a piè della sua barca a seder postasi, cominciò a piagnere. La buona femina, questo vedendo, ne le prese pietà, e tanto la pregò, che in una sua

---

13 soffiava.

14 *non essendo... barca* : non essendoci quasi onde e reggendo bene la barca.

15 città africana, vicina a Tunisi.

16 *ferì.. lito* : urtò contro la spiaggia.

17 italiano.

18 *dubitando di vergogna* : temendo vergogna, disonore.

capannetta la menò, e quivi tanto la lusingò che ella le disse come quivi arrivata fosse; per che, sentendola la buona femina essere ancor digiuna, suo pan duro e alcun pesce e acqua l'apparecchiò, e tanto la pregò ch'ella mangiò un poco. La Gostanza appresso domandò chi fosse la buona femina che così latin parlava; a cui ella disse che da Trapani era e aveva nome Carapresa, e quivi serviva certi pescatori cristiani. La giovane, udendo dire Carapresa, quàntunque dolente fosse molto, e non sappiendo ella stessa che cagione a ciò la si movesse, in se stessa prese buono agurio [19] d'aver questo nome udito, e cominciò a sperar senza saper che e alquanto a cessare [20] il disiderio della morte: e, senza manifestar chi si fosse né donde, pregò caramente la buona femina che per l'amor di Dio avesse misericordia della sua giovinezza e che alcuno consiglio le desse per lo quale ella potesse fuggire che villania fatta non le fosse.[21]

Carapresa, udendo costei, a guisa di buona femina,[22] lei nella capannetta lasciata, prestamente raccolte le sue reti, a lei ritornò, e tutta nel suo mantello stesso chiusala, in Susa con seco la menò; e quivi pervenuta le disse: « Gostanza, io ti menerò in casa d'una bonissima donna saracina, alla quale io fo molto spesso servigio di sue bisogne,[23] ed ella è donna antica [24] e misericordiosa; io le ti raccomanderò quanto io potrò il più, e certissima sono che ella ti riceverà volentieri e come figliuola ti tratterà, e tu, con lei stando, t'ingegnerai a tuo potere, servendola, d'acquistar la grazia sua insino a tanto che Iddio ti mandi miglior ventura »; e come ella disse così fece.

La donna, la qual vecchia era oramai, udita costei, guardò la giovane nel viso e cominciò a lagrimare, e presala le basciò la fronte, e poi per la mano nella sua casa ne la menò, nella quale ella con alquante altre femine dimorava senza alcuno uomo, e tutte di diverse cose lavora-

---

19 *prese buono agurio*: considerò buon auspicio.
20 abbandonare.
21 *fuggire... fosse*: evitare che le fosse arrecata offesa.
22 *a... femina*: da buona donna qual era.
23 *alla quale... bisogne*: che aiuto molto spesso nelle sue faccende.
24 vecchia; ma l'aggettivo implica anche saggezza, rispettabilità.

vano di lor mano, di seta, di palma, di cuoio diversi la-
vorii faccendo. De' quali la giovane in pochi dì apparò
a fare alcuno, e con loro insieme cominciò a lavorare, e
in tanta grazia e buono amore venne della buona donna
e dell'altre, che fu maravigliosa cosa; e in poco spazio
di tempo, mostrandogliele[25] esse, il lor linguaggio apparò.

Dimorando adunque la giovane in Susa, essendo già
stata a casa sua pianta per perduta e per morta, avvenne
che, essendo re di Tunisi uno che si chiamava Mariabdela,
un giovane di gran parentado e di molta potenza, il quale era in Granata, dicendo che a lui il reame di Tunisi
apparteneva, fatta grandissima moltitudine di gente, sopra il re di Tunisi se ne venne[26] per cacciarlo del regno.

Le quali cose venendo ad orecchie a Martuccio Gomito
in prigione, il qual molto bene sapeva il barbaresco, e udendo che il re di Tunisi faceva grandissimo sforzo[27] a sua difesa, disse ad un di quegli li quali lui e' suoi compagni
guardavan: « Se io potessi parlare al re, e' mi dà il
cuore che io gli darei[28] un consiglio, per lo quale egli vincerebbe la guerra sua. »

La guardia disse queste parole al suo signore, il quale
al re il rapportò incontanente; per la qual cosa il re comandò che Martuccio gli fosse menato; e domandato da
lui che consiglio il suo fosse, gli rispose così: « Signor
mio, se io ho bene, in altro tempo che io in queste vostre
contrade usato sono, riguardato alla maniera la qual tenete nelle vostre battaglie, mi pare che più con arcieri
che con altro quelle facciate; e per ciò, ove si trovasse
modo che agli arcieri del vostro avversario mancasse il
saettamento[29] e' vostri n'avessero abbondevolmente, io avviso che la vostra battaglia si vincerebbe. »

A cui il re disse: « Senza dubbio, se cotesto si potesse
fare, io mi crederrei esser vincitore. »

Al quale Martuccio disse: « Signor mio, dove voi vo-

25 insegnandoglielo.
26 *fatta... venne*: raccolto un grande esercito, fece una spedizione contro il re di Tunisi.
27 *faceva... sforzo*: allestiva un grandissimo apparato bellico.
28 *e' mi... darei*: avrei il coraggio di dargli.
29 armi per l'arco, frecce.

gliate, egli si potrà ben fare, e udite come. A voi convien far fare corde molto più sottili agli archi de' vostri arcieri, che quelle che per tutti comunalmente s'usano, e appresso far fare saettamento, le cocche del quale non sieno buone se non a queste corde sottili; e questo convien che sia sì segretamente fatto, che il vostro avversario nol sappia, per ciò che egli ci troverebbe modo.[30] E la cagione per che io dico questo è questa: poi che gli arcieri del vostro nimico avranno il suo saettamento saettato e i vostri il suo, sapete che di quello che i vostri saettato avranno, converrà, durando la battaglia, che i vostri nimici ricolgano, e a' nostri converrà ricoglier del loro; ma gli avversari non potranno il saettamento saettato da' vostri adoperare, per le piccole cocche che non riceveranno le [31] corde grosse, dove a' vostri avverrà il contrario del saettamento de' nimici, per ciò che la sottil corda riceverà ottimamente la saetta che avrà larga cocca: e così i vostri saranno di saettamento copiosi, dove gli altri n'avranno difetto. »

Al re, il quale savio signore era, piacque il consiglio di Martuccio; e interamente seguitolo, per quello trovò la sua guerra aver vinta; laonde sommamente Martuccio venne nella sua grazia, e per conseguente in grande e ricco stato.

Corse la fama di queste cose per la contrada, e agli orecchi della Gostanza pervenne Martuccio Gomito esser vivo, il quale lungamente morto aveva creduto; per che l'amor di lui, già nel cuor di lei intiepidito, con subita fiamma si raccese e divenne maggiore, e la morta speranza suscitò. Per la qual cosa alla buona donna con cui dimorava interamente ogni suo accidente aperse,[32] e le disse sé disiderare d'andare a Tunisi, acciò che gli occhi saziasse di ciò che gli orecchi con le ricevute voci fatti gli avean disiderosi. La quale il suo disiderio le lodò molto, e come sua madre stata fosse, entrata in una barca, con lei insieme a Tunisi andò, dove con la Gostanza in casa d'una sua parente fu ricevuta onorevolmente. Ed essendo con

30 rimedio.
31 *riceveranno le*: si adatteranno alle.
32 *ogni... aperse*: rivelò ogni suo caso, ogni sua avventura.

lei andata Carapresa, la mandò a sentire quello che di Martuccio trovar potesse; e trovato lui esser vivo e in grande stato, e rapportogliele,[33] piacque alla gentil donna di volere esser colei che a Martuccio significasse [34] quivi a lui esser venuta la sua Gostanza.

E andatasene un dì là dove Martuccio era, gli disse: « Martuccio, in casa mia è capitato un tuo servidore che vien da Lipari, e quivi ti vorrebbe segretamente parlare; e per ciò, per non fidarmene ad altri,[35] sì come egli ha voluto, io medesima tel sono venuta a significare. » Martuccio la ringraziò, e appresso lei alla sua casa se n'andò.

Quando la giovane il vide, presso fu che di letizia non morì, e non potendosene tenere, subitamente con le braccia aperte gli corse al collo e abbracciollo, e per compassione de' passati infortuni e per la presente letizia, senza potere alcuna cosa dire, teneramente cominciò a lagrimare. Martuccio, veggendo la giovane, alquanto maravigliandosi soprastette, e poi sospirando disse: « O Gostanza mia, or se' tu viva? egli è buon tempo che io intesi che tu perduta eri, né a casa nostra [36] di te alcuna cosa si sapeva »; e questo detto, teneramente lagrimando l'abbracciò e basciò. La Gostanza gli raccontò ogni suo accidente, e l'onore che ricevuto avea dalla gentil donna con la quale dimorata era.

Martuccio, dopo molti ragionamenti da lei partitosi, al re suo signore n'andò e tutto gli raccontò, cioè i suoi casi e quegli della giovane, aggiugnendo che, con sua licenzia, intendeva secondo la nostra legge di sposarla. Il re si maravigliò di queste cose; e fatta la giovane venire e da lei udendo che così era come Martuccio aveva detto, disse: « Adunque l'hai tu per marito molto ben guadagnato. » E fatti venire grandissimi e nobili doni, parte a lei ne diede e parte a Martuccio, dando loro licenzia di fare intra sé quello che più fosse a grado a ciascheduno. Martuccio, onorata molto la gentil donna con la quale la Gostanza dimorata era e ringraziatala di ciò che in servigio di lei

33 riferitole ciò.
34 dicesse.
35 *per non... altri* : non fidandomi di nessun altro.
36 *a casa nostra* : nella nostra terra.

aveva adoperato e donatile doni quali a lei si confaceano e accomandatala a Dio, non senza molte lagrime dalla Gostanza, si partì; e appresso, con licenzia del re sopra un legnetto montati, e con loro Carapresa, con prospero vento a Lipari ritornarono, dove fu sì grande la festa che dir non si ₍potrebbe giammai. Quivi Martuccio la sposò, e grandi e belle nozze fece; e poi appresso con lei insieme in pace e in riposo lungamente goderono del loro amore.

Novella terza

PIETRO BOCCAMAZZA SI FUGGE CON L'AGNOLELLA; TRUOVA LADRONI; LA GIOVANE FUGGE PER UNA SELVA, ED È CONDOTTA AD UN CASTELLO; PIETRO È PRESO E DELLE MANI DE' LADRONI FUGGE, E DOPO ALCUNO ACCIDENTE CAPITA A QUEL CASTELLO DOVE L'AGNOLELLA ERA, E SPOSATALA CON LEI SE NE TORNA A ROMA.[1]

Niuno ne fu tra tutti che la novella d'Emilia non commendasse; la qual conoscendo la reina esser finita, volta ad Elissa, che ella continuasse le 'mpose; la quale, d'ubbidire disiderosa, incominciò:

A me, vezzose donne, si para dinanzi una malvagia notte da due giovanetti poco discreti[2] avuta; ma, per ciò che ad essa seguitarono molti lieti giorni, sì come conforme al nostro proposito, mi piace di raccontarla.

In Roma, la quale come è oggi coda così già fu capo del mondo, fu un giovane, poco tempo fa, chiamato Pietro Boccamazza, di famiglia tra le romane assai onorevole, il quale s'innamorò d'una bellissma e vaga giovane chiamata Agnolella, figliuola d'uno ch'ebbe nome Gigliuozzo Saullo, uomo plebeio ma assai caro a' romani. E amandola, tanto seppe operare, che la giovane cominciò non meno ad amar lui, che egli amasse lei. Pietro, da fervente amor costretto[3] e non parendogli più dover sofferire l'aspra pena che il disiderio che avea di costei gli dava, la domandò per moglie; la qual cosa come i suoi parenti seppero, tutti furono a lui[4] e biasimarongli forte ciò che egli voleva fare; e d'altra parte fecero dire a Gigliuozzo Saullo che a niun partito attendesse[5] alle parole di Pietro, per ciò che, se 'l facesse, mai per amico né per parente l'avrebbero. Pietro, veggendosi quella via impedita per la qual

1 Manca alla cornice di questa novella, così comune nella produzione cavalleresca medioevale, ogni precedente di qualche rilievo.
2 cauti.
3 spinto, aizzato (latinismo).
4 *furono a lui*: si recarono da lui.
5 *a niun... attendesse*: in nessun modo desse ascolto.

sola si credeva potere al suo disio pervenire, volle [6] morir di dolore; e se Gigliuozzo l'avesse consentito, contro al piacere [7] di quanti parenti avea, per moglie la figliuola avrebbe presa. Ma pur si mise in cuore, se alla giovane piacesse, di far che questa cosa avrebbe effetto; e per interposita persona sentito che a grado l'era, con lei si convenne di doversi con lui di Roma fuggire. Alla qual cosa dato ordine, Pietro una mattina per tempissimo levatosi, con lei insieme montò a cavallo, e presero il cammin verso Alagna,[8] là dove Pietro aveva certi amici de' quali esso molto si confidava: e così cavalcando, non avendo spazio [9] di far nozze, per ciò che temevano d'esser seguitati, del loro amore andando insieme ragionando, alcuna volta l'un l'altro basciava.

Ora avvenne che, non essendo a Pietro troppo noto il cammino, come forse otto miglia da Roma dilungati furono, dovendo a man destra tenere, si misero per una via a sinistra; né furono guari più di due miglia cavalcati, che essi si videro vicini ad un castelletto, del [10] quale, essendo stati veduti, subitamente uscirono da [11] dodici fanti. E già essendo loro assai vicini, la giovane gli vide, per che gridando disse: « Pietro, campiamo,[12] ché noi siamo assaliti », e come seppe, verso una selva grandissima volse il suo ronzino; e tenendogli gli sproni stretti al corpo, attenendosi [13] all'arcione, il ronzino, sentendosi pugnere, correndo per quella selva ne la portava.

Pietro, che più al viso di lei andava guardando che al cammino, non essendosi tosto come lei de' fanti che venieno avveduto, mentre che egli senza vedergli ancora andava guardando donde venissero, fu da loro sopraggiunto e preso e fatto del ronzino smontare; e domandato chi egli era, e avendol detto, costor cominciaron fra loro ad aver consiglio [14] e a dire: « Questi è dagli amici de'

6 fu sul punto di.
7 desiderio.
8 Anagni.
9 agio, tempo.
10 dal.
11 all'incirca.
12 fuggiamo.
13 reggendosi.
14 *ad aver consiglio*: a consultarsi.

nimici nostri: che ne dobbiam fare altro, se non torgli quei panni e quel ronzino e impiccarlo per dispetto degli Orsini ad una di queste querce? » Ed essendosi tutti a questo consiglio accordati, avevano a Pietro comandato che si spogliasse; il quale spogliandosi, già del suo male indovino, avvenne che un guato [15] di ben venticinque fanti subitamente uscì addosso a costoro gridando: « Alla morte, alla morte. » Li quali, soprappresi [16] da questo, lasciato star Pietro, si volsero alla lor difesa; ma veggendosi molti meno che gli assalitori, cominciarono a fuggire, e costoro a seguirgli; la qual cosa Pietro veggendo, subitamente prese le cose sue e salì sopra il suo ronzino e cominciò quanto poteva a fuggire per quella via donde aveva veduto che la giovane era fuggita. Ma, non veggendo per la selva né via né sentiero, né pedata di caval conoscendovi,[17] poscia che a lui parve esser sicuro e fuor delle mani di coloro che preso l'aveano e degli altri ancora da cui quegli erano stati assaliti, non ritrovando la sua giovane, più doloroso che altro uomo, cominciò a piagnere e ad andarla or qua or là per la selva chiamando; ma niuna persona gli rispondeva, ed esso non ardiva a tornare addietro, e andando innanzi non conosceva dove arrivar si dovesse; e d'altra parte delle fiere che nelle selve sogliono abitare aveva ad una ora di se stesso paura e della sua giovane,[18] la qual tuttavia [19] gli pareva vedere o da orso o da lupo strangolare. Andò adunque questo Pietro sventurato tutto il giorno per questa selva gridando e chiamando, a tal ora tornando indietro che egli si credeva innanzi andare;[20] e già, tra per lo gridare e per lo piagnere e per la paura e per lo lungo digiuno, era sì vinto, che più avanti non poteva. E vedendo la notte sopravvenuta, non sappiendo che altro consiglio pigliarsi, trovata una grandissima quercia, smontato del ronzino a quella il legò, e appresso, per non essere dalle fiere divorato la notte, su vi montò; e poco ap-

15 schiera in agguato.
16 colti alla sprovvista.
17 *né... conoscendovi*: né riconoscendo orma di cavallo.
18 *ad una... giovane*: aveva paura sia per sé sia per la giovane.
19 continuamente.
20 *a tal... andare*: talvolta tornando indietro mentre credeva di andar oltre.

presso, levatasi la luna e 'l tempo essendo chiarissimo, non avendo Pietro ardir d'addormentarsi per non cadere, come che, perché pure agio avuto n'avesse,[21] il dolore né i pensieri che della sua giovane avea non l'avrebbero lasciato; per che egli, sospirando e piagnendo e seco la sua disaventura maladicendo, vegghiava.[22]

La giovane fuggendo, come davanti dicemmo, non sappiendo dove andarsi, se non come il suo ronzino stesso dove più gli pareva ne la portava, si mise tanto fra la selva, che ella non poteva vedere il luogo donde in quella entrata era: per che, non altramenti che avesse fatto Pietro, tutto 'l dì, ora aspettando e ora andando, e piangendo e chiamando e della sua sciagura dolendosi, per lo salvatico luogo s'andò avvolgendo.[23] Alla fine, veggendo che Pietro non venia, essendo già vespro, s'abbatté ad[24] un sentieruolo, per lo qual messasi e seguitandolo il ronzino, poi che più di due miglia fu cavalcata, di lontano si vide davanti una casetta, alla quale essa come più tosto poté se n'andò; e quivi trovò un buono uomo attempato molto con una sua moglie che similmente era vecchia.

Li quali, quando la videro sola, dissero: « O figliuola, che vai tu a questa ora così sola faccendo per questa contrada? »

La giovane piangendo rispose che aveva la sua compagnia nella selva smarrita, e domandò come presso fosse[25] ad Alagna; a cui il buono uomo rispose: « Figliuola mia, questa non è la via d'andare ad Alagna; egli ci ha delle miglia più di dodici. »

Disse allora la giovane: « E come ci sono abitanze presso[26] da potere albergare? »

A cui il buono uomo rispose: « Non ci sono in niun luogo sì presso, che tu di giorno vi potessi andare. »[27]

21 *come che... n'avesse* : sebbene, quand'anche ne avesse avuto la possibilità.
22 vegliava.
23 *s'andò avvolgendo* : andò aggirandosi.
24 *s'abbatté ad* : s'imbatté in.
25 *come presso fosse* : quanto distasse.
26 *abitanze presso* : abitazioni qui vicino.
27 *che... andare* : tali da poter essere raggiunte prima che annotti.

Disse la giovane allora: « Piacerebbev'egli, poi che altrove andar non posso, di qui ritenermi per l'amor di Dio istanotte? »

Il buono uomo rispose: « Giovane, che tu con noi ti rimanga per questa sera n'è caro; ma tuttavia ti vogliam ricordare che per queste contrade e di dì e di notte e d'amici e di nemici vanno di male brigate assai, le quali molte volte ne fanno di gran dispiaceri e di gran danni; e se per isciagura, essendoci tu, ce ne venisse alcuna, e', veggendoti bella e giovane come tu se', e' ti farebbono dispiacere e vergogna, e noi non te ne potremmo aiutare. Vogliantelo aver detto,[28] acciò che tu poi, se questo avvenisse, non ti possi di noi ramaricare. »

La giovane, veggendo che l'ora era tarda, ancora che[29] le parole del vecchio la spaventassero, disse: « Se a Dio piacerà, egli ci guarderà e voi e me di questa noia;[30] la quale se pur m'avvenisse, è molto men male essere dagli uomini straziata che sbranata per li boschi dalle fiere. »

E così detto, discesa del suo ronzino, se n'entrò nella casa del povero uomo, e quivi con essoloro di quello che avevano poveramente cenò, e appresso tutta vestita in su un lor letticello con loro insieme a giacer si gittò, né in tutta la notte di sospirare né di piagnere la sua sventura e quella di Pietro, del quale non sapea che si dovesse sperare[31] altro che male, non rifinò.[32] Ed essendo già vicino al matutino, ella sentì un gran calpestio di gente andare: per la qual cosa, levatasi, se n'andò in una gran corte, che la piccola casetta di dietro a sé avea, e vedendo dall'una delle parti di quella molto fieno, in quello s'andò a nascondere, acciò che, se quella gente quivi venisse, non fosse così tosto trovata. E appena di nasconder compiuta s'era, che coloro, che una gran brigata di malvagi uomini era, furono alla porta della piccola casa; e fattosi aprire e dentro entrati e trovato il ronzino della giovane ancora con tutta la sella domandarono chi vi fosse.

28 *Vogliantelo aver detto*: abbiamo voluto dirtelo.
29 *ancora che*: benché.
30 *di questa noia*: da questo dolore.
31 aspettare.
32 cessò.

Il buono uomo, non vedendo la giovane, rispose : « Niuna persona ci è altro che noi; ma questo ronzino, a cui che [33] fuggito si sia, ci capitò iersera, e noi cel mettemmo in casa, acciò che i lupi nol manicassero. »[34]

« Adunque, » disse il maggior della brigata, « sarà egli buon per noi, poi che altro signor non ha. »

Sparti [35] adunque costoro tutti per la piccola casa, parte n'andò nella corte, e poste giù lor lance e lor tavolacci,[36] avvenne che uno di loro, non sappiendo altro che farsi, gittò la sua lancia nel fieno e assai vicin fu ad uccidere la nascosa giovane ed ella a palesarsi, per ciò che la lancia le venne allato alla sinistra poppa, tanto che col ferro le stracciò de' vestimenti, laonde ella fu per mettere un grande strido [37] temendo d'esser fedita; [38] ma ricordandosi là dove era, tutta riscossasi, stette cheta. La brigata, chi qua e chi là, cotti lor cavretti e loro altra carne, e mangiato e bevuto, s'andarono pe' fatti loro, e menaronsene il ronzino della giovane.

Ed essendo già dilungati [39] alquanto il buono uomo cominciò a domandar la moglie : « Che fu della nostra giovane che iersera ci capitò, che io veduta non la ci ho [40] poi che noi ci levammo? »

La buona femina rispose che non sapea, e andonne guatando.[41]

La giovane, sentendo coloro esser partiti, uscì del fieno : di che il buono uomo forte contento, poi che vide che alle [42] mani di coloro non era venuta, e faccendosi già dì, le disse : « Omai che il dì ne viene, se ti piace, noi t'accompagneremo infino ad un castello chè è presso di qui cinque miglia, e sarai in luogo sicuro; ma converratti venire a piè, per ciò che questa mala gente che ora di qui si

33 *a cui che* : a chiunque.
34 divorassero.
35 sparsi.
36 scudi di legno.
37 grido, urlo.
38 ferita.
39 *essendo già dilungati* : allontanatisi.
40 *ci ho* : ho qui.
41 *andonne guatando* : si mise a cercarla.
42 nelle.

parte, se n'ha menato [43] il ronzin tuo. » La giovane, datasi pace di ciò, gli pregò per Dio che al castello la menassero: per che entrati in via, in su la mezza terza [44] vi giunsero.

Era il castello d'uno degli Orsini, il quale si chiamava Liello di Campo di fiore, e per ventura v'era una sua donna, la qual bonissima e santa donna era; e veggendo la giovane, prestamente la riconobbe e con festa la ricevette, e ordinatamente volle sapere come quivi arrivata fosse. La giovane gliele contò tutto. La donna, che cognoscea similmente Pietro, sì come amico del marito di lei, dolente fu del caso avvenuto; e udendo dove stato fosse preso, s'avvisò che morto [45] fosse stato. Disse adunque alla giovane: « Poi che così è che Pietro tu non sai, [46] tu dimorerai qui meco infino a tanto che fatto mi verrà di potertene sicuramente mandare a Roma. »

Pietro, stando sopra la quercia quanto più doloroso esser potea, vide in sul primo sonno [47] venir ben venti lupi, li quali tutti, come il ronzin videro, gli furon dintorno. Il ronzino sentendogli, tirata la testa, ruppe le cavezzine [48] e cominciò a volersi fuggire, ma essendo intorniato e non potendo, gran pezza co' denti e co' calci si difese: alla fine da loro atterrato e strozzato fu e subitamente sventrato, e tutti pascendosi, senza altro lasciarvi che l'ossa, il divorarono e andar via. Di che Pietro, al qual pareva del [49] ronzino avere una compagnia e un sostegno delle sue fatiche, forte sbigottì e imaginossi di non dover mai di quella selva potere uscire. Ed essendo già vicino al dì, morendosi egli sopra la quercia di freddo, sì come quegli che sempre dattorno guardava, si vide innanzi forse un miglio un grandissimo fuoco; per che, come fatto fu il dì chiaro, non senza paura della quercia disceso, verso là si dirizzò, e tanto andò che a quello pervenne; dintorno al quale trovò pastori che mangiavano e davansi buon tempo, da' quali

43 *se n'ha menato*: ha portato con sé.
44 *in su la mezza terza*: verso le sette e mezzo.
45 ucciso.
46 *tu non sai*: non hai notizia.
47 *in sul primo sonno*: nella prima parte della notte.
48 redini.
49 nel.

esso per pietà fu raccolto. E poi che egli mangiato ebbe e fu riscaldato, contata loro la sua disavventura e come quivi solo arrivato fosse, gli domandò se in quelle parti fosse villa o castello dove egli andar potesse. I pastori dissero che ivi forse a tre miglia era un castello di Liello di Campo di fiore, nel quale al presente era la donna sua; [50] di che Pietro contentissimo gli pregò che alcuno di loro infino al castello l'accompagnasse, il che due di loro fecero volentieri. Al quale pervenuto Pietro, e quivi avendo trovato alcun suo conoscente, cercando di trovar modo che la giovane fosse per la selva cercata, fu da parte della donna fatto chiamare; il quale incontanente andò a lei, e vedendo con lei l'Agnolella, mai pari letizia non fu alla sua. Egli si struggeva tutto d'andarla ad abbracciare, ma per vergogna, la quale avea della donna, lasciava; [51] e se egli fu lieto assai, la letizia della giovane vedendolo non fu minore.

La gentil donna, raccoltolo e fattogli festa, e avendo da lui ciò che intervenuto gli era udito, il riprese [52] molto di ciò che contro al piacer de' parenti suoi far voleva; ma veggendo che egli era pure [53] a questo disposto e che alla giovane aggradiva, disse : ‹ In che m'affatico io? costor s'amano, costor si conoscono, ciascuno è parimente amico del mio marito, e il lor desiderio è onesto, e credo che egli piaccia a Dio, poi che l'uno dalle forche ha campato e l'altro dalla lancia, e amenduni dalle fiere selvatiche : e però facciasi. › E a loro rivolta disse : « Se pure questo v'è all'animo di volere essere moglie e marito insieme, ed a me; [54] facciasi, e qui le nozze s'ordinino alle spese di Liello; la pace poi tra voi e' vostri parenti farò io ben fare. »

Pietro lietissimo, e l'Agnolella più, quivi si sposarono; e come in montagna si poté, la gentil donna fé loro onorevoli nozze, e quivi i primi frutti del loro amore dolcissimamente sentirono. Poi, ivi a parecchi dì, la donna insieme con loro, montati a cavallo e bene accompagnati,

---

50 *la donna sua* : sua moglie (di Liello).
51 *lasciava* : faceva a meno di farlo.
52 *il riprese* : lo redarguì.
53 sempre.
54 *ed a me* : e pure a me (fa piacere).

se ne tornarono a Roma: dove, trovati forte turbati [55] i parenti di Pietro di ciò che fatto aveva, con loro in buona pace il ritornò; ed esso con molto riposo e piacere con la sua Agnolella infino alla lor vecchiezza si visse.

[55] crucciati.

Novella quarta

RICCIARDO MANARDI È TROVATO DA MESSER LIZIO DI
VALBONA CON LA FIGLIUOLA, LA QUALE EGLI SPOSA, E COL
PADRE DI LEI RIMANE IN BUONA PACE.[1]

Tacendosi Elissa, le lode ascoltando dalle sue compagne date alla sua novella, impose la reina a Filostrato che alcuna ne dicesse egli; il quale ridendo incominciò:

Io sono stato da tante di voi tante volte morso[2] perché io materia da crudeli ragionamenti e da farvi piagner v'imposi, che a me pare, a volere alquanto questa noia ristorare, esser tenuto di dover dire alcuna cosa per la quale io alquanto vi faccia ridere; e per ciò uno amore, non da altra noia che di sospiri e d'una brieve paura con vergogna mescolata, a lieto fin pervenuto, in una novelletta assai piccola intendo di raccontarvi.

Non è adunque, valorose donne, gran tempo passato che in Romagna fu un cavaliere assai da bene e costumato, il qual fu chiamato messer Lizio di Valbona,[3] a cui per ventura vicino alla sua vecchiezza una figliuola nacque d'una sua donna[4] chiamata madonna Giacomina, la quale oltre ad ogn'altra della contrada, crescendo, divenne bella e piacevole; e per ciò che sola era al padre e alla madre rimasa, sommamente da loro era amata e avuta cara e con maravigliosa diligenza guardata, aspettando essi di far di lei alcun gran parentado.[5] Ora usava molto nella[6] casa di messer Lizio, e molto con lui si riteneva, un giovane bello e fresco della persona, il quale era de' Manardi da Brettinoro, chia-

---

1 Il popolare tema, diffuso nell'intera Europa romanza, non si è concretato in un antecedente significativo per la novella decameroniana.

2 rimproverato.

3 *Lizio di Valbona*: signore guelfo, noto per la sua magnanimità. Vissuto nella prima metà del '200, è ricordato anche da Dante.

4 moglie.

5 *far... parentado*: farle fare un matrimonio importante.

6 *usava... nella*: frequentava spesso la.

mato Ricciardo, del quale niun'altra guardia messer Lizio o la sua donna prendevano, che fatto avrebbon d'un lor figliuolo; il quale, una volta e altra veggendo la giovane bellissima e leggiadra e di laudevoli maniere e costumi e già da marito, di lei fieramente s'innamorò, e con gran diligenza il suo amore teneva occulto. Del quale avvedutasi la giovane, senza schifar punto il colpo, lui similmente cominciò ad amare, di che Ricciardo fu forte contento.

E avendo molte volte avuta voglia di doverle alcuna parola dire, e dubitando taciutosi, pure una, preso tempo e ardire, le disse: « Caterina, io ti priego che tu non mi facci morire amando. »[7]

La giovane rispose subito: « Volesse Iddio che tu non facessi più morir me. »

Questa risposta molto di piacere e d'ardire aggiunse a Ricciardo, e dissele: « Per me non istarà[8] mai cosa che a grado ti sia, ma a te sta il trovar modo allo scampo della tua vita e della mia. »

La giovane allora disse: « Ricciardo, tu vedi quanto io sia guardata, e per ciò da me non so veder come tu a me ti potessi venire; ma, se tu sai veder cosa che io possa senza mia vergogna fare, dillami, e io la farò. »

Ricciardo, avendo più cose pensato, subitamente disse: « Caterina mia dolce, io non so alcuna via veder, se già tu non dormissi o potessi venire in sul verone che è presso al giardino di tuo padre; dove se io sapessi che tu di notte fossi, senza fallo io m'ingegnere' di venirvi, quantunque molto alto sia. »

A cui la Caterina rispose: « Se quivi ti dà il cuore[9] di venire, io mi credo ben far sì che fatto mi verrà di dormirvi. »

Ricciardo disse di sì; e questo detto, una volta sola si basciarono alla sfuggita, e andar via.

Il dì seguente, essendo già vicino alla fine di maggio, la giovane cominciò davanti alla madre a ramaricarsi che la passata notte per lo soperchio caldo non aveva potuto dormire.

---

7 *amando*: d'amore.
8 *Per me non istarà*: quanto a me non tralascerò.
9 *ti dà il cuore*: hai il coraggio.

Disse la madre: « O figliuola, che caldo fu egli? anzi non fu egli caldo veruno. »

A cui la Caterina disse: « Madre mia, voi dovreste dire ‹a mio parere›, e forse vi direste il vero; ma voi dovreste pensare quanto sieno più calde le fanciulle che le donne attempate. »

La donna disse allora: « Figliuola mia, così è il vero; ma io non posso far caldo e freddo a mia posta, come tu forse vorresti. I tempi si convengon pur sofferir fatti come le stagioni gli danno; forse quest'altra notte sarà più fresco, e dormirai meglio. »

« Ora Iddio il voglia, » disse la Caterina, « ma non suole essere usanza che, andando verso la state, le notti si vadan rinfrescando. »

« Dunque, » disse la donna, « che vuoi tu che si faccia? »

Rispose la Caterina: « Quanto a mio padre e a voi piacesse, io farei volentieri fare un letticello in sul verone che è allato alla sua camera e sopra il suo giardino, e quivi mi dormirei, e udendo cantar l'usignuolo, e avendo il luogo più fresco, molto meglio starei che nella vostra camera non fo. »

La madre allora disse: « Figliuola, confortati: io il dirò a tuo padre, e come egli vorrà così faremo. »

Le quali cose udendo messer Lizio dalla sua donna, per ciò che vecchio era e da questo forse un poco ritrosetto,[10] disse: « Che usignuolo è questo a che [11] ella vuol dormire? Io la farò ancora addormentare al canto delle cicale. »[12]

Il che la Caterina sappiendo, più per isdegno che per caldo, non solamente la seguente notte non dormì, ma ella non lasciò dormire la madre, pur [13] del gran caldo dolendosi; il che avendo la madre sentito, fu la mattina a messer Lizio e gli disse: « Messer, voi avete poco cara questa giovane: che vi fa egli perché [14] ella sopra quel veron si dorma? ella non ha in tutta notte trovato luogo di [15] caldo; e

10 *da... ritrosetto*: forse per questo un po' burbero.
11 *Che... che*: che usignolo è quello al cui canto.
12 *al.. cicale*: cioè, di giorno.
13 continuamente.
14 *fa egli perché*: importa che.
15 *luogo di*: riparo dal.

oltre a ciò maravigliatevi voi perché egli le sia in piacere l'udir cantar l'usignolo, che è una fanciulla? I giovani son vaghi delle cose simiglianti a loro. »

Messer Lizio udendo questo disse: « Via, faccialevisi un letto tale quale egli vi cape,[16] e fallo fasciar dattorno d'alcuna sargia,[17] e dormavi e oda cantar l'usignolo a suo senno. »

La giovane, saputo questo, prestamente vi fece fare un letto; e dovendovi la sera vegnente dormire, tanto attese che ella vide Ricciardo, e fecegli un segno posto [18] tra loro, per lo quale egli intese ciò che far si dovea. Messer Lizio, sentendo la giovane essersi andata al letto, serrato uno uscio che della sua camera andava sopra 'l verone, similmente s'andò a dormire. Ricciardo, come d'ogni parte sentì le cose chete, con lo aiuto d'una scala salì sopra un muro, e poi di'n su quel muro appiccandosi a certe morse [19] d'un altro muro, con gran fatica e pericolo se caduto fosse, pervenne in sul verone, dove chetamente [20] con grandissima festa dalla giovane fu ricevuto; e dopo molti basci si coricarono insieme e quasi per tutta la notte diletto e piacer presono l'un dell'altro, molte volte faccendo cantar l'usignolo. Ed essendo le notti piccole e il diletto grande e già al giorno vicino, il che essi non credevano, e sì ancora riscaldati e sì dal tempo e sì dallo scherzare, senza alcuna cosa addosso s'addormentarono, avendo la Caterina col destro braccio abbracciato sotto il collo Ricciardo, e con la sinistra mano presolo per quella cosa che voi tra gli uomini più vi vergognate di nominare.

E in cotal guisa dormendo, senza svegliarsi [21] sopravenne il giorno, e messer Lizio si levò; e ricordandosi la figliuola dormire sopra 'l verone, chetamente l'uscio aprendo disse: « Lasciami vedere come l'usignolo ha fatto questa notte dormir la Caterina. » E andato oltre, pianamente levò alta la sargia della quale il letto era fasciato, e Ricciardo e lei vide ignudi e scoperti dormire abbracciati nel-

16 *vi cape*: ci sta.
17 coperta leggera, di stoffa dipinta francese.
18 accordato, stabilito.
19 *appiccandosi... morse*: aggrappandosi a certe sporgenze.
20 cautamente, in silenzio.
21 *senza svegliarsi*: senza che si svegliassero.

la guisa di sopra mostrata; e avendo ben conosciuto Ricciardo, di quindi s'uscì, e andonne alla camera della sua donna e chiamolla, dicendo: « Su tosto, donna, lievati e vieni a vedere, che tua figliuola è stata sì vaga dell'usignolo, che ella è stata tanto alla posta che ella l'ha preso e tienlosi in mano. »

Disse la donna: « Come può questo essere? »

Disse messer Lizio: « Tu il vedrai se tu vien tosto. »

La donna, affrettatasi di vestire, chetamente seguitò messer Lizio; e giunti amenduni al letto e levata la sargia, poté manifestamente vedere madonna Giacomina come la figliuola avesse preso e tenesse l'usignuolo il quale ella tanto disiderava d'udir cantare.

Di che la donna, tenendosi forte di Ricciardo ingannata,[22] volle gridare e dirgli villania, ma messer Lizio le disse: « Donna, guarda che per quanto tu hai caro il mio amore tu non facci motto, che in verità, poscia che ella l'ha preso, egli sì sarà suo. Ricciardo è gentile uomo e ricco giovane; noi non possiamo aver di lui altro che buon parentado: se egli si vorrà a buon concio[23] da me partire, e' gli converrà che primieramente la sposi, sì ch'egli si troverrà aver messo l'usignuolo nella gabbia sua e non nell'altrui. » Di che la donna racconsolata, veggendo il marito non esser turbato di questo fatto, e considerando che la figliuola aveva avuta la buona notte ed erasi ben riposata e aveva l'usignuolo preso, si tacque.

Né guari dopo queste parole stettero, che Ricciardo si svegliò; e veggendo che il giorno era chiaro, si tenne morto, e chiamò la Caterina, dicendo: « Oimè, anima mia, come faremo, che il giorno è venuto e hammi qui colto? »

Alle quali parole messer Lizio, venuto oltre e levata la sargia, rispose: « Farete bene. »

Quando Ricciardo il vide, parve che gli fosse il cuor del corpo strappato; e levatosi a sedere in sul letto disse: « Signor mio, io vi cheggio mercé[24] per Dio. Io conosco, sì come disleale e malvagio uomo, aver meritato morte, e per

22 *tenendosi... ingannata*: ritenendosi gravemente ingannata da Ricciardo.
23 *a buon concio*: in buona pace, di buon accordo.
24 perdono.

ciò fate di me quello che più vi piace: ben vi priego io, se esser può, che voi abbiate della mia vita mercé e che io non muoia. »

A cui messer Lizio disse: « Ricciardo, questo non meritò l'amore il quale io ti portava e la fede la quale io aveva in te; ma pur, poi che così è e a tanto fallo t'ha trasportato la giovanezza, acciò che tu tolga a te la morte e a me la vergogna, prima che tu ti muova, sposa per tua legittima moglie la Caterina, acciò che, come ella è stata questa notte tua, così sia mentre ella viverà; e in questa guisa puoi e la mia pace e la tua salvezza acquistare: e ove tu non vogli così fare, raccomanda a Dio l'anima tua. »

Mentre queste parole si dicevano, la Caterina lasciò l'usignolo, e ricopertasi, cominciò fortemente a piangere e a pregare il padre che a Ricciardo perdonasse; e d'altra parte pregava Ricciardo che quel facesse che messer Lizio volea, acciò che con sicurtà e lungo tempo potessono insieme di così fatte notti avere. Ma a ciò non furono troppi prieghi bisogno:[25] per ciò che d'una parte la vergogna del fallo commesso e la voglia dello emendare,[26] e d'altra la paura del morire e il disiderio dello scampare, e oltre a questo l'ardente amore e l'appetito del possedere la cosa amata, liberamente[27] e senza alcuno indugio gli fecer dire sé essere apparecchiato a far ciò che a messer Lizio piaceva. Per che messer Lizio, fattosi prestare a madonna Giacomina uno de' suoi anelli, quivi, senza mutarsi,[28] in presenzia di loro Ricciardo per sua moglie sposò la Caterina. La qual cosa fatta, messer Lizio e la donna partendosi dissono: « Riposatevi oramai, ché forse maggior bisogno n'avete che di levarvi. » Partiti costoro, i giovani si rabbracciarono insieme, e non essendo più che sei miglia camminati la notte, altre due anzi che si levassero ne camminarono,[29] e fecer fine alla prima giornata. Poi levati, e Ricciardo avuto più ordinato ragionamento con messer Lizio, pochi dì appresso, sì come si convenia, in presenzia degli amici

25 necessari.
26 *dello emendare*: di trovare il giusto riparo.
27 volentieri.
28 *senza mutarsi*: senza muoversi, senz'altro.
29 *non... camminarono*: è ancora un'allusione erotica.

e de' parenti da capo sposò la giovane, e con gran festa se ne la menò a casa e fece onorevoli e belle nozze, e poi con lei lungamente in pace e in consolazione uccellò agli usignuoli e di dì e di notte quanto gli piacque.

Novella quinta

GUIDOTTO DA CREMONA LASCIA A GIACOMIN DA PAVIA UNA
FANCIULLA, E MUORSI; LA QUALE GIANNOL DI SEVERINO
E MINGHINO DI MINGOLE AMANO IN FAENZA: AZZUFFANSI
INSIEME; RICONOSCESI LA FANCIULLA ESSER SIROCCHIA
DI GIANNOLE, E DASSI PER MOGLIE A MINGHINO.[1]

Aveva ciascuna donna, la novella dell'usignuolo ascoltando, tanto riso, che ancora, quantunque Filostrato ristato
fosse di novellare, non per ciò esse di ridere si potevan tenere. Ma pur, poi che alquanto ebber riso, la reina disse:
« Sicuramente, se tu ieri ci affliggesti, tu ci hai oggi tanto
diletticate,[2] che niuna meritamente più di te si dee ramaricare. » E avendo a Neifile le parole rivolte, le 'mpose che
novellasse; la quale lietamente così cominciò a parlare:

Poi che Filostrato ragionando in Romagna è intrato, a
me per quella similmente gioverà d'andare alquanto spaziandomi col mio novellare.

Dico adunque che già nella città di Fano due lombardi
abitarono, de' quali l'un fu chiamato Guidotto da Cremona e l'altro Giacomin da Pavia, uomini omai attempati e
stati nella lor gioventudine[3] quasi sempre in fatti d'arme e
soldati. Dove, venendo a morte Guidotto, e niuno figliuolo
avendo né altro amico o parente di cui più si fidasse che di
Giacomin facea, una sua fanciulla d'età forse di dieci anni
e ciò che egli al mondo avea, molto de' suoi fatti ragionatogli, gli lasciò, e morissi. Avvenne in questi tempi che la
città di Faenza, lungamente in guerra e in mala ventura
stata, alquanto in miglior disposizion ritornò, e fu a ciascun
che ritornarvi volesse, liberamente conceduto il potervi tornare; per la qual cosa Giacomino, che altra volta dimorato
v'era, e piacendogli la stanza,[4] là con ogni sua cosa si tornò,
e seco ne menò la fanciulla lasciatagli da Guidotto, la quale

---

1 È probabile l'influenza su alcuni schemi risolutivi del racconto
del teatro classico, in particolare delle commedie terenziane conosciute dal Boccaccio sin dalla giovinezza.
2 solleticate.
3 giovinezza.
4 *piacendogli la stanza*: piacendogli risiedere in quel luogo.

egli come propria figliuola amava e trattava. La quale crescendo divenne bellissima giovane quanto alcuna altra che
allora fosse nella città; e così come era bella, era costumata
e onesta; per la qual cosa da diversi fu cominciata a vagheggiare,[5] ma sopra tutti due giovani assai leggiadri e da
bene igualmente le posero grandissimo amore, in tanto che[6]
per gelosia insieme si 'ncominciarono ad avere in odio fuor
di modo: e chiamavasi l'un Giannole di Severino, e l'altro
Minghino di Mingole. Né era alcuno di loro, essendo ella
d'età di quindici anni, che volentieri non l'avesse per moglie presa, se da' suoi parenti fosse stato sofferto:[7] per che,
veggendolosi per onesta cagione[8] vietare, ciascuno a doverla, in quella guisa che meglio potesse, avere, si diede a pro-
cacciare.

Aveva Giacomino in casa una fante attempata e un fante
che Crivello aveva nome, persona sollazzevole e amichevole[9]
assai, col quale Giannole dimesticatosi molto, quando tempo
gli parve, ogni suo amore discoperse, pregandolo che a dovere il suo disidero ottenere gli fosse favorevole, gran cose
se ciò facesse promettendogli; al quale Crivello disse: « Vedi, in questo io non potrei per te altro adoperare se non che,
quando Giacomino andasse in alcuna parte a cenare, metterti là dove ella fosse, per ciò che, volendole[10] io dir parole
per te, ella non mi starebbe mai ad ascoltare. Questo s'el
ti piace, io il ti prometto, e farollo; fa tu poi, se tu sai,
quello che tu creda che bene stea. »

Giannole disse che più non volea, e in questa concordia[11]
rimase.

Minghino d'altra parte aveva dimesticata[12] la fante e con
lei tanto adoperato, che ella avea più volte ambasciate portate alla fanciulla e quasi del suo amore l'aveva accesa; e
oltre a questo gli aveva promesso di metterlo con lei,[13] come

5 corteggiare.
6 *in tanto che*: tanto che.
7 tollerato, consentito.
8 *per onesta cagione*: per via onesta.
9 socievole.
10 anche se volessi.
11 accordo.
12 *aveva dimesticata*: aveva stretto amicizia con.
13 *di metterlo con lei*: di combinare un incontro con lei.

avvenisse che Giacomino per alcuna cagione da sera fuori di casa andasse.

Avvenne adunque, non molto tempo appresso queste parole, che, per opera di Crivello, Giacomino andò con un suo amico a cenare; e fattolo sentire a Giannole, compose [14] con lui che, quando un certo cenno facesse, egli venisse e troverrebbe l'uscio aperto. La fante, d'altra parte, niente di questo sappiendo, fece sentire a Minghino che Giacomino non vi cenava, e gli disse che presso della casa dimorasse,[15] sì che quando vedesse un segno ch'ella farebbe, egli venisse ed entrassesene dentro. Venuta la sera, non sappiendo i due amanti alcuna cosa l'un dell'altro, ciascun sospettando dell'altro, con certi compagni armati a dovere entrare in tenuta [16] andò: Minghino co' suoi a dovere il segno aspettare si ripose [17] in casa d'un suo amico vicino della giovine, Giannole co' suoi alquanto dalla casa stette lontano.

Crivello e la fante, non essendovi Giacomino, s'ingegnavano di mandare l'un l'altro via. Crivello diceva alla fante: « Come non ti vai tu a dormire oramai? che ti vai tu pure avviluppando [18] per casa? »

E la fante diceva a lui: « Ma tu perché non vai per signorto? [19] che aspetti tu oramai qui, poi [20] hai cenato? »

E così l'uno non poteva l'altro far mutare di luogo. Ma Crivello, conoscendo l'ora posta [21] con Giannole esser venuta, disse seco: « Che curo io di costei? se ella non istarà cheta, ella potrà aver delle sue »;[22] e fatto il segno posto andò ad aprir l'uscio, e Giannole prestamente venuto con due compagni andò dentro, e trovata la giovane nella sala la presono per menarla via. La giovane cominciò a resistere e a gridar forte, e la fante similmente; il che sentendo Minghino, prestamente co' suoi compagni là corse, e veggendo la giovane già fuori dell'uscio tirare, tratte le spade fuori,

14 *fattolo... compose*: fattolo sapere a Giannole, combinò.
15 stesse, aspettasse.
16 *entrare in tenuta*: entrare in possesso (della donna).
17 *si ripose*: si nascose.
18 girellando.
19 *per signorto*: in cerca del tuo signore.
20 dato che.
21 stabilita.
22 *aver delle sue*: avere il fatto suo.

gridarono tutti: « Ahi traditori, voi siete morti; la cosa non andrà così: che forza [23] è questa? »; e questo detto, gli 'ncominciarono a ferire. E d'altra parte la vicinanza [24] uscita fuori al romore e con lumi e con arme, cominciarono questa cosa a biasimare e ad aiutar Minghino; per che, dopo lunga contesa, Minghino tolse la giovane a Giannole, e rimisela in casa di Giacomino. Né prima si partì la mischia che i sergenti del capitan della terra [25] vi sopraggiunsero e molti di costoro presero: e fra gli altri furono presi Minghino e Giannole e Crivello, e in prigione menatine. Ma poi racquetata la cosa, e Giacomino essendo tornato, e, di questo accidente molto malinconoso,[26] essaminando come stato fosse e trovato che in niuna cosa la giovane aveva colpa, alquanto si diè più pace, proponendo seco, acciò che più simil caso non avvenisse, di doverla come più tosto potesse maritare.

La mattina venuta, i parenti dell'una parte e dell'altra, avendo la verità del fatto sentita e conoscendo il male che a' presi giovani ne poteva seguire volendo Giacomino quello adoperare che ragionevolmente avrebbe potuto,[27] furono a lui, e con dolci parole il pregarono che alla ingiuria ricevuta dal poco senno de' giovani non guardasse tanto, quanto all'amore e alla benivolenza la quale credevano che egli a loro che il pregavano portasse, offerendo appresso se medesimi e i giovani che il male avevan fatto ad ogni ammenda che a lui piacesse di prendere.[28]

Giacomino, il qual de' suoi dì assai cose vedute avea ed era di buon sentimento, rispose brievemente: « Signori, se io fossi a casa mia [29] come io sono alla vostra, mi tengo io sì vostro amico, che né di questo né d'altro io non farei se non quanto vi piacesse; e oltre a questo più mi debbo a' vostri piaceri piegare in quanto voi a voi medesimi avete offeso, per ciò che questa giovane, forse come molti stima-

23 violenza.
24 il vicinato, i vicini.
25 sergenti... terra: sgherri del podestà.
26 corrucciato.
27 volendo... potuto: qualora Giacomino avesse voluto usare quello che secondo ragione avrebbe potuto.
28 offerendo... prendere: dichiarandosi disposti, loro ed i due giovani, a dargli quella soddisfazione che a lui sembrasse opportuna.
29 a casa mia: nella mia patria.

no, non è da Cremona né da Pavia, anzi è faentina, come che [30] io né ella ne colui da cui io l'ebbi non sapessimo mai di cui si fosse figliuola: per che di quello che pregate tanto sarà per me fatto quanto me ne imporreste. »

I valenti uomini, udendo costei esser di Faenza, si maravigliarono; e rendute grazie a Giacomino della sua liberale risposta, il pregarono che gli piacesse di dover lor dire come costei alle mani venuta gli fosse, e come sapesse lei esser faentina; a' quali Giacomin disse: « Guidotto da Cremona fu mio compagno e amico; e venendo a morte mi disse che quando questa città da Federigo Imperatore fu presa, andatoci a ruba ogni cosa, egli entrò co' suoi compagni in una casa, e quella trovò di roba piena esser dagli abitanti abbandonata, fuor solamente da questa fanciulla, la quale, d'età di due anni o in quel torno,[31] lui sagliente su per le scale chiamò padre; per la qual cosa a lui venuta di lei compassione, insieme con tutte le cose della casa seco ne la portò a Fano, e quivi morendo, con ciò che egli avea costei mi lasciò, imponendomi che, quando tempo fosse io la maritassi e quello che stato fosse suo le dessi in dota. E venuta nell'età da marito, non m'è venuto fatto di poterla dare a persona che mi piaccia: fare' 'l volentieri anzi che [32] altro caso simile a quel di ier sera me n'avvenisse. »

Era quivi intra gli altri un Guiglielmino da Medicina, che con Guidotto era stato a questo fatto, e molto ben sapeva la cui casa stata fosse quella che Guidotto avea rubata;[33] e vedendolo ivi tra gli altri, gli s'accostò e disse: « Bernabuccio, odi tu ciò che Giacomin dice? »

Disse Bernabuccio: « Sì; e testé vi pensava più, per ciò ch'io mi ricordo che in quegli rimescolamenti io perdei una figlioletta di quella età che Giacomin dice. »

A cui Guiglielmino disse: « Per certo questa è dessa, per ciò ch'io mi trovai già in parte ove io udii a Guidotto divisare [34] dove la ruberia avesse fatta, e conobbi che la tua casa era stata; e per ciò rammemorati se ad alcun segnale rico-

---

30 *come che*: benché.
31 *in quel torno*: o giù di lì.
32 *anzi che*: prima che.
33 *la cui... rubata*: di chi fosse la casa derubata da Guidotto.
34 spiegare.

noscerla credessi, e fanne cercare, ché tu troverrai fermamente che ella è tua figliuola. »

Per che, pensando Bernabuccio, si ricordò lei dovere
avere una margine [35] a guisa d'una crocetta sopra l'orecchia
sinistra, stata d'una nascenza [36] che fatta gli avea poco davanti a quello accidente tagliare: per che, senza alcuno
indugio pigliare, accostatosi a Giacomino che ancora era
quivi, il pregò che in casa sua il menasse e veder gli facesse questa giovane. Giacomino il vi menò volentieri e lei
fece venire dinanzi da lui. La quale come Bernabuccio
vide, così tutto il viso della madre di lei, che ancora bella
donna era, gli parve vedere; ma pur, non stando a questo,[37]
disse a Giacomino che di grazia voleva da lui poterle un
poco levare i capelli sopra la sinistra orecchia, di che Giacomino fu contento. Bernabuccio, accostatosi a lei che vergognosamente stava, levati con la man dritta i capelli, la
croce vide; laonde, veramente conoscendo lei esser la sua
figliuola, teneramente cominciò a piagnere e ad abbracciar-
la, come che ella si contendesse.[38]

E volto a Giacomin disse: « Fratel mio, questa è mia
figliuola; la mia casa fu quella che fu da Guidotto rubata,
e costei nel furor subito vi fu dentro dalla mia donna e
sua madre dimenticata, e infino a qui creduto abbiamo che
costei nella casa, che mi fu quel dì stesso arsa, ardesse. »

La giovane, udendo questo e vedendolo uomo attempato e dando alle parole fede e da occulta virtù mossa, sostenendo [39] li suoi abbracciamenti, con lui teneramente cominciò a piagnere. Bernabuccio di presente [40] mandò per la
madre di lei e per altre sue parenti e per le sorelle e per
li fratelli di lei, e a tutti mostratala e narrando il fatto, dopo
mille abbracciamenti, fatta la festa grande, essendone Giacomino forte contento, seco a casa sua ne la menò.

Saputo questo il capitano della città, che valoroso uomo
era, e conoscendo che Giannole, cui preso tenea, figliuolo

35 cicatrice.
36 escrescenza, foruncolo.
37 *non stando a questo*: non limitandosi a questo indizio.
38 *come che ella si contendesse*: benché ella si schernisse.
39 accettando.
40 *di presente*: subito.

era di Bernabuccio e fratel carnale di costei, avvisò di volersi del fallo commesso da lui mansuetamente [41] passare e intromessosi in queste cose, con Bernabuccio e con Giacomino insieme a Giannole e a Minghino fece far pace; e a Minghino, con gran piacer di tutti i suoi parenti, diede per moglie la giovane, il cui nome era Agnesa, e con loro insieme liberò Crivello e gli altri che impacciati [42] v'erano per questa cagione. E Minghino appresso lietissimo fece le nozze belle e grandi, e a casa menatalasi, con lei in pace e in bene poscia più anni visse.

41 indulgentemente.
42 implicati.

Novella sesta

GIAN DI PROCIDA TROVATO CON UNA GIOVANE AMATA DA LUI,
E STATA DATA AL RE FEDERIGO, PER DOVERE ESSERE ARSO
CON LEI È LEGATO AD UN PALO; RICONOSCIUTO DA RUGGIERI
DE LORIA, CAMPA E DIVIEN MARITO DI LEI.[1]

Finita la novella di Neifile, assai alle donne piaciuta, comandò la reina a Pampinea che a doverne alcuna dire si
disponesse; la qual prestamente, levato il chiaro[2] viso, incominciò:

Grandissime forze, piacevoli donne, son quelle d'amore,
e a gran fatiche e a strabocchevoli[3] e non pensati pericoli
gli amanti dispongono, come per assai cose raccontate e
oggi e altre volte comprender si può; ma nondimeno ancora
con l'ardire d'un giovane innamorato m'aggrada di dimostrarlo.

Ischia è una isola assai vicina di Napoli, nella quale fu
già tra l'altre una giovinetta bella e lieta molto, il cui nome
fu Restituta, e figliuola d'un gentil uom dell'isola, che
Marin Bolgaro[4] avea nome, la quale un giovanetto, che
d'una isoletta ad Ischia vicina, chiamata Procida, era e
nominato Gianni, amava sopra la vita sua ed ella lui. Il
quale, non che il giorno da Procida ad usare ad Ischia per
vederla venisse, ma già molte volte di notte, non avendo
trovata barca, da Procida infino ad Ischia notando era
andato, per poter vedere, se altro non potesse, almeno le
mura della sua casa. E durante questo amore così fervente,
avvenne che, essendo la giovane un giorno di state[5] tutta
soletta alla marina, di scoglio in iscoglio andando marine

---

1 La scena finale della novella è ricalcata, con qualche libertà,
sull'analogo episodio che nel *Filocolo* presenta la cattura e il rogo
di Florio e Biancifiore.

2 sereno.

3 esagerati, eccessivi.

4 *Marin Bolgaro*: personaggio storico conosciuto personalmente
dal Boccaccio alla corte angioina dove il Bolgaro era molto stimato
per i suoi servizi ai re Carlo 1 e Roberto.

5 estate.

conche [6] con un coltellino dalle pietre spiccando, s'avvenne in un luogo fra gli scogli riposto, dove sì per l'ombra e sì per lo destro [7] d'una fontana d'acqua freddissima che v'era, s'erano certi giovani ciciliani, che da Napoli venivano, con una lor fregata raccolti. Li quali, avendo la giovane veduta bellissima e che ancor lor non vedea, e vedendola sola, fra sé diliberarono di doverla pigliare e portarla via; e alla diliberazione seguitò l'effetto. Essi, quantunque ella gridasse molto, presala, sopra la lor barca la misero, e andar via: e in Calavria pervenuti, furono a ragionamento di cui [8] la giovane dovesse essere, e in brieve ciaschedun la volea; per che, non trovandosi concordia fra loro, temendo essi di non venire a peggio e per costei guastare i fatti loro, vennero a concordia di doverla donare a Federigo re di Cicilia, [9] il quale era allora giovane, e di così fatte cose si dilettava; e a Palermo venuti, così fecero. Il re, veggendola bella, l'ebbe cara; ma per ciò che cagionevole era alquanto della persona, [10] infino a tanto che più forte fosse, comandò che ella fosse messa in certe case bellissime d'un suo giardino, il quale chiamava la Cuba, e quivi servita; e così fu fatto.

Il romore della rapita giovane [11] fu in Ischia grande, e quello che più lor gravava era che essi non potevan sapere chi si fossero stati coloro che rapita l'avevano. Ma Gianni, al quale più che ad alcuno altro ne calea, non aspettando di doverlo in Ischia sentire, sappiendo verso che parte n'era la fregata andata, fattane armare una, su vi montò, e quanto più tosto poté, discorsa tutta la marina dalla Minerva infino alla Scalea in Calavria [12] e per tutto della giovane investigando, nella Scalea gli fu detto lei essere da marinari ciciliani portata via a Palermo; là dove Gianni, quan-

6 conchiglie.

7 comodità.

8 *furono... cui*: vennero a discutere di chi.

9 *Federigo re di Cicilia*: Federico II d'Aragona, che regnò in Sicilia dal 1296 al 1337.

10 *della persona*: fisicamente.

11 *Il romore della rapita giovane*: la risonanza del rapimento della fanciulla.

12 *discorsa... Calavria*: percorsa tutta la costa dal capo della Minerva (golfo di Napoli) fino a Scalea in Calabria (golfo di Policastro).

to più tosto poté, si fece portare, e quivi, dopo molto cercare, trovato che la giovane era stata donata al re e per lui era nella Cuba guardata, fu forte turbato e quasi ogni speranza perdé, non che di doverla mai riavere, ma pur vedere. Ma pur, da amore ritenuto, mandatane [13] la fregata, veggendo che da niun conosciuto v'era, si stette; e sovente dalla Cuba passando, gliele venne per ventura veduta un dì ad una finestra, ed ella vide lui; di che ciascun fu contento assai. E veggendo Gianni che il luogo era solingo, accostatosi come poté, le parlò, e da lei informato della maniera che a tenere avesse se più dappresso le volesse parlar, si partì, avendo prima per tutto considerata la disposizione del luogo: e aspettata la notte, e di quella lasciata andar buona parte, là se ne tornò, e aggrappatosi per parti che non vi si sarebbono appiccati [14] i picchi, nel giardin se n'entrò, e in quello trovata una antennetta,[15] alla finestra dalla giovane insegnatagli l'appoggiò, e per quella assai leggiermente se ne salì. La giovane, parendole il suo onore avere omai perduto, per la guardia del quale ella gli era alquanto nel passato stata salvatichetta,[16] pensando a niuna persona più degnamente che a costui potersi donare e avvisando di poterlo inducere a portarla via, seco aveva preso [17] di compiacergli in ogni suo disidero, e perciò aveva la finestra lasciata aperta, acciò che egli prestamente dentro potesse passare. Trovatala adunque Gianni aperta, chetamente se n'entrò dentro, e alla giovane, che non dormiva, allato si coricò. La quale, prima che ad altro venissero, tutta la sua intenzion gli aperse, sommamente del trarla quindi e via portarnela pregandolo; alla qual Gianni disse niuna cosa quanto questa piacergli, e che senza alcun fallo, come da lei si partisse, in sì fatta maniera in ordine il metterebbe,[18] che la prima volta ch'el vi tornasse, via la menerebbe. E appresso questo, con grandissimo piacere abbracciatisi, quello diletto presero oltre al quale niuno maggior ne puote

13 rimandata, mandata via.
14 aggrappati, arrampicati.
15 palo, pertica.
16 sdegnosetta, ritrosa.
17 deciso.
18 *in ordine il metterebbe*: disporrebbe le cose.

amor prestare: e poi che quello ebbero più volte reiterato, senza accorgersene, nelle braccia l'un dell'altro s'addormentarono.

Il re, al quale costei era molto nel primo aspetto [19] piaciuta, di lei ricordandosi, sentendosi bene della persona, ancora che fosse al dì vicino, diliberò d'andare a starsi alquanto con lei; e con alcuno de' suoi servidori chetamente se n'andò alla Cuba, e nelle case entrato, fatto pianamente aprir la camera nella qual sapeva che dormiva la giovane, in quella con un gran doppiere acceso innanzi se n'entrò: e sopra il letto guardando, lei insieme con Gianni ignudi e abbracciati vide dormire. Di che egli di subito si turbò fieramente e in tanta ira montò, senza dire alcuna cosa, che a poco si tenne che quivi, con un coltello che allato avea, amenduni non gli uccise. Poi, estimando vilissima cosa essere a qualunque uom si fosse, non che ad un re, due ignudi uccidere dormendo,[20] si ritenne, e pensò di volergli in publico e di fuoco far morire; e volto ad un sol compagno che seco aveva, disse: « Che ti par di questa rea femina, in cui io già la mia speranza aveva posta? » e appresso il domandò se il giovane conoscesse, che tanto d'ardire aveva avuto, che venuto gli era in casa a far tanto d'oltraggio e di dispiacere. Quegli che domandato era rispose non ricordarsi d'averlo mai veduto.

Partissi [21] adunque il re turbato della camera, e comandò che i due amanti, così ignudi come erano, fosser presi e legati, e come giorno chiaro fosse, fosser menati a Palermo e in su la piazza legati ad un palo con le reni l'uno all'altro volte e infino ad ora di terza tenuti, acciò che da tutti potessero esser veduti e appresso fossero arsi, sì come avean meritato; e così detto, se ne tornò in Palermo nella sua camera assai cruccioso.[22]

Partito il re, subitamente furon molti sopra i due amanti, e loro non solamente svegliaron, ma prestamente senza alcuna pietà presero e legarono; il che veggendo i due

19 *nel primo aspetto*: alla prima vista, fin dal primo sguardo.
20 *a qualunque... dormendo*: a chiunque, non solo a un re, uccidere due persone nude mentre dormono.
21 se ne andò, uscì.
22 adirato.

giovani, se essi furon dolenti e temettero della lor vita e piansero e ramaricaronsi, assai può esser manifesto. Essi furono, secondo il comandamento del re, menati in Palermo e legati ad un palo nella piazza, e davanti agli occhi loro fu la stipa [23] e 'l fuoco apparecchiata, per dovergli arde-re all'ora comandata dal re. Quivi subitamente tutti i palermitani, e uomini e donne, concorsero a vedere i due amanti: gli uomini tutti a riguardare la giovane si traevano e così come lei bella esser per tutto e ben fatta lodavano, così le donne, che a riguardare il giovane tutte correvano, lui d'altra parte esser bello e ben fatto sommamente commendavano. Ma gli sventurati amanti, amenduni vergognandosi forte, stavano con le teste basse e il loro infortunio piangevano, d'ora in ora la crudel morte del fuoco aspettando. E mentre così infino all'ora determinata eran tenuti, gridandosi per tutto [24] il fallo da lor commesso e pervenendo agli orecchi di Ruggier de Loria,[25] uomo di valore inestimabile e allora ammiraglio del re, per vedergli se n'andò verso il luogo dove erano legati; e quivi venuto, prima riguardò la giovane e commendolla assai di bellezza, e appresso venuto il giovane a riguardare, senza troppo penare il riconobbe, e più verso lui fattosi, il domandò se Gianni di Procida fosse.

Gianni, alzato il viso e riconoscendo l'ammiraglio, rispose: « Signor mio, io fui ben già colui di cui voi domandate, ma io sono per non esser più. »

Domandollo allora l'ammiraglio che cosa a quello l'avesse condotto; a cui Gianni rispose: « Amore, e l'ira del re. »

Fecesi l'ammiraglio più la novella distendere;[26] e avendo ogni cosa udita da lui come stata era e partir volendosi, il richiamò Gianni e dissegli: « Deh, signor mio, se esser può, impetratemi una grazia da chi così mi fa stare. »

Ruggieri domandò quale; a cui Gianni disse: « Io veggio che io debbo, e tostamente, morire; voglio adunque di

23 legna accatastata per il falò.

24 *gridandosi per tutto*: risonando dovunque.

25 *Ruggier de Loria*: Ruggero di Lauria fu ammiraglio di Federico II e le sue prodigiose imprese assunsero una fama quasi leggendaria.

26 *più... distendere*: spiegare, raccontare meglio la storia.

grazia che, come io sono con questa giovane, la quale io ho più che la mia vita amata ed ella me, con le reni a lei voltato ed ella a me, che noi siamo co' visi l'uno all'altro rivolti, acciò che, morendo io e vedendo il viso suo, io ne possa andar consolato. »

Ruggieri ridendo disse: « Volentieri io farò sì che tu la vedrai ancor tanto che ti rincrescerà. »[27]

E partitosi da lui, comandò a coloro a' quali imposto era di dovere questa cosa mandare ad esecuzione, che senza altro comandamento del re non dovessèro più avanti fare che fatto fosse; e senza dimorare, al re se n'andò, al quale, quantunque turbato il vedesse, non lasciò di dire il parer suo, e dissegli: « Re, di che t'hanno offeso i due giovani li quali laggiù nella piazza hai comandato che arsi sieno? »

Il re gliele disse; seguitò Ruggieri: « Il fallo commesso da loro il merita bene, ma non da te; e come i falli meritan punizione, così i benefici meritan guiderdone, oltre alla grazia e alla misericordia. Conosci tu chi color sieno li quali tu vuogli che s'ardano? »

Il re rispose di no; disse allora Ruggieri: « E io voglio che tu gli conosca, acciò che tu veggi quanto discretamente [28] tu ti lasci agl'impeti dell'ira transportare. Il giovane è figliuolo di Landolfo di Procida, fratel carnale di messer Gian di Procida, per l'opera del quale tu se' re e signor di questa isola; la giovane è figliuola di Marin Bolgaro, la cui potenza fa oggi che la tua signoria non sia cacciata d'Ischia. Costoro, oltre a questo, son giovani che lungamente si sono amati insieme, e da amor costretti, e non da volere alla tua signoria [29] far dispetto, questo peccato, se peccato dir si dee quel che per amor fanno i giovani, hanno fatto. Perché dunque gli vuoi tu far morire, dove con grandissimi piaceri e doni gli dovresti onorare? »

Il re, udendo questo e rendendosi certo che Ruggieri il ver dicesse, non solamente che egli a peggio dovere operare procedesse,[30] ma di ciò che fatto avea gl'increbbe: per

27 *ti rincrescerà*: te ne stancherai.
28 giudiziosamente (detto con ironia).
29 maestà.
30 *non solamente... procedesse*: non solo non andò oltre nell'ingiusta e inopportuna punizione.

che incontanente mandò [31] che i due giovani fossero dal palo sciolti e menati davanti da lui; e così fu fatto. E avendo intera la lor condizion conosciuta, pensò che con onore e con doni fosse la ingiuria fatta da compensare; e fattigli onorevolmente rivestire, sentendo che di pari consentimento era, a Gianni fece la giovinetta sposare, e fatti loro magnifichi doni, contenti gli rimandò a casa loro, dove con festa grandissima ricevuti, lungamente in piacere e in gioia poi vissero insieme.

31 ordinò, dispose.

Novella settima

TEODORO, INNAMORATO DELLA VIOLANTE, FIGLIUOLA DI MESSERE
AMERIGO SUO SIGNORE, LA 'NGRAVIDA ED È ALLE FORCHE
CONDANNATO; ALLE QUALI FRUSTANDOSI [1] ESSENDO MENATO,
DAL PADRE RICONOSCIUTO E PROSCIOLTO, PRENDE PER
MOGLIE LA VIOLANTE. [2]

Le donne, le quali tutte temendo stavan sospese ad udire
se i due amanti fossero arsi, udendogli scampati, lodando
Iddio, tutte si rallegrarono; e la reina, udita la fine, alla
Lauretta lo 'ncarico impose della seguente, la quale lietamente prese a dire:

Bellissime donne, al tempo che il buon re Guiglielmo [3] la
Cicilia reggeva, era nella isola un gentile uomo chiamato
messere Amerigo Abbate da Trapani, il quale, tra gli altri
ben temporali, era di figliuoli assai ben fornito; per che,
avendo di servidori bisogno e venendo galee di corsari genovesi di Levante, li quali costeggiando l'Erminia [4] molti
fanciulli avevan presi, di quegli, credendogli turchi, alcun
comperò; tra' quali, quantunque tutti gli altri paressero
pastori, n'era uno il quale gentilesco [5] e di migliore aspetto che alcun altro pareva, ed era chiamato Teodoro. Il
quale, crescendo, come che [6] egli a guisa di servo trattato
fosse nella casa pur co' figliuoli di messer Amerigo si crebbe; e traendo più alla natura di lui che all'accidente, [7] cominciò ad esser costumato e di bella maniera, in tanto che [8] egli
piaceva sì a messere Amerigo, che egli il fece franco: [9] e credendo che turchio [10] fosse, il fé battezzare e chiamar Pietro,

---

1 *frustandosi*: mentre era frustato.
2 Una debole traccia classica (*Aeneidos,* IV, 160 sgg.) non può
da sola sopportare il groviglio romanzesco di questo idillio.
3 *il... Guiglielmo*: Guglielmo il Buono d'Altavilla (1166-1189).
4 Armenia.
5 gentile.
6 *come che*: benché.
7 *traendo... accidente*: ritraendo più dalla sua nobile natura che
dall'attuale e fortuita condizione di servo.
8 *in tanto che*: al punto che.
9 libero.
10 turco.

e sopra i suoi fatti il fece il maggiore,[11] molto di lui confidandosi.

Come gli altri figliuoli di messer Amerigo, così similmente crebbe una sua figliuola chiamata Violante, bella e dilicata giovane, la quale, soprattenendola[12] il padre a maritare, s'innamorò per avventura di Pietro: e amandolo e faccendo de' suoi costumi e delle sue opere grande stima, pur si vergognava di discovrirgliele. Ma Amore questa fatica le tolse, per ciò che, avendo Pietro più volte cautamente guatatala,[13] si era di lei innamorato, che bene alcun non sentiva se non quanto la vedea; ma forte temea non[14] di questo alcun s'accorgesse, parendogli far men che bene; di che la giovane, che volentier lui vedeva, s'avvide, e per dargli più sicurtà, contentissima, sì come era, se ne mostrava. E in questo dimorarono assai, non attentandosi di dire l'uno all'altro alcuna cosa, quantunque molto ciascuno il disiderasse.

Ma, mentre che essi così parimente nell'amorose fiamme accesi ardevano, la fortuna, come se diliberato avesse questo voler che fosse,[15] loro trovò via da cacciare la temorosa paura che gl'impediva. Aveva messer Amerigo, fuor di Trapani forse un miglio, un suo molto bel luogo, al quale la donna sua con la figliuola e con altre femine e donne[16] era usata sovente d'andare per via di diporto; dove essendo, un giorno che era il caldo grande, andate, e avendo seco menato Pietro e quivi dimorando, avvenne, sì come noi veggiamo talvolta di state avvenire, che subitamente il cielo si chiuse d'oscuri nuvoli; per la qual cosa la donna con la sua compagnia, acciò che il malvagio tempo non le cogliesse quivi, si misero in via per tornare in Trapani, e andavanne ratti quanto potevano. Ma Pietro, che giovane era, e la fanciulla similmente, avanzavano nello andare la madre di lei e l'altre compagne assai, forse non meno da amor sospinti che da paura di tempo: ed essendo già tanto en-

11 amministratore.

12 *soprattenendòla*: indugiando troppo.

13 *cautamente guatatala*: guardatala con discrezione.

14 *temea non*: paventava che.

15 *come se... fosse*: come se avesse deciso che questo dovesse aver luogo.

16 *femine e donne*: serve e dame.

trati innanzi alla donna e agli altri,[17] che appena si vedevano, avvenne che dopo molti tuoni subitamente una gra-
gnuola [18] grossissima e spessa cominciò a venire, la quale la
donna con la sua compagnia fuggì in casa d'un lavoratore.[19]
Pietro e la giovane, non avendo più presto rifugio, se n'entrarono in una casetta antica e quasi tutta caduta, nella
quale persona non dimorava; e in quella sotto un poco di
tetto, che ancora rimaso v'era, si ristrinsono amenduni, e
costrinseli la necessità del poco coperto a toccarsi insieme;
il qual toccamento fu cagione di rassicurare un poco gli
animi ad aprire gli amorosi disii.

E prima cominciò Pietro a dire: « Or volesse Iddio che
mai, dovendo io stare come io sto, questa grandine non ri-
stesse! »[20]

E la giovane disse: « Ben mi sarebbe caro! »

E da queste parole vennero a pigliarsi per mano e stri-
gnersi, e da questo ad abbracciarsi e poi a basciarsi, grandinando tuttavia; [21] e acciò che io ogni particella [22] non racconti, il tempo non si racconciò [23] prima che essi, l'ultime di-
lettazioni d'amor conosciute, a dover segretamente l'un
dell'altro aver piacere ebbero ordine dato.[24] Il tempo malvagio cessò, e all'entrar della città, che vicina era, aspettata la donna, con lei a casa se ne tornarono. Quivi alcuna
volta, con assai discreto ordine e segreto,[25] con gran consolazione insieme si ritrovarono; e sì andò la bisogna [26] che la
giovane ingravidò, il che molto fu e all'uno e all'altro di-
scaro; per che ella molte arti usò per dovere, contro al
corso della natura, disgravidare,[27] né mai le poté venir fatto.

Per la qual cosa Pietro, della vita di se medesimo te-

17 *essendo... altri*: ed avendo già tanto distanziato la donna e
gli altri.

18 grandine.

19 *la quale... lavoratore*: che la donna con la sua compagna
evitò rifugiandosi in casa di un colono.

20 cessasse.

21 *grandinando tuttavia*: mentre continuava a grandinare.

22 particolare.

23 *non si racconciò*: non si mise al bello.

24 *ebbero ordine dato*: presero accordi.

25 *con... segreto*: molto cautamente e segretamente.

26 il fatto, la cosa.

27 *contro... disgravidare*: abortire.

mendo, diliberato di fuggirsi, gliele disse; la quale udendolo disse: «Se tu ti parti, senza alcun fallo io m'ucci-
derò.»

A cui Pietro, che molto l'amava, disse: «Come vuoi tu,
donna mia, che io qui dimori? la tua gravidezza scoprirà il fallo nostro: a te fia perdonato leggiermente,[28] ma io
misero sarò colui a cui del tuo peccato e del mio con-
verrà portare la pena.»

Al quale la giovane disse: «Pietro, il mio peccato si
saprà bene, ma sii certo che il tuo, se tu nol dirai, non
si saprà mai.»

Pietro allora disse: «Poi che tu così mi prometti, io
starò; ma pensa d'osservarlomi.»[29]

La giovane, che, quanto più potuto avea, la sua pregnezza tenuta aveva nascosa, veggendo, per lo crescer che
'l corpo facea, più non poterla nascondere, con grandissimo pianto un dì il manifestò alla madre, lei per la sua
salute[30] pregando. La donna, dolente senza misura, le disse
una gran villania e da lei volle sapere come andata fosse
la cosa. La giovane, acciò che a Pietro non fosse fatto
male, compose una sua favola, in altre forme la verità
rivolgendo.[31] La donna la si credette, e per celare il difetto[32]
della figliuola ad una lor possessione la ne mandò. Quivi, sopravvenuto il tempo del partorire, gridando la giovane come le donne fanno, non avvisandosi la madre di
lei che quivi messer Amerigo, che quasi mai usato non
era,[33] dovesse venire, avvenne che, tornando egli da uccellare e passando lunghesso[34] la camera dove la figliuola gridava, maravigliandosi, subitamente entrò dentro e domandò che questo fosse. La donna, veggendo il marito sopravenuto, dolente levatasi, ciò che alla figliuola era intervenuto gli raccontò; ma egli, men presto a creder che la
donna non era stata, disse ciò non dovere esser vero che

28 facilmente.
29 d'osservarlomi: di mantenere la promessa.
30 salvezza.
31 in... rivolgendo: alterando la verità.
32 fallo.
33 che... non era: che non era solito recarsi colà.
34 accanto.

ella non sapesse di cui gravida fosse, e per ciò del tutto il voleva sapere, e dicendolo essa potrebbe la sua grazia racquistare: se non, pensasse [35] senza alcuna misericordia di morire. La donna s'ingegnò, in quanto poteva, di dovere fare star contento il marito a quello che ella aveva creduto, ma ciò era niente.[36] Egli, salito in furore, con la spada ignuda in mano sopra la figliuola corse, la quale mentre la madre di lei il padre teneva in parole aveva un figliuol maschio partorito, e disse: « O tu manifesta di cui questo parto si generasse, o tu morrai senza indugio. » La giovane, la morte temendo, rotta la promessa fatta a Pietro, ciò che tra lui e lei stato era tutto aperse; [37] il che udendo il cavaliere e fieramente divenuto fellone,[38] appena d'ucciderla si ritenne; ma poi che quello che l'ira gli apparecchiava [39] detto l'ebbe, rimontato a cavallo, a Trapani se ne venne e ad uno messer Currado, che per lo re [40] v'era capitano, la ingiuria fattagli da Pietro contatagli, subitamente, non guardandosene egli, il fé pigliare; e, messolo al martorio,[41] ogni cosa fatta confessò. Ed essendo dopo alcun dì dal capitano condannato che per la terra frustato fosse e poi appiccato per la gola, acciò che una medesima ora togliesse di terra i due amanti e il lor figliuolo, messere Amerigo, al quale per avere a morte condotto Pietro non era l'ira uscita, mise veleno in un nappo con vino, e quello diede ad un suo famigliare e un coltello ignudo con esso, e disse: « Va con queste due cose alla Violante, e sì le dì da mia parte che prestamente prenda qual vuole l'una di queste due morti, o del veleno o del ferro, e ciò faccia senza indugio; se non che [42] io nel cospetto di quanti cittadini ci ha la farò ardere, sì come ella ha meritato; e fatto questo, piglierai il figliuolo pochi dì fa da lei partorito, e percossogli il capo al muro, il gitta a mangiare a' cani. » Data dal fiero padre questa cru-

---

35 stesse certa.
36 *ciò era niente*: ma questo era inutile.
37 confessò.
38 *divenuto fellone*: infiammato d'ira.
39 suggeriva.
40 *per lo re*: in nome del re.
41 *al martorio*: alla tortura.
42 *se non che*: in caso contrario.

del sentenzia contro alla figliuola e al nepote, il famigliare, più a male che a ben disposto, andò via.

Pietro condannato, essendo da' famigliari menato alle forche frustando,[43] passò, sì come a coloro che la brigata guidavano piacque, davanti ad uno albergo dove tre nobili uomini d'Erminia erano, li quali dal re d'Erminia a Roma ambasciadori eran mandati a trattar col Papa di grandissime cose per un passaggio,[44] che far si dovea, e quivi smontati per rinfrescarsi e riposarsi alcun dì e molto stati onorati da' nobili uomini di Trapani, e spezialmente da messere Amerigo. Costoro, sentendo passare coloro che Pietro menavano, vennero ad una finestra a vedere. Era Pietro dalla cintura in su tutto ignudo e con le mani legate di dietro; il quale riguardando l'uno de' tre ambasciadori, che uomo antico[45] era e di grande autorità, nominato Fineo, gli vide nel petto una gran macchia di vermiglio, non tinta ma naturalmente nella pelle infissa, a guisa che quelle sono che le donne qua chiamano « rose ». La qual veduta, subitamente nella memoria gli corse un suo figliuolo, il quale, già eran quindici anni passati, da' corsari gli era stato sopra la marina di Laiazzo[46] tolto, né mai n'avea potuto saper novella. E considerando l'età del cattivello[47] che frustato era, avvisò, se vivo fosse il suo figliuolo, dovere di cotale età essere di quale colui pareva; e cominciò a suspicar per quel segno non[48] costui desso fosse; e pensossi, se desso fosse, lui ancora doversi del nome suo e di quel padre e della lingua erminia ricordare.

Per che, come gli fu vicino, chiamò: « O Teodoro! »

La qual voce Pietro udendo, subitamente levò il capo: al quale Fineo in erminio parlando disse: « Onde fosti e cui figliuolo? »[49]

Li sergenti che il menavano, per reverenza del valente uomo, il fermarono, sì che Pietro rispose: « Io fui d'Er-

43 sotto le loro frustate.
44 crociata.
45 vecchio.
46 porto della piccola Armenia.
47 misero.
48 *suspicar... non*: a nutrire il sospetto per quel segnale che.
49 *Onde... figliuolo*: da dove vieni e di chi sei figlio?

minia, figliuolo d'uno che ebbe nome Fineo, qua picciol fanciullo trasportato da non so che gente. »

Il che Fineo udendo, certissimamente conobbe lui essere il figliuolo che perduto avea: per che, piangendo, co' suoi compagni discese giuso e lui tra tutti i sergenti corse ad abbracciare; e gittatogli addosso un mantello d'un ricchissimo drappo che indosso avea, pregò colui che a guastare [50] il menava, che gli piacesse d'attendere tanto quivi, che di doverlo rimenare gli venisse il comandamento. Colui rispose che l'attenderebbe volentieri.

Aveva già Fineo saputa la cagione per che costui era menato a morire, sì come fama l'avea portata per tutto: per che prestamente co' suoi compagni e con la lor famiglia n'andò a messer Currado, e sì gli disse: « Messere, colui il quale voi mandate a morire come servo, è libero uomo e mio figliuolo, ed è presto [51] di torre per moglie colei la qual si dice che della sua virginità ha privata; e però piacciavi di tanto indugiare la esecuzione che saper si possa se ella lui vuol per marito, acciò che contro alla legge, dove ella il voglia, non vi troviate aver fatto. » Messer Currado, udendo colui esser figliuolo di Fineo, si maravigliò; e vergognatosi alquanto del peccato della fortuna,[52] confessato quello esser vero che diceva Fineo, prestamente il fé ritornare a casa, e per messere Amerigo mandò,[53] e queste cose gli disse. Messer Amerigo, che già credeva la figliuola e il nepote esser morti, fu il più dolente uom del mondo di ciò che fatto avea, conoscendo, dove [54] morta non fosse, si potea molto bene ogni cosa stata emendare: ma nondimeno mandò correndo là dove la figliuola era, acciò che, se fatto non fosse il suo comandamento,[55] non si facesse. Colui che andò, trovò il famigliare stato da messere Amerigo mandato, che, avendole il coltello e il veleno posto innanzi, perché ella così tosto non eleggeva, le dicea villania e volevala costrignere di pigliare l'uno; ma, udito

50 giustiziare.
51 pronto.
52 *del... fortuna*: della colpa della sorte.
53 *per... mandò*: mandò a chiamare messer Amerigo.
54 qualora.
55 ordine.

il comandamento del suo signore, lasciata star lei, a lui
se ne ritornò e gli disse come stava l'opera. Di che messer
Amerigo contento, andatosene là dove Fineo era, quasi
piagnendo, come seppe il meglio, di ciò che intervenuto
era si scusò e domandonne perdono, affermando sé, dove
Teodoro la sua figliuola per moglie volesse, esser molto contento di dargliele.

Fineo ricevette le scuse volentieri e rispose: « Io intendo che mio figliuolo la vostra figliuola prenda; e dove egli
non volesse, vada innanzi la sentenzia data di lui. »[56] Essendo adunque e Fineo e messer Amerigo in concordia, là
ove Teodoro era ancora tutto pauroso della morte e lieto
di avere il padre ritrovato, il domandarono intorno a questa cosa del suo volere. Teodoro udendo che la Violante,
dove egli volesse, sua moglie sarebbe, tanta fu la sua letizia, che d'inferno gli parve saltare in paradiso, e disse
che questo gli sarebbe grandissima grazia, dove a ciascun
di lor piacesse. Mandossi adunque alla giovane a sentire
del suo volere: la quale, udendo ciò che di Teodoro era
avvenuto ed era per avvenire, dove più dolorosa che altra
femina la morte aspettava, dopo molto, alquanta fede
prestando alle parole, un poco si rallegrò e rispose che, se
ella il suo disidero di ciò seguisse,[57] niuna cosa più lieta
le poteva avvenire che d'essere moglie di Teodoro; ma tuttavia farebbe quello che il padre le comandasse. Così adunque in concordia fatta sposare la giovane, festa si fece
grandissima con sommo piacere di tutti i cittadini.

La giovane, confortandosi e faccendo nudrire [58] il suo piccol figliuolo, dopo non molto tempo ritornò più bella che
mai; e levata del parto, e davanti a Fineo, la cui tornata [59]
da Roma s'aspettò, venuta, quella reverenza gli fece che
a padre: ed egli, forte contento di sì bella nuora, con
grandissima festa e allegrezza fatte fare le lor nozze, in
luogo di figliuola la ricevette e poi sempre la tenne. E

56 *vada... lui*: si proceda all'esecuzione della sentenza emanata
contro di lui.
57 *se ella... seguisse*: se potesse su ciò assecondare il suo desiderio.
58 allevare.
59 ritorno.

dopo alquanti dì il suo figliuolo e lei e il suo piccol nepote, montati in galea, seco ne menò a Laiazzo, dove con riposo e con piacere de' due amanti, quanto la vita lor durò, dimorarono.

Novella ottava

NASTAGIO DEGLI ONESTI, AMANDO UNA DE' TRAVERSARI,[1]
SPENDE LE SUE RICCHEZZE SENZA ESSERE AMATO; VASSENE,
PREGATO DA' SUOI, A CHIASSI; QUIVI VEDE CACCIARE AD
UN CAVALIERE UNA GIOVANE E UCCIDERLA E DIVORARLA
DA DUE CANI; INVITA I PARENTI SUOI E QUELLA DONNA
AMATA DA LUI AD UN DESINARE, LA QUAL VEDE QUESTA
MEDESIMA GIOVANE SBRANARE, E TEMENDO DI SIMILE
AVVENIMENTO PRENDE PER MARITO NASTAGIO.[2]

Come Lauretta si tacque, così, per comandamento della
reina, cominciò Filomena:

Amabili donne, come in noi è la pietà commendata,
così ancora in noi è dalla divina giustizia rigidamente la
crudeltà vendicata:[3] il che acciò che io vi dimostri e materia vi dea di cacciarla del tutto da voi, mi piace di
dirvi una novella non men di compassion piena che dilettevole.

In Ravenna, antichissima città di Romagna, furon già
assai nobili e ricchi uomini, tra' quali un giovane chiamato Nastagio degli Onesti, per la morte del padre di
lui e d'un suo zio, senza stima[4] rimaso ricchissimo. Il quale, sì come de' giovani avviene, essendo senza moglie, s'innamorò d'una figliuola di messer Paolo Traversaro, giovane troppo più nobile che esso non era, prendendo speranza con le sue opere di doverla trarre ad amar lui: le
quali, quantunque grandissime, belle e laudevoli fossero,
non solamente non gli giovavano, anzi pareva che gli no-
cessero, tanto cruda e dura e salvatica gli si mostrava la
giovinetta amata, forse per la sua singular bellezza o per
la sua nobiltà sì altiera e disdegnosa divenuta, che né egli

---

1 Gli Onesti e i Traversari erano due nobili famiglie roma-
gnole ricordate anche da Dante.

2 Resoconti di cacce infernali abbondano nel medioevo romanzo: ma su ogni altra variazione, sia pure con interferenze classiche
(Ovidio, *Metam.*, XIV, 622 sgg.), si impone, con echi letterali, la
lettura della *Commedia* dantesca (*Purg.*, XIV, XXVII e XXVIII).

3 castigata.

4 *senza stima*: in modo incalcolabile.

né cosa che gli piacesse le piaceva. La qual cosa era tanto a Nastagio gravosa a comportare,[5] che per dolore più volte, dopo molto essersi doluto, gli venne in disidero d'uccidersi; poi, pur tenendosene,[6] molte volte si mise in cuore di doverla del tutto lasciare stare, o, se potesse, d'averla in odio come ella aveva lui. Ma invano tal proponimento prendeva, per ciò che pareva che quanto più la speranza mancava, tanto più moltiplicasse il suo amore. Perseverando adunque il giovane e nello amare e nello spendere smisuratamente, parve a certi suoi amici e parenti che egli sé e 'l suo avere parimente fosse per consumare; per la qual cosa più volte il pregarono e consigliarono che si dovesse di Ravenna partire e in alcuno altro luogo per alquanto tempo andare a dimorare, per ciò che, così faccendo, scemerebbe l'amore e le spese. Di questo consiglio più volte fece beffe Nastagio; ma pure, essendo da loro sollicitato, non potendo tanto dir di no, disse di farlo; e fatto fare un grande apparecchiamento, come se in Francia o in Ispagna o in alcuno altro luogo lontano andar volesse, montato a cavallo e da' suoi molti amici accompagnato di Ravenna uscì e andossene ad un luogo forse tre miglia fuor di Ravenna, che si chiama Chiassi;[7] e quivi, fatti venir padiglioni e trabacche,[8] disse a coloro che accompagnato l'aveano che starsi volea e che essi a Ravenna se ne tornassono. Attendatosi adunque quivi Nastagio, cominciò a fare la più bella vita e la più magnifica che mai si facesse, or questi e or quegli altri invitando a cena e a desinare, come usato s'era.

Ora avvenne che uno venerdì quasi all'entrata di maggio, essendo un bellissimo tempo ed egli entrato in pensiero della sua crudel donna, comandato a tutta la sua famiglia che solo il lasciassero, per più potere pensare a suo piacere, piede innanzi piè[9] se medesimo trasportò, pensando, infino nella pigneta. Ed essendo già passata presso che

5 *a comportare*: da sopportare.
6 trattenendosi, resistendo.
7 Classe.
8 tende.
9 *piede innanzi piè*: passo passo, camminando lentamente e senza meta.

la quinta ora del giorno [10] ed esso bene un mezzo miglio
per la pigneta entrato, non ricordandosi di mangiare né
d'altra cosa, subitamente gli parve udire un grandissimo
pianto e guai altissimi messi [11] da una donna; per che, rotto
il suo dolce pensiero, alzò il capo per veder che fosse, e
maravigliossi nella pigneta veggendosi; e oltre a ciò, davanti guardandosi, vide venire per un boschetto assai folto
d'albuscelli e di pruni, correndo verso il luogo dove egli
era, una bellissima giovane ignuda, scapigliata e tutta graf-
fiata dalle frasche e da' pruni, piagnendo e forte gridando
mercé; e oltre a questo le vide a' fianchi due grandi e fieri
mastini, li quali duramente appresso correndole, spesse volte crudelmente dove la giugnevano la mordevano; e dietro
a lei vide venire sopra un corsiere nero un cavalier bruno,
forte nel viso crucciato,[12] con uno stocco in mano, lei di
morte con parole spaventevoli e villane [13] minacciando. Questa cosa ad una ora maraviglia e spavento gli mise nell'animo, e ultimamente compassione della sventurata donna,
dalla qual nacque disidero di liberarla da sì fatta angoscia
e morte, se el potesse. Ma senza arme trovandosi, ricorse
a prendere un ramo d'albero in luogo di bastone, e cominciò a farsi incontro a' cani e contro al cavaliere.

Ma il cavalier che questo vide, gli gridò di lontano:
« Nastagio, non t'impacciare, lascia fare a' cani e a me
quello che questa malvagia femina ha meritato. »

E così dicendo, i cani, presa forte la giovane ne' fianchi, la fermarono, e il cavaliere sopraggiunto smontò da
cavallo; al quale Nastagio avvicinatosi disse: « Io non so
chi tu ti se' che me così cognosci, ma tanto [14] ti dico che
gran viltà è d'un cavaliere armato volere uccidere una
femina ignuda e averle i cani alle coste messi come se
ella fosse una fiera salvatica: io per certo la difenderò
quant'io potrò. »

Il cavaliere allora disse: « Nastagio, io fui d'una mede-

10 *passata... giorno*: verso mezzogiorno (la *quinta ora* sono le
undici).
11 emessi.
12 *forte... crucciato*: dal volto molto adirato.
13 ignobili, oltraggiose.
14 soltanto.

sima terra teco,[15] ed eri tu ancora piccol fanciullo quando
io, il quale fui chiamato messer Guido degli Anastagi,[16] era
troppo più innamorato di costei, che tu ora non se' di
quella de' Traversari; e per la sua fierezza e crudeltà andò
sì la mia sciagura, che io un dì con questo stocco, il quale
tu mi vedi in mano, come disperato m'uccisi, e sono alle
pene etternali dannato. Né stette poi guari tempo che
costei, la qual della mia morte fu lieta oltre misura, morì,
e per lo peccato della sua crudeltà e della letizia avuta
de' miei tormenti, non pentendosene, come colei che non
credeva in ciò aver peccato ma meritato, similmente fu ed
è dannata alle pene del ninferno. Nel quale come ella
discese, così ne fu e a lei e a me per pena dato, a lei di
fuggirmi davanti e a me, che già cotanto l'amai, di seguitarla come mortal nimica, non come amata donna; e
quante volte io la giungo, tante con questo stocco col
quale io uccisi me, uccido lei e aprola per ischiena, e quel
cuor duro e freddo, nel qual mai né amor né pietà poterono entrare, con l'altre interiora insieme, sì come tu
vedrai incontanente, le caccio di corpo e dolle [17] mangiare
a questi cani. Né sta poi grande spazio che ella, si come
la giustizia e la potenzia d'Iddio vuole, come se morta non
fosse stata, risurge e da capo incomincia la dolorosa fug-
ga, e i cani e io a seguitarla; e avviene che ogni venerdì
in su questa ora io la giungo qui, e qui ne fo lo strazio
che vedrai; e gli altri dì non creder che noi riposiamo,
ma giungola [18] in altri luoghi ne' quali ella crudelmente contro a me pensò o operò; ed essendole d'amante divenuto nimico, come tu vedi, me la conviene in questa guisa tanti
anni seguitare quanti mesi ella fu contro a me crudele.
Adunque lasciami la divina giustizia mandare ad esecuzione, né ti volere opporre a quello che tu non potresti
contrastare. »

Nastagio, udendo queste parole, tutto timido divenuto
e quasi non avendo pelo addosso che arricciato non fosse,

15 *d'una... teco*: della tua stessa terra.
16 Altra nobile famiglia di Ravenna, pure menzionata nella
Commedia.
17 le do da.
18 la raggiungo.

tirandosi addietro e riguardando alla misera giovane, cominciò pauroso ad aspettare quello che facesse il cavaliere; il quale, finito il suo ragionare, a guisa d'un cane rabbioso, con lo stocco in mano corse addosso alla giovane, la quale inginocchiata e da' due mastini tenuta forte gli gridava mercé, e a quella con tutta sua forza diede per mezzo il petto [19] e passolla dall'altra parte. Il qual colpo come la giovane ebbe ricevuto, così cadde boccone, sempre piangendo e gridando: e il cavaliere, messo mano ad un coltello, quella aprì nelle reni, e fuori trattone il cuore e ogni altra cosa dattorno, a' due mastini il gittò, li quali affamatissimi incontanente il mangiarono. Né stette guari che la giovane, quasi niuna di queste cose stata fosse, subitamente si levò in piè e cominciò a fuggire verso il mare, e i cani appresso di lei sempre lacerandola: e il cavaliere, rimontato a cavallo e ripreso il suo stocco, la cominciò a seguitare, e in picciola ora si dileguarono in maniera che più Nastagio non gli poté vedere.

Il quale, avendo queste cose vedute, gran pezza stette tra pietoso e pauroso, e dopo alquanto gli venne nella mente questa cosa dovergli molto poter valere,[20] poi che ogni venerdì avvenia; per che, segnato il luogo, a' suoi famigli se ne tornò, e appresso, quando gli parve, mandato per [21] più suoi parenti e amici, disse loro: « Voi m'avete lungo tempo stimolato che io d'amare questa mia nemica mi rimanga e ponga fine al mio spendere, e io son presto di farlo dove voi una grazia m'impetriate, la quale è questa: che venerdì che viene voi facciate sì che messer Paolo Traversari e la moglie e la figliuola e tutte le donne lor parenti, e altre chi vi piacerà, qui sieno a desinar meco. Quello per che io questo voglia, voi il vedrete allora. »

A costor parve questa assai piccola cosa a dover fare e promissongliele; e a Ravenna tornati, quando tempo fu, coloro invitarono li quali Nastagio voleva, e come che dura cosa fosse [22] il potervi menare la giovane da Nastagio amata,

19 *diede... petto*: la colpì in mezzo al petto.

20 *questa... valere*: che questo episodio, questo spettacolo gli sarebbe potuto servire molto.

21 *mandato per*: mandarti a chiamare.

22 *come... fosse*: sebbene fosse difficile.

pur v'andò con gli altri insieme. Nastagio fece magnificamente apprestare da mangiare, e fece le tavole mettere
sotto i pini dintorno a quel luogo dove veduto aveva lo
strazio della crudel donna; e fatti mettere gli uomini e
le donne a tavola, sì ordinò, che appunto la giovane amata
da lui fu posta a sedere dirimpetto al luogo dove doveva
il fatto intervenire. Essendo adunque già venuta l'ultima
vivanda, e [23] il romore disperato della cacciata [24] giovane da
tutti fu cominciato ad udire; di che maravigliandosi forte
ciascuno e domandando che ciò fosse, e niun sappiendol
dire, levatisi tutti diritti e riguardando che ciò potesse essere, videro la dolente giovane e 'l cavaliere e' cani; né
guari stette che essi tutti furon quivi tra loro. Il romore
fu fatto grande e a' [25] cani e al cavaliere, e molti per aiutare la giovane si fecero innanzi; ma il cavaliere, parlando
loro come a Nastagio aveva parlato, non solamente gli
fece indietro tirare, ma tutti gli spaventò e riempié di maraviglia; e faccendo quello che altra volta aveva fatto,
quante donne v'avea (ché ve ne avea assai che parenti erano state e della dolente giovane e del cavaliere e che si ri-
cordavano e dell'amore e della morte di lui) tutte così
miseramente piagnevano come se a sé medesime quello
avesser veduto fare. La qual cosà al suo termine fornita,[26]
e andata via la donna e 'l cavaliere, mise costoro che ciò
veduto aveano in molti e vari ragionamenti; ma tra gli
altri che più di spavento ebbero, fu la crudel giovane da
Nastagio amata, la quale ogni cosa distintamente veduta
avea e udita, e conosciuto che a sé più che ad altra persona che vi fosse queste cose toccavano, ricordandosi della
crudeltà sempre da lei usata verso Nastagio; per che già
le parea fuggir dinanzi da lui adirato e avere i mastini a'
fianchi. E tanta fu la paura che di questo le nacque, che,
acciò che questo a lei non avvenisse, prima tempo non si
vide, il quale quella medesima sera prestato le fu, che [27]

23 *e*: ecco che (paraipotassi).
24 inseguita come preda di caccia.
25 *Il... a'*: tutti gridavano forte contro i.
26 *al... fornita*: giunta al suo termine.
27 *prima... che*: non appena le si presentò l'occasione, e fu
la sera stessa.

ella, avendo l'odio in amore tramutato, una sua fida cameriera segretamente a Nastagio mandò, la quale da parte di lei il pregò che gli dovesse piacer d'andare a lei, per ciò ch'ella era presta di far tutto ciò che fosse piacer di lui. Alla qual Nastagio fece rispondere che questo gli era a grado molto, ma che, dove le piacesse, con onor di lei voleva il suo piacere, e questo era sposandola per moglie. La giovane, la qual sapeva che da altrui che da lei rimaso non era che moglie di Nastagio stata non fosse,[28] gli fece risponder che le piacea. Per che, essendo ella medesima la messaggera,[29] al padre e alla madre disse che era contenta d'essere sposa di Nastagio, di che essi furon contenti molto: e la domenica seguente Nastagio sposatala e fatte le sue nozze, con lei più tempo lietamente visse. E non fu questa paura cagione solamente di questo bene, anzi sì tutte le ravignane[30] donne paurose ne divennero, che sempre poi troppo più arrendevoli a' piaceri degli uomini furono che prima state non erano.

28 *da altrui... fosse*: non era dipeso da nessun altro che da lei il fatto di non essere diventata la moglie di Nastagio.

29 *essendo... messaggera*: facendo lei stessa la domanda di matrimonio.

30 ravennati.

Novella nona

FEDERICO DEGLI ALBERIGHI AMA E NON É AMATO, E IN
CORTESIA SPENDENDO, SI CONSUMA;[1] E RIMANGLI UN SOL
FALCONE, IL QUALE, NON AVENDO ALTRO, DÀ A MANGIARE
ALLA SUA DONNA VENUTAGLI A CASA; LA QUAL CIÒ
SAPPIENDO, MUTATA D'ANIMO, IL PRENDE PER MARITO
E FALLO RICCO.[2]

Era già di parlar ristata Filomena, quando la reina,
avendo veduto che più niuno a dover dire, se non Dioneo per lo suo privilegio, v'era rimaso, con lieto viso disse:

A me omai appartiene di ragionare; e io, carissime donne, da una novella simile in parte alla precedente il farò
volentieri, non acciò solamente che conosciate quanto la
vostra vaghezza possa ne' cuor gentili, ma perché appren-
diate d'esser voi medesime, dove si conviene, donatrici
de' vostri guiderdoni,[3] senza lasciarne sempre esser la fortuna guidatrice; la quale non discretamente,[4] ma, come s'avviene, smoderatamente il più delle volte dona.

Dovete adunque sapere che Coppo di Borghese Dome-
nichi, il qual fu nella nostra città, e forse ancora è, uomo
di grande e di reverenda autorità ne' dì nostri, e per costumi e per virtù, molto più che per nobiltà di sangue,
chiarissimo e degno d'eterna fama, essendo già d'anni pieno, spesse volte delle cose passate co' suoi vicini e con
altri si dilettava di ragionare: la qual cosa egli meglio
e con più ordine e con maggior memoria e ornato parlare
che altro uom seppe fare. Era usato di dire, tra l'altre
sue belle cose, che in Firenze fu già un giovane chiamato
Federigo di messer Filippo Alberighi, in opera d'arme e
in cortesia pregiato sopra ogn'altro donzel di Toscana. Il
quale, sì come il più[5] de' gentili uomini avviene, d'una

1 *si consuma*: va in rovina.
2 Contatti generici con leggende orientali e resoconti cronistici
convincono a ritenere originale la narrazione boccacciana, che tutt'al
più deve alla tradizione ovidiana (*Metam.*, VIII, 611 sgg.) qualche
isolato spunto contenutistico.
3 premi.
4 *non discretamente*: senza discernimento.
5 *il più*: per lo più.

gentil donna chiamata monna Giovanna s'innamorò, ne' suoi tempi tenuta delle più belle donne e delle più leggiadre che in Firenze fossero; e acciò che egli l'amor di lei acquistar potesse, giostrava, armeggiava, faceva feste e donava,[6] e il suo senza alcuno ritegno spendeva; ma ella, non meno onesta che bella, niente di queste cose per lei fatte, né di colui si curava che le faceva. Spendendo adunque Federigo oltre ad ogni suo potere molto e niente acquistando,[7] sì come di leggiere[8] avviene, le ricchezze mancarono ed esso rimase povero, senza altra cosa essergli rimasa che un suo poderetto piccolo, delle rendite del quale strettissimamente[9] vivea, e oltre a questo un suo falcone de' migliori del mondo. Per che, amando più che mai né parendogli più potere esser cittadino[10] come disiderava, a Campi, là dove il suo poderetto era, se n'andò a stare. Quivi, quando poteva, uccellando e senza alcuna persona richiedere, pazientemente la sua povertà comportava.[11]

Ora avvenne un dì che, essendo così Federigo divenuto allo stremo,[12] che il marito di monna Giovanna infermò, e veggendosi alla morte venire, fece testamento; ed essendo ricchissimo, in quello lasciò suo erede un suo figliuolo già grandicello, e appresso questo,[13] avendo molto amata monna Giovanna, lei, se avvenisse che il figliuolo senza erede legittimo morisse, suo erede sostituì, e morissi. Rimasa adunque vedova monna Giovanna, come usanza è delle nostre donne, l'anno di state[14] con questo suo figliuolo se n'andava in contado ad una sua possessione assai vicina a quella di Federigo; per che avvenne che questo garzoncello s'incominciò a dimesticare con Federigo e a dilettarsi d'uccelli e di cani; e avendo veduto molte volte il falcone di Federigo volare, istranamente[15] piacendogli, forte disiderava

6 giostrava... donava: partecipava a tornei, dava feste, elargiva doni.
7 niente acquistando: senza trarre vantaggio (dal suo amore).
8 di leggiere: facilmente.
9 in grandi ristrettezze.
10 potere esser cittadino: vivere dignitosamente in città.
11 sopportava.
12 divenuto allo stremo: ridotto in miseria.
13 appresso questo: dopo di lui.
14 l'anno di state: ogni anno d'estate.
15 straordinariamente.

d'averlo, ma pure non s'attentava [16] di domandarlo, veggendolo a lui esser cotanto caro. E così stando la cosa, avvenne che il garzoncello infermò; di che la madre dolorosa molto, come colei che più non n'avea [17] e lui amava quanto più si poteva, tutto 'l dì standogli dintorno non ristava di confortarlo, e spesse volte il domandava se alcuna cosa era la quale egli disiderasse, pregandolo gliele dicesse, che per certo, se possibile fosse ad avere, procaccerebbe come l'avesse.[18] Il giovanetto, udite molte volte queste proferte, disse : « Madre mia, se voi fate che io abbia il falcone di Federigo, io mi credo prestamente guerire. »

La donna, udendo questo, alquanto sopra sé stette,[19] e cominciò a pensar quello che far dovesse. Ella sapeva che Federigo lungamente l'aveva amata, né mai da lei una sola guatatura [20] aveva avuta, per che ella diceva : « Come manderò io o andrò a domandargli questo falcone, che è, per quel che io oda, il migliore che mai volasse, e oltre a ciò il mantien nel mondo? [21] e come sarò io sì sconoscente, che ad un gentil uomo, al quale niuno altro diletto è più rimaso, io questo gli voglia torre? » E in così fatto pensiero impacciata, come che [22] ella fosse certissima d'averlo se 'l domandasse, senza saper che dovere dire, non rispondeva al figliuolo, ma si stava.[23]

Ultimamente tanto la vinse l'amor del figliuolo, che ella seco dispose, per contentarlo, che che esser ne dovesse, di non mandare, ma d'andare ella medesima per esso [24] e di recargliele, e risposegli : « Figliuol mio, confortati e pensa di guerire di forza,[25] ché io ti prometto che la prima cosa che io farò domattina, io andrò per esso e sì il ti recherò. » Di che il fanciullo lieto, il dì medesimo mostrò alcun miglioramento.

16 *non s'attentava* : non osava.
17 *che più non n'avea* : che aveva quell'unico figlio.
18 *procaccerebbe come l'avesse* : troverebbe il modo di averlo.
19 *sopra sé stette* : restò sopra pensiero.
20 occhiata.
21 *il mantien nel mondo* : gli procaccia di che vivere.
22 *come che* : benché.
23 *si stava* : rimaneva indecisa.
24 *per esso* : cioè, per il falcone.
25 *pensa... forza* : cerca di guarire ad ogni costo.

La donna la mattina seguente, presa un'altra donna in compagnia, per modo di diporto [26] se n'andò alla piccola casetta di Federigo e fecelo addimandare. Egli, per ciò che non era tempo, né era stato a quei dì, d'uccellare,[27] era in un suo orto e faceva certi suoi lavorietti acconciare; il quale, udendo che monna Giovanna il domandava alla porta, maravigliandosi forte, lieto là corse.

La quale, vedendol venire, con una donnesca [28] piacevolezza levatagli incontro, avendola già Federigo reverentemente salutata, disse: « Bene stea Federigo! »; e seguitò: « Io son venuta a ristorarti [29] de' danni li quali tu hai già avuti per me, amandomi più che stato non ti sarebbe bisogno; e il ristoro è cotale,[30] che io intendo con questa mia compagna insieme desinar teco dimesticamente [31] stamane. »

Alla qual Federigo umilmente rispose: « Madonna, niun danno mi ricorda mai aver ricevuto per voi, ma tanto di bene, che, se io mai alcuna cosa valsi, per lo vostro valore e per l'amore che portato v'ho avvenne. E per certo questa vostra liberale [32] venuta m'è troppo più cara che non sarebbe se da capo mi fosse dato da spendere quanto per addietro ho già speso, come che a povero oste siate venuta »; [33] e così detto, vergognosamente dentro alla sua casa la ricevette, e di quella nel suo giardino la condusse, e quivi non avendo a cui farle tener compagnia ad altrui,[34] disse: « Madonna, poi che altri non c'è, questa buona donna moglie di questo lavoratore [35] vi terrà compagnia, tanto che io vada a far metter la tavola. »

Egli, con tutto che la sua povertà fosse strema, non s'era ancor tanto avveduto, quanto bisogno gli facea,[36] che

26 *per modo di diporto*: come se andasse a passeggio.
27 andare a caccia col falcone.
28 gentile.
29 ricompensarti.
30 *il ristoro è cotale*: questa è la ricompensa.
31 alla buona.
32 cortese.
33 *come che... venuta*: benché il vostro ospite sia povero.
34 *non... altrui*: non avendo altre persone da cui farle tener compagnia.
35 contadino.
36 *quanto... facea*: quanto era necessario.

egli avesse fuor d'ordine [37] spese le sue ricchezze; ma questa
mattina niuna cosa trovandosi di che potere onorar la donna, per amore della quale egli già infiniti uomini onorati
avea, il fé ravvedere; e oltre modo angoscioso, seco stesso
maladicendo la sua fortuna, come uomo che fuor di sé
fosse, or qua e or là trascorrendo, né denari né pegno trovandosi, essendo l'ora tarda e il disidero grande di pure
onorare d'alcuna cosa la gentil donna, e non volendo,
non che altrui, ma il lavorator suo stesso richiedere,[38] gli
corse agli occhi il suo buon falcone, il quale nella sua saletta vide sopra la stanga; per che, non avendo a che altro ricorrere, presolo e trovatolo grasso, pensò lui esser
degna vivanda di cotal donna. E però, senza più pensare,
tiratogli il collo, ad una sua fanticella il fé prestamente,
pelato e acconcio, mettere in uno schidone [39] e arrostir diligentemente; e messa la tavola con tovaglie bianchissime,
delle quali alcuna ancora avea, con lieto viso ritornò alla
donna nel suo giardino, e il desinare, che per lui [40] far si
potea, disse essere apparecchiato. Laonde la donna con
la sua compagna levatasi andarono a tavola, e senza sapere che si mangiassero, insieme con Federigo, il quale
con somma fede [41] le serviva, mangiarono il buon falcone.

E levate da tavola e alquanto con piacevoli ragionamenti con lui dimorate, parendo alla donna tempo di dire
quello per che andata era, così benignamente verso Federigo cominciò a parlare: «Federigo, ricordandoti tu della
tua preterita [42] vita e della mia onestà, la quale per avventura tu hai reputata durezza e crudeltà, io non dubito punto che tu non ti debbi maravigliare della mia presunzione,[43]
sentendo quello per che principalmente qui venuta sono;
ma se figliuoli avessi o avessi avuti, per li quali potessi conoscere di quanta forza sia l'amor che lor si porta, mi parrebbe esser certa che in parte m'avresti per iscusata. Ma

37 *fuor d'ordine*: smodatamente.
38 *non volendo... richiedere*: non volendo domandare aiuto
non solo ad estranei, ma neppure al suo stesso colono.
39 spiedo.
40 *per lui*: da parte sua.
41 ossequio.
42 passata.
43 temerarietà.

come che tu non n'abbia, io che n'ho uno, non posso però
le leggi comuni dell'altre madri fuggire; le cui forze seguir convenendomi, mi conviene, oltre al piacer mio [44] e oltre ad ogni convenevolezza e dovere, chiederti un dono,
il quale io so che sommamente t'è caro : ed è ragione,[45] per
ciò che niuno altro diletto, niuno altro diporto, niuna consolazione lasciata t'ha la tua strema fortuna; [46] e questo dono
è il falcon tuo, del quale il fanciul mio è sì forte invaghi-
to, che, se io non gliele porto, io temo che egli non aggra-
vi tanto nella infermità la quale ha, che poi ne segua cosa
per la quale io il perda. E per ciò io ti priego, non per
lo amore che tu mi porti, al quale tu di niente se' tenuto,[47]
ma per la tua nobiltà, la quale in usar cortesia s'è maggiore che in alcuno altro mostrata, che ti debbia piacere
di donarlomi, acciò che io per questo dono possa dire
d'avere ritenuto [48] in vita il mio figliuolo, e per quello aver-
loti sempre obligato. »

Federigo, udendo ciò che la donna addomandava e sentendo [49] che servir non ne la potea, per ciò che mangiare gliele avea dato, cominciò in presenza di lei a piagnere anzi
che alcuna parola risponder potesse; il qual pianto la donna
prima credette che da dolore di dover da sé dipartire
il buon falcon divenisse,[50] più che da altro, e quasi fu per
dire che nol volesse; ma pur sostenutasi,[51] aspettò dopo il
pianto la risposta di Federigo, il quale così disse : « Madonna, poscia che a Dio piacque che io in voi ponessi il
mio amore, in assai cose m'ho reputata la fortuna contraria e sonmi di lei doluto; ma tutte sono state leggieri a
rispetto di quello che ella mi fa al presente, di che io mai
pace con lei aver non debbo, pensando che voi qui alla
mia povera casa venuta siete, dove, mentre che [52] ricca fu,
venir non degnaste, e da me un picciol don vogliate, ed

44 *oltre... mio* : contro la mia volontà.
45 *è ragione* : è giusto.
46 *la... fortuna* : il tuo povero stato.
47 *al... tenuto* : al quale tu non devi niente.
48 mantenuto.
49 sapendo.
50 derivasse.
51 fattasi forza.
52 *mentre che* : finché.

ella abbia sì fatto che io donar nol vi possa; e perché questo esser non possa vi dirò brievemente. Come io udii che voi, la vostra mercé, meco desinar volavate, avendo riguardo alla vostra eccellenzia e al vostro valore, reputai degna e convenevole cosa che con più cara[53] vivanda secondo la mia possibilità io vi dovessi onorare, che con quelle che generalmente per l'altre persone s'usano: per che, ricordandomi del falcon che mi domandate e della sua bontà, degno cibo da voi il reputai, e questa mattina arrostito l'avete avuto in sul tagliere,[54] il quale io per ottimamente allogato avea; ma, vedendo ora che in altra maniera il disideravate, m'è sì gran duolo che servir non ve ne posso, che mai pace non me ne credo dare. »

E questo detto, le penne e i piedi e 'l becco le fé in testimonianza di ciò gittare avanti. La quale cosa la donna vedendo e udendo, prima il biasimò d'aver per dar mangiare ad una femina ucciso un tal falcone, e poi la grandezza dello animo suo, la quale la povertà non avea potuto né potea rintuzzare,[55] molto seco medesima commendò;[56] poi, rimasa fuor della speranza d'avere il falcone, e per quello della salute del figliuolo entrata in forse, ringraziando Federigo dell'onor fattole e del suo buon volere, tutta malinconosa si dipartì e tornossi al figliuolo. Il quale, o per malinconia che il falcone aver non potea o per la 'nfermità che pure a ciò il dovesse aver condotto, non trapassar molti giorni che egli, con grandissimo dolor della madre, di questa vita passò.

La quale, poi che piena di lagrime e d'amaritudine fu stata alquanto, essendo rimasa ricchissima e ancora giovane, più volte fu da' fratelli costretta[57] a rimaritarsi; la quale, come che voluto non avesse, pur veggendosi infestare,[58] ricordatasi del valore di Federigo e della sua magnificenzia ultima, cioè d'avere ucciso un così fatto falcone per onorarla, disse a' fratelli: « Io volentieri, quan-

53 preziosa.
54 piatto.
55 contrastare.
56 lodò.
57 sollecitata.
58 *pur... infestare*: vedendosi continuamente seccare.

do vi piacesse, senza rimaritarmi mi starei; ma se a voi pur piace che io marito prenda, per certo io non ne prenderò mai alcuno altro, se io non ho Federigo degli Alberighi. »

Alla quale i fratelli, faccendosi beffe di lei, dissero: « Sciocca, che è ciò che tu di'? come vuoi tu lui che non ha cosa del mondo? »[59]

A' quali ella rispose: « Fratelli miei, io so bene che così è come voi dite, ma io voglio avanti uomo che abbia bisogno di ricchezza, che ricchezza che abbia bisogno d'uomo. »

Li fratelli, udendo l'animo di lei e conoscendo Federigo da molto,[60] quantunque povero fosse, sì come ella volle, lei con tutte le sue ricchezze gli donarono; il quale così fatta donna e cui egli cotanto amata avea, per moglie vedendosi, e oltre a ciò ricchissimo, in letizia con lei, miglior massaio[61] fatto, terminò gli anni suoi.

59 *cosa del mondo*: bene alcuno.
60 *da molto*: di grande valore.
61 amministratore.

PIETRO DI VINCIOLO [1] VA A CENARE ALTROVE; [2] LA DONNA
SUA SI FA VENIRE UN GARZONE; TORNA PIETRO; ELLA IL
NASCONDE SOTTO UNA CESTA DA POLLI; PIETRO DICE
ESSERE STATO TROVATO IN CASA D'ERCOLANO, CON CUI
CENAVA, UN GIOVANE MESSOVI DALLA MOGLIE; LA DONNA
BIASIMA LA MOGLIE D'ERCOLANO; UNO ASINO PER ISCIAGURA
PON PIEDE IN SU LE DITA DI COLUI CHE ERA SOTTO LA
CESTA; EGLI GRIDA; PIETRO CORRE LÀ, VEDOLO, COGNOSCE LO
'NGANNO DELLA MOGLIE, CON LA QUALE ULTIMAMENTE
RIMANE IN CONCORDIA PER LA SUA TRISTEZZA.[3]

Il ragionare della reina era al suo fine venuto, essendo
lodato da tutti Iddio che degnamente avea guiderdonato
Federigo, quando Dioneo, che mai comandamento non
aspettava, incominciò:

Io non so s'io mi dica che sia accidental vizio e per
malvagità di costume ne' mortali sopravenuto, o se pure
è della natura peccato,[4] il rider più tosto delle cattive cose
che delle buone opere, e spezialmente quando quelle cotali a noi non pertengono.[5] E per ciò che la fatica, la quale altra volta ho impresa e ora son per pigliare, a niuno
altro fine riguarda se non a dovervi torre malinconia, e
riso e allegrezza porgervi, quantunque la materia della
mia seguente novella, innamorate giovani, sia in parte meno che onesta, però che diletto può porgere, ve la pur
dirò; e voi, ascoltandola, quello ne fate che usate siete di
fare quando ne' giardini entrate, che, distesa la dilicata
mano, cogliete le rose e lasciate le spine stare: il che farete, lasciando il cattivo uomo con la mala ventura stare
con la sua disonestà, e liete riderete degli amorosi ingan-

1 I Vincioli erano una nota famiglia di Perugia.
2 fuori di casa.
3 *per la sua tristezza*: a causa del suo tristo vizio (di omosessuali-
tà). La rielaborazione del Boccaccio innesta su un famoso episodio
apuleiano (*Metam.*, IX, 14-28) la materia di un anonimo poemetto
latino tardomedioevale.
4 *della natura peccato*: difetto innato.
5 *a noi non pertengono*: non ci riguardano.

ni della sua donna, compassione avendo all'altrui sciagure, dove bisogna.

Fu in Perugia, non è ancora molto tempo passato, un ricco uomo chiamato Pietro di Vinciolo, il quale, forse più per ingannare altrui e diminuire la generale oppinion di lui avuta da tutti i perugini, che per vaghezza che egli n'avesse, prese moglie; e fu la fortuna conforme al suo appetito in questo modo, che la moglie la quale egli prese era una giovane compressa, di pelo rosso e accesa,[6] la quale due mariti più tosto che uno avrebbe voluti, là dove ella s'avvenne a uno che molto più ad altro[7] che a lei l'animo avea disposto. Il che ella in processo di tempo conoscendo, e veggendosi bella e fresca, e sentendosi gagliarda e poderosa, prima se ne cominciò forte a turbare e ad averne col marito di sconce parole[8] alcuna volta, e quasi continuo mala vita; poi, veggendo che questo, suo consumamento più tosto che ammendamento della cattività del marito potrebbe essere,[9] seco stessa disse : « Questo dolente[10] abbandona me per volere con le sue disonestà andare in zoccoli per l'asciutto, e io m'ingegnerò di portare altrui in nave per lo piovoso.[11] Io il presi per marito e diedigli grande e buona dota sappiendo che egli era uomo e credendol vago di quello che sono e deono esser vaghi gli uomini; e se io non avessi creduto ch'e' fosse stato uomo, io non lo avrei mai preso. Egli che sapeva che io era femmina, perché per moglie mi prendeva se le femine contro all'animo gli erano? Questo non è da sofferire. Se io non avessi voluto essere al mondo, io mi sarei fatta monaca; e volendoci essere, come io voglio e sono, se io aspetterò diletto o piacere di costui, io potrò per avventura invano aspettando invecchiare; e quando io sarò vecchia, ravveden-

6 *compressa... accesa* : ben messa, robusta, con capelli rossi e di colorito vivo.

7 Allude alle tendenze omosessuali del personaggio.

8 *di sconce parole* : dei litigi.

9 *questo... essere* : tale suo comportamento avrebbe rovinato lei più che corretto il vizio del marito.

10 disgraziato, sciagurato.

11 *per lo piovoso* : si descrive con due metafore l'amore contro e quello secondo natura.

domi, indarno mi dorrò d'avere la mia giovinezza perduta, alla qual dover consolare m'è egli assai buono maestro e dimostratore in farmi dilettare di quello che egli si diletta: [12] il qual diletto fia a me laudevole, dove biasimevole è forte a lui: io offenderò le leggi sole, dove egli offende le leggi e la natura. » Avendo adunque la buona donna così fatto pensiero avuto, e forse più d'una volta, per dare segretamente a ciò effetto, si dimesticò con una vecchia che pareva pur Santa Verdiana che dà beccare alle serpi,[13] la quale sempre co' paternostri [14] in mano andava ad ogni perdonanza,[15] né mai d'altro che della vita de' Santi Padri ragionava e delle piaghe di San Francesco, e quasi da tutti era tenuta una santa. E quando tempo le parve, l'aperse la sua intenzion compiutamente; a cui la vecchia disse: « Figliuola mia, sallo Iddio che sa tutte le cose, che tu molto ben fai; e quando per niuna altra cosa il facessi, sì 'l dovresti far tu e ciascuna giovane per non perdere il tempo della vostra giovinezza, per ciò che niun dolore è pari a quello, a chi conoscimento ha, che è d'avere il tempo perduto. E da che diavol siam noi [16] poi, quando noi siam vecchie, se non da guardare la cenere intorno al focolare? Se niuna il sa o ne può rendere testimonianza, io sono una di quelle; che ora che vecchia sono, non senza grandissime e amare punture d'animo conosco, e senza pro, il tempo che andar lasciai: e benché io nol perdessi tutto, ché non vorrei che tu credessi che io fossi stata una milensa,[17] io pur non feci ciò che io avrei potuto fare, di che quand'io mi ricordo, veggendomi fatta come tu mi vedi, che non troverrei chi mi desse fuoco a cencio,[18] Dio il sa che dolo-

12 *che egli si diletta*: di cui egli stesso si compiace (cioè i bei giovani).
13 *Santa... serpi*: la leggenda di santa Verdiana diceva che, per la sua grandisima devozione, ella aveva nutrito le serpi inviatele da Dio per tentarla.
14 rosari.
15 indulgenza.
16 *da... noi*: di che siamo capaci.
17 stupida.
18 *mi... cencio*: fosse disposto a farmi il minimo favore. Nel contado toscano si usava andare a prendere fuoco dalle case vicine con un cencio, per far risparmiare anche i tizzoni o i carboni.

re io sento. Degli uomini non avvien così: essi nascon buoni a mille cose, non pure [19] a questa, e la maggior parte sono da molto più vecchi che giovani; ma le femine a niuna altra cosa che a far questo e figliuoli ci nascono, e per questo son tenute care. E se tu non te ne avvedessi ad [20] altro, sì te ne dei tu avvedere a questo, che noi siam sempre apparecchiate a ciò, che degli uomini non avviene: e oltre a questo una femina stancherebbe molti uomini, dove molti uomini non possono una femina stancare; e per ciò che a questo siam nate, da capo ti dico che tu farai molto bene a rendere al marito tuo pan per focaccia, sì che l'anima tua non abbia in vecchiezza che rimproverare alle carni. Di questo mondo ha ciascun tanto quanto egli se ne toglie, e spezialmente le femine, alle quali si conviene troppo più d'adoperare il tempo quando l'hanno che agli uomini, per ciò che tu puoi vedere, quando c'invecchiamo, né marito né altri ci vuol vedere, anzi ci cacciano in cucina a dir delle favole con la gatta, e a noverare le pentole e le scodelle; e peggio, che noi siamo messe in canzone e dicono: ‹Alle giovani i buon bocconi, e alle vecchie gli stranguglioni›,[21] e altre lor cose assai ancora dicono. E acciò che io non ti tenga più in parole, ti dico infino ad ora che tu non potevi a persona del mondo scoprire l'animo tuo che più utile ti fosse di me, per ciò che egli non è alcun sì forbito,[22] al quale io non ardisca di dire ciò che bisogna, né sì duro o zotico, che io non ammorbidisca bene e rechilo a ciò che io vorrò. Fa pure che tu mi mostri qual ti piace, e lascia poi fare a me: ma una cosa ti ricordo, figliuola mia, che io ti sia raccomandata, per ciò che io son povera persona, e io voglio infino ad ora che tu sii partefice di tutte le mie perdonanze e di quanti paternostri io dirò, acciò che Iddio gli faccia lume e candela a' morti tuoi »;[23] e fece fine.

19 solo.
20 *avvedessi ad*: accorgessi da.
21 bocconi che soffocano.
22 raffinato.
23 *gli... tuoi*: li tenga in considerazione come lumi e candele accese in onore dei tuoi morti.

Rimase adunque la giovane in questa concordia [24] con la vecchia, che se veduto le venisse un giovinetto, il quale per quella contrada molto spesso passava, del quale tutti i segni le disse, che ella sapesse quello che avesse a fare: e datale un pezzo di carne salata, la mandò con Dio. La vecchia, non passar molti dì, occultamente le mise colui, di cui ella detto l'aveva, in camera, e ivi a poco tempo un altro, secondo che alla giovane donna ne venivan piacendo; la quale in cosa che far potesse intorno a ciò, sempre del marito temendo, non ne lasciava a far tratto.[25] Avvenne che, dovendo una sera andare a cena il marito con un suo amico, il quale aveva nome Ercolano, la giovane impose alla vecchia che facesse venire a lei un garzone, che era de' più belli e de' più piacevoli di Perugia; la quale prestamente così fece. Ed essendosi la donna col giovane posti a tavola per cenare, ed ecco Pietro chiamò all'uscio che aperto gli fosse. La donna, questo sentendo, si tenne [26] morta; ma pur volendo, se potuto avesse, celare il giovane, non avendo accorgimento di mandarlo o di farlo nascondere in altra parte, essendo una sua loggetta vicina alla camera nella quale cenavano, sotto una cesta da polli, che v'era, il fece ricoverare, e gittovvi suso un pannaccio d'un saccone che aveva fatto il dì votare; e questo fatto, prestamente fece aprire al marito.

Al quale entrato in casa ella disse : « Molto tosto l'avete voi trangugiata, questa cena. »

Pietro rispose : « Non l'abbiam noi assaggiata. »

« E come è stato così ? » disse la donna.

Pietro allora disse : « Dirolti. Essendo noi già posti a tavola, Ercolano e la moglie e io, e noi sentimmo presso di noi starnutire, di che noi né la prima volta né la seconda ce ne curammo; ma quegli che starnutito avea, starnutendo ancora la terza volta e la quarta e la quinta e molte altre, tutti ci fece maravigliare; di che Ercolano, che alquanto turbato con la moglie era, per ciò che gran pezza ci avea fatti stare all'uscio senza aprirci, quasi con furia disse : ‹ Questo che vuol dire ? chi è questi

24 intesa, accordo.
25 *non... tratto* : non perdeva occasione di farlo.
26 credette.

che così starnutisce?›; e levatosi da tavola, andò verso
una scala la quale assai vicina v'era, sotto la quale era un
chiuso[27] di tavole, vicino al piè della scala, da riporvi, chi
avesse voluto, alcuna cosa, come tutto dì veggiamo che
fanno far coloro che le lor case acconciano. E parendogli
che di quindi venisse il suono dello starnuto, aperse un
usciuolo il qual v'era; e come aperto l'ebbe, subitamente
n'uscì fuori il maggior puzzo di solfo del mondo, benché
davanti, essendocene venuto puzzo e ramaricaticene,[28] aveva
detto la donna: ‹Egli è che dianzi io imbiancai miei veli
col solfo, e poi la tegghiuzza,[29] sopra la quale sparto l'avea
perché il fummo ricevessero, io la misi sotto quella scala,
sì che ancora ne viene.›[30] E poi che Ercolano aperto ebbe
l'usciuolo e sfogato fu alquanto il puzzo, guardando dentro vide colui il quale starnutito avea e ancora starnutiva,
a ciò la forza del solfo strignendolo:[31] e come che egli star-
nutisse, gli aveva già il solfo sì il petto serrato,[32] che poco
a stare avea che né starnutito né altro non avrebbe mai.
Ercolano, vedutolo, gridò: ‹Or veggio, donna, quello per
che poco avanti, quando ce ne venimmo, tanto tenuti fuor
della porta, senza esserci aperto, fummo; ma non abbia
io mai cosa che mi piaccia, se io non te ne pago.› Il
che la donna udendo, e vedendo che 'l suo peccato era palese, senza alcuna scusa fare, levatasi da tavola si fuggì,
né so ove se n'andasse. Ercolano, non accorgendosi che la
moglie si fuggia, più volte disse a colui che starnutiva
che egli uscisse fuori; ma quegli, che già più non poteva,
per cosa che Ercolano dicesse non si movea; laonde Ercolano, presolo per l'uno de' piedi, nel tirò fuori, e correva
per[33] un coltello per ucciderlo: ma io, temendo per me
medesima la signoria,[34] levatomi, non lo lasciai uccidere né
fargli alcun male, anzi gridando e difendendolo, fui cagione che quivi de' vicini trassero, li quali, preso il già

27 recinto.
28 essendocene lamentate.
29 recipiente di rame con l'interno stagnato.
30 esce l'odore.
31 costringedolo.
32 chiuso, oppresso.
33 in cerca di.
34 polizia.

vinto giovane, fuori della casa il portarono non so dove;
per le quali cose la nostra cena turbata, io non solamente non la ho trangugiata, anzi non l'ho pure assaggiata, come io dissi. »

Udendo la donna queste cose, conobbe che egli erano
dell'altre così savie come ella fosse, quantunque talvolta
sciagura ne cogliesse ad alcuna, e volentieri avrebbe con
parole la donna d'Ercolano difesa; ma, per ciò che col
biasimare il fallo altrui le parve dovere a' suoi far più libera via, cominciò a dire: « Ecco belle cose! ecco buona
e santa donna che costei dee essere! ecco fede d'onesta donna, ché mi sarei confessata da lei, sì spirital[35] mi pareva!
e peggio, che, essendo ella oggimai vecchia, dà molto buono essempio alle giovani. Che maladetta sia l'ora che ella
nel mondo venne, ed ella altressì che viver si lascia, per-
fidissima e rea femina che ella dee essere, universal vergogna e vitupero di tutte le donne di questa terra: la quale,
gittata via la sua onestà e la fede promessa al suo marito
e l'onor di questo mondo, lui, che è così fatto uomo e
così onorevole cittadino e che così bene la trattava, per
un altro uomo non s'è vergognata di vituperare, e se medesima insieme con lui. Se Dio mi salvi, di così fatte femine non si vorrebbe aver misericordia: elle si vorreb-
bero[36] occidere, elle si vorrebbon vive vive mettere nel fuoco e farne cenere. »

Poi, del suo amico ricordandosi, il quale ella sotto la
cesta assai presso di quivi aveva, cominciò a confortare Pietro che s'andasse al letto, per ciò che tempo n'era. Pietro,
che maggior voglia aveva di mangiare che di dormire,
domandava pur[37] se da cena cosa alcuna vi fosse, a cui la
donna rispondeva: « Sì da cena ci ha! noi siamo molto
usate di far da cena, quando tu non ci se'! sì, che io sono la moglie d'Ercolano! Deh che non vai dormi per istasera? quanto farai meglio! »

Avvenne che, essendo la sera certi lavoratori di Pietro
venuti con certe cose dalla villa, e avendo messi gli asini

35 pia, devota.
36 « Volere » è qui impiegato nel significato di « dovere » come
nel *vorrebbon* immediatamente successivo.
37 *domandava pur*: continuava a chiedere.

loro, senza dar lor bere, in una stalletta la quale allato
alla loggetta era, l'un degli asini, che grandissima sete avea,
tratto il capo del capestro, era uscito della stalla, e ogni
cosa andava fiutando, se [38] forse trovasse dell'acqua; e così
andando s'avvenne per me' la cesta [39] sotto la quale era il
giovinetto. Il quale avendo, per ciò che carpone gli conveniva stare, alquanto le dita dell'una mano stese in terra
fuor della cesta, tanta fu la sua ventura, o sciagura che
vogliam dire, che questo asino ve gli pose su piede, laonde egli, grandissimo dolor sentendo, mise un grande strido. Il quale udendo Pietro, si maravigliò e avvidesi ciò
esser dentro alla casa; per che, uscito della camera e sentendo ancora costui rammaricarsi, non avendogli ancora
l'asino levato il piè d'in su le dita, ma premendol tuttavia forte, disse: « Chi è là? » e corso alla cesta, e quella
levata, vide il giovinetto, il quale, oltre al dolore avuto
delle dita premute dal piè dell'asino, tutto di paura tremava che Pietro alcun male non gli facesse. Il quale essendo da Pietro riconosciuto, sì come colui a cui Pietro
per la sua cattività [40] era andato lungamente dietro, essendo
da lui domandato « che fai tu qui? » niente a ciò gli rispose, ma pregollo che per l'amor di Dio non gli dovesse
far male.

A cui Pietro disse: « Leva su, non dubitare che io alcun
mal ti faccia, ma dimmi come tu se' qui e perché. »

Il giovinetto gli disse ogni cosa; il qual Pietro, non meno
lieto d'averlo trovato che la sua donna dolente, presolo
per mano, con seco nel menò nella camera nella quale
la donna con la maggior paura del mondo l'aspettava; alla quale Pietro postosi a seder dirimpetto disse: « Or tu
maladicevi così testé la moglie d'Ercolano e dicevi che
arder si vorrebbe e che ella era vergogna di tutte voi: come
non dicevi di te medesima? o se di te dir non volevi,
come ti sofferiva l'animo: [41] di dir di lei, sentendoti quel medesimo aver fatto che ella fatto avea? Certo niuna altra
cosa vi ti induceva, se non che voi siete tutte così fatte,

38 *se*: per vedere se.
39 *s'avvenne... cesta*: diede contro, s'imbatté nella cesta.
40 vizio (cfr. più sotto *cattivo*).
41 *ti.. animo*: potevi avere il coraggio.

e con l'altrui colpe guatate [42] di ricoprire i vostri falli: che venir possa fuoco da cielo che tutte v'arda, generazion [43] pessima che voi siete. »

La donna, veggendo che nella prima giunta [44] altro male che di parole fatto non l'avea, e parendole conoscere lui tutto gogolare [45] per ciò che per man tenea un così bel giovinetto, prese cuore e disse: « Io ne son molto certa che tu vorresti che fuoco venisse da cielo che tutte ci ardesse, sì come colui che se' così vago di noi come il can delle mazze; ma alla croce di Dio egli non ti verrà fatto. Ma volentieri farei un poco ragione [46] con essoteco per sapere di che tu ti ramarichi: e certo io starei pur bene se tu alla moglie d'Ercolano mi volessi agguagliare, la quale è una vecchia picchiapetto spigolistra [47] e ha da lui ciò che ella vuole, e tienla cara come si dee tener moglie, il che a me non avviene. Ché, posto che io sia da te ben vestita e ben calzata, tu sai bene come io sto d'altro e quanto tempo egli è che tu non giacesti con meco; e io vorrei innanzi andar con gli stracci indosso e scalza, ed esser ben trattata da te nel letto, che aver tutte queste cose, trattandomi come tu mi tratti. E intendi sanamente, Pietro, che io son femina come l'altre, e ho voglia di quel che l'altre, sì che, perché io me ne procacci, non avendone da te, non è da dirmene male: almeno ti fo io cotanto d'onore, che io non mi pongo né con ragazzi né con tignosi. »

Pietro s'avvide che le parole non erano per venir meno in tutta notte; per che, come colui che poco di lei si curava, disse: « Or non più, donna; di questo ti contenterò io bene; farai tu gran cortesia di far che noi abbiamo da cena qualche cosa, ché mi pare che questo garzone altressì, ben com'io, non abbia ancor cenato. »

« Certo no, » disse la donna, « che egli non ha ancor

42 guardate; cercate.
43 stirpe.
44 *nella prima giunta*: al principio.
45 gongolare, rallegrarsi.
46 *farei... ragione*: discuterei un po'.
47 *picchiapetto spigolistra*: bigotta ipocrita (*picchiapetto* in senso di « penitente »).

cenato; ché quando tu nella tua mala ora venisti, ci po-
navam noi a tavola per cenare. »

« Or va dunque, » disse Pietro, « fa che noi ceniamo,
e appresso io disporrò di questa cosa in guisa che tu non
t'avrai che ramaricare. »

La donna levata su, udendo il marito contento, prestamente fatta rimetter la tavola, fece venir la cena la
quale apparecchiata avea, e insieme col suo cattivo marito e col giovane lietamente cenò. Dopo la cena, quello
che Pietro si divisasse a sodisfacimento di tutti e tre, m'è
uscito di mente; so io ben cotanto, che la mattina vegnente infino in su la Piazza fu il giovane, non assai certo
qual più stato si fosse la notte o moglie o marito, accompagnato. Per che così vi vo' dire, donne mie care, che
chi te la fa, fagliele; e se tu non puoi, tienloti a mente
fin che tu possa, acciò che quale asin dà in parete tal
riceva.

Essendo adunque la novella di Dioneo finita, meno per
vergogna dalle donne risa che per poco diletto,[1] e la reina
conoscendo che il fine del suo reggimento era venuto, levatasi in piè e trattasi la corona dello alloro, quella piacevolmente mise in capo ad Elissa, dicendole : « A voi,
madonna, sta omai il comandare. »

Elissa, ricevuto l'onore, sì come per addietro era stata
fatto, così fece ella : ché dato col siniscalco primieramente
ordine a ciò che bisogno facea per lo tempo della sua signoria, con contentamento della brigata disse : « Noi abbiamo già molte volte udito che con be' motti e con risposte pronte o con avvedimenti presti [2] molti hanno già saputo con debito morso rintuzzare gli altrui denti o i sopra-
vegnenti pericoli cacciar via; e per ciò che la materia è
bella e può essere utile, voglio che domane, con l'aiuto
di Dio, infra questi termini si ragioni, cioè ‹ di chi, con al-

---

1 meno... diletto : di cui le donne risero meno di quanto meri-
tasse più per il loro pudore che lo scarso piacere che avesse provocato.

2 avvedimenti presti : tempestivi accorgimenti.

cuno leggiadro motto tentato, si riscosse,[3] o con pronta risposta o avvedimento fuggì [4] perdita, pericolo o scorno ›. »

Questo fu commendato molto da tutti : per la qual cosa la reina, levatasi in piè, loro tutti infino all'ora della cena licenziò. L'onesta brigata, vedendo la reina levata, tutta si dirizzò, e, secondo il modo usato, ciascuno a quello che più diletto gli era si diede. Ma essendo già di cantare le cicale ristate,[5] fatto ogn'uom richiamare, a cena andarono : la quale con lieta festa fornita, a cantare e a sonare tutti si diedero. E avendo già, con volere della reina, Emilia una danza presa, a Dioneo fu comandato che cantasse una canzone; il quale prestamente cominciò : *Monna Aldruda, levate la coda, ché buone novelle vi reco.*[6] Di che tutte le donne cominciarono a ridere, e massimamente la reina, la quale gli comandò che quella lasciasse e dicessene un'altra. Disse Dioneo : « Madonna, se io avessi cembalo io direi : *Alzatevi i panni, monna Lapa*; o *Sotto l'ulivello è l'erba*; o voleste voi che io dicessi : *L'onda del mare mi fa sì gran male?* ma io non ho cembalo, e per ciò vedete voi qual voi volete di queste altre. Piacerebbevi : *Escici fuor che sia tagliato, com'un mio [7] in su la campagna?* »

Disse la reina : « No, dinne un'altra. »

« Dunque, » disse Dioneo, « dirò io : *Monna Simona imbotta [8] imbotta, e' non è del mese d'ottobre.* »

La reina ridendo, disse : « Deh in malora! dinne una bella, se tu vogli, ché noi non vogliam cotesta. »

Disse Dioneo : « No, madonna, non ve ne fate male : [9] pur qual più vi piace? io ne so più di mille. O volete : *Questo mio nicchio s'io nol picchio*; o, *Deh fa pian, marito mio*; o *Io mi comperai un gallo delle lire cento?* »

---

3 *tentato, si riscosse* : provocato, si difese.

4 evitò.

5 *essendo... ristate* : avendo ormai le cicale smesso di cantare.

6 Questo e i successivi, citati da Dioneo, sono versi iniziali di canzonette popolaresche ed equivoche in voga nel Trecento. Si conserva il testo completo solo della « Canzone del nicchio » (*Questo mio nicchio*).

7 È il « maio », cioè l'alberello che, tagliato, veniva portato in giro per le piazze nella festa del Calendimaggio.

8 riempi la botte (ovvero « riempiti »).

9 *non... male* : non ve ne abbiate a male.

La reina allora un poco turbata, quantunque tutte l'altre ridessero, disse: «Dioneo, lascia stare il motteggiare e dinne una bella; e se non, tu potresti provare come io mi so adirare. »

Dioneo, udendo questo, lasciate star le ciance, prestamente in cotal guisa cominciò a cantare: [10]

> Amor, la vaga luce,
>> che move [11] da' begli occhi di costei,
>> servo m'ha fatto di te e di lei.
>
> Mosse da' suoi begli occhi lo splendore,
>> che pria la fiamma tua nel cor m'accese,
>> per li miei trapassando;
>> e quanto fosse grande il tuo valore, [12]
>> il bel viso di lei mi fé palese;
>> il quale immaginando, [13]
>> mi sentii gir legando
>> ogni virtù e sottoporla a lei,
>> fatta nuova cagion de' sospir miei.
>
> Così de' tuoi, [14] adunque, divenuto
>> son, signor caro, e ubbidiente aspetto
>> dal tuo poter merzede;
>> ma non so ben se 'ntero è conosciuto
>> l'alto disio che messo m'hai nel petto,
>> né la mia intera fede [15]
>> da costei, che possiede
>> sì la mia mente, che io non torrei
>> pace fuor che da essa, né vorrei.
>
> Per ch'io ti priego, dolce signor mio,
>> che gliel dimostri, e faccile sentire
>> alquanto del tuo foco
>> in servigio [16] di me, ché vedi ch'io
>> già mi consumo amando, e nel martire

10 Segue la ballata di tre strofe introdotte da una ripresa, nelle quali endecasillabi si distribuiscono secondo uno schema (ABB, CDECDEEBB) nel quale il ritornello è costituito da una coppia di rime (BB).

11 viene.

12 forza.

13 contemplando nel pensiero. È parola chiave della poesia stilnovistica, come, sopra, *move*.

14 tuoi seguaci, fedeli.

15 fedeltà, lealtà.

16 favore.

mi sfaccio a poco a poco;
e poi, quando fia loco,[17]
me raccomanda a lei, come tu dei,
che teco a farlo volentier verrei.

Da poi che Dioneo, tacendo, mostrò la sua canzone esser finita, fece la reina assai dell'altre dire, avendo nondimeno commendata molto quella di Dioneo. Ma, poi che alquanto della notte fu trapassata, e la reina, sentendo già il caldo del dì esser vinto dalla freschezza della notte, comandò che ciascuno infino al dì seguente a suo piacere s'andasse a riposare.

17 *fia loco*: sarà l'occasione.

FINISCE LA QUINTA GIORNATA DEL « DECAMERON »;
INCOMINCIA LA SESTA, NELLA QUALE, SOTTO IL REGGIMENTO
D'ELISSA, SI RAGIONA DI CHI CON ALCUNO LEGGIADRO MOTTO,
TENTATO, SI RISCOSSE, O CON PRONTA RISPOSTA O
AVVEDIMENTO FUGGÌ PERDITA O PERICOLO O SCORNO.

La civiltà fiorentina della battuta, sorridente o caustica, è celebrata nella giornata introdotta da una cornice che interferisce alle novelle tramite la burlesca, comica, oscena contesa ingaggiata tra i servi intorno ad una trasparente metafora volgare. Non a caso, crediamo: ché l'ambivalente bisticcio con il quale madonna Oretta dissuade il novellatore dal proseguire nella narrazione presenta di contro, in raffinate, fredde pieghe, l'arte dell'eloquenza controllata dal gusto e dalla retorica come ideale estetico tradito dalla goffaggine del suo accompagnatore. Implicitamente è già abbozzato nella spiritosa e sdegnosa presentazione lo schema base della giornata, « attacco-difesa-contrattacco », che accredita lo scambio di botta e risposta di un valore trascendente lo scontro verbale per l'intrinseca capacità di definire un personaggio e disegnare un ambiente. La battuta di Cisti, fornaio di mestiere ma signore nell'animo, concentra le qualità della classe suprema e dello stile umile che egli proietta nella vita quotidiana con una lezione di forma: cortesia e saggezza lo inducono a respingere dapprima, per accogliere poi, modificata nella sostanza, la domanda del signore. Per la natura pregnante del motto le dimensioni del racconto coerentemente si riducono, si scorciano i volumi ambientali, gli interpreti si assottigliano a figurine risentite, o macchiette divertenti, o aggraziate silhouettes, si frange il ritmo del periodare intonandosi al tagliente rapido duello di poche parole in denso dialogo o monologo. Sovente (soprattutto nell'aneddoto dei Baronci) il giro novellistico si esaurisce nel breve arco di una trouvaille paradossale, da barzelletta orale, da scommessa improvvisata: la porzione narrativa viene nettamente subordinata, non sacrificata, dati i compiti introduttivi, all'exemplum verbale. Fioccano acri e pungenti le ritor-

sioni dalla fierezza offesa della Nonna, che umilia il maliscalco avaro e il vescovo maleducato, guizzano le bugie spi-
ritose del vanesio e furbo Chichibio, capaci di annullare
per la carica arguta dei loro riflessi verbali l'ira motivata
di un grande e colto signore come Currado Malaspina. Il
potere evocativo della parola crea il personaggio e l'ambiente: si veda il grottesco nello scambio di offese tra Giotto
e Forese, entrambi puniti dalla natura con la bruttezza
dell'aspetto, scaduti nel ridicolo per l'acconciatura sgra-
ziata, imposta dalle circostanze, salire all'ammirazione del
realismo pittoresco, scoperto dal massimo artista fiorentino
del secolo. E in un altro clima l'improntitudine e la temerarietà sfoggiate dall'organizzata dialettica con la quale Filippa aggira un'iniqua legge hanno la virtù di evocare non
solo un temperamento ardito e fiero, ma anche uno spre-
giudicato e scanzonato modo di vivere e giudicare. La novella della Cesca sembra annacquare in una parentesi di
costume la tensione giocosa: ma, a guardar bene, il ritratto
della svenevolezza femminile, fotografato davvero allo spec-
chio delle smancerie schizzinose e stucchevoli, della posa
insopportabile dall'insofferente battuta dello zio, è dise-
gnato da una sottile penna caricaturale. L'ultimo, violento
e rabbioso, ripicco è affidato all'eloquenza più del gesto che
delle parole: lo interpreta l'aristocratico Guido Cavalcanti,
fermato nell'ombrosa solitudine della raffigurazione dantesca. Qui l'offensiva risposta ad una sorridente battuta, per
il guscio enigmatico che la cela al volgo, si traduce in
prezioso omaggio alla grande figura del filosofo-poeta. Da
un tema così accattivante il Boccaccio non si stacca nemmeno in zona franca, quando Dioneo volge al ridicolo il
gusto raffinato del bel parlare. Nella predica di frate Cipolla, preannunziate dalla controfigura Guccio Balena insieme alla sua Nuta, le risorse inventive linguistico-stilistiche
si gonfiano in artistica mistificazione compensando abbon-
dantemente le deficienze narrative del cavaliere deriso da
Oretta. L'eloquio ciarlatanesco e acrobatico del frate sa-
crilego fiorisce come un frutto della natura dal suo virtuo-
sismo predicatorio, scorre, iperbolico nel tono, inarrestabile
e torrenziale nell'invenzione, sino a travolgere e coinvolgere
gli uditori. Cadono i confini realistici, geografici, storici

sotto i colpi di parole in libertà che mimano il reale con uno straordinario potere evocativo dell'illusione, dell'incanto e del miracolo: anche chi le fabbrica sembra alla fine prigioniero, loquace ma inerme, della loro prodigiosa carica creativa.

Aveva la luna, essendo nel mezzo del cielo, perduti i
raggi suoi, e già per la nuova luce vegnente ogni parte del
nostro mondo [1] era chiara, quando la reina levatasi, fatta la
sua compagnia chiamare, alquanto con lento passo dal bel
palagio, su per la rugiada spaziandosi,[2] s'allontanarono, d'una
e d'altra cosa vari ragionamenti tenendo, e della più bellezza e della meno delle raccontate novelle disputando, e
ancora de' vari casi recitati [3] in quelle rinnovando le risa,
infino a tanto che, già più alzandosi il sole e cominciandosi
a riscaldare, a tutti parve di dover verso casa tornare:
per che, voltati i passi, là se ne vennero. E quivi, essendo
già le tavole messe e ogni cosa d'erbucce odorose e di be'
fiori seminata,[4] avanti che il caldo surgesse più, per comandamento della reina si misero a mangiare; e questo con
festa fornito, avanti che altro facessero, alquante canzonette belle e leggiadre cantate, chi andò a dormire e chi
a giucare a scacchi e chi a tavole;[5] e Dioneo insieme con
Lauretta di Troiolo e di Criseida cominciarono a cantare. E già l'ora venuta del dovere a concistoro [6] tornare, fatti tutti dalla reina chiamare, come usati erano, dintorno
alla fonte si posero a sedere; e volendo già la reina comandare la prima novella, avvenne cosa che ancora addivenuta non v'era,[7] cioè che per la reina e per tutti fu un
gran romore udito, che per le fanti e' famigliari si faceva
in cucina. Laonde, fatto chiamare il siniscalco, e doman-

1 *del nostro mondo*: del nostro emisfero.
2 passeggiando.
3 narrati.
4 cosparsa.
5 *a tavole*: a dadi.
6 luogo di riunione.
7 *addivenuta non v'era*: non era mai successa.

dato qual[8] gridasse e qual fosse del romore la cagione, rispose che il romore era tra Licisca e Tindaro, ma la cagione egli non sapea, sì come colui che pure[9] allora giugnea per fargli star cheti, quando per parte di lei era stato chiamato. Al quale la reina comandò che incontanente quivi facesse venire la Licisca e Tindaro; li quali venuti, domandò la reina qual fosse la cagione del loro romore.

Alla quale volendo Tindaro rispondere, la Licisca, che attempatetta era e anzi superba che no, e in sul gridar riscaldata, voltatasi verso lui con un mal viso, disse: « Vedi bestia d'uom che ardisce, dove io sia, a parlare prima di me! lascia dir me », e alla reina rivolta, disse: « Madonna, costui mi vuol far conoscere la moglie di Sicofante, e né più né meno, come se io con lei usata non fossi, mi vuol dare a vedere che la notte prima[10] che Sicofante giacque con lei, messer Mazza entrasse in Montenero[11] per forza e con ispargimento di sangue; e io dico che non è vero, anzi v'entrò paceficamente e con gran piacere di quei d'entro. Ed è ben sì bestia costui, che egli si crede troppo bene che le giovani sieno sì sciocche, che elle stieno a perdere il tempo loro, stando a bada[12] del padre e de' fratelli, che delle sette volte le sei soprastanno[13] tre o quattro anni più che non debbono a maritarle. Frate, bene starebbono se elle s'indugiasser tanto! Alla fé di Cristo, ché debbo sapere quello che io mi dico quando io giuro: io non ho vicina che pulcella[14] ne sia andata a marito, e anche delle maritate, so io ben quante e quali beffe elle fanno a' mariti: e questo pecorone mi vuol far conoscere le femine, come se io fossi nata ieri! »

Mentre la Licisca parlava, facevan le donne sì gran risa, che tutti i denti si sarebbero loro potuti trarre, e la reina l'aveva ben sei volte imposto silenzio, ma niente va-

8 chi.
9 solamente.
10 *la notte prima*: la prima notte.
11 *messer... Montenero*: metafora oscena.
12 *stando a bada*: soggiacendo alla tutela.
13 tardano.
14 vergine.

lea : ella non ristette mai infino a tanto che ella ebbe detto ciò che le piacque.

Ma poi che fatto ebbe alle parole fine, la reina ridendo, volta a Dioneo, disse : « Dioneo, questa è quistion da te; e per ciò farai, quando finite fieno le nostre novelle, che tu sopr'essa déi sentenzia finale. »[15]

Alla qual Dioneo prestamente rispose : « Madonna, la sentenzia è data senza udirne altro; e dico che la Licisca ha ragione, e credo che così sia com'ella dice, e Tindaro è una bestia. »

La qual cosa la Licisca udendo, cominciò a ridere, e a Tindaro rivolta, disse : « Occi,[16] ben lo diceva io : vatti con Dio; credi tu saper più di me tu, che non hai ancora rasciutti gli occhi?[17] gran mercé, non ci son vivuta invano io, no »; e, se non fosse che la reina con un mal viso le 'mpose silenzio e comandolle che più parola né romor facesse se esser non volesse scopata,[18] e lei e Tindaro mandò via, niuna altra cosa avrebbero avuta a fare in tutto quel giorno che attendere a[19] lei. Li quali poi che partiti furono, la reina impose a Filomena che alle novelle desse principio; la quale lietamente così cominciò :

15 *déi... finale* : dia un parere definitivo.
16 interiezione popolare, dal valore non ben chiaro.
17 *rasciutti gli occhi* : asciugati gli occhi.
18 *se... scopata* : se non volesse essere frustata.
19 *attendere a* : badare a.

Novella prima

UN CAVALIERE DICE A MADONNA ORETTA DI PORTARLA
CON UNA NOVELLA A CAVALLO, E, MALCOMPOSTAMENTE
DICENDOLA, È DA LEI PREGATO CHE A PIÈ LA PONGA.[20]

Giovani donne, come ne' lucidi sereni sono le stelle ornamento del cielo e nella primavera i fiori de' verdi prati, e
de' colli i rivestiti albuscelli, così de' laudevoli costumi e
de' ragionamenti belli sono i leggiadri motti; li quali, per
ciò che brievi sono, tanto stanno meglio alle donne che
agli uomini, quanto più alle donne che agli uomini il
molto parlar si disdice. È il vero che, qual si sia la cagione,
o la malvagità del nostro ingegno o inimicizia singulare
che a' nostri secoli sia portata da' cieli, oggi poche o non
niuna donna rimasa ci è, la qual ne sappi ne' tempi op-
portuni dire alcuno, o, se detto l'è, intenderlo come si conviene: general vergogna di tutte noi. Ma per ciò che già
sopra questa materia assai da Pampinea fu detto, più oltre non intendo di dirne; ma per farvi avvedere quanto
abbiano in sé di bellezza a' tempi detti,[21] un cortese impor
di silenzio fatto da una gentil donna ad un cavaliere mi
piace di raccontarvi.

Sì come molte di voi o possono per veduta[22] sapere o possono avere udito, egli non è ancora guari che nella nostra
città fu una gentile e costumata donna e ben parlante,[23] il
cui valore non meritò che il suo nome si taccia. Fu adunque chiamata madonna Oretta,[24] e fu moglie di messer Geri
Spina;[25] la quale per avventura essendo in contado, come
noi siamo, e da un luogo ad un altro andando per via di
diporto insieme con donne e con cavalieri, li quali a casa

20 Dal *Novellino* (novella cxxv) può essere venuto alla narrazione boccaccesca soltanto un debole spunto.
21 *a' tempi detti*: detti al momento opportuno.
22 *per veduta*: per diretta constatazione.
23 *ben parlante*: faconda.
24 *madonna Oretta*: figlia del marchese Obizzo Malaspina.
25 *Geri Spina*: Ruggeri Spina; cavaliere fiorentino, banchiere di
papa Bonifacio VIII, uno dei capi della fazione dei Neri.

sua il dì avuti avea a desinare, ed essendo forse la via lunghetta di là onde si partivano a colà dove tutti a piè d'andare intendevano, disse uno de' cavalieri della brigata: « Madonna Oretta, quando voi vogliate, io vi porterò, gran parte della via che ad andare abbiamo, a cavallo [26] con una delle belle novelle del mondo. »

Al quale la donna rispuose: « Messere, anzi ve ne priego io molto, e sarammi carissimo. »

Messer lo cavaliere, al quale forse non stava meglio la spada allato che 'l novellar nella lingua, udito questo, cominciò una sua novella, la quale nel vero da sé era bellissima, ma egli or tre e quattro e sei volte replicando una medesima parola, e ora indietro tornando, e talvolta dicendo: « Io non dissi bene », e spesso ne' nomi errando, un per un altro ponendone, fieramente la guastava: senza che [27] egli pessimamente, secondo le qualità delle persone e gli atti che accadevano, proffereva. [28] Di che a madonna Oretta, udendolo, spesse volte veniva un sudore e uno sfinimento di cuore, come se inferma fosse stata per terminare; [29] la qual cosa poi che più sofferir non poté, conoscendo che il cavaliere era entrato nel pecoreccio [30] né era per riuscirne, piacevolmente disse: « Messere, questo vostro cavallo ha troppo duro trotto, per che io vi priego che vi piaccia di pormi a piè. »

Il cavaliere, il qual per avventura era molto migliore intenditore che novellatore, inteso il motto, e quello in festa e in gabbo [31] preso, mise mano in altre novelle, e quella che cominciata avea e mal seguita, senza finita [32] lasciò stare.

26 *a cavallo*: come se foste a cavallo.
27 *senza che*: senza dire che.
28 narrava.
29 morire.
30 *era... pecoreccio*: s'era cacciato in un ginepraio.
31 *in gabbo*: in scherzo.
32 *senza finita*: senza portarla a termine.

Novella seconda

CISTI FORNAIO CON UNA SOLA PAROLA FA RAVVEDERE MESSER GERI SPINA D'UNA SUA TRASCUTATA [1] DOMANDA. [2]

Molto fu da ciascuna delle donne e degli uomini il parlar di madonna Oretta lodato, il qual comandò la reina a Pampinea che seguitasse; per che ella così cominciò:

Belle donne, io non so da me medesima vedere che più in questo si pecchi, [3] o la natura apparecchiando ad una nobile anima un vil corpo, o la fortuna apparecchiando ad un corpo dotato d'anima nobile vil mestiero, sì come in Cisti nostro cittadino e in molti ancora abbiam potuto veder avvenire; il qual Cisti, d'altissimo animo fornito, la Fortuna fece fornaio. E certo io maladicerei e la natura parimente e la fortuna, se io non conoscessi la natura esser discretissima e la fortuna aver mille occhi, come che [4] gli sciocchi lei cieca figurino. Le quali io avviso che, sì come molto avvedute, fanno quello che i mortali spesse volte fanno, li quali, incerti de' futuri casi, per le loro opportunità le loro più care [5] cose ne' più vili luoghi delle lor case, sì come meno sospetti, sepelliscono, e quindi ne' maggiori bisogni le traggono, [6] avendole il vil luogo più sicuramente servate che la bella camera non avrebbe. E così le due ministre del mondo spesso le lor cose più care nascondono sotto l'ombra dell'arti reputate più vili, acciò che di quelle alle necessità traendole, [7] più chiaro appaia il loro splendore. Il che quanto in poca cosa Cisti fornaio il di-

---

1 non meditata.
2 Le modeste affinità con un racconto volgare di poco posteriore al *Novellino* non sembrano in grado di togliere al racconto la sua genesi municipale.
3 *che... pecchi*: chi in ciò sia più colpevole.
4 *come che*: benché.
5 preziose.
6 tirano fuori.
7 *di... traendole*: portandole alla luce da quelle (cioè, dalle *arti*, dai mestieri più vili) all'occasione.

chiarasse, gli occhi dello intelletto rimettendo a messer Geri Spina, il quale la novella di madonna Oretta contata, che sua moglie fu, m'ha tornata nella memoria, mi piace in una novelletta assai piccola dimostrarvi.[8]

Dico adunque che, avendo Bonifazio papa, appo il quale messer Geri Spina fu in grandissimo stato,[9] mandati in Firenze certi suoi nobili ambasciadori per certe sue gran bisogne,[10] essendo essi in casa di messer Geri smontati, ed egli con loro insieme i fatti del papa trattando, avvenne che, che[11] se ne fosse la cagione, messer Geri con questi ambasciatori del papa tutti a piè quasi ogni mattina davanti a Santa Maria Ughi[12] passavano, dove Cisti fornaio il suo forno aveva e personalmente la sua arte eserceva. Al quale quantunque la fortuna arte assai umile data avesse, tanto in quella gli era stata benigna, che egli era ricchissimo divenuto, e senza volerla mai per alcuna altra abbandonare, splendidissimamente vivea, avendo tra l'altre sue buone cose sempre i migliori vini bianchi e vermigli che in Firenze si trovassero o nel contado. Il qual, veggendo ogni mattina davanti all'uscio suo passar messer Geri e gli ambasciadori del Papa, ed essendo il caldo grande, s'avvisò che gran cortesia sarebbe il dar lor bere del suo buon vin bianco; ma avendo riguardo alla sua condizione e a quella di messer Geri, non gli pareva onesta cosa il presummere d'invitarlo, ma pensossi di tener modo il quale inducesse messer Geri medesimo ad invitarsi. E avendo un farsetto bianchissimo indosso e un grembiule di bucato innanzi sempre, li quali più tosto mugnaio che fornaio il dimostravano, ogni mattina in su l'ora ch'egli avvisava

8 *Il che... dimostrarvi*: voglio mostrarvi con una breve novella come Cisti fornaio provasse questa verità in un'occasione così semplice, così modesta, facendo meditare Geri Spina che mi ha fatto ricordare la novella raccontata or ora da madonna Oretta, sua moglie. Geri Spina, noto anche per la sua cultura, fu capo del partito guelfo intorno al 1300.

9 *fu... stato*: ebbe una posizione di grande considerazione, di grande onore.

10 affari, faccende. Allude all'ambasceria papale del 1300, in cui si cercò la conciliazione tra Bianchi e Neri.

11 qualunque.

12 *Santa Maria Ughi*: il nome (*Ughi*) viene dalla famiglia che fece costruire la chiesa vicino a Palazzo Strozzi.

che messer Geri con gli ambasciadori dovesser passare, si faceva davanti all'uscio suo recare una secchia nuova e stagnata d'acqua fresca e un picciol orcioletto bolognese nuovo del suo buon vin bianco e due bicchieri che parevan d'ariento, sì eran chiari : e a seder postosi, come essi passavano, ed egli, poi che una volta o due spurgato [13] s'era, cominciava a ber sì saporitamente questo suo vino che egli n'avrebbe fatto venir voglia a' morti.

La qual cosa avendo messer Geri una e due mattine veduta, disse la terza : « Chente è,[14] Cisti? è buono? »

Cisti, levato prestamente in piè, rispose : « Messer sì, ma quanto non vi potre' io dare ad intendere, se voi non n'assaggiaste. »

Messer Geri, al quale o la qualità del tempo [15] o affanno più che l'usato avuto o forse il saporito bere che a Cisti vedeva fare, sete avea generata, volto agli ambasciadori sorridendo disse : « Signori, egli è buon [16] che noi assaggiamo del vino di questo valente uomo : forse che è egli tale che noi non ce ne penteremo », e con loro insieme se n'andò verso Cisti.

Il quale, fatta di presente [17] una bella panca venire di fuor dal forno, gli pregò che sedessero; e alli lor famigliari, che già per lavare i bicchieri si facevano innanzi, disse : « Compagni, tiratevi indietro e lasciate questo servigio fare a me, ché io so non meno bèn mescere che io sappia infornare; e non aspettaste voi [18] d'assaggiarne gocciola! » E così detto, esso stesso, lavati quattro bicchieri belli e nuovi, e fatto venire un piccolo orcioletto del suo buon vino, diligentemente diè bere a messer Geri e a' compagni, alli quali il vino parve il migliore che essi avessero gran tempo davanti [19] bevuto; per che, commendatol molto, mentre gli ambasciadori vi stettero,[20] quasi ogni mattina con loro insieme n'andò a ber messer Geri.

1 3 liberato dal catarro, tossendo in modo da attirare l'attenzione.
1 4 *Chente è* : com'è (letteralmente, « qual è »).
1 5 *la qualità del tempo* : la calura della stagione.
1 6 *egli è buon* : è bene.
1 7 *di presente* : subito.
1 8 *non aspettaste voi* : non crediate, non sognatevi.
1 9 *gran tempo davanti* : da molto tempo.
2 0 *vi stettero* : si fermarono in città.

A' quali, essendo espediti [21] e partir dovendosi, messer Geri fece uno magnifico convito, al quale invitò una parte de' più onorevoli cittadini, e fecevi invitare Cisti, il quale per niuna condizione andar vi volle. Impose adunque messer Geri ad uno de' suoi famigliari che per un fiasco andasse del vin di Cisti, e di quello un mezzo bicchiere per uomo desse alle prime mense.[22] Il famigliare, forse sdegnato perché niuna volta bere aveva potuto del vino, tolse un gran fiasco.

Il quale come Cisti vide, disse: « Figliuolo, messer Geri non ti manda a me. »

Il che raffermando più volte il famigliare né potendo altra risposta avere, tornò a messer Geri e sì gliele disse; a cui messer Geri disse: « Tornavi e digli che sì fo; e se egli più così ti risponde, domandalo a cui io ti mando. »[23]

Il famigliare tornato disse: « Cisti, per certo messer Geri mi manda pure a te. »

Al qual Cisti rispose: « Per certo, figliuol, non fa. »

« Adunque, » disse il famigliare, « a cui mi manda? »

Rispose Cisti: « Ad Arno. »

Il che rapportando il famigliare a messer Geri, subito gli occhi gli s'apersero dello intelletto e disse al famigliare: « Lasciami vedere che fiasco tu vi porti »; e vedutol disse: « Cisti dice vero »; e dettogli villania, gli fece torre un fiasco convenevole.

Il qual Cisti vedendo disse: « Ora so io bene che egli ti manda a me », e lietamente gliele empié.

E poi quel medesimo dì fatto il botticello riempiere d'un simil vino, e fattolo soavemente [24] portare a casa di messer Geri, andò appresso, e trovatolo gli disse: « Messere, io non vorrei che voi credeste che il gran fiasco stamane m'avesse spaventato; ma, parendomi che vi fosse uscito di mente ciò che io a questi dì [25] co' miei piccioli orcioletti v'ho

21 *essendo espediti*: essendosi liberati del loro compito, avendo terminato la loro ambasceria.

22 *alle prime mense*: alla prima portata.

23 *se... mando*: se insiste a risponderti così, chiedigli a chi altri ti manderei.

24 delicatamente.

25 *a questi dì*: nei giorni scorsi.

dimostrato, cioè che questo non sia vin da famiglia,[26] vel volli stamane raccordare. Ora, per ciò che io non intendo d'esservene più guardiano,[27] tutto ve l'ho fatto venire: fatene per innanzi come vi piace. »

Messer Geri ebbe il don di Cisti carissimo, e quelle grazie gli rendé che a ciò credette si convenissero, e sempre poi per da molto l'ebbe e per amico.

26 *da famiglia*: da darsi ai servi, da poco.
27 *d'esservene più guardiano*: conservarlo oltre per voi.

Novella terza

MONNA NONNA DE' PULCI CON UNA PRESTA RISPOSTA AL MENO CHE ONESTO MOTTEGGIARE DEL VESCOVO DI FIRENZE SILENZIO IMPONE.[1]

Quando Pampinea la sua novella ebbe finita, poi che da tutti e la risposta e la liberalità di Cisti molto fu commendata, piacque alla reina che Lauretta dicesse appresso; la quale lietamente così a dire cominciò:

Piacevoli donne, prima Pampinea e ora Filomena assai del vero toccarono della[2] nostra poca virtù e della bellezza de' motti; alla quale per ciò che tornar non bisogna, oltre a quello che de' motti è stato detto, vi voglio ricordare essere la natura de' motti cotali, che essi, come la pecora morde, deono così mordere[3] l'uditore, e non come 'l cane: per ciò che, se come il cane mordesse il motto, non sarebbe motto ma villania. La qual cosa ottimamente fecero e le parole di madonna Oretta e la risposta di Cisti. È il vero che, se per risposta si dice e il rispondere morda come cane, essendo come da cane prima stato morso, non par da riprendere, come, se ciò avvenuto non fosse, sarebbe: e per ciò è da guardare e come e quando e con cui e similmente dove si motteggia. Alle quali cose poco guardando già un nostro prelato, non minor morso ricevette che 'l desse: il che io in una piccola novella vi voglio mostrare.

Essendo vescovo di Firenze messer Antonio d'Orso,[4] valoroso e savio prelato, venne in Firenze un gentile uom catalano, chiamato messer Dego della Ratta,[5] maliscalco per lo re Ruberto; il quale essendo del corpo bellissimo e vie

---

1 Manca qualunque precedente in proposito.

2 *assai... della*: dissero cose molto vere a proposito della.

3 redarguire.

4 *Antonio d'Orso*: vescovo di Fiesole dal 1301, di Firenze dal 1309 al 1322.

5 *Dego della Ratta*: guidava le milizie inviate dagli Angiò a Firenze nel 1318.

più che grande vagheggiatore,[6] avvenne che fra l'altre donne fiorentine una ne gli piacque, la quale era assai bella donna ed era nepote d'un fratello de' detto vescovo. E avendo sentito che il marito di lei, quantunque di buona famiglia fosse, era avarissimo e cattivo, con lui compose [7] di dovergli dare cinquecento fiorin d'oro, ed egli una notte con la moglie il lasciasse giacere: per che, fatti dorare popolini [8] d'ariento, che allora si spendevano, giaciuto con la moglie, come che [9] contro al piacer di lei fosse, gliele diede. Il che poi sappiendosi per tutto, rimasero al cattivo uomo il danno e le beffe; e il vescovo, come savio, s'infinse di queste cose niente sentire.[10] Per che, usando molto insieme il vescovo e 'l maliscalco, avvenne che il dì di San Giovanni, cavalcando l'uno allato all'altro, veggendo le donne per la via onde il palio si corre,[11] il vescovo vide una giovane, la quale questa pestilenzia presente ci ha tolta donna,[12] il cui nome fu monna Nonna de' Pulci, cugina di messere Alesso Rinucci e cui voi tutte doveste conoscere: la quale essendo allora una fresca e bella giovane e parlante [13] e di gran cuore, di poco tempo avanti in Porta San Piero a marito venutane, la mostrò al maliscalco; e poi, essendole presso, posta la mano sopra la spalla del maliscalco, disse: « Nonna, che ti par di costui? crederrestil vincere? »

Alla Nonna parve che quelle parole alquanto mordessero [14] la sua onestà, o la dovesser contaminare [15] negli animi di coloro, che molti v'erano, che l'udirono; per che, non intendendo a [16] purgar questa contaminazione, ma a render colpo per colpo, prestamente rispose: « Messere, e' forse non vincerebbe me; ma vorrei moneta. »

6 amatore.
7 si accordò.
8 Monete simili al fiorino, ma di infimo valore.
9 *come che*: benché.
10 *s'infinse... sentire*: simulò di non saper niente dell'accaduto.
11 *per... corre*: lungo la strada in cui si percorre il palio.
12 *una giovane... donna*: una giovane che la pestilenza ci ha tolto già donna (cioè avanti con l'età.
13 svelta di lingua.
14 pungessero, provocassero.
15 macchiare, mettere in cattiva luce.
16 *non intendendo a*: non dandosi la pena di.

La qual parola udita il maliscalco e 'l vescovo, sentendosi parimente trafitti, l'uno siccome facitore della disonesta cosa nella [17] nepote del fratel del vescovo, e l'altro sì come ricevitore nella nepote del proprio fratello, senza guardar l'un l'altro, vergognosi e taciti se n'andarono, senza più quel giorno dirle alcuna cosa. Così adunque, essendo la giovane stata morsa, non le si disdisse il mordere altrui motteggiando.

17 nei confronti della.

Novella quarta

CHICHIBÍO, CUOCO DI CURRADO GIANFIGLIAZZI,[1] CON UNA
PRESTA PAROLA A SUA SALUTE[2] L'IRA DI CURRADO VOLGE
IN RISO, E SÉ CAMPA DALLA MALA VENTURA MINACCIATAGLI
DA CURRADO.[3]

Tacevasi già la Lauretta e da tutti era stata sommamente
commendata la Nonna, quando la reina a Neifile impose
che seguitasse; la qual disse:

Quantunque il pronto ingegno, amorose donne, spesso
parole presti e utili e belle, secondo gli accidenti, a' dici-
tori,[4] la fortuna ancora, alcuna volta aiutatrice de' paurosi, sopra la lor lingua subitamente di quelle pone, che mai
ad animo riposato[5] per lo dicitor si sarebber saputo trovare:
il che io per la mia novella intendo di dimostrarvi.

Currado Gianfigliazzi, sì come ciascuna di voi e udito e
veduto puote avere, sempre della nostra città è stato nobile cittadino, liberale e magnifico, e vita cavalleresca tenendo, continuamente in cani e in uccelli s'è dilettato, le
sue opere maggiori al presente lasciando stare.[6] Il quale con
un suo falcone avendo un dì presso a Peretola una gru
ammazzata, trovandola grassa e giovane, quella mandò ad
un suo buon cuoco, il quale era chiamato Chichibìo, ed
era viniziano; e sì gli mandò dicendo che a cena l'arrostisse
e governassela[7] bene. Chichibìo, il quale come nuovo ber-

---

1 I Gianfigliazzi, guelfi di parte nera, furono una ricca famiglia
di banchieri fiorentini, ricordata anche da Dante. Corrado, che
visse negli anni a cavallo tra i secoli XIII e XIV, ebbe fama di magnanimità.

2 con... salute: con una rapida e immediata battuta detta per
trarsi dai guai, per salvarsi.

3 È probabile che l'episodio si debba ricondurre entro la cerchia
della cronaca fiorentina.

4 chi sta parlando.

5 ad animo riposato: in condizioni normali, con l'animo tran-
quillo, non eccitato.

6 le sue... stare: per non parlare ora delle sue attività più
importanti.

7 la preparasse.

golo era così pareva,[8] acconcia la gru, la mise a fuoco e con sollicitudine a cuocerla cominciò. La quale essendo già presso che cotta e grandissimo odor venendone, avvenne che una feminetta della contrada, la qual Brunetta era chiamata e di cui Chichibio era forte innamorato, entrò nella cucina, e sentendo l'odor della gru e veggendola, pregò caramente Chichibio che ne le desse una coscia.

Chichibio le rispose cantando e disse: « Voi non l'avrì da mi,[9] donna Brunetta, voi non l'avrì da mi. »

Di che donna Brunetta essendo un poco turbata,[10] gli disse: « In fé di Dio, se tu non la mi dai, tu non avrai mai da me cosa che ti piaccia », e in brieve le parole furon molte; alla fine Chichibio, per non crucciar la sua donna, spiccata l'una delle cosce alla gru, gliele diede.

Essendo poi davanti a Currado e ad alcun suo forestiere [11] messa la gru senza coscia e Currado maravigliandosene, fece chiamare Chichibio, e domandollo che fosse divenuta [12] l'altra coscia della gru; al quale il vinizian bugiardo subitamente rispose: « Signor mio, le gru non hanno se non una coscia e una gamba. »

Currado allora turbato disse: « Come diavol non hanno che una coscia e una gamba? non vid'io mai più gru che questa? »

Chichibio seguitò: « Egli è, messer, com'io vi dico; e quando vi piaccia, io il vi farò veder ne' vivi. »[13]

Currado, per amor dei forestieri che seco aveva, non volle dietro alle parole andare,[14] ma disse: « Poi che tu di' di farmelo vedere ne' vivi, cosa che io mai più non vidi né udii dir che fosse, e io il voglio veder domattina e sarò contento; ma io ti giuro in sul corpo di Cristo che, se altramenti sarà, io ti farò conciare in maniera che tu con

---

8 *come... pareva*: sembrava uno strano vanesio, sciocco, come di fatto era.

9 *non l'avrì da mi*: non l'avrete da me. Chichibio parla con inflessioni dialettali proprie della sua terra d'origine (*era viniziano*).

10 seccata.

11 ospite.

12 *che fosse divenuta*: che cosa ne fosse stato di.

13 *ne' vivi*: dal vivo, negli esempi vivi.

14 *dietro... andare*: continuare nella discussione.

tuo danno ti ricorderai, sempre che tu ci viverai, del nome mio. »

Finite adunque per quella sera le parole, la mattina seguente, come il giorno apparve, Currado, a cui non era per lo dormire l'ira cessata, tutto ancor gonfiato [15] si levò e comandò che i cavalli gli fosser menati; e fatto montar Chichibio sopra un ronzino, verso una fiumana, alla riva della quale sempre soleva in sul far del dì vedersi delle gru, nel menò dicendo: « Tosto vedremo chi avrà iersera mentito, o tu o io. »

Chichibio, veggendo che ancora durava l'ira di Currado e che far gli convenia pruova della sua bugia, non sappiendo come poterlasi fare, cavalcava appresso a Currado con la maggior paura del mondo, e volentieri, se potuto avesse, si sarebbe fuggito; ma non potendo, ora innanzi e ora addietro e da lato si riguardava, e ciò che vedeva credeva che gru fossero che stessero in due piedi.

Ma già vicini al fiume pervenuti, gli venner prima che ad alcun vedute [16] sopra la riva di quello ben dodici gru, le quali tutte in un piè dimoravano,[17] sì come quando dormono soglion fare; per che egli, prestamente mostratele a Currado, disse: « Assai bene potete, messer, vedere che iersera vi dissi il vero, che le gru non hanno se non una coscia e un piè, se voi riguardate a quelle che colà stanno. »

Currado vedendole disse: « Aspettati, che io ti mosterrò che elle n'hanno due », e fattosi alquanto più a quelle vicino, gridò *Ho ho,* per lo qual grido le gru, mandato l'altro piè giù, tutte dopo alquanti passi cominciarono a fuggire; laonde Currado rivolto a Chichibio disse: « Che ti par, ghiottone? parti ch'elle n'abbian due? »

Chichibio quasi sbigottito, non sappiendo egli stesso donde si venisse,[18] rispose: « Messer sì, ma voi non gridaste *ho ho* a quella di iersera; ché se così gridando aveste ella avrebbe così l'altra coscia e l'altro piè fuor mandata, come hanno fatto queste. »

15 pieno di rabbia, d'ira.
16 *gli... vedute* : gli capitò di vedere per primo.
17 *in un piè dimoravano* : si reggevano, stavano ritte su un'unica zampa.
18 *donde si venisse* : come gli venissero le parole.

A Currado piacque tanto questa risposta, che tutta la sua ira si convertì in festa e riso, e disse : « Chichibio, tu hai ragione : ben lo dovea fare. »

Così adunque con la sua pronta e sollazzevol risposta Chichibio cessò [19] la mala ventura e paceficossi col suo signore.

19 evitò, sfuggì a.

Novella quinta

MESSER FORESE DA RABATTA E MAESTRO GIOTTO DIPINTORE,
VENENDO DI MUGELLO, L'UNO LA SPARUTA APPARENZA
DELL'ALTRO MOTTEGGIANDO MORDE.[1]

Come Neifile tacque, avendo molto le donne preso di
piacere della risposta di Chichibio, così Panfilo per voler
della reina disse:

Carissime donne, egli avviene spesso che, sì come la
fortuna sotto vili arti[2] alcuna volta grandissimi tesori di
virtù nasconde, come poco avanti per Pampinea fu mostrato, così ancora sotto turpissime forme d'uomini si truovano maravigliosi ingegni dalla natura essere stati riposti.
La qual cosa assai apparve in due nostri cittadini, de' quali io intendo brievemente di ragionarvi: per ciò che l'uno,
il quale messer Forese da Rabatta[3] fu chiamato, essendo di
persona piccolo e sformato, con viso piatto e ricagnato
che a qualunque de' Baronci più trasformato l'ebbe sarebbe stato sozzo,[4] fu di tanto sentimento nelle leggi, che da
molti valenti uomini uno armario[5] di ragione civile fu
reputato; e l'altro, il cui nome fu Giotto, ebbe uno ingegno
di tanta eccellenzia, che niuna cosa dà la natura, madre
di tutte le cose e operatrice, col continuo girar de' cieli,[6]
che egli con lo stile e con la penna o col pennello non
dipignesse sì simile a quella, che non simile, anzi più
tosto dessa paresse, in tanto che molte volte nelle cose da
lui fatte si truova che il visivo senso degli uomini vi

1 Nemmeno di questo aneddoto ci sono pervenute testimonianze
antecedenti o coeve.
2 *sotto vili arti*: sotto persone di umile mestiere.
3 *Forese da Rabatta*: famoso giurista della prima metà del xiv
secolo.
4 *che... sozzo*: che sarebbe sembrato orrendo anche a quello dei
Baronci che lo aveva più sfigurato. I Baronci erano un'antica famiglia fiorentina i cui componenti erano famosi per la proverbiale
bruttezza.
5 archivio.
6 *la natura... cieli*: la natura, madre e alimentatrice di ogni
cosa col continuo movimento dei cieli.

prese errore, quello credendo esser vero che era dipinto. E per ciò, avendo egli quella arte ritornata in luce,[7] che molti secoli sotto gli error d'alcuni, che più a dilettar gli occhi degl'ignoranti che a compiacere allo 'ntelletto de' savi dipignendo, era stata sepulta, meritamente una delle luci della fiorentina gloria dir si puote; e tanto più, quanto con maggiore umiltà, maestro degli altri in ciò vivendo, quella acquistò, sempre rifiutando d'esser chiamato maestro. Il quale titolo rifiutato da lui tanto più in lui risplendeva, quanto con maggior disidero da quegli che men sapevano di lui o da' suoi discepoli era cupidamente usurpato. Ma, quantunque la sua arte fosse grandissima, non era egli per ciò né di persona né d'aspetto in niuna cosa più bello che fosse messer Forese. Ma, alla novella venendo, dico.

Avevan in Mugello messer Forese e Giotto lor possessioni; ed essendo messer Forese le sue andate a vedere, in quegli tempi di state che le ferie si celebran per le corti,[8] e per avventura in su un cattivo ronzino da vettura [9] venendosene, trovò il già detto Giotto, il qual similmente avendo le sue vedute, se ne tornava a Firenze; il quale né in cavallo né in arnese [10] essendo in cosa alcuna meglio di lui, sì come vecchi, a pian passo venendosene, insieme s'accompagnarono. Avvenne, come spesso di state veggiamo avvenire, che una subita [11] piova gli soprapprese: [12] la quale essi, come più tosto poterono, fuggirono in casa d'un lavoratore [13] amico e conoscente di ciascuno di loro. Ma dopo alquanto, non faccendo l'acqua alcuna vista di dover ristare [14] e costoro volendo essere il dì a Firenze, presi dal lavoratore in prestanza due mantellacci vecchi di romagnuolo [15] e due cappelli tutti rosi dalla vecchiezza, per ciò che migliori non v'erano, cominciarono a camminare.

7 *quella... luce*: avendo ridato splendore a quell'arte.
8 *che... corti*: in cui i tribunali sono in vacanza.
9 da nolo.
10 *in arnese*: nel vestiario.
11 improvvisa.
12 sorprese.
13 contadino.
14 *non... ristare*: la pioggia non dando segno di voler cessare.
15 panno ordinario di lana greggia.

Ora, essendo essi alquanto andati, e tutti molli veggendosi e per gli schizzi che i ronzini fanno co' piedi in quantità zaccherosi,[16] le quali cose non sogliono altrui accrescer punto d'orrevolezza,[17] rischiarandosi alquanto il tempo, essi, che lungamente erano venuti taciti, cominciarono a ragionare; e messer Forese, cavalcando e ascoltando Giotto, il quale bellissimo favellatore era, cominciò a considerarlo e da lato e da capo e per tutto, e veggendo ogni cosa così disorrevole e così disparuto,[18] senza avere a sé niuna considerazione, cominciò a ridere, e disse: « Giotto, a che ora [19] venendo di qua allo 'ncontro di noi un forestiere che mai veduto non t'avesse, credi tu che egli credesse che tu fossi il miglior dipintor del mondo, come tu se'? »

A cui Giotto prestamente rispose: « Messere, credo che egli il crederebbe allora che,[20] guardando voi, egli crederebbe che voi sapeste l'abbiccì. » Il che messer Forese udendo il suo error riconobbe, e videsi di tal moneta pagato, quali erano state le derrate vendute.

---

16 inzaccherati, infangati.
17 decoro, rispettabilità.
18 *così disorrevole e così disparuto*: così poco dignitosa e così meschina (i due aggettivi vanno riferiti a *ogni cosa*).
19 *a che ora*: quando mai.
20 *allora che*: qualora.

Novella sesta

PRUOVA MICHELE SCALZA A CERTI GIOVANI COME I BARONCI
SONO I PIÙ GENTILI UOMINI DEL MONDO O DI MAREMMA,[1]
E VINCE UNA CENA.[2]

Ridevano ancora le donne della bella e presta risposta di
Giotto, quando la reina impose il seguitare alla Fiammetta; la qual così 'ncominciò a parlare:

Giovanni donne, l'essere stati ricordati i Baronci[3] da Panfilo, li quali per avventura voi non conoscete come fa
egli, m'ha nella memoria tornata una novella, nella quale
quanta sia la lor nobiltà si dimostra senza dal nostro proposito deviare; e per ciò mi piace di raccontarla.

Egli non è ancora guari di[4] tempo passato, che nella nostra città era un giovane chiamato Michele Scalza, il quale era il più piacevole e il più sollazzevole uom del mondo, e le più nuove[5] novelle aveva per le mani; per la qual
cosa i giovani fiorentini avevan molto caro, quando in brigata si trovavano, di poter aver lui. Ora avvenne un giorno
che, essendo egli con alquanti a Montughi,[6] si 'ncominciò
tra loro una quistion così fatta; quali fossero li più gentili
uomini di Firenze e i più antichi; de' quali alcuni dicevano
gli Uberti e altri i Lamberti, e chi uno e chi un altro, secondo che nell'animo gli capea.[7]

Li quali udendo lo Scalza, cominciò a ghignare, e disse:
« Andate via, andate, goccioloni[8] che voi siete, voi non sapete ciò che voi vi dite: i più gentili uomini e i più anti-

---

[1] Non ha ovviamente valore geografico, ma è un'aggiunta gene-
rica, ironicamente iperbolica.
[2] Anche questa novella è probabilmente opera di invenzione
boccacciana.
[3] Nota famiglia della borghesia fiorentina.
[4] *guari di*: molto.
[5] bizzarre, insolite.
[6] Collina dei dintorni di Firenze dove si trovavano molte ville
di ricchi fiorentini.
[7] *nell'animo gli capea*: pensava, stimava.
[8] dabbene, sciocchi.

chi, non che di Firenze, ma di tutto il mondo o di maremma, sono i Baronci, e a questo s'accordano tutti i fisofoli [9] e ogn'uomo che gli conosce, come fo io: e acciò che voi non intendeste d'altri, io dico de' Baronci vostri vicini da Santa Maria Maggiore. »

Quando i giovani, che aspettavano che egli dovesse dire altro, udiron questo, tutti si fecero beffe di lui, e dissero: « Tu ci uccelli, [10] quasi come se noi non conoscessimo i Baronci come facci tu. »

Disse lo Scalza: « Alle guagnele non fo, [11] anzi mi dico il vero; e se egli ce n'è niuno che voglia metter su [12] una cena a doverla dare a chi vince, con sei compagni quali più gli piaceranno, io la metterò volentieri; e ancora vi farò più, che io ne starò alla sentenzia di chiunque voi vorrete. »

Tra' quali disse uno, che si chiamava Neri Mannini: [13] « Io sono acconcio [14] a voler vincer questa cena »; e accordatisi insieme d'aver per giudice Piero di Fiorentino, in casa cui erano, e andatisene a lui, e tutti gli altri appresso per vedere perdere lo Scalza e dargli noia, ogni cosa detta gli raccontarono.

Piero, che discreto [15] giovane era, udita primieramente la ragione di Neri, poi allo Scalza rivolto, disse: « E tu come potrai mostrare questo che tu affermi? »

Disse lo Scalza: « Che? il mosterrò per sì fatta ragione, [16] che non che tu, ma costui che il nega, dirà che io dica il vero. Voi sapete che, quanto gli uomini sono più antichi, più son gentili, [17] e così diceva pur testé tra costoro: e i Baronci son più antichi che niuno altro uomo, sì che son più gentili; e come essi sien più antichi mostrandovi, senza dubbio io avrò vinta la quistione. Voi do-

9 sapienti.
10 prendi in giro.
11 *Alle... fo*: per il Vangelo, non vi prendo in giro (*guagnele* per Vangelo è deformazione popolare).
12 *metter su*: puntare, mettere come scommessa.
13 Altra famosa e importante famiglia fiorentina.
14 disposto, pronto.
15 intelligente, saggio.
16 argomentazione, prova.
17 nobili.

544

vete sapere che i Baronci furon fatti da Domenedio al tempo che egli avea cominciato d'apparare [18] a dipignere, ma gli altri uomini furon fatti poscia che Domenedio seppe dipignere. E che io dica di questo il vero, ponete mente a' [19] Baronci e agli altri uomini: dove voi tutti gli altri vedrete co' visi ben composti e debitamente proporzionati, potrete vedere i Baronci qual col viso molto lungo e stretto, e quale averlo oltre ad ogni convenevolezza largo, e tal v'è col naso molto lungo e tale l'ha corto, e alcuno col mento in fuori e in su rivolto, e con mascelloni che paiono d'asino; ed evvi tale [20] che ha l'uno occhio più grosso che l'altro, e ancora chi l'un più giù che l'altro, sì come sogliono essere i visi che fanno da prima i fanciulli che apparano a disegnare. Per che, come già dissi, assai bene appare che Domenedio gli fece quando apparava a dipignere, sì che essi sono più antichi che gli altri, e così più gentili. »

Della qual cosa e Piero che era il giudice e Neri che aveva messa la cena e ciascun altro ricordandosi, e avendo il piacevole argomento della Scalza udito, tutti cominciarono a ridere e affermare che lo Scalza aveva la ragione, e che egli aveva vinta la cena e che per certo i Baronci erano i più gentili uomini e i più antichi che fossero, non che in Firenze, ma nel mondo o in maremma.

E perciò meritamente Panfilo, volendo la turpitudine del viso di messer Forese mostrare, disse che stato sarebbe sozzo ad [21] un de' Baronci.

18 *d'apparare*: ad imparare.
19 *ponete mente a'*: pensate ai, considerate i.
20 *evvi tale*: c'è quello.
21 *sozzo ad*: orrendo in confronto a (cfr. pag. 559, nota 25).

Novella settima

MADONNA FILIPPA DAL MARITO CON UN SUO AMANTE
TROVATA, CHIAMATA IN GIUDICIO, CON UNA PRONTA E
PIACEVOL RISPOSTA SÉ LIBERA E FA LO STATUTO MODIFICARE.[1]

Già si tacea la Fiammetta, e ciascun rideva ancora del
nuovo argomento dallo Scalza usato a nobilitare sopra
ogn'altro i Baronci, quando la reina ingiunse a Filostrato
che novellasse; ed egli a dir cominciò:

Valorose donne, bella cosa è in ogni parte[2] saper ben
parlare, ma io la reputo bellissima quivi saperlo fare dove
la necessità il richiede; il che sì ben seppe fare una gentil
donna della quale intendo di ragionarvi, che non solamente festa e riso porse agli uditori, ma sé de' lacci di vi-
tuperosa morte disviluppò, come voi udirete.

Nella terra di Prato fu già uno statuto,[3] nel vero non
men biasimevole che aspro, il quale, senza niuna distinzion
fare, comandava che così fosse arsa quella donna che dal
marito fosse con alcuno suo amante trovata in adulterio,
come quella che per denari con qualunque altro uomo
stata trovata fosse. E durante questo statuto, avvenne che
una gentil donna e bella e oltre ad ogn'altra innamorata,
il cui nome fu madonna Filippa, fu trovata nella sua propria camera una notte da Rinaldo de' Pugliesi suo marito
nelle braccia di Lazzarino de' Guazzagliotri, nobile giovane e bello di quella terra, il quale ella quanto se medesima amava ed era da lui amata. La qual cosa Rinaldo vedendo, turbato forte, appena del correr loro addosso e di
uccidergli si ritenne,[4] e se non fosse che di se medesimo
dubitava,[5] seguitando l'impeto della sua ira, l'avrebbe fatto.
Rattemperatosi adunque da questo, non si poté temperar

1 Forse il resoconto storico del Boccaccio poggia su qualche
leggenda locale.

2 *in ogni parte*: in ogni circostanza.

3 legge.

4 *appena... ritenne*: si trattenne a stento dall'aggredirli ed
ucciderli.

5 *di se medesimo dubitava*: temeva per se stesso.

da voler quello dello statuto pratese, che a lui non era licito di fare,[6] cioè la morte della sua donna. E per ciò, avendo al fallo della donna provare assai convenevole testimonianza come il dì fu venuto, senza altro consiglio prendere, accusata la donna, la fece richiedere.[7] La donna, che di gran cuore era, sì come generalmente esser soglion quelle che innamorate sono da dovero,[8] ancora che sconsigliata da molti suoi amici e parenti ne fosse, del tutto dispose di comparire e di voler più tosto, la verità confessando, con forte animo morire, che, vilmente fuggendo, per contumacia in essilio vivere e negarsi degna[9] di così fatto amante come colui era nelle cui braccia era stata la notte passata. E assai bene accompagnata di donne e d'uomini, da tutti confortata al negare, davanti al podestà venuta, domandò con fermo viso e con salda voce quello che egli a lei domandasse. Il podestà, riguardando costei e veggendola bellissima e di maniere laudevoli molto, e, secondo che le sue parole testimoniavano, di grande animo, cominciò di lei ad aver compassione, dubitando non[10] ella confessasse cosa per la quale a lui convenisse, volendo il suo onor servare,[11] farla morire.

Ma pur, non potendo cessare di domandarla di quello che apposto l'era,[12] le disse: « Madonna, come voi vedete, qui è Rinaldo vostro marito, e duolsi[13] di voi, la quale egli dice che ha con altro uomo trovata in adulterio; e per ciò domanda che io, secondo che uno statuto che ci è vuole,[14] faccendovi morire di ciò vi punisca, ma ciò far non posso se voi nol confessate; e per ciò guardate bene quello

6 *Rattemperatosi... fare*: trattenutosi dunque da questo (cioè dall'ucciderli), non si poté trattenere dall'esigere dalla legge pratese quello che a lui non era lecito fare.

7 *la fece richiedere*: la fece chiamare in tribunale.

8 *da dovero*: (daddovero) davvero.

9 *negarsi degna*: mostrarsi indegna.

10 *dubitando non*: temendo che.

11 *il suo onor servare*: tener fede al suo dovere.

12 *non... l'era*: non potendo fare a meno di interrogàrla su quello di cui era accusata.

13 *si querela*.

14 *secondo... vuole*: secondo quanto stabilisce una legge che vige (in questa città).

che voi rispondete, e ditemi se vero è quello di che vostro marito v'accusa. »

La donna, senza sbigottire punto, con voce assai piacevole rispose: « Messere, egli è vero che Rinaldo è mio marito e che egli questa notte passata mi trovò nelle braccia di Lazzarino, nelle quali io sono, per buono e per perfetto amore che io gli porto, molte volte stata, né questo negherei mai; ma come io son certa che voi sapete, le leggi deono esser comuni [15] e fatte con consentimento di coloro a cui toccano.[16] Le quali cose di questa non avvengono, ché essa solamente le donne tapinelle costrigne, le quali molto meglio che gli uomini potrebbero a molti sodisfare; e oltre a questo, non che alcuna donna, quando fatta fu, ci prestasse consentimento, ma niuna ce ne fu mai chiamata: [17] per le quali cose meritamente malvagia si può chiamare. E se voi volete, in pregiudicio del mio corpo e della vostra anima, esser di quella esecutore, a voi sta; ma, avanti che ad alcuna cosa giudicar procediate, vi prego che una piccola grazia mi facciate, cioè che voi il mio marito domandiate se io ogni volta e quante volte a lui piaceva, senza dir mai di no, io di me stessa gli concedeva intera copia [18] o no. » A che Rinaldo, senza aspettare che il podestà il domandasse, prestamente rispose che senza alcun dubbio la donna ad ogni sua richiesta gli aveva di sé ogni suo piacere [19] conceduto. « Adunque, » seguì prestamente la donna, « domando io voi, messer podestà, se egli ha sempre di me preso quello che gli è bisognato e piaciuto, io che doveva fare o debbo di quel che gli avanza? debbolo io gittare ai cani? non è egli molto meglio servirne [20] un gentile uomo che più che sé m'ama, che lasciarlo perdere o guastare? »

Eran quivi a così fatta essaminazione [21] e di tanta e sì famosa donna quasi tutti i pratesi concorsi, li quali, udendo così piacevol risposta, subitamente, dopo molte risa, quasi

15 generali, uguali.
16 riguardano.
17 *ce ne fu mai chiamata*: fu mai chiamata qui.
18 *intera copia*: tutto.
19 *ogni suo piacere*: quanto egli desiderasse.
20 farne dono.
21 interrogatorio.

ad una voce tutti gridarono la donna aver ragione e dir bene: e prima che di quivi si partissono, a ciò confortandogli [22] il podestà, modificarono il crudele statuto e lasciarono che egli s'intendesse [23] solamente per quelle donne le quali per denari a' lor mariti facesser fallo. Per la qual cosa Rinaldo, rimaso di così matta impresa confuso, si partì dal giudicio; e la donna lieta e libera, quasi dal fuoco risuscitata, alla sua casa se ne tornò gloriosa.

22 esortandoli.
23 *che egli s'intendesse*: che riguardasse.

FRESCO CONFORTA [1] LA NIPOTE CHE NON SI SPECCHI, SE GLI
SPIACEVOLI, COME DICEVA, L'ERANO A VEDER NOIOSI.[2]

La novella da Filostrato raccontata prima con un poco
di vergogna punse li cuori delle donne ascoltanti, e con
onesto rossore ne' lor visi apparito ne dieder segno; e poi,
l'una l'altra guardando, appena del ridere potendosi astenere, sogghignando quella ascoltarono. Ma poi che esso
alla fine ne fu venuto, la reina, ad Emilia voltatasi, che
ella seguitasse le 'mpose; la quale, non altramenti che se
da dormir si levasse, soffiando [3] incominciò:

Vaghe giovani, per ciò che un lungo pensiero molto di
qui m'ha tenuta gran pezza lontana, per ubbidire alla nostra reina, forse con molto minor novella, che fatto non
avrei se qui l'animo avessi avuto, mi passerò, [4] lo sciocco
error d'una giovane raccontandovi, con un piacevol motto
corretto da un suo zio, se ella da tanto [5] stata fosse che
inteso l'avesse.

Uno adunque, che si chiamò Fresco da Celatico, aveva
una sua nepote chiamata per vezzi [6] Cesca, la quale, ancora che bella persona avesse e viso, non però di quegli
angelici che già molte volte vedemo, sé da tanto e sì nobile reputava, che per costume aveva preso di biasimare e
uomini e donne e ciascuna cosa che ella vedeva, senza avere alcun riguardo a se medesima, la quale era tanto più

1 consiglia, esorta.
2 se... noiosi: se le dava fastidio, come diceva, vedere i brutti.
Gli accenni misogini precedenti al Decameron (Filostrato, VIII, 30-
31) e successivi (Corbaccio) intorno a questo tema convincono del-
l'originalità di questa novelletta.
3 sospirando.
4 forse... passerò: me la sbrigherò con una novella molto più
breve forse di quanto non sarebbe se fossi stata attenta alla precedente.
5 da tanto: abbastanza intelligente.
6 per vezzi: per vezzo, con un vezzeggiativo.

spiacevole, sazievole [7] e stizzosa che alcuna altra, che a sua guisa niuna cosa si poteva fare; [8] e tanto, oltre a tutto questo, era altiera, che se stata fosse de' Reali di Francia sarebbe stato soperchio.[9] E quando ella andava per via sì forte le veniva del cencio,[10] che altro che torcere il muso non faceva, quasi puzzo le venisse di chiunque vedesse o scontrasse. Ora, lasciando stare molti altri suoi modi spiacevoli e rincrescevoli, avvenne un giorno che, essendosi ella in casa tornata là dove Fresco era, e tutta piena di smancerie postaglisi presso a sedere, altro non faceva che soffiare; laonde Fresco domandando le disse: « Cesca, che vuol dir questo che, essendo oggi festa, tu te ne se' così tosto tornata in casa? » Al quale ella tutta cascante di vezzi rispose: « Egli è il vero che io me ne sono venuta tosto, per ciò che io non credo che mai in questa terra [11] fossero e uomini e femine tanto spiacevoli e rincrescevoli quanto sono oggi, e non ne passa per via uno che non mi spiaccia come la mala ventura; e io non credo che sia al mondo femina a cui più sia noioso il vedere gli spiacevoli che è a me, e per non vedergli così tosto me ne son venuta. »

Alla qual Fresco, a cui li modi fecciosi [12] della nepote dispiacevan fieramente, disse: « Figliuola, se così ti dispiaccion gli spiacevoli, come tu di', se tu vuoi viver lieta, non ti specchiare giammai. » Ma ella, più che una canna vana [13] e a cui di senno pareva pareggiar Salamone, non altramenti che un montone avrebbe fatto,[14] intese il vero motto di Fresco; anzi disse che ella si voleva specchiar come l'altre; e così nella sua grossezza [15] si rimase e ancor vi si sta.

---

7 sussiegosa, stucchevole.

8 *a sua... fare*: non si poteva fare nulla che le andasse bene, che l'accontentasse.

9 *se... soperchio*: sarebbe stata troppo anche per una dei reali di Francia.

10 *sì... cencio*: si mostrava tanto disgustata come se sentisse puzzo di cencio bruciato.

11 paese, città.

12 disgustosi.

13 vuota.

14 *non... fatto*: non più di quanto avrebbe capito un montone, un animale stupido.

15 ottusità, stupidità.

Novella nona

GUIDO CAVALCANTI DICE CON UN MOTTO ONESTAMENTE
VILLANIA A CERTI CAVALIER FIORENTINI LI QUALI
SOPRAPPRESO L'AVEANO.[1]

Sentendo la reina che Emilia della sua novella s'era
diliberata e che ad altri non restava a dir che a lei, se
non a colui che per privilegio aveva il dir da sezzo,[2] così a
dir cominciò:

Quantunque, leggiadre donne, oggi mi sieno da voi state tolte da due in su[3] delle novelle delle quali io m'avea pensato di doverne una dire, nondimeno me n'è pure una rimasa da raccontare, nella conclusione della quale si con-
tiene un sì fatto motto, che forse non ci se n'è alcuno di
tanto sentimento[4] contato.

Dovete adunque sapere che ne' tempi passati furono
nella nostra città assai belle e laudevoli usanze, delle quali
oggi niuna ve n'è rimasa, mercé[5] dell'avarizia che in quella con le ricchezze è cresciuta, la quale tutte l'ha discac-
ciate. Tra le quali n'era una cotale, che in diversi luoghi per Firenze si ragunavano insieme i gentili uomini del
le contrade e facevano lor brigate di certo numero, guardando di mettervi tali che comportar[6] potessono acconciamente le spese, e oggi l'uno, doman l'altro, e così per
ordine tutti mettevan tavola, ciascuno il suo dì, a tutta la
brigata; e in quella spesse volte onoravano e gentili uomini forestieri, quando ve ne capitavano, e ancora de'

1 Il motto su cui s'impernia la novella, derivato dai *Dialogi* di
San Gregorio su base biblica, era stato attribuito dal Petrarca a
Dino da Firenze nei *Rerum memorandarum libri* (II, 60) cioè pro-
babilmente a quel Dino del Garbo commentatore della canzone
Donna me prega del Cavalcanti, la cui figura s'ammanta qui di
vesti dantesche.

2 per ultimo.
3 *da due in su*: più di due.
4 *di tanto sentimento*: dal significato così profondo.
5 a causa.
6 sostenere.

cittadini: e similmente si vestivano insieme [7] almeno una volta l'anno, e insieme i dì più notabili [8] cavalcavano per la città, e talora armeggiavano, e massimamente per le feste principali o quando alcuna lieta novella di vittoria o d'altro fosse venuta nella città. Tra le quali brigate n'era una di messer Betto Brunelleschi,[9] nella quale messer Betto e' compagni s'eran molto ingegnati di tirare Guido di messer Cavalcante de' Cavalcanti,[10] e non senza cagione: per ciò che, oltre a quello che egli fu un de' migliori loici [11] che avesse il mondo e ottimo filosofo naturale,[12] delle quali cose poco la brigata curava, sì fu egli leggiadrissimo e costumato e parlante uomo molto [13] e ogni cosa che far volle e a gentile uom pertenente, seppe meglio che altro uom fare; e con questo [14] era ricchissimo, e a chiedere a lingua [15] sapeva onorare cui nell'animo gli capeva [16] che il valesse. Ma a messer Betto non era mai potuto venir fatto d'averlo, e credeva egli co' suoi compagni che ciò avvenisse per ciò che Guido alcuna volta speculando molto astratto dagli uomini diveniva; e per ciò che egli alquanto tenea della oppinione degli epicuri,[17] si diceva tra la gente volgare che queste sue speculazioni eran solo in cercare se trovar si potesse che Iddio non fosse.

Ora, avvenne un giorno che, essendo Guido partito d'Orto San Michele [18] e venutosene per lo Corso degli Adimari [19] infino a San Giovanni, il quale spesse volte era suo cammino, essendo quelle arche [20] grandi di marmo, che oggi sono

7 allo stesso modo.
8 *i dì più notabili*: le feste.
9 *Betto Brunelleschi*: passò ai Neri dopo la sconfitta dei Bianchi nel 1301; morì nel 1311.
10 Guido Cavalcanti, il famoso poeta, ricordato da Dante, nato a Firenze poco prima del 1280 e morto nel 1300.
11 dialettici.
12 *filosofo naturale*: esperto di fisica.
13 *parlante uomo molto*: facondo.
14 *con questo*: oltre a questo.
15 *a chiedere a lingua*: per quanto si può desiderare.
16 *cui... capeva*: chi egli pensava.
17 epicurei.
18 *Orto San Michele*: Orsammichele.
19 *Corso degli Adimari*: oggi via dei Calzaioli.
20 tombe.

in Santa Reparata,[21] e molte altre dintorno a San Giovanni, ed egli essendo tra le colonne del [22] porfido, che vi sono, e quelle arche e la porta di San Giovanni, che serrata era, messer Betto con sua brigata a caval venendo su per la piazza di Santa Reparata, veggendo Guido là tra quelle sepolture, dissero: « Andiamo a dargli briga »; [23] e spronati i cavalli, a guisa d'uno assalto sollazzevole gli furono, quasi prima che egli se n'avvedesse, sopra, e cominciarongli a dire: « Guido, tu rifiuti d'esser di nostra brigata; ma ecco, quando tu avrai trovato che Iddio non sia, che avrai fatto? »

A' quali Guido, da lor veggendosi chiuso,[24] prestamente disse: « Signori, voi mi potete dire a casa vostra ciò che vi piace »; e posta la mano sopra una di quelle arche, che grandi erano, sì come colui che leggierissimo [25] era, prese un salto e fussi gittato dall'altra parte, e sviluppatosi [26] da loro se n'andò.

Costoro rimaser tutti guatando l'un l'altro, e cominviarono a dire che egli era uno smemorato [27] e che quello che egli aveva risposto non veniva a dir nulla, con ciò fosse cosa che quivi dove erano non avevano essi a far più che tutti gli altri cittadini, né Guido meno che alcun di loro; alli quali messer Betto rivolto, disse: « Gli smemorati siete voi, se voi non l'avete inteso: egli ci ha detta onestamente [28] in poche parole la maggior villania del mondo, per ciò che, se voi riguardate bene, queste arche sono le case de' morti, per ciò che in esse si pongono e dimorano i morti; le quali egli dice che sono nostra casa, a dimostrarci che noi e gli altri uomini idioti [29] e non litterati siamo, a comparazion di lui e degli altri uomini scienziati, peggio che uomini morti, e per ciò, qui essendo, noi

21 *Santa Reparata*: sorgeva al posto dell'attuale Santa Maria del Fiore.
22 di.
23 *a dargli briga*: a provocarlo, stuzzicarlo.
24 circondato.
25 agilissimo.
26 svincolatosi.
27 pazzo.
28 elegantemente.
29 incolti.

siamo a casa nostra. » Allora ciascuno intese quello che Guido aveva voluto dire e vergognossi, né mai più gli diedero briga, e tennero per innanzi messer Betto sottile e intendente cavaliere.

Novella decima

FRATE CIPOLLA PROMETTE A CERTI CONTADINI DI MOSTRARE
LORO LA PENNA DELLO AGNOLO GABRIELLO; IN LUOGO
DELLA QUALE TROVANDO CARBONI, QUEGLI DICE ESSER DI
QUEGLI CHE ARROSTIRONO SAN LORENZO.[1]

Essendo ciascuno della brigata della sua novella riuscito,[2] conobbe Dioneo che a lui toccava il dover dire; per
la qual cosa, senza troppo solenne comandamento aspettare, imposto silenzio a quegli che il sentito[3] motto di Guido lodavano, incominciò:

Vezzose donne, quantunque io abbia per privilegio di
poter di quel che più mi piace parlàre, oggi io non intendo di volere da quella materia separarmi della qual voi
tutte avete assai acconciamente parlato; ma, seguitando le
vostre pedate,[4] intendo di mostrarvi quanto cautamente
con subito riparo uno de' frati di Santo Antonio fuggisse[5]
uno scorno che da due giovani apparecchiato gli era. Né
vi dovrà esser grave, perché io, per ben dire la novella
compiuta, alquanto in parlar mi distenda, se al sole guarderete, il quale è ancora a mezzo il cielo.

Certaldo, come voi forse avete potuto udire, è un castel di Val d'Elsa posto nel nostro contado, il quale, quantunque picciol sia, già di nobili uomini e d'agiati fu
abitato; nel quale, per ciò che buona pastura vi trovava,
usò un lungo tempo d'andare ogn'anno una volta a ricogliere le limosine fatte loro dagli sciocchi un de' frati di
Santo Antonio, il cui nome era frate Cipolla, forse non
meno per lo nome che per altra divozione vedutovi volentieri, con ciò sia cosa che quel terreno produca cipolle

1 Sparsi accenni al tema dei traffici con le reliquie, soprattutto
orientali, non tolgono alla novella il titolo di un'assolùta originalità.
2 liberato.
3 intelligente, saggio.
4 *seguitando... pedate*: proseguendo sulle vostre orme.
5 *quanto... fuggisse*: con quale accortezza e sagacia un frate, ri-
correndo ad un rimedio tempestivo, evitasse. I frati di Sant'Antonio erano molto criticati come imbroglioni e profittatori, fino ad
essere condannati anche da un papa, Gregorio IX, nel 1240.

famose per tutta Toscana. Era questo frate Cipolla di persona piccolo, di pelo rosso e lieto nel viso, e il miglior brigante [6] del mondo: e oltre a questo, niuna scienzia avendo, sì ottimo parlatore e pronto era, che chi conosciuto non l'avesse, non solamente un gran retorico l'avrebbe stimato, ma avrebbe detto esser Tulio [7] medesimo o forse Quintiliano: e quasi di tutti quegli della contrada era compare o amico o benivogliente.[8]

Il quale, secondo la sua usanza, del mese d'agosto tra l'altre v'andò una volta, e una domenica mattina, essendo tutti i buoni uomini e le femine delle ville dattorno venuti alla messa nella calonica,[9] quando tempo gli parve, fattosi innanzi disse: « Signori e donne, come voi sapete, vostra usanza è di mandare ogn'anno a' poveri del baron [10] messer Santo Antonio del vostro grano e delle vostre biade, chi poco e chi assai, secondo il podere e la divozion sua, acciò che il beato Santo Antonio vi sia guardia de' buoi e degli asini e de' porci e delle pecore vostre; e oltre a ciò solete pagare, e spezialmente quegli che alla nostra compagnia [11] scritti sono, quel poco debito che ogn'anno si paga una volta. Alle quali cose ricogliere [12] io sono dal mio maggiore,[13] cioè da messer l'abate, stato mandato; e per ciò, con la benedizion di Dio, dopo nona, quando udirete sonare le campanelle, verrete qui di fuor della chiesa là dove io al modo usato vi farò la predicazione, e bascerete la croce; e oltre a ciò, per ciò che divotissimi tutti vi conosco del baron messer Santo Antonio, di spezial grazia [14] vi mostrerò una santissima e bella reliquia, la quale io medesimo già recai dalle sante terre d'oltremare; e questa è

6 compagnone.

7 Cicerone. Cicerone e Quintiliano erano i modelli indiscussi dell'oratoria e della retorica (poco sopra, *retorico* significa « oratore »).

8 benevolo. Frate Cipolla aveva dunque stretto vincoli di grande familiarità e amicizia anche con gli inferiori.

9 chiesa parrocchiale, canonica.

10 Titolo onorifico generico, riferito al santo.

11 confraternita.

12 riscuotere.

13 superiore.

14 *di spezial grazia*: come grazia, concessione particolare.

una delle penne dello agnolo Gabriello, la quale nella camera della Vergine Maria rimase quando egli la venne ad annunziare in Nazzaret. » E questo detto, si tacque e ritornossi alla messa.

Erano, quando frate Cipolla queste cose diceva, tra gli altri molti nella chiesa due giovani astuti molto, chiamato l'uno Giovanni del Bragoniera e l'altro Biagio Pizzini; li quali, poi che alquanto tra sé ebbero riso della reliquia di frate Cipolla, ancora che molto fossero suoi amici e di sua brigata, seco proposero di fargli di [15] questa penna alcuna beffa. E avendo saputo che frate Cipolla la mattina desinava nel castello [16] con un suo amico, come a tavola il sentirono così se ne scesero alla strada, e all'albergo dove il frate era smontato se n'andarono con questo proponimento, che Biagio dovesse tenere a parole [17] il fante di frate Cipolla, e Giovanni dovesse tra le cose del frate cercare di questa penna, chente che ella si fosse, e torgliele, per vedere come egli di questo fatto poi dovesse al popolo dire. Aveva frate Cipolla un suo fante, il quale alcuni chiamavano Guccio Balena e altri Guccio Imbratta, e chi gli diceva Guccio Porco; il quale era tanto cattivo, che egli non è vero che mai Lippo Topo ne facesse alcun cotanto: [18] di cui spesse volte frate Cipolla era usato di motteggiare con la sua brigata e di dire: « Il fante mio ha in sé nove cose tali che, se qualunque è l'una [19] di quelle fosse in Salamone o in Aristotile o in Seneca, avrebbe forza di guastare ogni lor virtù, ogni lor senno, ogni lor santità. Pensate adunque che uom dee essere egli, nel quale né virtù né senno né santità alcuna è, avendone nove! »; ed essendo alcuna volta domandato quali fossero queste nove cose, ed egli avendole in rima messe, rispondeva: « Dirolvi: egli è tardo, sugliardo [20] e bugiardo: nigligente, disu-

15 a proposito di.
16 È la parte alta del borgo, di Certaldo.
17 *tenere a parole*: trattenere con chiacchiere.
18 *tanto... cotanto*: tanto tristo, sciocco che certamente Lippo Topo non ne ritrasse mai alcuno di simile. Lippo Topo era pittore di talento tutt'altro che eccezionale, noto per le sue facezie.
19 *se... una*: se una qualsiasi.
20 sporco (francesismo).

bidente e maldicente : trascutato,[21] smemorato e scostumato;
senza che egli ha alcune altre taccherelle [22] con queste, che
si taccion per lo migliore. E quello che sommamente è da
ridere de' fatti suoi è che egli in ogni luogo vuol pigliar
moglie e tor casa a pigione; e avendo la barba grande e
nera e unta, gli par sì forte esser bello e piacevole, che
egli s'avvisa che quante femine il veggono tutte di lui s'in-
namorino, ed essendo lasciato, a tutte andrebbe dietro per-
dendo la coreggia.[23] È il vero che egli m'è d'un grande aiuto
per ciò che mai niuno non mi vuol sì segreto parlare, che
egli non voglia la sua parte udire; e se avviene che io
d'alcuna cosa sia domandato, ha sì gran paura che io non
sappia rispondere, che prestamente risponde egli e sì e no,
come giudica si convenga. »

A costui, lasciandolo allo albergo, aveva frate Cipolla
comandato che ben guardasse che alcuna persona non toccasse le cose sue, e spezialmente le sue bisacce, per ciò che
in quelle erano le cose sacre. Ma Guccio Imbratta, il
quale era più vago di stare in cucina che sopra i verdi rami
l'usignuolo, e massimamente se fante vi sentiva niuna,[24]
avendone in quella dell'oste 'una veduta grassa e grossa e
piccola e mal fatta, con un paio di poppe che parevan
due ceston da letame e con un viso che parea de' Baronci,[25] tutta sudata, unta e affumicata, non altramenti che
si gitta l'avoltoio alla carogna, lasciata la camera di frate
Cipolla aperta e tutte le sue cose in abbandono, là si
calò; e ancora che d'agosto fosse, postosi presso al fuoco
a sedere, cominciò con costei, che Nuta aveva nome, ad
entrare in parole e dirle che egli era gentile uomo per procuratore [26] e che egli aveva de' fiorini più di millantanove,

21 sventato.

22 *senza... taccherelle*: senza contare che ha molte altre pecche,
difettucci.

23 *essendo... coreggia*: se glielo si permettesse, correrebbe dietro
a tutte tanto da perdere le brache (*coreggia* è la cintura).

24 *fante... niuna*: immaginava, s'accorgeva che ci fosse una serva.

25 È ancora un'allusione alla famiglia fiorentina i cui discen-
denti erano famosi per la loro bruttezza (cfr. pag. 540, nota 4).

26 *per procuratore*: come procuratore. Tutta la frase del servo
di frate Cipolla è pura millanteria, piena di espressioni senza senso
e falsamente iperboliche (vedi *millantanove*, più avanti, che è numero inesistente).

senza quegli che egli aveva a dare altrui, che erano anzi più che meno, e che egli sapeva tante cose fare e dire, che domine pure unquanche.[27] E senza riguardare ad un suo cappuccio sopra il quale era tanto untume che avrebbe condito il calderon d'Altopascio,[28] e ad un suo farsetto rotto e ripezzato, e intorno al collo e sotto le ditella [29] smaltato di sucidume, con più macchie e di più colori che mai drappi fossero tartareschi o indiani, e alle sue scarpette tutte rotte e alle calze sdrucite, le disse, quasi stato fosse il Siri di Ciastiglione,[30] che rivestir la voleva e rimetterla in arnese e trarla di quella cattività [31] di star con altrui, e senza gran possession d'avere, [32] ridurla in isperanza di miglior fortuna, e altre cose assai; le quali quantunque molto affettuosamente le dicesse, tutte in vento convertite, come le più delle sue imprese facevano, tornarono in niente. Trovarono adunque i due giovani Guccio Porco intorno alla Nuta occupato; della qual cosa contenti, per ciò che mezza la lor fatica era cessata,[33] non contradicendolo alcuno, nella camera di frate Cipolla, la quale aperta trovarono, entrati, la prima cosa che venne lor presa per cercare fu la bisaccia nella quale era la penna; la quale aperta, trovarono, in un gran viluppo di zendado fasciata, una piccola cassettina, la quale aperta, trovarono in essa una penna di quelle della coda d'un pappagallo, la quale avvisarono dovere esser quella che egli promessa avea di mostrare a' certaldesi. E certo egli il poteva a quei tempi leggiermente far credere, per ciò che ancora non erano le morbidezze d'Egit-

27 *domine pure unquanche*: neppure il Signore (o il suo signore) potrebbe mai fare altrettanto. *Unquanche*, in bocca al servo, è rozzo latinismo.

28 *calderon d'Altopascio*: proverbiale per la sua grandezza era la caldaia dell'Abbazia d'Altopascio, in provincia di Lucca, dove i monaci cuocevano la minestra per tutti i poveri due volte la settimana.

29 ascelle.

30 Probabilmente, il signore di Châtillon in Francia, cioè un gran signore.

31 *rimetterla... cattività*: rimetterla in sesto, sistemarla e toglierla da quella misera condizione di schiavitù.

32 *possession d'avere*: proprietà, ricchezze.

33 evitata.

to,[34] se non in piccola quantità, trapassate in Toscana, come poi in grandissima copia, con disfacimento[35] di tutta Italia, son trapassate: e dove che elle poco conosciute fossero,[36] in quella contrada quasi in niente erano dagli abitanti saputte; anzi, durandovi ancora la rozza onestà degli antichi, non che veduti avesser pappagalli, ma di gran lunga la maggior parte mai uditi non gli avean ricordare. Contenti adunque i giovani d'aver la penna trovata, quella tolsero, e, per non lasciare la cassetta vota, vedendo carboni in un canto della camera, di quegli la cassetta empierono; e richiusala, e ogni cosa racconcia[37] come trovata avevano, senza essere stati veduti, lieti se ne vennero con la penna e cominciarono ad aspettare quello che frate Cipolla, in luogo della penna trovando carboni, dovesse dire.

Gli uomini e le femine semplici che nella chiesa erano, udendo che veder doveano la penna dello agnolo Gabriello dopo nona, detta la messa, si tornarono a casa; e dettolo l'un vicino all'altro e l'una comare all'altra, come desinato ebbero ogn'uomo,[38] tanti uomini e tante femine concorsono nel castello che a pena vi capeano,[39] con disidero aspettando di veder questa penna. Frate Cipolla, avendo ben desinato e poi alquanto dormito, un poco dopo nona levatosi e sentendo la moltitudine grande esser venuta di contadini per dovere la penna veder, mandò[40] a Guccio Imbratta che lassù con le campanelle venisse, e recasse le sue bisacce. Il qual, poi che con fatica dalla cucina e dalla Nuta si fu divelto, con le cose addimandate con lento passo lassù n'andò: dove ansando giunto, per ciò che il ber dell'acqua gli avea molto fatto crescere il corpo per comandamento di frate Cipolla andatone in su la porta della chiesa, forte incominciò le campanelle a sonare. Dove poi che tutto il popolo fu ragunato, frate Cipolla, senza essersi avveduto che niuna sua cosa fosse stata mossa, cominciò la

34 *morbidezze d'Egitto*: raffinatezze, rarità orientali (tra cui anche i pappagalli).
35 danno, rovina.
36 *dove... fossero*: se mai erano conosciute poco in qualche parte.
37 riordinata.
38 *ogn'uomo*: ognuno, tutti.
39 *vi capeano*: ci stavano.
40 mandò a dire.

sua predica, e in acconcio de' [41] fatti suoi disse molte parole;
e dovendo venire al mostrar della penna dell'agnolo Gabriello, fatta prima con gran solennità la confessione,[42] fece
accender due torchi, e soavemente sviluppando [43] il zendado,
avendosi prima tratto il cappuccio, fuori la cassetta ne
trasse; e dette primieramente alcune parolette a laude e
a commendazione dell'agnolo Gabriello e della sua reliquia,
la cassetta aperse. La quale come piena di carboni vide,
non sospicò che ciò Guccio Balena gli avesse fatto, per ciò
che nol conosceva da tanto, né il maledisse del male aver
guardato che altri ciò non facesse, ma bestemmiò tacitamente sé, che a lui la guardia delle sue cose aveva com-
messa,[44] conoscendol, come faceva, negligente, disubbidente
trascutato e smemorato. Ma non per tanto, senza mutar colore, alzato il viso e le mani al cielo, disse sì che da tutti
fu udito: «O Iddio, lodata sia sempre la tua potenzia»;
poi richiusa la cassetta, e al popolo rivolto disse:

« Signori e donne, voi dovete sapere che, essendo io
ancora molto giovane, io fui mandato dal mio superiore
in quelle parti dove apparisce il sole,[45] e fummi commesso
con espresso comandamento che io cercassi tanto che io
trovassi i privilegi [46] del Porcellana,[47] li quali, ancora che a
bollar niente costassero, molto più utili sono ad altrui che
a noi. Per la qual cosa messom'io per cammino, di Vinegia
partendomi e andandomene per lo Borgo de' Greci, e di
quindi per lo reame del Garbo cavalcando e per Baldacca,
pervenni in Parione, donde, non senza sete, dopo alquanto pervenni in Sardigna. Ma perché vi vo io tutti i paesi

41 *in acconcio de'* : per dar credito ai.
42 *la confessione* : la preghiera del *Confiteor*.
43 *soavemente sviluppando* : aprendo delicatamente.
44 affidata.
45 *dove... sole* : in luoghi qualsiasi. Ma l'indicazione vorrebbe
essere ambigua, allusiva di regioni lontane. Così tutti i luoghi a cui
accenna poi il frate (*Porcellana, Vinegia, Borgo de' Greci, Garbo,
Baldacca, Parione, Sardigna*) sono compresi nelle mura fiorentine o
poco oltre, ma sono scelti in modo che gli ingenui certaldesi pen-
sino a strane località orientali (p. es. *braccio di San Giorgio* era
anche la denominazione del Bosforo).
46 feudi.
47 Era l'ospedale di San Filippo in Firenze.

cerchi da me divisando?[48] io capitai passato il braccio di
San Giorgio in Truffia e in Buffia,[49] paesi molto abitati e
con gran popoli; e di quindi pervenni in terra di Menzogna, dove molti de' nostri frati e d'altre religioni[50] trovai
assai, li quali tutti il disagio andavan per l'amor di Dio
schifando, poco dell'altrui fatiche curandosi, dove la loro
utilità vedessero seguitare,[51] nulla altra moneta spendendo
che senza conio[52] per que' paesi: e quindi passai in terra
d'Abruzzi,[53] dove gli uomini e le femine vanno in zoccoli su
pe' monti, rivestendo i porci delle lor busecchie[54] medesime;
e poco più là trovai genti che portavano il pan nelle mazze e 'l vin nelle sacca:[55] da' quali alle montagne de' Baschi
pervenni, dove tutte l'acque corrono alla 'ngiù. E in brieve tanto andai addentro, che io pervenni mei infino in
India Pastinaca,[56] là dove io vi giuro, per lo abito che io
porto addosso, che i' vidi volare i pennati,[57] cosa incredibile a chi non gli avesse veduti; ma di ciò non mi lasci
mentire Maso del Saggio,[58] il quale gran mercatante io trovai là, che schiacciava noci e vendeva i gusci a ritaglio.[59]
Ma non potendo quello che io andava cercando trovare,
perciò che da indi in là si va per acqua, indietro tornando-
mene, arrivai in quelle sante terre dove l'anno di state
vi vale il pan freddo quattro denari, e il caldo v'è per niente. E quivi trovai il venerabile padre messer Nonmibla-

48 *tutti... divisando*: descrivendo tutte le località percorse da me.
49 *Truffia... Buffia*: sono i paesi dei truffatori e dei beffatori.
50 ordini religiosi.
51 *dove... seguitare*: quando ne pensassero derivare il loro pro-
fitto.
52 *senza conio*: che non si coniano. Cioè, non soldi ma chiacchiere.
53 *terra d'Abruzzi*: qui significa « terra lontana ».
54 budella.
55 *dove... sacca*: tutte queste espressioni si devono intendere
anche nel significato osceno.
56 *mei... Pastinaca*: perfino in India. *Pastinaca* è una radice
dolciastra. Da una parte vale come attributo favoloso a *India*, dal-
l'altra può essere un'aggiunta ironica (da nulla, fandonia) alla denominazione geografica.
57 Propriamente « strumenti per la potatura ». Ma è voluta-
mente equivocato con *pennuti*: « uccelli ».
58 Noto burlone, che compare in varie altre novelle.
59 *a ritaglio*: al minuto.

smete Sevoipiace,[60] degnissimo patriarca di Jerusalem, il quale, per reverenzia dello abito che io ho sempre portato del baron messer Santo Antonio, volle che io vedessi tutte le sante reliquie le quali egli appresso di sé aveva; e furon tante che, se io ve le volessi tutte contare, io non ne verrei a capo in parecchie miglia, ma pure, per non lasciarvi sconsolati,[61] ve ne dirò alquante. Egli primieramente mi mostrò il dito dello Spirito Santo così intero e saldo come fu mai, e il ciuffetto del Serafino che apparve a San Francesco, e una dell'unghie de' Gherubini, e una delle coste del Verbum-Caro-fatti-alle-finestre,[62] e de' vestimenti della Santa Fé cattolica, e alquanti de' raggi della stella che apparve a' tre Magi in oriente, e una ampolla del sudore di San Michele quando combatté col diavolo, e la mascella della Morte di San Lazzaro e altre. E per ciò che io liberamente gli feci copia delle piagge di Monte Morello in volgare e d'alquanti capitoli del Caprezio,[63] li quali egli lungamente era andato cercando, mi fece egli partefice delle sue sante reliquie, e donommi uno de' denti della Santa Croce, e in una ampolletta alquanto del suono delle campane del tempio di Salamone e la penna dello agnolo Gabriello, della quale già detto v'ho, e l'un de' zoccoli di San Gherardo da Villamagna,[64] il quale io, non ha molto, a Firenze donai a Gherardo di Bonsi,[65] il quale in lui ha grandissima divozione: e diedemi de' carboni, co' quali fu il beatissimo martire San Lorenzo arrostito; le quali cose io tutte di qua con meco divotamente ne recai, e holle tutte. È il vero che il mio maggiore non ha mai sof-

60 *Nonmiblasmete Sevoipiace*: fumosa e ironica personificazione francesizzante che equivale a « Non mi disprezzate, per favore ».
61 delusi.
62 *Verbum-caro-fatti-alle-finestre*: è deformazione popolareggiante e buffonesca della frase evangelica « Verbum caro factum est ».
63 *gli feci... Caprezio*: tra espressioni gergali e invenzioni (Caprezio) si allude a tendenze omosessuali. Cioè, « lo assecondai nei suoi appetiti innaturali » (ma *copia* si adatta bene all'immagine libresca dei *capitoli del Caprezio*).
64 Fu uno dei primi francescani e di lui si diceva che avesse calzato per primo degli umili zoccoli.
65 Ricco fiorentino appartenente all'Arte della Lana, devoto a San Gherardo.

ferto [66] che io l'abbia mostrate, infino a tanto che certificato non s'è se desse sono o no; [67] ma ora che per certi miracoli fatti da esse e per lettere ricevute dal Patriarca divenuto n'è certo, m'ha conceduta licenzia che io le mostri; ma io, temendo di fidarle altrui, sempre le porto meco. Vera cosa è che io porto la penna dell'agnolo Gabriello, acciò che non si guasti, in una cassetta, e i carboni co' quali fu arrostito San Lorenzo in una altra; le quali son sì simiglianti l'una all'altra, che spesse volte mi vien presa l'una per l'altra, e al presente m'è avvenuto: per ciò che, credendomi io qui avere arrecata la cassetta dove era la penna, io ho arrecata quella dove sono i carboni. Il quale [68] io non reputo che stato sia errore, anzi mi pare esser certo che volontà sia stata di Dio e che Egli stesso la cassetta de' carboni ponesse nelle mie mani, ricordandom'io pur testé [69] che la festa di San Lorenzo sia di qui a due dì; e per ciò, volendo Iddio che io, col mostrarvi i carboni co' quali esso fu arrostito, raccenda nelle vostre anime la divozione che in lui aver dovete, non la penna che io voleva, ma i benedetti carboni spenti dallo omor [70] di quel santissimo corpo mi fé pigliare. E per ciò, figliuoli benedetti, trarretevi i cappucci e qua divotamente v'appresserete a vedergli. Ma prima voglio che voi sappiate che chiunque da questi carboni in segno di croce è tocco, [71] tutto quello anno può viver sicuro che fuoco nol cocerà che non si senta. » [72]

E poi che così detto ebbe, cantando una sua laude di San Lorenzo, aperse la cassetta e mostrò i carboni; li quali poi che alquanto la stolta moltitudine ebbe con ammirazione reverentemente guardati, con grandissima calca tutti s'appressarono a frate Cipolla, e, migliori offerte dando che usati non erano, che con essi gli dovesse toccare il

66 permesso.
67 *desse sono o no*: sono proprio autentiche o meno.
68 *Il quale*: e questo.
69 *pur testé*: solo or ora.
70 umore, grasso liquefatto.
71 toccato.
72 *può... senta*: può star certo che non lo brucerà il fuoco senza che se ne accorga. Anche qui si dice una cosa ovvia con l'effetto di cosa straordinaria.

pregava ciascuno. Per la qual cosa frate Cipolla, recatisi questi carboni in mano, sopra li lor camisciotti bianchi e sopra i farsetti e sopra li veli delle donne cominciò a fare le maggior croci che vi capevano, affermando che tanto quanto essi scemavano a far quelle croci, poi ricrescevano [73] nella cassetta, sì come egli molte volte avea provato. E in cotal guisa, non senza sua grandissima utilità avendo tutti crociati [74] i certaldesi, per presto accorgimento fece coloro rimanere scherniti, che lui, togliendogli la penna, avevan creduto schernire. Li quali stati alla sua predica e avendo udito il nuovo riparo preso da lui, e quanto da lungi fatto si fosse [75] e con che parole, avevan tanto riso che eran creduti smascellare; e poi che partito si fu il vulgo, a lui andatisene, con la maggior festa del mondo ciò che fatto avevan gli discoprirono, e appresso gli renderono la sua penna, la quale l'anno seguente gli valse non meno che quel giorno gli fosser valuti i carboni.

Questa novella porse igualmente a tutta la brigata grandissimo piacere e sollazzo, e molto per tutti fu riso di fra Cipolla e massimamente del suo pellegrinaggio e delle reliquie così da lui vedute come recate; la quale la reina sentendo esser finita, e similmente la sua signoria, levata in piè, la corona si trasse e ridendo la mise in capo a Dioneo, e disse: « Tempo è, Dioneo, che tu alquanto pruovi che carico sia l'aver donne a reggere e a guidare: sii dunque re, e sì fattamente ne reggi, che del tuo reggimento nella fine ci abbiamo a lodare. »

Dioneo, presa la corona, ridendo rispose: « Assai volte già ne potete aver veduti, io dico delli re da scacchi, troppo più cari che io non sono; [1] e per certo, se voi m'ubbi-

---

73 *tanto... ricrescevano*: si riformavano nelle parti consumate a fare il segno della croce.

74 segnati (con il segno della croce).

75 *quanto... fosse*: come avesse saputo prenderla alla larga.

---

1 *troppo... sono*: molto più preziosi di quanto sia io. Allude al materiale pregiato (l'avorio), con il quale spesso eran fatti gli scacchi.

diste come vero re si dee ubbidire, io vi farei goder di quello senza il che per certo niuna festa compiutamente è lieta. Ma lasciamo star queste parole : io reggerò come io saprò. » E fattosi, secondo il costume usato, venire il siniscalco, ciò che a fare avesse quanto durasse la sua signoria ordinatamente gl'impose, e appresso disse : « Valorose donne, in diverse maniere ci s'è della umana industria [2] e de' casi vari ragionato, tanto che, se donna [3] Licisca non fosse poco avanti qui venuta, la quale con le sue parole m'ha trovata materia a' futuri ragionamenti di domane, io dubito che io non [4] avessi gran pezza penato a trovar tema da ragionare. Ella, come voi udiste, disse che vicina non avea che pulcella [5] ne fosse andata a marito, e soggiunse che ben sapeva quante e quali beffe le maritate ancora facessero a' mariti. Ma, lasciando stare la prima parte, che è opera fanciullesca, reputo che la seconda debbia essere piacevole a ragionarne; e per ciò voglio che domane si dica, poi che donna Licisca data ce n'ha cagione, ‹ delle beffe, le quali, o per amore o per salvamento di loro, le donne hanno già fatte a' lor mariti, senza essersene essi avveduti o no ›. » [6]

Il ragionare di sì fatta materia pareva ad alcuna delle donne che male a loro si convenisse, e pregavanlo che mutasse la proposta già detta; alle quali il re rispose : « Donne, io conosco ciò che io ho imposto non meno che facciate voi, e da imporlo non mi poté istorre [7] quello che voi mi volete mostrare, pensando che il tempo è tale che, guardandosi e gli uomini e le donne d'operar disonestamente, ogni ragionare è conceduto. Or non sapete voi che, per la perversità di questa stagione, [8] gli giudici hanno lasciati i tribunali, le leggi, così le divine come le umane, tacciono, e ampia licenzia per conservar la vita è conceduta a ciascuno? per che, se alquanto s'allarga [9] la vostra

2 industriosità, ingegno.
3 Il titolo qui ha valore ironico.
4 *dubito... non* : temo che (solito costrutto latineggiante).
5 vergine.
6 meno.
7 distogliere.
8 momento, periodo (ossia, quello della peste).
9 si rilassa, supera i limiti della morale comune.

onestà nel favellare, non per dovere con le opere mai alcuna cosa sconcia seguire, ma per dare diletto a voi e ad altrui, non veggio con che argomento da concedere [10] vi possa nello avvenire riprendere alcuno. Oltre a questo la nostra brigata, dal primo dì infino a questa ora stata onestissima, per cosa che detta ci si sia non mi pare che in atto alcuno si sia maculata né si maculerà con lo aiuto di Dio. Appresso, chi è colui che non conosca la vostra onestà? la quale non che i ragionamenti sollazzevoli, ma il terrore della morte non credo che potesse smagare.[11] E a dirvi il vero, chi sapesse che voi vi cessaste [12] da queste ciance ragionare alcuna volta, forse suspicherebbe che voi in ciò non foste colpevoli,[13] e per ciò ragionare non ne voleste. Senza che voi mi fareste un bello onore, essendo io stato ubbidente a tutti, e ora avendomi vostro re fatto, mi voleste la legge porre in mano, e di quello non dire che io avessi imposto.[14] Lasciate adunque questa suspizione [15] più atta a' cattivi animi che a' vostri, e con la buona ventura pensi ciascuna di dirla bella.» Quando le donne ebbero udito questo, dissero che così fosse come gli piacesse: per che il re per infino all'ora della cena di fare il suo piacere diede licenzia a ciascuno.

Era ancora il sol molto alto, per ciò che il ragionamento [16] era stato brieve: per che, essendosi Dioneo con gli altri giovani messo a giucare a tavole,[17] Elissa, chiamate l'altre donne da una parte, disse : « Poi che [18] noi fummo qui, ho io disiderato di menarvi in parte assai vicina di questo luogo, dove io non credo che mai fosse alcuna di voi, e chiamavisi la Valle delle donne, né ancora vidi tempo da

10 *da concedere*: ammissibile.

11 disorientare.

12 *vi cessaste*: desisteste, rinunciaste.

13 *suspicherebbe... colpevoli*: potrebbe sospettare che voi stesse abbiate peccato in questo.

14 *Senza... imposto*: per non dire che mi fareste proprio un bell'onore, dopo che io ho ubbidito a voi e avendomi voi eletto re, se ora mi deste in mano la legge e poi non voleste parlare di quello che io ho proposto.

15 sospetto.

16 l'insieme delle novelle (della giornata ancora in corso).

17 *giucare a tavole*: è il gioco che si faceva con dadi e pedine.

18 *Poi che*: da quando.

potervi quivi menare, se non oggi, sì è alto ancora il sole: e per ciò, se di venirvi vi piace, io non dubito punto che, quando vi sarete, non siate contentissime d'esservi state. » Le donne risposono che erano apparecchiate; e chiamata una delle lor fanti, senza farne alcuna cosa sentire a' giovani, si misero in via: né guari più d'un miglio furono andate, che alla Valle delle donne pervennero; dentro alla quale per una via assai stretta, dall'una delle parti della quale correva un chiarissimo fiumicello, entrarono, e viderla tanto bella e tanto dilettevole, e spezialmente in quel tempo che era il caldo grande, quanto più si potesse divisare.[19] E secondo che alcuna di loro poi mi ridisse, il piano che nella valle era, così era ritondo come se a sesta[20] fosse stato fatto, quantunque artificio della natura e non manual[21] paresse: ed era di giro poco più che un mezzo miglio, intorniato di sei montagnette di non troppa altezza, e in su la sommità di ciascuna si vedeva un palagio quasi in forma fatto d'un bel castelletto. Le piagge delle quali montagnette così digradando giù verso 'l piano discendevano, come ne' teatri[22] veggiamo dalla lor sommità i gradi infino all'infimo venire successivamente ordinati, sempre ristrignendo il cerchio loro. Ed erano queste piagge, quante alla plaga del mezzogiorno ne riguardavano,[23] tutte di vigne, d'ulivi, di mandorli, di ciriegi, di fichi e d'altre maniere assai d'alberi fruttiferi piene, senza spanna perdersene.[24] Quelle le quali il carro di tramontana guardava,[25] tutte eran boschetti di quercioli, di frassini e d'altri alberi verdissimi e ritti quanto più esser poteano. Il piano appresso, senza aver più entrate che quella donde le donne venute v'erano, era pieno d'abeti, di cipressi, d'allori e d'alcuni pini sì ben composti e sì bene ordinati, come se

19 immaginare.
20 *a sesta*: con il compasso.
21 fatto dall'uomo.
22 anfiteatri.
23 *quante... riguardavano*: quelle esposte a mezzogiorno (*plaga* è la « regione celeste »).
24 *senza... perdersene*: senza che restasse libera una sola spanna di terra.
25 *le quali... guardava*: esposte a nord (il *carro di tramontana* è l'Orsa Maggiore).

qualunque è di ciò il migliore artefice gli avesse piantati:
e fra essi poco sole o niente, allora che egli era alto, entrava
infino al suolo, il quale era tutto un prato d'erba minu-
tissima e piena di fiori porporini e d'altri. E oltre a questo,
quel che non meno che altro di diletto porgeva, era un
fiumicello il qual d'una delle valli, che due di quelle montagnette dividea, cadeva giù per balzi di pietra viva, e
cadendo faceva un romore ad udire assai dilettevole, e
sprizzando pareva da lungi ariento vivo [26] che l'alcuna cosa
premuta minutamente sprizzasse; e come giù al piccol
pian pervenia, così quivi in un bel canaletto raccolta infino al mezzo del piano velocissima discorreva, e ivi faceva
un picciol laghetto, quale talvolta per modo di vivaio fanno ne' lor giardini i cittadini che di ciò hanno destro.[27] Ed
era questo laghetto non più profondo che sia una statura
d'uomo infino al petto lunga; e senza avere in sé mistura
alcuna, chiarissimo il suo fondo mostrava esser d'una mi-
nutissima ghiaia, la qual tutta, chi altro non avesse avuto
a fare, avrebbe, volendo, potuta annoverare; [28] né solamente nell'acqua riguardando vi si vedeva il fondo, ma tanto
pesce in qua e in là andar discorrendo, che oltre al diletto
era una maraviglia. Né da altra ripa era chiuso che dal
suolo del prato, tanto dintorno a quel più bello quanto
più dello umido sentiva di quello. L'acqua la quale alla
sua capacità soprabbondava un altro canaletto riceveva,[29]
per lo qual fuor del valloncello uscendo, alle parti più basse sen correva. In questo adunque venute le giovani donne,
poi che per tutto riguardato ebbero e molto commendato
il luogo, essendo il caldo grande e vedendosi il pelaghetto
chiaro davanti e senza alcun sospetto d'esser vedute, dili-
beraron di volersi bagnare; e comandato alla lor fante che
sopra la via per la quale quivi s'entrava dimorasse e guardasse se alcun venisse e loro il facesse sentire, tutte e sette si spogliarono ed entrarono in esso, il qual non altrimenti li lor corpi candidi nascondeva, che farebbe una

26 *ariento vivo*: mercurio.
27 possibilità.
28 numerare.
29 *L'acqua... riceveva*: un altro canaletto accoglieva l'acqua che
traboccava dal fiume.

vermiglia rosa un sottil vetro. Le quali essendo in quello,
né per ciò niuna turbazion d'acqua nascendone, cominciarono come potevano ad andare in qua in là di dietro a'
pesci, i quali male avevan dove nascondersi, e a volerne
con esso le mani [30] pigliare. E poi che in così fatta festa,
avendone presi alcuni, dimorate furono alquanto, uscite
di quello si rivestirono e senza poter più commendare il
luogo che commendato l'avessero, parendo lor tempo da
dover tornar verso casa, con soave passo,[31] molto della bellezza del luogo parlando, in cammino si misero.

E al palagio giunte ad assai buona ora, ancora quivi
trovarono i giovani giucando [32] dove lasciati gli aveano: alli
quali Pampinea ridendo disse: « Oggi vi pure abbiam noi
ingannati. »

« E come? » disse Dioneo, « cominciate voi prima a far
de' fatti che a dir delle parole? »

Disse Pampinea: « Signor nostro, sì, » e distesamente
gli narrò donde venivano e come era fatto il luogo e quanto di quivi distante e ciò che fatto avevano.

Il re, udendo contare la bellezza del luogo, disideroso
di vederlo, prestamente fece comandar la cena: la qual
poi che con assai piacer di tutti fu fornita,[33] li tre giovani
con li lor famigliari, lasciate le donne, se n'andarono a
questa valle, e ogni cosa considerata, non essendovene alcuno di loro stato mai più,[34] quella per una delle belle
cose del mondo lodarono; e poi che bagnati si furono e
rivestiti, per ciò che troppo tardi si faceva, se ne tornarono a casa, dove trovarono le donne che facevano una
carola ad un verso che facea [35] la Fiammetta, e con loro,
fornita la carola, entrati in ragionamenti della Valle delle
donne, assai di bene e di lode ne dissero. Per la qual cosa
il re, fattosi venire il siniscalco, gli comandò che la seguente mattina là facesse che fosse apparecchiato, e porta-
tovi alcun letto se alcun volesse o dormire o giacersi di me-

30 *con esso le mani*: proprio con le mani.
31 *con... passo*: lentamente.
32 che giocavano.
33 compiuta.
34 *mai più*: mai prima di allora.
35 *facevano... facea*: danzavano su un'aria che cantava.

riggiana.[36] Appresso questo, fatto venire de' lumi e vino e confetti [37] e alquanto riconfortatisi, comandò che ogn'uomo fosse in sul ballare; e avendo per suo volere Panfilo una danza presa, il re rivoltatosi verso Elissa le disse piacevolmente: « Bella giovane, tu mi facesti oggi onore della corona, e io il voglio questa sera a te fare della canzone; e per ciò una fa che ne dichi qual più ti piace. »

A cui Elissa sorridendo rispose che volentieri, e con soave voce cominciò in cotal guisa: [38]

> Amor, s'io posso uscir de' tuoi artigli,
> appena creder posso
> che alcun altro uncin più mai mi pigli.
> Io entrai giovinetta en la tua guerra,
> quella credendo somma e dolce pace,
> e ciascuna mia arme posi in terra,
> come sicuro chi si fida face: [39]
> tu, disleal tiranno, aspro e rapace,
> tosto mi fosti addosso
> con le tue armi e co' crude' roncigli.[40]
> Poi, circundata delle tue catene,
> a quel che nacque per la morte mia,
> piena d'amare lagrime e di pene
> presa mi desti, ed hammi in sua balia;
> ed è sì cruda la sua signoria,
> che giammai non l'ha mosso
> sospir né pianto alcun che m'assottigli.[41]
> Li prieghi miei tutti glien porta il vento:
> nullo n'ascolta né ne vuole udire:
> per che ognora cresce 'l mio tormento,
> onde 'l viver m'è noia, né so morire.
> Deh dolgati, signor, del mio languire,
> fa tu quel ch'io non posso:
> dalmi legato dentro a' tuoi vincigli.[42]

36 *di meriggiana*: allora del meriggio.
37 dolciumi.
38 Una ripresa (AbA) e quattro stanze (CDCDDbA) di endecasillabi e settenari, tra loro accomunate dalla coppia terminale di rime (bA), costituiscono la ballata cantata da Elissa.
39 *come... face*: come si comporta colui che nutre una fondata sicurezza.
40 uncini.
41 faccia dimagrire, cioè, consumi.
42 vincoli, lacci.

Se questo far non vuogli, almeno sciogli
i legami annodati da speranza.
Deh! io ti priego, signor, che tu vogli;
ché, se tu 'l fai, ancor porto fidanza [43]
di tornar bella qual fu mia usanza,
e il dolor rimosso,
di bianchi fiori ornarmi e di vermigli.

Poi che con un sospiro assai pietoso Elissa ebbe alla sua canzon fatta fine, ancor che tutti si maravigliasser di tali parole, niuno per ciò ve n'ebbe che potesse avvisare [44] chi di così cantar le fosse stato cagione. Ma il re, che in buona tempera [45] era, fatto chiamar Tindaro, gli comandò che fuor traesse la sua cornamusa, al suono della quale esso fece fare molte danze; ma essendo già buona parte di notte passata, a ciascun disse ch'andasse a dormire.

43 *porto fidanza*: sono fiduciosa, spero.
44 capire, immaginare.
45 *in buona tempera*: ben disposto.

FINISCE LA SESTA GIORNATA DEL « DECAMERON »;
INCOMINCIA LA SETTIMA, NELLA QUALE, SOTTO IL
REGGIMENTO DI DIONEO, SI RAGIONA DELLE BEFFE, LE QUALI,
O PER AMORE O PER SALVAMENTO DI LORO, LE DONNE
HANNO GIÀ FATTE A' LOR MARITI, SENZA ESSERSENE
AVVEDUTI O NO.

Al centro tematico di ben due giornate s'addensano le beffe, già serpeggianti con il loro spirito in numerosi risvolti fin dalle prime pagine del Decameron. *Nella grande varietà di costellazioni, al fine di variare, articolandola, la materia, l'autore classifica nella prima puntata i sotterfugi, gli inganni, gli espedienti esatti dalle donne per coprire i misfatti amorosi consumati alle spalle dei mariti, sventare le eventuali contromisure, continuare le relazioni extramatrimoniali. Ne sorte una giornata piuttosto omogenea nei movimenti interni di ciascuna trama, ancorata ad una situazione fissa che incatena le mosse alla figura del triangolo moglie-marito-amante con notevoli concessioni ai colpi di mano dell'inventiva femminile. Scrupolosa la preparazione dell'antefatto, la fantasia esplode non tanto nelle modalità della tresca, quanto nelle risorse fantastiche dell'ultima ora, negli ingegnosi exploits che assicurano alla moglie il « salvamento » della reputazione o dello stesso rapporto adulterino. Lineare si presenta entro tali prospettive la meccanica delle prime tre novelle: Monna Tessa, che sfavilla nella disperata ricerca di un alibi durante il breve e trasognato dialogo con il marito, strappa l'applauso allorché scandisce istrionicamente il rituale dell'incantesimo intorno alla fantomatica fantasia; Peronella, improvvisamente aggressiva di fronte al pericolo, esibisce un'immaginazione fedifraga così fertile, che le consente di rimproverare il marito, dirigendo al contempo l'azione dell'amante, e di guadagnare in una sfuriata di lamenti e di trucchi, piacere, stima, affetto e danaro; Agnese, a stento convinta da frate Rinaldo a tradire il marito, esce in extremis dalla sua tonta ritrosia, per improvvisarsi consumata prima attrice in una festevole commedia materna. A questa altezza, nell'impossibilità di occultare il tradimento, l'immaginazione creativa si prova con successo nel simulare e nel dissimulare. Di un finto suicidio, con una sostituzione di persona l'astuta Ghita scambia i ruoli con il « rinsavito » consorte, impadronendosi con satanica abilità di una situazione che la vedeva perdente. Nella novella del geloso che si maschera da prete, l'agire della donna domina scatta e decolla da una piattaforma ancor più rischiosa di concomitanze, menzogne, ripari, contromosse: non solo, attraverso una confessione menzognera, illude la furbizia del marito e placa la sua gelosia, ma trova modo di sfruttare la mossa, prima per conquistare tranquillamente un amante, poi per convincere il coniuge dei suoi torti e della propria fedeltà. Concentratissime di fatti e di azioni, le beffe vivono dell'opposizione tra il vero e il falso, di un calcolato scambio tra illusione e realtà, che permette loro la spassosa divaricazione interna tra il mondo delle astute e il regno dei vinti: ecco Isabella, che riesce a destreggiarsi contemporaneamente, senza che i tre comprendano, tra ben due amanti e il marito, dirigendo alla presenza di quest'ultimo un finto duello tra i primi due; ecco Beatrice, facilmente arresasi alla corte di Lodovico, impegnata in una prova di prestidigitazione, che colora sadicamente le parole e le azioni, sino ad atterrire l'amante e bastonare il marito con il piacere di un'esibizione virtuosistica. Ancor più elaborata è la canzonatura esperita da Sismonda: scoperta dal geloso Arriguccio, lo inganna con la complicità della serva, salvando il proprio onore e attirando sul povero marito, trasognato e come smemorato dinanzi ad un falso che ha il sapore del vero e ad una verità ormai confusa con la fantasia, il pubblico vituperio del clan familiare. La prova d'amore di Lidia chiude la sfilata di questi esercizi d'alta acrobazia illusionistica: per conquistare Pirro non s'accontenta di esaudire, sulla pelle del marito, le difficili richieste (già presenti nela fonte), ma si concede il lusso di mistificare la realtà attraverso l'ottica di una magia spudoratamente contrabbandata con l'azione e propagandata con la meraviglia delle parole, alla presenza del consorte, il vero « incantato » oggetto della moglie. Dinanzi a tanta recitazione comico-mimica, il racconto conclusivo di Dioneo s'accontenta di invertire lo schema (due compari innamorati della stessa donna) con una bonaria strizzatina d'occhio.*

Ogni stella era già dalle parti d'oriente fuggita, se non [1] quella sola la qual noi chiamiamo Lucifero, che ancor luceva nella biancheggiante aurora, quando il siniscalco levatosi, con una gran salmeria [2] n'andò nella Valle delle donne, per quivi disporre ogni cosa secondo l'ordine e il comandamento avuto dal suo signore. Appresso alla quale andata, non stette guari a levarsi il re, il quale lo strepito de' caricanti e delle bestie aveva desto; e levatosi fece le donne e' giovani tutti parimente levare. Né ancora spuntavano li raggi del sole ben bene, quando tutti entrarono in cammino; né era ancora lor paruto alcuna volta tanto gaiamente cantar gli usignuoli e gli altri uccelli, quanto quella mattina pareva; da' canti de' quali accompagnati infino nella Valle delle donne n'andarono, dove da molti più [3] ricevuti, parve loro che essi della lor venuta si rallegrassero. Quivi intorniando quella e riproveggendo tutta da capo,[4] tanto parve loro più bella che il dì passato, quanto l'ora del dì era più alla bellezza di quella conforme. E poi che col buon vino e co' confetti [5] ebbero il digiun rotto, acciò che di canto [6] non fossero dagli uccelli avanzati,[7] cominciarono a cantare, e la valle insieme con essoloro, sempre quelle medesime canzoni dicendo che essi dicevano; alle quali tutti gli uccelli, quasi non volessero esser vinti, dolci e nuove note aggiugnevano. Ma poi che

1 eccetto.
2 bagaglio.
3 *da molti più*: si sottintenda « uccelli ».
4 *Quivi... da capo*: qui, percorrendola in giro e riguardandola nuovamente.
5 dolci.
6 *di canto*: nel canto.
7 superati.

l'ora del mangiar fu venuta, messe le tavole sotto i vivaci [8] allori e agli altri belli arberi, vicine al bel laghetto, come al re piacque, così andarono a sedere, e mangiando, i pesci notar vedean per lo lago a grandissime schiere; il che, come di riguardare, così talvolta dava cagione di ragionare. Ma poi che venuta fu la fine del desinare e le vivande e le tavole furon rimosse, ancora più lieti che prima cominciarono a cantare e dopo questo a sonare e a carolare.[9] Quindi, essendo in più luoghi per la piccola valle fatti letti, e tutti dal discreto siniscalco di sarge francesche e di capoletti intorniati [10] e chiusi, con licenza del re, a cui piacque, si poté andare a dormire; e chi dormir non volle, degli altri lor diletti usati pigliar poteva a suo piacere. Ma venuta già l'ora che tutti levati erano e tempo era da riducersi [11] a novellare, come il re volle, non guari lontano al luogo dove mangiato aveano, fatti in su l'erba tappeti distendere e vicini al lago a seder postisi, comandò il re ad Emilia che cominciasse. La qual lietamente così cominciò a dir sorridendo:

8 rigogliosi.

9 danzare.

10 *di sarge... intorniati*: circondati di stoffe francesi e di baldacchini.

11 recarsi.

Novella prima

GIANNI LOTTERINGHI ODE DI NOTTE TOCCAR L'USCIO SUO;
DESTA LA MOGLIE, ED ELLA GLI FA ACCREDERE [12] CHE EGLI
È LA FANTASIMA; [13] VANNO AD INCANTARE CON UNA ORAZIONE,
E IL PICCHIAR SI RIMANE.[14]

Signor mio, a me sarebbe stato carissimo, quando stato fosse piacere a voi, che altra persona che io avesse a così bella materia, come è quella di che parlar dobbiamo, dato cominciamento; ma, poi che egli v'aggrada che io tutte l'altre assicuri,[15] e io il far volentieri. E ingegnerommi, carissime donne, di dir cosa che vi possa essere utile nell'avvenire, per ciò che, se così son l'altre come io, tutte siamo paurose, e massimamente della fantasima, la quale sallo Iddio che io non so che cosa si sia, né ancora alcuna trovai che 'l sapesse, come che [16] tutte ne temiamo igualmente: a quella cacciar via, quando da voi venisse, notando bene la [17] mia novella, potrete una santa e buona orazione e molto a ciò valevole apparare.[18]

Egli fu già in Firenze nella contrada di San Brancazio uno stamaiuolo,[19] il qual fu chiamato Gianni Lotteringhi, uomo più avventurato [20] nella sua arte che savio in altre cose, per ciò che, tenendo egli del semplice,[21] era molto spesso fatto capitano de' laudesi di Santa Maria Novella, e aveva a ritenere la scuola loro,[22] e altri così fatti uficietti aveva assai sovente, di che egli da molto più si teneva: e ciò gli av-

12 credere.

13 *che... fantasima*: che c'è (*egli* introduce l'impersonale) la *fantasima* (incubo notturno, tra il satiro ed il gatto mammone).

14 *si rimane*: viene a cessare. La novella è libera personale rielaborazione di popolari leggende.

15 rassicuri, incoraggi.

16 *come che*: sebbene.

17 *notando bene la*: facendo bene attenzione alla.

18 imparare.

19 lanaiolo.

20 fortunato, portato.

21 *tenendo egli del semplice*: essendo egli un sempliciotto.

22 *aveva... loro*: doveva occuparsi del buon andamento della confraternita.

venia per ciò che egli molto spesso, sì come agiato uomo, dava di buone pietanze [23] a' frati. Li quali, per ciò che qual calze e qual cappa e quale scapolare ne traevano spesso, gli insegnavano di buone orazioni e davangli il paternostro in volgare e la canzone di Santo Alesso e il lamento di San Bernardo e la lauda di donna Matelda e cotali altri ciancioni,[24] li quali egli aveva molto cari, e tutti per la salute dell'anima sua se gli serbava molto diligentemente. Ora aveva costui una bellissima donna e vaga [25] per moglie, la quale ebbe nome monna Tessa e fu figliuola di Mannuccio dalla Cuculia, savia e avveduta molto; la quale, conoscendo la semplicità del marito, essendo innamorata di Federigo di Neri Pegolotti, il quale bello e fresco giovane era, ed egli di lei, ordinò [26] con una sua fante che Federigo le venisse a parlare ad un luogo molto bello che il detto Gianni aveva in Camerata, al quale ella si stava tutta la state; e Gianni alcuna volta vi veniva la sera a cenare e ad albergo,[27] e la mattina se ne tornava a bottega e talora a' laudesi suoi. Federigo, che ciò senza modo disiderava, preso tempo, un dì che imposto gli fu, in su 'l vespro se n'andò lassù, e non venendovi la sera Gianni, a grande agio e con molto piacere cenò e albergò con la donna; ed ella, standogli in braccio, la notte gl'insegnò da sei [28] delle laude del suo marito. Ma, non intendendo essa che questa fosse così l'ultima volta come stata era la prima, né Federigo altresì, acciò che ogni volta non convenisse che la fante avesse ad andar per lui,[29] ordinarono insieme a questo modo: che egli ognindì, quando andasse o tornasse da un suo luogo che alquanto più su era, tenesse mente in [30] una vigna la quale allato alla casa di lei era, ed egli vedrebbe un teschio d'asino in su un palo di quelli della vigna, il quale quando col muso volto vedesse verso Firenze, sicuramente e senza alcun fallo la sera

23 *buone pietanze*: ricchi oboli.
24 filastrocche, sciocchezze.
25 graziosa.
26 predispose.
27 *ad albergo*: a passarvi la notte.
28 *da sei*: circa sei.
29 *andar per lui*: andare a chiamarlo.
30 *tenesse mente in*: facesse attenzione a.

di notte se ne venisse a lei, e se non trovasse l'uscio aperto, pianamente,[31] picchiasse tre volte, ed ella gli aprirebbe; e quando vedesse il muso del teschio volto verso Fiesole, non vi venisse, per ciò che Gianni vi sarebbe. E in questa maniera faccendo, molte volte insieme si ritrovarono.

Ma tra l'altre volte una avvenne che, dovendo Federigo cenar con monna Tessa, avendo ella fatti cuocere due grossi capponi, avvenne che Gianni, che venir non vi doveva, molto tardi vi venne: di che la donna fu molto dolente, ed egli ed ella cenarono un poco di carne salata che da parte aveva fatta lessare; e alla fante fece portare in una tovagliuola bianca i due capponi lessi e molte uova fresche e un fiasco di buon vino in un suo giardino, nel quale andar si potea senza andar[32] per la casa, e dov'ella era usa di cenare con Federigo alcuna volta, e dissele che a piè d'un pesco, che era allato ad un pratello, quelle cose ponesse. E tanto fu il cruccio che ella ebbe, che ella non si ricordò di dire alla fante che tanto aspettasse che Federigo venisse, e dicessegli che Gianni v'era e che egli quelle cose dell'orto prendesse. Per che, andatisi ella e Gianni al letto, e similmente la fante, non stette guari[33] che Federigo venne e toccò[34] una volta pianamente la porta, la quale sì vicina alla camera era che Gianni incontanente il sentì, e la donna altresì; ma, acciò che Gianni nulla suspicar potesse di lei, di dormire fece sembiante.

E stando un poco,[35] Federigo picchiò la seconda volta: di che Gianni maravigliandosi punzecchiò un poco la donna, e disse: « Tessa, odi tu quel ch'io? e' pare che l'uscio nostro sia tocco. »[36]

La donna, che molto meglio di lui udito l'avea, fece vista di svegliarsi, e disse: « Come di', eh? »

« Dico, » disse Gianni, « ch'e' pare che l'uscio nostro sia tocco. »

Disse la donna: « Tocco? oimè, Gianni mio, or non sai

31 con circospezione.
32 passare.
33 *non stette guari*: non passò molto tempo
34 bussò.
35 *stando un poco*: dopo un po'.
36 *e'... tocco*: sembra che bussino alla nostra porta.

tu quello ch'egli è? egli è la fantasima, della quale io ho avuta a queste notti la maggior paura che mai s'avesse, tale che, come io sentita l'ho, ho messo il capo sotto né mai ho avuto ardir di trarlo fuori sì è stato dì chiaro. »[37]

Disse allora Gianni: « Va, donna, non aver paura se ciò è, ché io dissi dianzi il *Te lucis* e la *'ntemerata*[38] e tante altre buone orazioni, quando al letto ci andammo, e anche segnai il letto di canto in canto al nome del Padre e del Figlio e dello Spirito Santo, che temere non ci bisogna: ché ella non ci può, per potere ch'ella abbia, nuocere. »

La donna, acciò che Federigo per avventura altro sospetto non prendesse e con lei si turbasse, diliberò del tutto di doversi levare e di fargli sentire che Gianni v'era, e disse al marito: « Bene sta, tu dì tue parole tu; io per me non mi terrò mai salva né sicura, se noi non la 'ncantiamo, poscia che tu ci se'. »

Disse Gianni: « O come s'incanta ella? »

Disse la donna: « Ben la so io incantare, ché l'altrieri, quando io andai a Fiesole alla perdonanza,[39] una di quelle romite, che è, Gianni mio, pur la più santa cosa che Iddio tel dica per me, vedendomene così paurosa, m'insegnò una santa e buona orazione, e disse che provata l'avea più volte avanti che romita fosse, e sempre l'era giovato. Ma sallo Iddio che io non avrei mai avuto ardire d'andare sola a provarla; ma ora che tu ci se', io vo' che noi andiamo ad incantarla. »

Gianni disse che molto gli piacea; e levatisi, se ne vennero amenduni pianamente all'uscio, al quale ancor di fuori Federigo, già sospettando, aspettava; e giunti quivi, disse la donna a Gianni: « Ora sputerai, quando io il ti dirò. »

Disse Gianni: « Bene. »

E la donna cominciò l'orazione, e disse: « Fantasima, fantasima che di notte vai, a coda ritta ci venisti,[40] a coda

37 *sì... chiaro*: finché non è stato giorno pieno.
38 *il Te lucis e la 'ntemerata*: l'inno *Te lucis ante* e l'antifona *Intemerata*.
39 indulgenza.
40 *a coda... venisti*: allusione oscena.

ritta te n'andrai: va nell'orto, a piè del pesco grosso troverai unto bisunto e cento cacherelli [41] della gallina mia: pon bocca al fiasco e vatti via, e non far male né a me né a Gianni mio», e così detto, disse al marito: « Sputa, Gianni, » e Gianni sputò.

E Federigo, che di fuori era e questo udiva, già di gelosia uscito, con tutta la malinconia, aveva sì gran voglia di ridere, che scoppiava, e pianamente, quando Gianni sputava, diceva: « I denti. » La donna, poi che in questa guisa ebbe tre volte la fantasima incantata, al letto se ne tornò col marito. Federigo, che con lei di cenar s'aspettava, non avendo cenato e avendo bene le parole della orazione intese, se n'andò nell'orto e a piè del pesco grosso trovati i due capponi e 'l vino e l'uova, a casa se ne gli portò e cenò a grande agio; e poi dell'altre volte, ritrovandosi con la donna, molto di questa incantazione rise con essolei.

Vera cosa è che alcuni dicono che la donna aveva ben volto il teschio dello asino verso Fiesole, ma un lavoratore per la vigna passando v'aveva entro dato d'un bastone [42] e fattol girare intorno intorno, ed era rimaso volto verso Firenze, e per ciò Federigo, credendo esser chiamato, v'era venuto; e che la donna aveva fatta l'orazione in questa guisa: « Fantasima, fantasima, vatti con Dio, che la testa dell'asin non vols'io, ma altri fu, che tristo il faccia Iddio, e io son qui con Gianni mio »; per che, andatosene, senza albergo e senza cena era la notte rimaso. Ma una mia vicina, la quale è una donna molto vecchia, mi dice che l'una e l'altra fu vera, secondo che ella aveva, essendo fanciulla, saputo; ma che l'ultimo non a Gianni Lotteringhi era avvenuto, ma ad uno che si chiamò Gianni di Nello, che stava in porta san Piero, non meno sofficente lavaceci [43] che fosse Gianni Lotteringhi. E per ciò, donne mie care, nella vostra elezione sta di torre qual più vi piace delle due, o volete amendune: elle hanno grandissima virtù a così fatte cose, come per esperienzia avete udito: apparatele, e potravvi ancor giovare.

41 *unto... cacherelli*: i capponi e molte uova.
42 *v'aveva... bastone*: lo aveva colpito con un bastone.
43 *sofficente lavaceci*: perfetto idiota.

Novella seconda

PERONELLA METTE UN SUO AMANTE IN UN DOGLIO,[1] TORNANDO IL MARITO A CASA; IL QUALE[2] AVENDO IL MARITO VENDUTO, ELLA DICE CHE VENDUTO L'HA AD UNO CHE DENTRO V'È A VEDERE SE SALDO GLI PARE: IL QUALE SALTATONE FUORI, IL FA RADERE[3] AL MARITO E POI PORTARSENELO A CASA SUA.[4]

Con grandissime risa fu la novella d'Emilia ascoltata e l'orazione per buona e per santa commendata da tutti; la quale al suo fine venuta essendo, comandò il re a Filostrato che seguitasse, il quale incominciò:

Carissime donne mie, elle son tante le beffe che gli uomini vi fanno, e spezialmente i mariti, che, quando alcuna volta avviene che donna niuna[5] alcuna al marito ne faccia, voi non dovreste solamente esser contente che ciò fosse avvenuto o di risaperlo o d'udirlo dire ad alcuno, ma il dovreste voi medesime andare dicendo per tutto, acciò che per[6] gli uomini si conosca che, se essi sanno, e le donne d'altra parte anche sanno: il che altro che utile essere non vi può, per ciò che, quando alcun sa che altri sappia, egli non si mette troppo leggiermente a volerlo ingannare. Chi dubita dunque che ciò che oggi intorno a questa materia diremo, essendo risaputo dagli uomini, non fosse lor grandissima cagione di raffrenamento al beffarvi, conoscendo che voi similmente, volendo, ne sapreste fare? È adunque mia intenzion di dirvi ciò che una giovinetta, quantunque di bassa condizione fosse, quasi in un momento di tempo, per salvezza di sé, al marito facesse.

Egli non è ancora guari che in Napoli un povero uomo prese per moglie una bella e vaga giovinetta chiamata Peronella, ed esso con l'arte sua, che era muratore, ed ella

1 tino per il mosto.
2 riferito a *doglio*.
3 raschiare.
4 La novella proviene da Apuleio (*Metam.*, IX, 5) con qualche interferenza ovidiana.
5 *donna niuna*: una qualche donna.
6 da.

filando, guadagnando assai sottilmente,[7] la lor vita reggevano come potevano il meglio. Avvenne che un giovane de' leggiadri,[8] veggendo un giorno questa Peronella e piacendogli molto, s'innamorò di lei, e tanto in un modo e in uno altro la sollicitò, che con essolei si dimesticò. E a potere essere insieme presero tra sé questo ordine: che, con ciò fosse cosa che il marito di lei si levasse ogni mattina per tempo per andare a lavorare o a trovar lavorio, che[9] il giovane fosse in parte che uscir lo vedesse fuori; ed essendo la contrada, che Avorio si chiama, molto solitaria, dove stava, uscito lui, egli in casa di lei se n'entrasse: e così molte volte fecero.

Ma pur tra l'altre, avvenne una mattina che, essendo il buono uomo fuori uscito e Giannello Scrignario, ché così aveva nome il giovane, entratogli in casa e standosi con Peronella, dopo alquanto, dove in tutto il dì tornar non soleva, a casa se ne tornò; e trovato l'uscio serrato dentro, picchiò, e dopo il picchiare cominciò seco a dire: « O Iddio, lodato sia tu sempre, ché, benché tu m'abbi fatto povero, almeno m'hai tu consolato di buona e onesta giovane di moglie! Vedi come ella tosto serrò l'uscio dentro, come io ci uscii, acciò che alcuna persona entrar non ci potesse che noia le desse. »

Peronella, sentito il marito, ché al modo del picchiare il conobbe, disse: « Oimé, Giannel mio, io son morta, ché ecco il marito mio, che tristo il faccia Iddio, che ci tornò, e non so che questo si voglia dire, ché egli non ci tornò mai più a questa otta:[10] forse che ti vide egli quando tu c'entrasti! Ma, per l'amore di Dio, come che il fatto sia, entra in cotesto doglio che tu vedi costì, e io gli andrò ad aprire, e veggiamo quello che questo vuol dire di tornare stamane così tosto a casa. »

Giannello prestamente entrò nel doglio, e Peronella andata all'uscio aprì al marito, e con un mal viso disse: « Ora questa che novella[11] è, che tu così tosto torni a casa sta-

7 poco.
8 vagheggini.
9 riprende il *che* ad inizio di periodo.
10 *otta*: ora.
11 novità.

mane? per quello che mi paia vedere, tu non vuogli oggi far nulla, ché io ti veggio tornare co' ferri tuoi in mano: e, se tu fai così, di che viverem noi? onde avrem noi del pane? credi tu che io sofferi che tu m'impegni la gonnelluccia e gli altri miei pannicelli, che non fo il dì e la notte altro che filare, tanto che la carne mi s'è spiccata dall'unghia, per potere aver almeno tanto olio che n'arda la nostra lucerna? Marito, marito, egli non ci ha vicina che non se ne maravigli e che non facci beffe di me, di tanta fatica quanta è quella che io duro: e tu mi torni a casa con le mani spenzolate,[12] quando tu dovresti essere a lavorare. » E così detto, cominciò a piagnere e a dir da capo: « Oimè, lassa me, dolente me, in che mal'ora nacqui, in che mal punto ci venni! [13] ché avrei potuto avere un giovane così da bene e nol volli, per venire a costui che non pensa cui [14] egli s'ha menata a casa! L'altre si danno buon tempo con gli amanti loro, e non ce n'ha niuna che non n'abbia chi due e chi tre, e godono e mostrano a' mariti la luna per lo sole; e io, misera me! perché son buona e non attendo a così fatte novelle,[15] ho male e mala ventura: io non so perché io non mi pigli di questi amanti come fanno l'altre! Intendi sanamente,[16] marito mio, che se io volessi far male, io troverrei ben con cui, ché egli ci son de' ben leggiadri che m'amano e voglionmi bene e hannomi mandato proferendo di molti denari,[17] o voglio io robe o gioie, né mai mel sofferse il cuore, per ciò che io non fui figliuola di donna da ciò: e tu mi torni a casa quando tu dei essere a lavorare! »

Disse il marito: « Deh! donna, non ti dar malinconia, per Dio; tu dei credere che io conosco chi tu se', e pure stamane me ne sono in parte avveduto. Egli è il vero ch'io andai per lavorare, ma egli mostra che tu nol sappi, come io medesimo nol sapeva: egli è oggi la festa di Santo

12 penzoloni.
13 *in... venni*: sotto quale infelice congiuntura degli astri (*punto*) nacqui.
14 chi.
15 sciocchezze, distrazioni.
16 bene.
17 *hannomi... denari*: mi hanno inviato molti soldi unendoli a profferte.

Galeone, e non si lavora, e per ciò mi sono tornato a questa ora a casa; ma io ho nondimeno proveduto e trovato modo che noi avremo del pane per più d'un mese, ché io ho venduto a costui, che tu vedi qui con meco, il doglio, il quale tu sai che, già è cotanto, ha tenuta la casa impacciata; e dammene cinque gigliati. »[18]

Disse allora Peronella: « E tutto questo è del dolor mio:[19] tu che se' uomo e vai attorno, e dovresti sapere delle cose del mondo, hai venduto un doglio cinque gigliati, il quale io feminella che non fu' mai appena fuor dell'uscio, veggendo lo 'mpaccio che in casa ci dava, l'ho venduto sette ad un buono uomo, il quale, come tu qui tornasti, v'entrò dentro per vedere se saldo era. »

Quando il marito udì questo, fu più che contento, e disse a colui che venuto era per esso: « Buon uomo, vatti con Dio; ché tu odi che mia mogliere l'ha venduto sette, dove tu non me ne davi altro che cinque. »

Il buon uom disse: « In buona ora sia! »[20] e andossene.

E Peronella disse al marito: « Vien su tu, poscia che tu ci se', e vedi con lui insieme i fatti nostri. »

Giannello, il quale stava con gli orecchi levati per vedere se di nulla gli bisognasse temere o provvedersi,[21] udite le parole di Peronella, prestamente si gittò fuor del doglio; e quasi niente sentito avesse della tornata del marito, cominciò a dire: « Dove se', buona donna? »

Al quale il marito, che già veniva, disse: « Eccomi, che domandi tu? »

Disse Giannello: « Qual [22] se' tu? io vorrei la donna con la quale io feci il mercato di questo doglio. »

Disse il buono uomo: « Fate sicuramente meco, ché io son suo marito. »

Disse allora Giannello: « Il doglio mi par ben saldo, ma egli mi pare che voi ci abbiate tenuta entro feccia, ché egli è tutto impastricciato di non so che cosa sì secca,

18 Monete napoletane d'argento, il cui nome derivava dalla croce impressavi, circondata da gigli, simbolo della casa di Francia.
19 E... mio: anche ciò è per il mio dolore, per farmi soffrire.
20 In... sia: sta bene.
21 prendere provvedimenti.
22 chi.

che io non ne posso levar con l'unghie, e però [23] nol torrei se io nol vedessi prima netto. »

Disse allora Peronella: « No, per quello non rimarrà il mercato; [24] mio marito il metterà tutto. »

E il marito disse: « Sì bene », e posti giù i ferri suoi e ispogliatosi in camiscione, [25] si fece accendere un lume e dare una radimadia, [26] e fuvvi entrato dentro e cominciò a radere. E Peronella, quasi veder volesse ciò che facesse, messo il capo per la bocca del doglio, che molto grande non era, e oltre a questo l'un de' bracci con tutta la spalla, cominciò a dire: « Radi quivi, e quivi, e anche colà », e: « Vedine qui rimaso un micolino. » [27]

E mentre che così stava e al marito insegnava e ricordava, Giannello, il quale appieno non aveva quella mattina il suo disidero ancor fornito [28] quando il marito venne, veggendo che come volea non potea s'argomentò di [29] fornirlo come potesse; e a lei accostatosi, che tutta chiusa teneva la bocca del doglio, e in quella guisa che negli ampi campi gli sfrenati cavalli e d'amor caldi le cavalle di Partia [30] assaliscono, ad effetto recò il giovinil disidero; il quale quasi in un medesimo punto ebbe perfezione e fu raso il doglio, ed egli scostatosi, e la Peronella tratto il capo del doglio, e il marito uscitone fuori.

Per che Peronella disse a Giannello: « Te' questo lume, buono uomo, e guata se egli è netto a tuo modo. » Giannello, guardatovi dentro, disse che stava bene e che egli era contento; e datigli sette gigliati, a casa sel fece portare.

---

23 perciò.

24 *per... mercato*: non si manderà a monte l'affare per un motivo simile.

25 *ispogliatosi in camiscione*: rimasto in maniche di camicia.

26 strumento per raschiare.

27 briciolo.

28 portato a compimento, soddisfatto.

29 *s'argomentò di*: si diede da fare, si industriò a.

30 Allude alle costumanze di questi animali raccontate da Ovidio (*Ars amandi*, III, 785-6), per il modo di accoppiarsi della protagonista.

Novella terza

Non seppe sì Filostrato parlare oscuro delle cavalle par-
tice, che l'avvedute donne non lo intendessono e alquanto
non ne ridessono, sembiante faccendo di rider d'altro. Ma
poi che il re conobbe la sua novella finita, ad Elissa impose che ragionasse: la quale, disposta ad ubbidire, incominciò:

Piacevoli donne, lo 'ncantar della fantasima[2] d'Emilia
m'ha fatto tornare alla memoria una novella d'un'altra in-
cantagione, la quale, quantunque così bella non sia come fu
quella, per ciò che altra alla nostra materia non me ne
occorre al presente, la racconterò.

Voi dovete sapere che in Siena fu già un giovane assai
leggiadro e d'orrevole[3] famiglia, il quale ebbe nome Rinaldo; e amando sommamente una sua vicina, e assai bella donna e moglie d'un ricco uomo, e sperando, se modo
potesse avere di parlarle senza sospetto, dovere aver da lei
ogni cosa che egli disiderasse, non vedendone alcuno ed
essendo la donna gravida, pensossi di volere suo compar
divenire: e accontatosi[4] col marito di lei, per quel modo che
più onesto gli parve gliele disse,[5] e fu fatto. Essendo adunque Rinaldo di madonna Agnesa divenuto compare e avendo alquanto d'albitrio più colorato[6] di poterle parlare, as-
sicuratosi,[7] quello della sua intenzione con parole le fece

---

1 I vaghi contatti con la tradizione francese restano sostanzial-
mente estranei alla creazione del Boccaccio.
2 Cfr. pag. 581, nota 13.
3 onorevole.
4 entrato in amicizia.
5 *per... disse*: glielo disse nel modo che gli sembrò più conveniente.
6 *alquanto... colorato*: dei pretesti più plausibili.
7 rinfrancatosi.

.conoscere che [8] ella molto davanti negli atti degli occhi suoi
avea conosciuto: ma poco per ciò gli valse, quantunque
d'averlo udito non dispiacesse alla donna. Addivenne non
guari poi, che che si fosse la cagione, che Rinaldo si ren-
dè frate, e chente che egli trovasse la pastura, egli perseverò in quello; [9] e avvegna che [10] egli alquanto, di que' tempi che frate si fece, avesse dall'un de' lati posto l'amore [11]
che alla sua comar portava e certe altre sue vanità, pure
in processo di tempo, senza lasciar l'abito, se le riprese, e
cominciò a dilettarsi d'apparere [12] e di vestir di buon panni
e d'essere in tutte le sue cose leggiadretto [13] e ornato, e a
fare delle canzoni e de' sonetti e delle ballate, e a cantare,
e tutto pieno d'altre cose a queste simili.

Ma che dico io di frate Rinaldo nostro, di cui parliamo?
Quali son quegli che così non facciano? Ahi vitupero del
guasto mondo! Essi non si vergognano d'apparir grassi,
d'apparir coloriti nel viso, d'apparir morbidi [14] ne' vestimenti e in tutte le cose loro, e non come colombi ma come
galli tronfi con la cresta levata pettoruti procedono: e che
è peggio (lasciamo stare d'aver le lor celle piene d'alberelli di lattovari e d'unguenti colmi,[15] di scatole di vari confetti piene, d'ampolle e di guastadette [16] con acque lavorate
e con oli, di bottacci [17] di malvagia e di greco e d'altri vini
preziosissimi traboccanti, intanto che [18] non celle di frati ma
botteghe di speziali o d'unguentari [19] appaiono più tosto a'
riguardanti) essi non si vergognano che altri sappia loro
esser gottosi, e credonsi che altri non conosca e sappia che
i digiuni assai, le vivande grosse [20] e poche e il viver sobria-

8 quello che.
9 *chente... quello*: quale che fosse il vantaggio che egli vi traeva, egli perseverò in quel suo proposito.
10 *avvegna che*: benché.
11 *avesse... l'amore*: avesse messo da parte l'amore.
12 far bella figura.
13 elegante.
14 delicati, raffinati.
15 *d'alberelli... colmi*: di barattoli pieni d'unguenti e di creme.
16 piccole caraffe.
17 bottiglioni.
18 *intanto che*: al punto che.
19 profumieri.
20 ordinarie, rozze.

mente faccia gli uomini magri e sottili e il più [21] sani; e se pure infermi ne fanno, non almeno di gotte gl'infermano,[22] alle quali si suole per medicina dare la castità e ogni altra cosa a vita di modesto frate appartenente. E credonsi che altri non conosca, oltra la sottil [23] vita, le vigilie lunghe, l'orare e il disciplinarsi dover gli uomini pallidi e afflitti rendere, e che né San Domenico né San Francesco, senza aver quattro cappe per uno, non di tintillani [24] né d'altri panni gentili ma di lana grossa fatti e di natural colore, a cacciare il freddo e non ad apparere [25] si vestissero. Alle quali cose Iddio provegga, come all'anime de' semplici che gli nutricano fa bisogno.

Così adunque ritornato frate Rinaldo ne' primi appetiti, cominciò a visitare molto spesso la comare; e cresciutagli baldanza, con più instanzia che prima non faceva la cominciò a sollicitare a quello che egli di lei disiderava. La buona donna, veggendosi molto sollicitare e parendole frate Rinaldo forse più bello che non soleva, essendo un dì molto da lui infestata,[26] a quello ricorse che fanno tutte quelle che voglia hanno di concedere quello che è addimandato, e disse: «Come! frate Rinaldo, o fanno così fatte cose i frati? »

A cui frate Rinaldo, rispose: «Madonna, qualora io avrò questa cappa fuor di dosso, che me la traggo molto agevolmente, io vi parrò uno uomo fatto come gli altri, e non frate. »

La donna fece bocca da ridere, e disse: «Oimè trista! voi siete mio compare;[27] come si farebbe questo? egli sarebbe troppo gran male, e io ho molte volte udito che egli è troppo gran peccato: e per certo, se ciò non fosse, io farei ciò che voi voleste. »

A cui frate Rinaldo disse: «Voi siete una sciocca se

21 *e il più*: e per lo più.
22 *gl'infermano*: li rendono infermi.
23 povera.
24 stoffe molto fini.
25 Vedi pag. 592, nota 12.
26 circuita con petulanza.
27 Il comparatico era considerato ai tempi del Boccaccio un vincolo di sangue e il rapporto tra compari di conseguenza incestuoso.

per questo lasciate.[28] Io non dico che non sia peccato, ma de' maggiori perdona Iddio [29] a chi si pente. Ma ditemi: chi è più parente del vostro figliuolo, o io che il tenni a battesimo, o vostro marito che il generò? »

La donna rispose: «È più suo parente mio marito.»

«E voi dite il vero,» disse il frate; «e vostro marito non si giace con voi?»

«Mai sì,» rispose la donna.

«Adunque,» disse il frate, «e io che son men parente di vostro figliuolo, che non è [30] vostro marito, così mi debbo poter giacere con voi come vostro marito.»

La donna, che loica non sapeva e di piccola levatura aveva bisogno,[31] o credette o fece vista di credere che il frate dicesse vero, e rispose: «Chi saprebbe rispondere alle vostre savie parole?» e appresso, nonostante il comparatico, si recò a dovere fare i suoi piaceri; né incominciarono pur una volta, ma sotto la coverta [32] del comparatico avendo più agio, perché la sospezione era minore, più e più volte si ritrovarono insieme.

Ma tra l'altre una n'avvenne che, essendo frate Rinaldo venuto a casa la [33] donna e vedendo quivi niuna persona essere altri che una fanticella della donna, assai bella e piacevoletta, mandato il compagno suo con essolei nel palco de' colombi [34] ad insegnarle il paternostro, egli con la donna che il fanciullin suo avea per mano, se n'entrarono nella camera, e dentro serratisi, sopra un lettuccio da sedere,[35] che in quella era, s'incominciarono a trastullare; e in questa guisa dimorando, avvenne che il compar tornò e, senza esser sentito da alcuno, fu all'uscio della camera, e picchiò e chiamò la donna.

Madonna Agnesa, questo sentendo, disse: «Io son mor-

28 lasciate perdere.
29 de' maggiori... Iddio: Dio perdona peccati anche maggiori.
30 che non è: di quanto non sia.
31 di... bisogno: aveva bisogno solo di poco per cedere.
32 sotto la coverta: sotto lo schermo.
33 a casa la: a casa della.
34 palco de' colombi: soffitta.
35 lettuccio da sedere: divano.

ta, ché ecco il marito mio: ora si pure avvedrà [36] egli qual sia la cagione della nostra dimestichezza. »

Era frate Rinaldo spogliato, cioè senza cappa e senza scapolare, in tonicella; il quale questo udendo disse: « Voi dite vèro: se io fossi pur vestito, qualche modo ci avrebbe; ma, se voi gli aprite ed egli mi truovi così, niuna scusa ci potrà essere. »

La donna, da subito consiglio aiutata, disse: « Or vi vestite; e vestito che voi siete, recatevi in braccio vostro figlioccio, e ascolterete bene ciò che io gli dirò, sì che le vostre parole poi s'accordino con le mie, e lasciate fare a me. »

Il buono uomo non era ristato [37] appena di picchiare, che la moglie rispose: « Io vengo a te », e levatasi, con un buon viso se n'andò all'uscio della camera e aperselo, e disse: « Marito mio, ben ti dico che frate Rinaldo nostro compare ci si venne, [38] e Iddio il ci mandò; ché per certo, se venuto non ci fosse, noi avremmo oggi perduto il fanciul nostro. »

Quando il bescio santoccio [39] udì questo, tutto misvenne [40] e disse: « Come? »

« O marito mio, » disse la donna, « e' gli venne dianzi di subito [41] uno sfinimento, che io mi credetti ch'e' fosse morto, e non sapeva né che mi far né che mi dire, se non che frate Rinaldo nostro compare ci venne in quella, e recatoselo in collo disse: ‹ Comare, questi son vermini che egli ha in corpo, li quali gli s'appressano al cuore e ucciderebbonlo troppo bene; [42] ma non abbiate paura, ché io gl'incanterò e farogli morir tutti, e innanzi che io mi parta di qui voi vedrete il fanciul sano come voi vedeste mai. › E per ciò che tu ci bisognavi per dir certe orazioni, e non ti seppe trovar la fante, sì le fece dire al compagno suo nel più alto luogo della nostra casa, ed egli

36 *si pure avvedrà*: si avvedrà pure.
37 *non era ristato*: non aveva ancora smesso.
38 *ci si venne*: si recò qui da noi.
39 *bescio santoccio*: scemo bigotto.
40 *tutto misvenne*: si smarrì tutto.
41 *di subito*: improvvisamente.
42 *troppo bene*: certamente.

e io qua entro ce n'entrammo. E per ciò che altri che la madre del fanciullo non può essere a così fatto servigio, perché altri non c'impacciasse, qui ci serrammo; e ancora l'ha egli in braccio, e credom'io che egli non aspetti se non che il compagno suo abbia compiuto di dire l'orazioni, e sarebbe fatto, per ciò che il fanciullo è già tutto tornato in sé. »

Il santoccio, credendo queste cose, tanto l'affezion del figliuol lo strinse,[43] che egli non pose l'animo allo 'nganno fattogli dalla moglie, ma, gittato un gran sospiro, disse: « Io il voglio andare a vedere. »

Disse la donna: « Non andare, ché tu guasteresti ciò che s'è fatto; aspettati, io voglio vedere se tu vi puoi andare, e chiamerotti. »

Frate Rinaldo, che ogni cosa udito avea ed erasi rivestito a bello agio e avevasi recato il fanciullo in braccio, come ebbe disposte le cose a suo modo, chiamò: « O comare, non sento io costà il compare? »

Rispose il santoccio: « Messer sì. »

« Adunque, » disse frate Rinaldo, « venite qua »; il santoccio andò là, al quale frate Rinaldo disse: « Tenete il vostro figliuolo per la grazia di Dio sano, dove io credetti, ora fu,[44] che voi nol vedeste vivo a vespro; e farete di far porre una statua di cera della sua grandezza a laude di Dio dinanzi alla figura di messer santo Ambruogio,[45] per li meriti del quale Iddio ve n'ha fatta grazia. »

Il fanciullo, veggendo il padre, corse a lui e fecegli festa, come i fanciulli piccoli fanno; il quale recatoselo in braccio, lagrimando non altramenti che se della fossa il traesse, il cominciò a basciare e a render grazie al suo compare che guerito gliele avea. Il compagno di frate Rinaldo, che non un paternostro ma forse più di quattro n'aveva insegnati alla fanticella, e donatale una borsetta di refe bianco, la quale a lui aveva donata una monaca, e fattala sua divota, avendo udito il santoccio alla ca-

---

43 *lo strinse*: lo commosse.

44 *ora fu*: poco fa.

45 *santo Ambruogio*: non quello di Milano (vedi la fine della novella), bensì il beato Ambrogio Sansedoni da Siena (1220-1236).

mera della moglie chiamare, pianamente [46] era venuto in parte della quale e vedere e udire ciò che vi si facesse poteva; veggendo la cosa in buoni termini, se ne venne giuso, ed entrato nella camera disse: « Frate Rinaldo, quelle quattro orazioni che m'imponeste, io l'ho dette tutte. »

A cui frate Rinaldo disse: « Fratel mio, tu hai buona lena, e hai fatto bene. Io per me, quando mio compar venne, non n'aveva dette che due, ma Domenedio tra per la tua fatica e per la mia ci ha fatta grazia che il fanciullo è guerito. »

Il santoccio fece venire di buoni vini e di confetti,[47] e fece onore al suo compare e al compagno di ciò che essi avevano maggior bisogno che d'altro; poi, con loro insieme uscito di casa, gli accomandò [48] a Dio, e senza alcuno indugio fatta fare la imagine di cera, la mandò ad appiccare con l'altre dinanzi alla figura di Santo Ambruogio, ma non a quel di Melano.

46 silenziosamente.
47 dolci.
48 raccomandò.

Novella quarta

TOFANO CHIUDE UNA NOTTE FUOR DI CASA LA MOGLIE,
LA QUALE, NON POTENDO PER PRIEGHI RIENTRARE, FA VISTA
DI GITTARSI IN UN POZZO E GITTAVI UNA GRAN PIETRA.
TOFANO ESCE DI CASA E CORRE LÀ, ED ELLA IN CASA SE
N'ENTRA E SERRA LUI DI FUORI, E SGRIDANDOLO IL VITUPERA.[1]

Il re, come la novella d'Elissa sentì aver fine, così senza
indugio verso la Lauretta rivolto le dimostrò che gli piacea
che ella dicesse; per che essa, senza stare,[2] così cominciò:

O Amore, chenti e quali[3] sono le tue forze, chenti i consigli e chenti gli avvedimenti! Qual filosofo, quale artista
mai avrebbe potuto o potrebbe mostrare quegli argomenti,
quegli avvedimenti, quegli dimostramenti che fai tu subitamente a chi seguita le tue orme? Certo la dottrina di
qualunque altro è tarda a rispetto della tua, sì come assai
bene comprender si può nelle cose davanti mostrate; alle
quali, amorose donne, io una n'aggiugnerò da una sem-
plicetta donna adoperata, tale che io non so chi altri se
l'avesse potuta mostrare che Amore.

Fu adunque già in Arezzo un ricco uomo, il quale fu
Tofano nominato. A costui fu data per moglie una bellissima donna, il cui nome fu monna Ghita, della quale egli,
senza saper perché, prestamente divenne geloso; di che la
donna avvedendosi prese sdegno, e più volte avendolo della cagione della sua gelosia addomandato né egli alcuna
avendone saputa assegnare se non cotali generali e cattive,
cadde nell'animo[4] alla donna di farlo morire del male del
quale senza cagione aveva paura. Ed essendosi avveduta
che un giovane, secondo il suo giudicio molto da bene, la
vagheggiava, discretamente con lui s'incominciò ad intendere; ed essendo già tra lui e lei tanto le cose innanzi, che
altro che dare effetto con opera alle parole non vi man-

1 La fonte sicura si rinviene in una *fabula* (la XII) della *Disciplina clericalis* di Pietro Alfonso, ben nota, fin dalla giovinezza, al
Boccaccio.
2 indugiare.
3 *chenti e quali*: quante e di che natura.
4 *cadde nell'animo*: venne in mente.

cava, pensò la donna di trovare similmente modo a questo. E avendo già tra' costumi cattivi del suo marito conosciuto lui dilettarsi di bere, non solamente gliele cominciò a commendare, ma artatamente [5] a sollicitarlo a ciò molto spesso; e tanto ciò prese per uso, che quasi ogni volta che a grado l'era infino allo inebriarsi bevendo il conducea; e quando bene ebbro il vedea, messolo a dormire, primieramente col suo amante si ritrovò, e poi sicuramente più volte di ritrovarsi con lui continuò. E tanto di fidanza nella costui ebbrezza prese,[6] che non solamente avea preso ardire di menarsi il suo amante in casa, ma ella talvolta gran parte della notte s'andava con lui a dimorare alla sua, la qual di quivi non era guari lontana. E in questa maniera la innamorata donna continuando, avvenne che il doloroso [7] marito si venne accorgendo che ella, nel confortare [8] lui a bere, non beveva però essa mai; di che egli prese sospetto non così fosse come era,[9] cioè che la donna lui inebriasse per poter poi fare il piacer suo mentre egli addormentato fosse. E volendo di questo, se così fosse, far pruova, senza avere il dì bevuto, una sera tornò a casa mostrandosi il più ebbro uomo, e nel parlare e ne' modi, che fosse mai; il che la donna credendo né estimando che più bere gli bisognasse a ben dormire, il mise prestamente. E fatto ciò, secondo che alcuna volta era usata di fare, uscita di casa, alla casa del suo amante se n'andò, e quivi infino alla mezzanotte dimorò.

Tofano, come la donna non vi sentì,[10] così si levò e andatosene alla sua porta quella serrò dentro e posesi alle finestre, acciò che tornare vedesse la donna e le facesse manifesto che egli si fosse accorto delle maniere sue; e tanto stette che la donna tornò, la quale, tornando a casa e trovandosi serrata di fuori, fu oltre modo dolente, e cominciò a tentare se per forza potesse l'uscio aprire. Il

5 astutamente.

6 *tanto... prese*: cominciò a fare tale affidamento sull'ubriachezza del marito.

7 tristo.

8 esortare.

9 *prese... era*: cominciò a sospettare che la cosa stesse come di fatto stava.

10 *la donna non vi sentì*: avvertì che la donna non era in casa.

che poi che Tofano alquanto ebbe sofferto,[11] disse: «Donna, tu ti fatichi invano, per ciò che qua entro non potrai tu entrare. Va' tornati là dove infino ad ora se' stata, e abbi per certo che tu non ci tornerai mai infino a tanto che io di questa cosa, in presenza de' parenti tuoi e de' vicini, te n'avrò fatto quello onore che ti si conviene.»

La donna lo 'ncominciò a pregar per l'amor di Dio che piacer gli dovesse d'aprirle, per ciò che ella non veniva donde s'avvisava, ma da vegghiare[12] con una sua vicina, per ciò che le notti eran grandi[13] ed ella non le poteva dormir tutte né sola in casa vegghiare. Li prieghi non giovavano nulla, per ciò che quella bestia era pur disposto a volere che tutti gli aretin sapessero la loro vergogna, laddove niun la sapeva.

La donna, veggendo che il pregar non le valeva, ricorse al minacciare e disse: «Se tu non m'apri, io ti farò il più tristo uom che viva.»

A cui Tofano rispose: «E che mi potresti tu fare?»

La donna, alla quale Amore aveva già aguzzato co' suoi consigli lo 'ngegno, rispose: «Innanzi che io voglia sofferire la vergogna che tu mi vuoi fare ricevere a torto, io mi gitterò in questo pozzo che qui è vicino, nel 'quale poi essendo trovata morta, niuna persona sarà che creda che alteri che tu, per ebbrezza, mi v'abbia gittata; e così o ti converrà fuggire e perdere ciò che tu hai ed essere in bando, o converrà che ti sia tagliata la testa, sì come a micidial di me[14] che tu veramente sarai stato.»

Per queste parole niente si mosse Tofano dalla sua sciocca oppinione; per la qual cosa la donna disse: «Or ecco, io non posso più sofferire questo tuo fastidio: Dio il ti perdoni: farai riporre questa mia rocca[15] che io lascio qui.»

E questo detto, essendo la notte tanto oscura che appena si sarebbe potuto veder l'un l'altro per la via, se n'andò la donna verso il pozzo, e presa una grandissima pietra che

---

11 *sopportato.*
12 *donde... vegghiare*: da dove lui supponeva, ma dall'aver fatto veglia.
13 lunghe.
14 *micidial di me*: mio assassino.
15 lo strumento usato dalle donne per filare.

a piè del pozzo era, gridando: «Iddio perdonami», la lasciò cadere entro nel pozzo. La pietra giugnendo nell'acqua fece un grandissimo romore: il quale come Tofano udì, credette fermamente che essa gittata vi si fosse: per che, presa la secchia con la fune, subitamente si gittò di casa per aiutarla, e corse al pozzo. La donna, che presso all'uscio della sua casa nascosa s'era, come il vide correre al pozzo, così ricoverò in casa e serrossi dentro e andossene alle finestre e cominciò a dire: «Egli si vuole inacquare quando altri il bee, non poscia la notte.»[16]

Tofano, udendo costei, si tenne scornato e tornossi all'uscio; e non potendovi entrare, le cominciò a dire che gli aprisse.

Ella, lasciato stare il parlar piano come infino allora aveva fatto, quasi gridando cominciò a dire: «Alla croce di Dio, ubriaco fastidioso, tu non c'enterrai stanotte; io non posso più sofferire questi tuoi modi: egli convien che io faccia vedere ad ogn'uomo chi tu se' e a che ora tu torni la notte a casa.»

Tofano d'altra parte crucciato le 'ncominciò a dir villania e a gridare; di che i vicini, sentendo il romore, si levarono, e uomini e donne, e fecersi alle finestre e domandarono che ciò fosse.

La donna cominciò piagnendo a dire: «Egli è questo reo uomo, il quale mi torna ebbro la sera a casa, o s'addormenta per le taverne e poscia torna a questa otta;[17] di che io avendo lungamente sofferto e dettogli molto male e non giovandomi,[18] non potendo più sofferire, ne gli ho voluta fare questa vergogna di serrarlo fuor di casa, per vedere se egli se ne ammenderà.»

Tofano bestia, d'altra parte, diceva come il fatto era stato, e minacciava forte.

La donna co' suoi vicini diceva: «Or vedete che uomo egli è! che direste voi se io fossi nella via come è egli, ed egli fosse in casa come sono io? In fé di Dio che io

16 *Egli... notte*: bisogna annacquare il vino quando lo si beve, non poi di notte.
17 ora.
18 *di che io... giovandomi*: avendo penato a lungo per questo e avendolo molto rimproverato senza ottenere nulla.

dubito che voi non credeste che egli dicesse il vero: ben potete a questo conoscere il senno suo! Egli dice appunto che io ho fatto ciò che io credo che egli abbia fatto egli. Esso mi credette spaventare col gittare non so che nel pozzo, ma or volesse Iddio che egli vi si fosse gittato da dovero e affogato, sì che il vino, il quale egli di soperchio [19] ha bevuto, si fosse molto bene inacquato. »

I vicini, e gli uomini e le donne, cominciaro a riprender tutti Tofano e a dar la colpa a lui e a dirgli villania di ciò che contro alla donna diceva: e in brieve tanto andò il romore [20] di vicino in vicino, che egli pervenne infino a' parenti della donna. Li quali venuti là, e udendo la cosa e da un vicino e da altro, presero Tofano e diedergli tante busse che tutto il ruppono; [21] poi, andati in casa, presero le cose della donna e con lei si ritornarono a casa loro, minacciando Tofano di peggio. Tofano, veggendosi mal parato [22] e che la sua gelosia l'aveva mal condotto, sì come quegli che tutto 'l suo ben voleva alla donna, ebbe alcuni amici mezzani, [23] e tanto procacciò che egli con buona pace riebbe la donna a casa sua, alla quale promise di mai più non esser geloso: e oltre a ciò le diè licenza che ogni suo piacer facesse, ma sì saviamente, che egli non se ne avvedesse. E così, a modo del villan matto, dopo danno fé patto. E viva amore, e muoia soldo, [24] e tutta la brigata.

19 *di soperchio*: in quantità eccessiva.
20 la notizia, l'eco.
21 pestarono.
22 *mal parato*: a mal partito.
23 come intermediari.
24 *muoia soldo*: espressione proverbiale che corrisponde a « crepi l'avarizia ».

Novella quinta

UN GELOSO IN FORMA DI PRETE CONFESSA LA MOGLIE, AL
QUALE ELLA DÀ A VEDERE CHE AMA UN PRETE CHE
VIENE A LEI OGNI NOTTE; DI CHE [1] MENTRE CHE IL GELOSO
NASCOSAMENTE PRENDE GUARDIA ALL'USCIO, LA DONNA
PER LO TETTO SI FA VENIRE UN SUO AMANTE E CON LUI
SI DIMORA.[2]

Posto avea fine Lauretta al suo ragionamento, e avendo
già ciascun commendata la donna che ella bene avesse
fatto e come a quel cattivo si conveniva, il re, per non
perder tempo, verso la Fiammetta voltatosi, piacevolmente il carico le 'mpose del novellare; per la qual cosa ella
così cominciò:

Nobilissime donne, la precedente novella mi tira a dovere io similmente ragionar d'un geloso, estimando che
ciò che si fa loro dalle loro donne, e massimamente quando senza cagione ingelosiscono, esser ben fatto: e se ogni
cosa avessero i componitori delle leggi [3] guardata, giudico
che in questo essi dovessero alle donne non altra pena
avere constituta che essi constituirono a colui che alcuno
offende sé difendendo; [4] per ciò che i gelosi sono insidiatori
della vita delle giovani donne e diligentissimi cercatori
della lor morte. Esse stanno tutta la settimana rinchiuse
e attendono alle bisogne familiari e domestiche, disiderando, come ciascun fa, d'aver poi il dì delle feste alcuna
consolazione, alcuna quiete, e di potere alcun diporto [5] pigliare, sì come prendono i lavoratori de' campi, gli artefici delle città e i reggitori delle corti,[6] come fece Iddio che

---

1 *di che*: perciò.

2 Tema diffuso nella letteratura medievale: ma né le versioni
transalpine (un *fabliau*, la provenzale *Flamenca*) né le redazioni me-
dio-latine (la *Scala Celi* di Giovanni Junior e gli *Exempla* di Jacques
de Vitry) né altri precedenti possono assurgere al rango di fonti.

3 *componitori delle leggi*: legislatori.

4 *giudico... difendendo*: io credo che a proposito della gelosia
essi non avrebbero dovuto stabilire per le donne pena diversa da
quella che fissarono per chi agisce per legittima difesa.

5 svago.

6 *gli artefici... corti*: gli artigiani delle città ed i magistrati.

il dì settimo da tutte le sue fatiche si riposò, e come vogliono le leggi sante e le civili, le quali, allo onor di Dio e al ben comune di ciascun riguardando, hanno i dì delle fatiche distinti da quegli del riposo. Alla qual cosa fare niente i gelosi consentono, anzi quegli dì che a tutte l'altre son lieti, fanno ad esse, più serrate e più rinchiuse tenendole, esser più miseri e più dolenti: il che quanto e qual consumamento sia delle cattivelle[7] quelle sole il sanno che l'hanno provato. Per che conchiudendo, ciò che una donna fa ad un marito geloso a torto, per certo non condennare ma commendare si dovrebbe.

Fu adunque in Arimino[8] un mercatante ricco e di possessioni e di denari assai, il quale avendo una bellissima donna per moglie, di lei divenne oltre misura geloso; né altra cagione a questo avea, se non che come egli molto l'amava e molto bella la teneva e conosceva[9] che ella con tutto il suo studio s'ingegnava di piacergli, così estimava che ogn'uomo l'amasse e che ella a tutti paresse bella e ancora che ella s'ingegnasse così di piacere altrui come a lui (argomento di cattivo uomo, e con poco sentimento era). E così ingelosito tanta guardia ne prendeva e sì stretta la tenea, che forse assai son di quegli che a capital pena son dannati, che non sono da' pregionieri con tanta guardia servati.[10] La donna, lasciamo stare che a nozze o a festa o a chiesa andar potesse, o il piè della casa trarre in alcun modo,[11] ma ella non osava farsi ad alcuna finestra né fuor della casa guardare per alcuna cagione; per la qual cosa la vita sua era pessima, ed essa tanto più impaziente sosteneva questa noia,[12] quanto meno si sentiva nocente.[13]

Per che, veggendosi a torto fare ingiuria al[14] marito, s'av-

7 infelici.
8 Rimini.
9 *la... conosceva*: la stimava e sapeva.
10 *forse... servati*: che probabilmente buona parte dei condannati a morte non sono così strettamente sorvegliati dai carabinieri.
11 *il piè... modo*: mettere in qualche modo il piede fuori di casa.
12 sofferenza, dolore.
13 colpevole.
14 dal.

visò, a consolazion di se medesima, di trovar modo, se alcuno ne potesse trovare, di far sì che a ragione le fosse fatto; [15] e per ciò che a finestra far non si potea, e così modo non avea di potersi mostrare contenta dello amore d'alcuno che atteso l'avesse [16] per la sua contrada passando, sappiendo che nella casa la quale era allato alla sua aveva [17] alcun giovane e bello e piacevole, si pensò, se pertugio alcun fosse nel muro che la sua casa divideva da quella, di dovere per quello tante volte guatare, che ella vedrebbe il giovane in atto da potergli parlare, e di donargli il suo amore, se egli il volesse ricevere; e, se modo vi si potesse vedere, di ritrovarsi con lui alcuna volta, e in questa maniera trapassare la sua malvagia vita infino a tanto che il fistolo [18] uscisse da dosso al suo marito. E venendo ora in una parte e ora in una altra, quando il marito non v'era, il muro della casa guardando, vide per avventura in una parte assai segreta di quella il muro alquanto da una fessura essere aperto; per che, riguardando per quella, ancora che [19] assai male discerner potesse d'all'altra parte, pur s'avvide che quivi era una camera dove capitava la fessura, e seco disse: « Se questa fosse la camera di Filippo (cioè del giovane suo vicino) io sarei mezza fornita. »[20] E cautamente da una sua fante, a cui di lei incresceva,[21] ne fece spiare, e trovò che veramente il giovane in quella dormiva tutto solo; per che, visitando la fessura spesso, e quando il giovane vi sentiva, faccendo cader pietruzze e cotali fuscellini, tanto fece che, per veder che ciò fosse, il giovane venne quivi. Il quale ella pianamente [22] chiamò, ed egli, che la sua voce conobbe, le rispose; ed ella, avendo spazio,[23] in brieve tutto l'animo suo gli aprì. Di che il giovane contento assai, sì fece che dal suo lato il pertugio si fece maggiore, tuttavia in guisa faccendo che alcuno avvedere non se ne po-

15 *le fosse fatto*: si sottintenda ingiuria.
16 *che... avesse*: che le avesse prestato attenzione.
17 c'era.
18 spirito maligno.
19 *ancora che*: sebbene.
20 *io... fornita*: avrei raggiunto metà del mio proposito.
21 *a cui di lei incresceva*: che aveva a cuore la sua situazione.
22 sommessamente.
23 tempo.

tesse: e quivi spesse volte insieme si favellavano e toccavansi la mano, ma più avanti per la solenne guardia del geloso non si poteva.[24]

Ora, appressandosi la festa del Natale, la donna disse al marito che, se gli piacesse, ella voleva andar la mattina della pasqua[25] alla chiesa e confessarsi e comunicarsi come fanno gli altri cristiani: alla quale il geloso disse: « E che peccati ha' tu fatti, che tu ti vuoi confessare? »

Disse la donna: « Come? credi tu che io sia santa perché[26] tu mi tenghi rinchiusa? ben sai che io fo de' peccati come l'altre persone che ci[27] vivono; ma io non gli vo' dire a te, ché tu non se' prete. »

Il geloso prese di queste parole sospetto e pensossi di voler saper che peccati costei avesse fatti e avvisossi del[28] modo nel quale ciò gli verrebbe fatto; e rispose che era contento, ma che non volea che ella andasse ad altra chiesa che alla cappella loro, e quivi andasse la mattina per tempo e confessassesi o dal cappellan loro o da quel prete che il cappellan le desse e non da altrui, e tornasse di presente[29] a casa. Alla donna pareva mezzo avere inteso; ma, senza altro dire, rispose che sì farebbe.

Venuta la mattina della pasqua, la donna si levò in su l'aurora e acconciossi e andossene alla chiesa impostale dal marito. Il geloso, d'altra parte, levatosi se n'andò a quella medesima chiesa e fuvvi prima di lei; e avendo già col prete di là entro composto[30] ciò che far voleva, messasi prestamente una delle robe del prete indosso con un cappuccio grande a gote,[31] come noi veggiamo che i preti portano, avendosel tirato un poco innanzi, si mise a stare in coro. La donna venuta alla chiesa fece domandare il prete. Il prete venne, e udendo dalla donna che confessar si volea,

24 *più... poteva*: non si poteva andar più oltre per la sorveglianza severa del geloso.

25 nel senso, generico, di festa religiosa.

26 benché.

27 qui, nel mondo.

28 *avvisossi del*: progettò il.

29 *di presente*: subito.

30 combinato.

31 *un... gote*: cappuccio che si serrava intorno alle gote e copriva in parte il viso.

disse che non potea udirla, ma che le manderebbe un suo compagno; e andatosene, mandò il geloso nella sua malora. Il quale molto contegnoso vegnendo, ancora che egli non fosse molto chiaro il dì ed egli s'avesse molto messo il cappuccio innanzi agli occhi, non si seppe sì occultare che egli non fosse prestamente conosciuto dalla donna; la quale, questo vedendo, disse seco medesima: ‹Lodato sia Iddio che costui di geloso è divenuto prete; ma pure lascia fare, che io gli darò quello che egli va cercando.› Fatto adunque sembiante di non conoscerlo, gli si pose a sedere a' piedi. Messer lo geloso s'avea messe alcune petruzze in bocca, acciò che esse alquanto la favella gli 'mpedissero, sì che egli a quella [32] dalla moglie riconosciuto non fosse, parendogli in ogn'altra cosa sì del tutto esser divisato [33] che esser da lei riconosciuto a niun partito credeva. Or venendo alla confessione, tra l'altre cose che la donna gli disse, avendogli prima detto come maritata era, si fu che ella era innamorata d'un prete, il quale ogni notte con lei s'andava a giacere.

Quando il geloso udì questo, e' gli parve che gli fosse dato un coltello nel cuore, e se non fosse che volontà lo strinse di saper più innanzi, egli avrebbe la confessione abbandonata e andatosene; stando adunque fermo domandò la donna: « E come? non giace vostro marito con voi? »

La donna rispose: « Messer sì. »

« Adunque, » disse 'l geloso, « come vi puote anche il prete giacere? »

« Messere, » disse la donna, « il prete con che arte egli il si faccia non so: ma egli non è in casa uscio sì serrato, che, come egli il tocca, non s'apra; e dicemi egli che, quando egli è venuto a quello della camera mia, anzi che egli l'apra, egli dice certe parole per le quali il mio marito incontanente s'addormenta, e come addormentato il sente, così apre l'uscio e viensene dentro e stassi con meco: e questo non falla mai. »

Disse allora il geloso: « Madonna, questo è mal fatto e del tutto egli ve ne conviene rimanere. »[34]

32 *a quella*: a causa di quella (della voce).
33 camuffato.
34 astenere.

A cui la donna disse: « Messere, questo non crederrei io mai poter fare, per ciò che io l'amo troppo. »

« Dunque, » disse il geloso, « non vi potrò io assolvere. »

A cui la donna disse: « Io ne son dolente: io non venni qui per dirvi le bugie; se io il credessi poter fare, io il vi direi. »

Disse allora il geloso: « In verità, madonna, di voi m'increscе, che io vi veggio a questo partito perder l'anima; ma io, in servigio di voi, ci voglio durar fatica in far mie orazioni speziali a Dio in vostro nome, le quali forse vi gioveranno: e sì vi manderò alcuna volta un mio cherichetto, a cui voi direte se elle vi saranno giovate o no; e se elle vi gioveranno, sì procederemo innanzi. »

A cui la donna disse: « Messer, cotesto non fate voi che voi mi mandiate persona a casa, ché, se il mio marito il risapesse, egli è sì forte geloso che non gli trarrebbe del capo tutto il mondo che per altro che per male vi si venisse, e non avrei ben con lui di questo anno. »[35]

A cui il geloso disse: « Madonna, non dubitate di questo, ché per certo io terrò sì fatto modo, che voi non ne sentirete mai parola da lui. »

Disse allora la donna: « Se questo vi dà il cuore di fare, io son contenta; » e fatta la confessione[36] e presa la penitenzia e da' piè levataglisi, se n'andò a udire la messa.

Il geloso soffiando[37] con la sua mala ventura s'andò a spogliare i panni del prete e' tornossi a casa, disideroso di trovar modo da dovere il prete e la moglie trovare insieme, per fare un mal giuoco[38] e all'uno e all'altro. La donna tornò dalla chiesa e vide bene nel viso al marito che ella gli aveva data la mala pasqua;[39] ma egli quanto poteva s'ingegnava di nasconder ciò che fatto avea e che saper gli parea.

E avendo seco stesso diliberato di dover la notte vegnente star presso all'uscio della via ad aspettare se il prete venisse, disse alla donna: « A me conviene questa sera

35 *di questo anno*: per tutto quest'anno.
36 *fatta la confessione*: recitato il *Confiteor*.
37 sbuffando.
38 *fare... giuoco*: fare un brutto tiro.
39 *gli... pasqua*: lo aveva intensamente turbato.

essere a cena e ad albergo altrove, e per ciò serrerai ben l'uscio da via e quello da mezza scala e quello della camera, e quando ti parrà t'andrai a letto. »

La donna rispose : « In buon'ora. »[40]

E quando tempo ebbe se n'andò alla buca e fece il cenno usato, il quale come Filippo sentì, così di presente a quel venne; al quale la donna disse ciò che fatto avea la mattina e quello che il marito appresso mangiare l'aveva detto, e poi disse : « Io son certa che egli non uscirà di casa, ma si metterà a guardia dell'uscio; e per ciò truova modo che su per lo tetto tu venghi stanotte di qua, sì che noi siamo insieme. »

Il giovane, contento molto di questo fatto, disse : « Madonna, lasciate far me. »

Venuta la notte, il geloso con suè armi tacitamente si nascose in una camera terrena; e la donna avendo fatti serrar tutti gli usci, e massimamente quello da mezza scala, acciò che il geloso su non potesse venire, quando tempo le parve, e il giovane per via assai cauta dal suo lato se ne venne; e andaronsi a letto, dandosi l'un dell'altro piacere e buon tempo; e venuto il dì, il giovane se ne tornò in casa sua. Il geloso, dolente e senza cena, morendo di freddo, quasi tutta la notte stette con le sue armi allato all'uscio ad aspettare se il prete venisse; e appressandosi il giorno, non potendo più vegghiare, nella camera terrena si mise a dormire. Quindi vicin di terza[41] levatosi, essendo già l'uscio della casa aperto, faccendo sembiante di venire altronde,[42] se ne salì in casa sua e desinò. E poco appresso mandato un garzonetto, a guisa che stato fosse il cherico del prete che confessata l'avea, la mandò dimandando se colui cui ella sapeva più venuto vi fosse. La donna, che molto bene conobbe il messo, rispose che venuto non v'era quella notte, e che, se così facesse, che egli le potrebbe uscir di mente, quantunque ella non volesse che di mente l'uscisse.

Ora che vi debbo dire? Il geloso stette molte notti per

40 *In buon'ora* : sta bene.
41 *vicin di terza* : verso le nove del mattino.
42 da altrove.

volere giugnere [43] il prete all'entrata, e la donna continuamente col suo amante dandosi buon tempo. Alla fine il geloso, che più sofferir non poteva, con turbato [44] viso domandò la moglie ciò che ella avesse al prete detto la mattina che confessata s'era. La donna rispose che non gliele voleva dire, per ciò che ella non era onesta cosa né convenevole.

A cui il geloso disse: « Malvagia femina, a dispetto di te io so ciò che tu gli dicesti, e convien del tutto che io sappia chi è il prete di cui tu tanto se' innamorata e che teco per suoi incantesimi ogni notte si giace, o io ti segherò le veni. »[45]

La donna disse che non era vero che ella fosse innamorata d'alcun prete.

« Come? » disse il geloso, « non dicestù così e così al prete che ti confessò? »

La donna disse: « Non che egli te l'abbia ridetto, ma egli basterebbe se tu fossi stato presente; mai sì, che io gliele dissi. »[46]

« Dunque, » disse il geloso, « dimmi chi è questo prete, e tosto. »

La donna cominciò a sorridere, e disse: « Egli mi giova [47] molto quando un savio uomo è da una donna semplice menato come si mena un montone per le corna in beccheria: benché tu non se' savio, né fosti da quella ora in qua che tu ti lasciasti nel petto entrare il maligno spirito della gelosia senza saper perché: e tanto quanto tu se' più sciocco e più bestiale, cotanto ne diviene la gloria mia minore. Credi tu, marito mio, che io sia cieca degli occhi della testa, come tu se' cieco di quegli della mente? Certo no; e vedendo conobbi chi fu il prete che mi confessò, e so che tu fosti desso tu; [48] ma io mi puosi in cuore di darti quello che tu andavi cercando, e dieditelo. Ma se

43 sorprendere.
44 adirato.
45 vene.
46 *Non... dissi*: egli te lo ha ridetto così per filo e per segno che neanche presente avresti potuto saperne di più; ma certo che glielo dissi.
47 *Egli mi giova*: mi piace.
48 *desso tu*: proprio tu.

tu fussi stato savio, come esser ti pare, non avresti per quel modo tentato di sapere i segreti della tua buona donna, e senza prender vana sospezion ti saresti avveduto di ciò che ella ti confessava così essere il vero, senza avere ella in cosa alcuna peccato. Io ti dissi che io amava un prete: e non eri tu, il quale io a gran torto amo, fatto prete? Dissiti che niuno uscio della mia casa gli si poteva tener serrato quando meco giacer volea: e quale uscio ti fu mai in casa tua tenuto, quando tu colà dove io fossi se' voluto venire? Dissiti che il prete si giacea ogni notte con meco: e quando fu che tu meco non giacessi? E quante volte il tuo cherico a me mandasti, tante sai, quante tu meco non fosti, ti mandai a dire che il prete meco stato non era. Quale smemorato altri che tu, che alla gelosia tua t'hai lasciato accecare, non avrebbe queste cose intese? E se' ti stato in casa a far la notte la guardia all'uscio, e a me credi aver dato a vedere che tu altrove andato sii a cena e ad albergo! Ravvediti oggimai e torna uomo come tu esser solevi, e non far far beffe di te a chi conosce i modi tuoi come fo io, e lascia star questo solenne guardar che tu fai; ché io giuro a Dio, se voglia me ne venisse di porti le corna, se tu avessi cento occhi come tu n'hai due, el mi darebbe il cuore [49] di fare i piacer miei in guisa che tu non te ne avvedresti. »

Il geloso cattivo,[50] a cui molto avvedutamente pareva avere il segreto della donna sentito, udendo questo si tenne scornato; e senza altro rispondere, ebbe la donna per buona e per savia, e quando [51] la gelosia gli bisognava del tutto se la spogliò, così come, quando bisogno non gli era, se l'aveva vestita; per che la savia donna, quasi licenziata a' suoi piaceri,[52] senza far venire il suo amante su per lo tetto come vanno le gatte, ma pur per l'uscio, discretamente operando, poi più volte con lui buon tempo e lieta vita si diede.

---

49 *el... cuore*: mi sentirei l'animo.
50 *misero*, infelice.
51 proprio quando.
52 *quasi... piaceri*: quasi avesse ottenuto licenza di fare ciò che le piaceva.

Novella sesta

MADONNA ISABELLA, CON LEONETTO STANDOSI, AMATA DA
UN MESSER LAMBERTUCCIO E VISITATA, E TORNANDO IL
MARITO DI LEI, MESSER LAMBERTUCCIO CON UN COLTELLO
IN MANO FUOR DI CASA NE MANDA, E IL MARITO DI LEI POI
LEONETTO ACCOMPAGNA.[1]

Maravigliosamente era piaciuta a tutti la novella della
Fiammetta, affermando ciascuno ottimamente la donna
aver fatto, e quel che si convenia al bestiale[2] uomo. Ma
poi che finita fu, il re a Pampinea impose che seguitasse;
la quale incominciò a dire:

Molti sono li quali, semplicemente[3] parlando, dicono che
Amore trae altrui del senno e quasi chi ama fa divenire
smemorato.[4] Sciocca oppinione mi pare: e assai le già dette cose l'hanno mostrato, e io ancora intendo di dimostrarlo.

Nella nostra città, copiosa di tutti i beni, fu già una
giovane donna e gentile e assai bella, la qual fu moglie
d'un cavaliere assai valoroso e da bene. E come spesso
avviene che sempre non può l'uomo usare un cibo, ma
talvolta disidera di variare, non soddisfaccendo a questa
donna molto il suo marito, s'innamorò d'un giovane il quale Leonetto era chiamato, assai piacevole e costumato, come che di gran nazion non fosse,[5] ed egli similmente s'innamorò di lei: e come voi sapete che rade volte è senza
effetto quello che vuole ciascuna delle parti, a dare al loro
amor compimento molto tempo non si interpose. Ora avvenne che, essendo costei bella donna e avvenevole, di lei
un cavalier chiamato messer Lambertuccio s'innamorò forte, il quale ella, per ciò che spiacevole uomo e sazievole[6] le
parea, per cosa del mondo ad amar lui disporre non si

---

1 Probabilmente il Boccaccio si è ispirato alla copiosa tradizione antecedente: ma non si può con certezza affermare che abbia
tenuto presente la *Disciplina clericalis* (XII) o una versione senese,
della stessa, del Duecento.

2 rozzo, sciocco.

3 da ingenui, semplicioni.

4 svanito, stordito.

5 *come... fosse*: benché fosse di origini modeste.

6 fastidioso.

potea; ma costui con ambasciate sollicitandola molto e non valendogli, essendo possente uomo la mandò minacciando [7] di vituperarla se non facesse il piacer suo; per la qual cosa la donna, temendo e conoscendo come fatto era, si condusse a fare il voler suo.

Ed essendosene la donna, che madonna Isabella avea nome, andata, come nostro costume è di state,[8] a stare ad una sua bellissima possessione in contado, avvenne, essendo una mattina il marito di lei cavalcato [9] in alcun luogo per dovere stare alcun giorno, che ella mandò per Leonetto che si venisse a star con lei; il quale lietissimo incontanente v'andò. Messer Lambertuccio, sentendo il marito della donna esser andato altrove,[10] tutto solo montato a cavallo, a lei se n'andò e picchiò alla porta. La fante della donna, vedutolo, n'andò incontanente a lei, che in camera era con Leonetto, e chiamatala le disse: «Madonna, messer Lambertuccio è qua giù tutto solo.» La donna, udendo questo, fu la più dolente femina del mondo; ma, temendol forte, pregò Leonetto che grave non gli fosse il nascondersi alquanto dietro alla cortina del letto infino a tanto che messer Lambertuccio se n'andasse. Leonetto, che non minor paura di lui avea che avesse la donna, vi si nascose; ed ella comandò alla fante che andasse ad aprire a messer Lambertuccio; la quale apertogli, ed egli nella corte smontato d'un suo pallafreno e quello appiccato ivi ad uno arpione, se ne salì suso. La donna, fatto buon viso e venuta infino in capo della scala, quanto più poté in parole lietamente il ricevette e domandollo quello che egli andasse faccendo. Il cavaliere, abbracciatala e basciatala, disse: «Anima mia, io intesi che vostro marito non c'era, sì ch'io mi son venuto a stare alquanto con essovoi.» E dopo queste parole, entratisene in camera e serratisi dentro, cominciò messer Lambertuccio a prender diletto di lei.

E così con lei standosi, tutto fuori della credenza della

---

7 *la mandò minacciando*: le inviò minacce.
8 *di state*: d'estate.
9 andato a cavallo.
10 via di casa.

donna,[11] avvenne che il marito di lei tornò: il quale quando la fante alquanto vicino al palagio vide, così subitamente corse alla camera della donna e disse: « Madonna, ecco messer che torna: io credo che egli sia già giù nella corte. »

La donna, udendo questo e sentendosi aver due uomini in casa, e conosceva che il cavaliere non si poteva nascondere per lo suo pallafreno che nella corte era, si tenne morta; nondimeno, subitamente gittatasi del letto in terra, prese partito,[12] e disse a messer Lambertuccio: « Messere, se voi mi volete punto di bene e voletemi da morte campare, farete quello che io vi dirò. Voi vi recherete in mano il vostro coltello ignudo, e con un mal viso e tutto turbato ve n'andrete giù per le scale, e andrete dicendo: ‹ Io fo boto a Dio [13] che io il coglierò altrove ›; e se mio marito vi volesse ritenere o di niente vi domandasse, non dite altro che quello che detto v'ho, e montato a cavallo, per niuna cagione seco ristate. »

Messer Lambertuccio disse che volentieri; e tirato fuori il coltello, tutto infocato nel viso tra per la fatica durata e per l'ira avuta della tornata del cavaliere, come la donna gl'impose così fece. Il marito della donna, già nella corte smontato, maravigliandosi del pallafreno e volendo su salire, vide messer Lambertuccio scendere, e maravigliossi e delle parole e del viso di lui, e disse: « Che è questo, messere? »

Messer Lambertuccio, messo il piè nella staffa e montato su, non disse altro, se non: « Al corpo di Dio, io il giugnerò [14] altrove »; e andò via.

Il gentile uomo montato su trovò la donna sua in capo della scala tutta sgomentata e piena di paura; alla quale egli disse: « Che cosa è questa? cui va messer Lambertuccio così adirato minacciando? »

La donna, tiratasi verso la camera acciò che Leonetto l'udisse, rispose: « Messere, io non ebbi mai simil paura

11 *tutto... donna*: contrariamente a quanto poteva immaginare la donna.
12 *prese partito*: prese una decisione.
13 *Io... Dio*: giuro per Dio.
14 *il giugnerò*: lo raggiungerò.

a questa. Qua entro si fuggì un giovane, il quale io non conosco e che messer Lambertuccio col coltello in man seguitava, e trovò per ventura questa camera aperta, e tutto tremante disse: ‹ Madonna, per Dio aiutatemi, ché io non sia nelle braccia vostre morto. ›[15] Io mi levai diritta, e come io il voleva domandare chi fosse e che avesse, ed ecco messer Lambertuccio venir su dicendo: ‹ Dove se', traditore? › Io mi parai in su l'uscio della camera, e volendo egli entrar dentro, il ritenni; ed egli in tanto fu cortese che, come vide che non mi piaceva che egli qua entro entrasse, dette molte parole, se ne venne giù come voi vedeste. »

Disse allora il marito: « Donna, ben facesti: troppo ne sarebbe stato gran biasimo se persona fosse stata qua entro uccisa; e messer Lambertuccio fece gran villania a seguitar persona che qua entro fuggita fosse. » Poi domandò dove fosse quel giovane.

La donna rispose: « Messere, io non so dove egli si sia nascoso. »

Il cavaliere allora disse: « Ove se' tu? esci fuori sicuramente. »[16]

Leonetto, che ogni cosa udita avea, tutto pauroso, come colui che paura aveva avuta da dovero, uscì fuori del luogo dove nascoso s'era.

Disse allora il cavaliere: « Che hai tu a fare con messer Lambertuccio? »

Il giovane rispose: « Messer, niuna cosa che sia in questo mondo,[17] e per ciò io credo fermamente che egli non sia in buon senno, o che egli m'abbia colto in iscambio:[18] per ciò che, come poco lontano da questo palagio nella strada mi vide, così mise mano al coltello e disse: ‹ Traditor, tu se' morto! › Io non mi posi a domandare per che cagione, ma quanto potei cominciai a fuggire e qui me ne venni, dove, mercé di Dio e di questa gentil donna, scampato sono. »

Disse allora il cavaliere: « Or via, non aver paura al-

15 ucciso.
16 tranquillamente, senza paura.
17 *niuna... mondo*: assolutamente nulla.
18 *colto in iscambio*: scambiato per qualcun altro.

cuna; io ti porrò a casa tua sano e salvo, e tu poi sappi far cercar [19] quello che con lui hai a fare. »

E, come cenato ebbero, fattol montare a cavallo, a Firenze il ne menò, e lasciollo a casa sua; il quale, secondo l'ammaestramento della donna avuto, quella sera medesima parlò con messer Lambertuccio occultamente, e sì con lui ordinò, che, quantunque poi molte parole ne fossero, mai per ciò il cavalier non s'accorse della beffa fattagli dalla moglie.

---

19 *sappi far cercar*: vedi di indagare.

Novella settima

LODOVICO DISCUOPRE A MADONNA BEATRICE L'AMORE IL
QUALE EGLI LE PORTA : LA QUAL MANDA EGANO SUO MARITO
IN UN GIARDINO IN FORMA DI SÉ, E CON LODOVICO SI GIACE;
IL QUALE POI, LEVATOSI, VA E BASTONA EGANO NEL GIARDINO.[1]

Questo avvedimento[2] di madonna Isabella da Pampinea raccontato fu da ciascun della brigata tenuto maraviglioso; ma Filomena, alla quale il re imposto aveva che
secondasse, disse :

Amorose donne, se io non ne sono ingannata, io ve ne
credo uno non men bello raccontare, e prestamente.

Voi dovete sapere che in Parigi fu già un gentile uomo
fiorentino, il quale per povertà divenuto era mercatante,
ed eragli sì bene avvenuto della mercatantia,[3] che egli ne
era fatto ricchissimo; e avea della sua donna un figliuol
senza più,[4] il quale egli aveva nominato Lodovico. E perché egli alla nobiltà del padre e non alla mercatantia
si traesse,[5] non l'aveva il padre voluto mettere ad alcun
fondaco,[6] ma l'avea messo ad essere con altri gentili uomini al servigio del re di Francia, là dove egli assai di be'
costumi e di buone cose aveva apprese. E quivi dimorando, avvenne che certi cavalieri li quali tornati erano dal
Sepolcro, sopravvenendo ad un ragionamento[7] di giovani,
nel quale Lodovico era, e udendogli fra sé ragionare delle
belle donne di Francia e d'Inghilterra e d'altre parti del
mondo, cominciò l'un di loro a dir che per certo di quanto mondo egli aveva cerco[8] e di quante donne vedute ave-

1 Le analogie della seconda parte della novella con vari *fabliaux*
servono soltanto a provare la natura letteraria del suo rimpianto.
2 espediente.
3 *eragli... mercatantia* : e il commercio gli era andato così bene.
4 *senza più* : unico.
5 *si traesse* : si dedicasse.
6 magazzino, negozio.
7 *sopravvenendo ad un ragionamento* : intervenendo in una con-
versazione.
8 percorso.

va mai, una simigliante[9] alla moglie d'Egano de' Galluzzi di Bologna, madonna Beatrice chiamata, veduta non avea di bellezza: a che tutti i compagni suoi, che con lui insieme in Bologna l'avean veduta, s'accordarono. Le quali cose ascoltando Lodovico, che d'alcuna ancora innamorato non s'era, s'accese in tanto disidero di doverla vedere, che ad altro non poteva tenere il suo pensiere; e del tutto disposto d'andare infino a Bologna a vederla, e quivi ancora dimorare se ella gli piacesse, fece veduto[10] al padre che al Sepolcro voleva andare: il che con grandissima malagevolezza ottenne.

Postosi adunque nome Anichino, a Bologna pervenne; e, come la fortuna volle, il dì seguente vide questa donna ad una festa, e troppo più bella gli parve assai che stimato non avea: per che, innamoratosi ardentissimamente di lei, propose di mai di Bologna non partirsi se egli il suo amore non acquistasse. E seco divisando[11] che via dovesse a ciò tenere, ogn'altro modo lasciando stare, avvisò che, se divenir potesse famigliar[12] del marito di lei, il qual molti ne teneva, per avventura gli potrebbe venir fatto quel che egli disiderava. Venduti adunque i suoi cavalli, e la sua famiglia acconcia[13] in guisa che stava bene, avendo lor comandato che sembiante facessero di non conoscerlo, essendosi accontato[14] con l'oste suo, gli disse che volentier per servidore d'un signore da bene, se alcun ne potesse trovare, starebbe; al quale l'oste disse: « Tu se' dirittamente[15] famiglio da dovere esser caro ad un gentile uomo di questa terra che ha nome Egano, il quale molti ne tiene, e tutti li vuole appariscenti[16] come tu se': io ne gli parlerò. » E come disse così fece; e avanti che da Egano si partisse, ebbe con lui acconcio Anichino; il che, quanto più poté esser, gli fu caro. E con Egano dimorando e avendo co-

9 si accorda con *di bellezza* che segue.
10 *fece veduto* : diede ad intendere.
11 immaginando.
12 servo, domestico.
13 sistemata.
14 *essendosi accontato* : avendo stretto amicizia.
15 proprio.
16 di bella presenza.

pia [17] di vedere assai spesso la sua donna, tanto bene e sì a grado cominciò a servire Egano, che egli gli pose tanto amore, che senza lui niuna cosa sapeva fare; e non solamente di sé, ma di tutte le sue cose gli aveva commesso il governo.

Avvenne un giorno che, essendo andato Egano ad uccellare e Anichino rimaso a casa, madonna Beatrice, che dello amor di lui accorta non s'era ancora, quantunque seco, lui e' suoi costumi guardando, più volte molto commendato l'avesse e piacessele, con lui si mise a giucare a' scacchi; e Anichino, che di piacerle disiderava, assai acconciamente [18] faccendolo, si lasciava vincere, di che la donna faceva maravigliosa festa. Ed essendosi da vedergli giucare tutte le femine della donna partite, e soli giucando lasciatigli, Anichino gittò un grandissimo sospiro.

La donna guardatolo disse: « Che avesti, Anichino? duolti così che io ti vinco? »

« Madonna, » rispose Anichino, « troppo maggior cosa che questa non è fu cagion del mio sospiro. »

Disse allora la donna: « Deh! dilmi per quanto ben tu mi vuogli. »

Quando Anichino si sentì scongiurare « per quanto ben tu mi vuogli » a colei [19] la quale egli sopra ogn'altra cosa amava, egli ne mandò fuori un troppo maggiore che non era stato il primo; per che la donna ancor da capo il ripregò che gli piacesse di dirle qual fosse la cagione de' suoi sospiri; alla quale Anichin disse: « Madonna, io temo forte che egli non vi sia noia, se io il vi dico; e appresso dubito [20] che voi ad altra persona nol ridiciate. »

A cui la donna disse: « Per certo egli non mi sarà grave, e renditi sicuro di questo, che cosa che tu mi dica, se non quanto ti piaccia, io non dirò mai ad altrui. »

Allora disse Anichino: « Poi che voi mi promettete così, e io il vi dirò »; e quasi con le lagrime in sugli occhi le disse chi egli era, quel che di lei aveva udito e dove e

17 *avendo copia*: avendo agio.
18 *assai acconciamente*: con molta abilità.
19 *a colei*: da parte di colei.
20 temo.

come di lei s'era innamorato e come venuto e perché per servidor del marito di lei postosi: e appresso umilmente, se esser potesse, la pregò che le dovesse piacere d'aver pietà di lui, e in questo suo segreto e sì fervente disidero di compiacergli; e che, dove questo far non volesse, che ella, lasciandolo star nella forma [21] nella qual si stava, fosse contenta che egli l'amasse.

O singular dolcezza del sangue bolognese! quanto se' tu stata sempre da commendare in così fatti casi! mai né di lagrime né di sospir fosti vaga, e continuamente a' prieghi pieghevole e agli amorosi disideri arrendevol fosti: se io avessi degne lode da commendarti,[22] mai sazia non se ne vedrebbe la voce mia.

La gentil donna, parlando Anichino, il riguardava; e, dando piena fede alle sue parole, con sì fatta forza ricevette per li prieghi di lui il suo amore nella mente, che essa altresì cominciò a sospirare, e dopo alcun sospiro rispose: «Anichino mio dolce, sta di buon cuore: né doni né promesse né vagheggiare [23] di gentile uomo né di signore né d'alcuno altro, ché sono stata e sono ancor vagheggiata da molti, mai poté muovere l'animo mio tanto che io alcuno n'amassi; ma tu m'hai fatta in così poco spazio, come [24] le tue parole durate sono, troppo più tua divenir che io non son mia. Io giudico che tu ottimamente abbi il mio amor guadagnato, e per ciò io il ti dono, e sì ti prometto che io te ne farò godente avanti che questa notte che viene tutta trapassi. E acciò che questo abbia effetto, farai che in su la mezzanotte tu venghi alla camera mia: io lascerò l'uscio aperto, tu sai da qual parte del letto io dormo; verrai là, e se io dormissi, tanto mi tocca che io mi svegli, e io ti consolerò di così lungo disio come avuto hai. E acciò che tu questo creda, io ti voglio dare un bascio per arra»;[25] e gittatogli il braccio in collo, amorosamente il basciò, e Anichin lei.

Queste cose dette, Anichin, lasciata la donna, andò a

21 *nella forma*: nel ruolo di servitore.
22 *da commendarti*: per magnificarti, esaltarti.
23 corteggiare.
24 quanto.
25 *per arra*: come caparra.

fare alcune sue bisogne,[26] aspettando con la maggior letizia del mondo che la notte sopravvenisse. Egano tornò da uccellare,[27] e come cenato ebbe, essendo stanco, s'andò a dormire, e la donna appresso, e, come promesso avea, lasciò l'uscio della camera aperto. Al quale, all'ora che detta gli era stata, Anichin venne, e pianamente entrato nella camera e l'uscio riserrato dentro, dal canto donde la donna dormiva se n'andò, e postale la mano in sul petto, lei non dormente trovò. La quale come sentì Anichino eser venuto, presa la sua mano con amendune[28] le sue e tenendol forte, volgendosi per lo letto tanto fece che Egano che dormiva destò; al quale ella disse: « Io non ti volli iersera dir cosa niuna, per ciò che tu mi parevi stanco; ma dimmi, se Dio ti salvi, Egano, quale hai tu per lo migliore famigliare e per lo più leale e per colui che più t'ami, di quegli che tu in casa hai? »

Rispose Egano: « Che è ciò, donna, di che tu mi domandi? nol conosci tu? io non ho, né ebbi mai alcuni di cui io tanto mi fidassi o fidi o ami, quant'io mi fido e amo Anichino; ma perché me ne domandi tu? »

Anichino, sentendo desto Egano e udendo di sé ragionare, aveva più volte a sé tirata la mano per andarsene, temendo forte non la donna il volesse ingannare; ma ella l'aveva sì tenuto e teneva, che egli non s'era potuto partire[29] né poteva. La donna rispose ad Egano e disse: « Io il ti dirò. Io mi credeva che fosse ciò che tu di' e che egli più fede che alcuno altro ti portasse: ma me ha egli sgannata,[30] per ciò che, quando tu andasti oggi ad uccellare, egli rimase qui, e, quando tempo gli parve, non si vergognò di richiedermi che io dovessi a' suoi piaceri acconsentirmi; e io, acciò che questa cosa non mi bisognasse con troppe pruove mostrarti e per farlati toccare e vedere, risposi che io era contenta e che stanotte, passata mezzanotte, io andrei nel giardino nostro e a piè del pino l'aspetterei. Ora io per me non intendo d'andarvi; ma

26 affari.
27 andare a caccia col falcone.
28 ambedue.
29 allontanarsi.
30 disingannata.

se tu vuogli la fedeltà del tuo famiglio cognoscere, tu puoi leggiermente,[31] mettendoti indosso una delle guarnacche [32] mie e in capo un velo, e andare laggiuso ad aspettare se egli vi verrà, ché son certa del sì. »

Egano udendo questo disse: « Per certo io il convengo vedere »;[33] e levatosi, come meglio seppe al buio, si mise una guarnacca della donna e un velo in capo, e andossen nel giardino e a piè d'un pino cominciò ad attendere Anichino.

La donna, come sentì lui levato e uscito della camera, così si levò e l'uscio di quella dentro serrò. Anichino, il quale la maggior paura che avesse mai avuta avea e che quanto potuto avea s'era sforzato d'uscire delle mani della donna e centomila volte lei e il suo amore e sé che fidato se n'era avea maladetto, sentendo ciò che alla fine aveva fatto, fu il più contento uomo che fosse mai; ed essendo la donna tornata nel letto, come ella volle, con lei [34] si spogliò, e insieme presero piacere e gioia per un buono spazio di tempo. Poi, non parendo alla donna che Anichino dovesse più stare, il fece levar suso e rivestire, e sì gli disse: « Bocca mia dolce, tu prenderai un buon bastone e andra'tene al giardino, e faccendo sembianti d'avermi richiesta per tentarmi, come se io fossi dessa,[35] dirai villania ad Egano e sonera'mel [36] bene col bastone, per ciò che di questo ne seguirà maraviglioso diletto e piacere. »

Anichino levatosi e nel giardino andatosene con un pezzo di saligastro [37] in mano, come fu presso al pino e Egano il vide venire, così levatosi come con grandissima festa riceverlo volesse, gli si faceva incontro; al quale Anichin disse: « Ahi malvagia femina, dunque ci se' venuta, e hai creduto che io volessi o voglia al mio signor far questo fallo? [38] tu sii la mal venuta per le mille volte! » e alzato il bastone, lo incominciò a sonare. Egano, udendo questo e

31 facilmente.
32 sottane.
33 *il... vedere*: conviene che io lo veda.
34 *con lei*: come lei.
35 proprio io.
36 *sonera'mel*: me lo suonerai, me lo batterai.
37 salice selvatico.
38 torto.

veggendo il bastone, senza dir parola cominciò a fuggire, e Anichino appresso sempre dicendo: « Via, che Dio vi metta in malanno, rea femina, ché io il dirò domattina ad Egano per certo. »

Egano, avendone avute parecchie delle buone, come più tosto poté se ne tornò alla camera; il quale la donna domandò se Anichin fosse al giardin venuto. Egano disse: « Così non fosse egli, per ciò che, credendo esso che io fossi te, m'ha con un bastone tutto rotto e dettami la maggior villania che mai si dicesse a niuna cattiva femina: e per certo io mi maravigliava forte di lui che egli con animo di far cosa che mi fosse vergogna t'avesse quelle parole dette; ma per ciò che così lieta e festante [39] ti vede, ti volle provare. »

Allora disse la donna: « Lodato sia Iddio, che egli ha me provata con parole e te con fatti; e credo che egli possa dire che io comporti [40] con più pazienza le parole che tu i fatti non fai. Ma poi che tanta fede ti porta, si vuole aver caro e fargli onore. »

Egano disse: « Per certo tu di' il vero. »

E da questo prendendo argomento, era in oppinione d'avere la più leal donna e il più fedel servidore che mai avesse alcun gentile uomo; per la qual cosa, come che poi più volte con Anichino ed egli e la donna ridesser di questo fatto, Anichino e la donna ebbero assai agio, di quello per avventura che avuto non avrebbono, a far di quello che loro era diletto e piacere, mentre [41] ad Anichin piacque di dimorar con Egano in Bologna.

39 gioiosa, gaia.
40 sopporti.
41 finché.

Novella ottava

UN DIVIENE GELOSO DELLA MOGLIE, ED ELLA, LEGANDOSI
UNO SPAGO AL DITO LA NOTTE, SENTE IL SUO AMANTE
VENIRE A LEI; IL MARITO SE N'ACCORGE, E MENTRE
SEGUITA L'AMANTE, LA DONNA METTE IN LUOGO DI SÉ
NEL LETTO UN'ALTRA FEMINA, LA QUALE IL MARITO BATTE
E TAGLIALE LE TRECCE, E POI VA PER LI FRATELLI DI LEI,
LI QUALI, TROVANDO CIÒ NON ESSER VERO, GLI DICONO
VILLANIA.[1]

Stranamente pareva a tutti madonna Beatrice essere stata maliziosa in beffare il suo marito, e ciascuno affermava dovere essere stata la paura d'Anichino grandissima, quando, tenuto forte dalla donna, l'udì dire che egli d'amore l'aveva richesta;[2] ma poi che il re vide Filomena tacersi, verso Neifile voltosi, disse: « Dite voi. » La qual, sorridendo prima un poco, cominciò:

Belle donne, gran peso mi resta se io vorrò con una bella novella contentarvi, come quelle che davanti hanno detto contentate v'hanno; del quale con l'aiuto di Dio io spero assai bene scaricarmi.

Dovete dunque sapere che nella nostra città fu già un ricchissimo mercatante chiamato Arriguccio Berlinghieri,[3] il quale scioccamente, sì come ancora oggi fanno tutto 'l dì i mercatanti, pensò di volere ingentilire per moglie;[4] e prese una giovane gentil donna male a lui convenientesi, il cui nome fu monna Sismonda. La quale, per ciò che egli, sì come i mercatanti fanno, andava molto dattorno e poco con lei dimorava, s'innamorò d'un giovane chiamato Ruberto, il quale lungamente vagheggiata l'avea. E avendo presa sua dimestichezza e quella forse men discreta-

---

1 È probabile, non provabile, che il Boccaccio abbia liberamente rielaborato il tema fondamentale del racconto svolto in numerosi *fabliaux*.

2 *d'amore... richesta*: le aveva chiesto di soddisfare ai suoi desideri amorosi.

3 Famiglia di mercanti che acquistarono una certa importanza nella seconda metà del 1300.

4 *ingentilire per moglie*: entrare nella nobiltà mediante un matrimonio con donna nobile.

mente usando,[5] per ciò che sommamente le dilettava, avvenne, o che Arriguccio alcuna cosa ne sentisse o come che s'andasse, egli ne diventò il più geloso uomo del mondo, e lascionne stare l'andar dattorno e ogni altro suo fatto, e quasi tutta la sua sollicitudine aveva posta in guardar ben costei, né mai addormentato si sarebbe se lei primieramente non avesse sentita entrar nel letto: per la qual cosa la donna sentiva gravissimo dolore, per ciò che in guisa niuna col suo Ruberto esser poteva. Or pure, avendo molti pensieri avuti a dover trovare alcun modo d'esser con essolui, e molto ancora da lui essendone sollicitata, le venne pensato di tenere questa maniera: che, con ciò fosse cosa che la sua camera fosse lungo la via ed ella si fosse molte volte accorta che Arriguccio assai ad addormentarsi penasse, ma poi dormiva saldissimo, avvisò[6] di dover far venire Ruberto in su la mezzanotte all'uscio della casa sua e d'andargli ad aprire e a starsi alquanto con essolui mentre il marito dormiva forte. E a fare che ella il sentisse quando venuto fosse, in guisa che persona non se ne accorgesse, divisò di mandare uno spaghetto fuori della finestra della camera, il quale con l'un de' capi insino vicino alla terra aggiugnesse, e l'altro capo mandatol basso infin sopra 'l palco[7] e conducendolo al letto suo, quello sotto i panni mettere, e quando essa nel letto fosse, legarlosi al dito grosso del piede; e appresso, mandato questo a dire a Ruberto, gl'impose che, quando venisse, dovesse lo spago tirare, ed ella, se il marito dormisse, il lascerebbe andare e andrebbegli ad aprire; e s'egli non dormisse, ella il terrebbe fermo e tirerebbelo a sé, acciò che egli non aspettasse. La qual cosa piacque a Ruberto: e assai volte andatovi, alcuna gli venne fatto d'esser con lei e alcuna no.

Ultimamente, continuando costoro questo artificio così fatto, avvenne una notte che, dormendo la donna e Arriguccio stendendo il piè per lo letto, gli venne questo spa-

5 *avendo... usando*: entrato in grande familiarità con lei, ma comportandosi con accortezza minore di quanto sarebbe stato opportuno.

6 pensò, decise.

7 pavimento.

go trovato; [8] per che, postavi la mano e trovatolo al dito della donna legato, disse seco stesso: « Per certo questo dee essere qualche inganno. » E avvedutosi poi che lo spago usciva fuori per la finestra, l'ebbe per fermo: [9] per che, pianamente tagliatolo dal dito della donna, al suo il legò, e stette attento per vedere quel che questo volesse dire. Né stette guari che Ruberto venne, e tirato lo spago, come usato era, Arriguccio si sentì; [10] e non avendoselo ben saputo legare, e Ruberto avendo tirato forte ed essendogli lo spago in man venuto, intese di doversi aspettare; e così fece. Arriguccio, levatosi prestamente e prese sue armi, corse all'uscio per dover vedere chi fosse costui e per fargli male. Ora era Arriguccio, con tutto che fosse mercatante, un fiero e un forte uomo; e giunto all'uscio e non aprendolo soavemente come soleva far la donna, e Ruberto che aspettava sentendolo, s'avvisò esser quello che era, cioè che colui che l'uscio apriva fosse Arriguccio: per che prestamente cominciò a fuggire, e Arriguccio a seguitarlo. Ultimamente, avendo Ruberto un gran pezzo fuggito e colui non cessando di seguitarlo, essendo altresì Ruberto armato, tirò fuori la spada e rivolsesi, e incominciarono l'uno a volere offendere e l'altro a difendersi.

La donna, come Arriguccio aprì la camera, svegliatasi e trovatosi tagliato lo spago dal dito, incontanente s'accorse che 'l suo inganno era scoperto: e sentendo Arriguccio esser corso dietro a Ruberto, prestamente levatasi, avvisandosi ciò che doveva potere avvenire, chiamò la fante sua, la quale ogni cosa sapeva, e tanto la predicò che ella in persona di sé nel suo letto la mise,[11] pregandola che, senza farsi conoscere, quelle busse pazientemente ricevesse che Arriguccio le desse, per ciò che ella ne le renderebbe sì fatto merito, che ella non avrebbe cagione donde dolersi. E spento il lume che nella camera ardeva, di quella s'uscì, e nascosa in una parte della casa cominciò ad aspettare quello che dovesse avvenire. Essendo tra Arriguccio e Ru-

8 gli... trovato: gli capitò di incappare in questo spago.

9 certo, sicuro.

10 si sentì: si risvegliò.

11 tanto... mise: la pregò tanto che la indusse a mettersi nel suo letto al posto suo.

berto la zuffa, i vicini della contrada, sentendola e levatisi, cominciarono loro a dir male, e Arriguccio, per tema
di non [12] esser conosciuto, senza aver potuto sapere chi il
giovane si fosse o d'alcuna cosa [13] offenderlo, adirato e di
mal talento,[14] lasciatolo stare, se ne tornò verso la casa sua;
e pervenuto nella camera adiratamente cominciò a dire:
« Ove se' tu, rea femina? tu hai spento il lume perché io
non ti truovi, ma tu l'hai fallita! »[15] E andatosene al letto,
credendosi la moglie pigliare, prese la fante, e quanto egli
poté menare le mani e' piedi, tante pugna e tanti calci
le diede, tanto che tutto il viso l'ammaccò; e ultimamente
le tagliò i capegli, sempre dicendole la maggior villania
che mai a cattiva femina si dicesse. La fante piagneva forte, come colei che aveva di che; e ancora che ella alcuna
volta dicesse: « Oimè, mercé per Dio », o « Non più »,
era sì la voce dal pianto rotta e Arriguccio impedito [16] dal
suo furore, che discerner non poteva più quella esser
d'un'altra femina che della moglie. Battutala adunque di
santa ragione e tagliatile i capelli, come dicemmo, disse:
« Malvagia femina, io non intendo di toccarti altramenti,
ma io andrò per li [17] tuoi fratelli e dirò loro le tue buone
opere; e appresso che essi vengan per te e faccianne quello che essi credono che loro onor sia e menintene; [18] ché
per certo in questa casa non starai tu mai più. » E così
detto, uscito della camera, la serrò di fuori e andò tutto
sol via.

Come monna Sismonda, che ogni cosa udita aveva, sentì il marito essere andato via, così, aperta la camera e
racceso il lume, trovò la fante sua tutta pesta che piagneva forte; la quale, come poté il meglio, racconsolò, e
nella camera di lei la rimise, dove poi chetamente fattala
servire e governare,[19] sì di quello d'Arriguccio medesimo la

12 *per tema di non*: temendo di.
13 *d'alcuna cosa*: in qualche cosa, in qualche modo.
14 *di mal talento*: con animo mal intenzionato.
15 *tu l'hai fallita*: ti è andata male, hai sbagliato.
16 acciecato.
17 *per li*: in cerca dei.
18 ti portino via da questa casa.
19 curare.

sovvenne [20] che ella si chiamò per contenta. E come la fante nella sua camera rimessa ebbe, così prestamente il letto della sua rifece, e quella tutta racconciò [21] e rimise in ordine, come se quella notte niuna persona giaciuta vi fosse, e raccese la lampana e sé rivestì e racconciò, come se ancora al letto non si fosse andata; e accesa una lucerna e presi suoi panni, in capo della scala si pose a sedere, e cominciò a cucire e ad aspettare quello a che il fatto dovesse riuscire.

Arriguccio, uscito di casa sua, quanto più tosto poté n'andò alla casa de' fratelli della moglie, e quivi tanto picchiò che fu sentito e fugli aperto. Li fratelli della donna, che eran tre, e la madre di lei, sentendo che Arriguccio era, tutti si levarono, e fatto accendere de' lumi vennero a lui e domandaronlo quello che egli a quella ora e così solo andasse cercando. A' quali Arriguccio, cominciandosi dallo spago che trovato aveva legato al dito del piè di monna Sismonda infino all'ultimo di ciò che trovato e fatto avea, narrò loro; e per fare loro intera testimonianza di ciò che fatto avesse, i capelli che alla moglie tagliati aver credeva lor pose in mano, aggiugnendo che per lei venissero e quel ne facessero che essi credessero che al loro onore appartenesse, per ciò che egli non intendeva di mai più in casa tenerla. I fratelli della donna, crucciati forte di ciò che udito avevano e per fermo tenendolo, contro a lei inanimati,[22] fatti accender de' torchi, con intenzione di farle un mal giuoco,[23] con Arriguccio si misero in via e andaronne a casa sua. Il che veggendo la madre di loro, piagnendo gl'incominciò a seguitare, or l'uno e or l'altro pregando che non dovessero queste cose così subitamente credere senza vederne altro o saperne, per ciò che il marito poteva per altra cagione esser crucciato con lei e averle fatto male, e ora apporle [24] questo per iscusa di sé; dicendo ancora che ella si maravigliava forte come ciò potesse essere avvenuto, per ciò che

20 *di... sovvenne*: la compensò con i soldi di Arriguccio stesso.
21 *quella... racconciò*: sistemò la propria camera.
22 *contro a lei inanimati*: adirati contro di lei.
23 *farle... giuoco*: farle un cattivo scherzo, farle la festa.
24 attribuirle.

ella conosceva ben la sua figliuola, sì come colei che infino da piccolina l'aveva allevata; e molte altre parole simiglianti.

Pervenuti adunque a casa d'Arriguccio ed entrati dentro, cominciarono a salir le scale; li quali monna Sismonda sentendo venire, disse: « Chi è là? »

Alla quale l'un de' fratelli rispose: « Tu il saprai bene, rea femina, chi è. »

Disse allora monna Sismonda: « Ora che vorrà dir questo? Domine aiutaci! » e levatasi in piè disse: « Fratelli miei, voi siate i ben venuti; che andate voi cercando a questa ora quincentro tutti e tre? »

Costoro, avendola veduta a sedere e cuscire e senza alcuna vista [25] nel viso d'essere stata battuta, dove Arriguccio aveva detto che tutta l'aveva pesta, alquanto nella prima giunta [26] si maravigliarono e rifrenarono l'impeto della loro ira, e domandaronla come stato fosse quello di che Arriguccio di lei si doleva, minacciandola forte se ogni cosa non dicesse loro.

La donna disse: « Io non so ciò che io mi vi debba dire, né di che Arriguccio di me vi si debba esser doluto. » Arriguccio, vedendola, la guatava come smemorato,[27] ricordandosi che egli l'aveva dati forse mille punzoni [28] per lo viso e graffiatogliele e fattole tutti i mali del mondo, e ora la vedeva come se di ciò niente fosse stato. In brieve i fratelli le dissero ciò che Arriguccio loro aveva detto e dello spago e delle battiture e di tutto.

La donna, rivolta ad Arriguccio, disse: « Oimè, marito mio, che è quel ch'io odo? perché fai tu tener me rea femina con tua gran vergogna, dove io non sono,[29] e te malvagio uomo e crudele di quello che tu non se'? e quando fostù [30] questa notte più in questa casa, non che con meco? o quando mi battestù? io per me non me ne ricordo. »

25 segno.
26 *nella prima giunta*: al primo momento, sulle prime.
27 stordito.
28 colpi.
29 *dove io non sono*: mentre io non lo sono.
30 fosti tu. Lo stesso *tu* enclitico più sotto nella forma *battestù*: battesti tu.

Arriguccio cominciò a dire: « Come, rea femina, non ci andammo noi iersera al letto insieme? non ci tornai io, avendo corso dietro all'amante tuo? non ti diedi io dimolte busse e taglia'ti i capelli? »

La donna rispose: « In questa casa non ti coricasti tu iersera. Ma lasciamo stare di questo, ché non ne posso altra testimonianza fare che le mie vere parole, e veniamo a quello che tu di', che mi battesti e tagliasti i capelli. Me non battestù mai, e quanti n'ha qui e tu altressì mi ponete mente [31] se io ho segno alcuno per tutta la persona di battitura; né ti consiglierei che tu fossi tanto ardito che tu mano addosso mi ponessi, ché, alla croce di Dio, io ti sviserei.[32] Né i capelli altressì mi tagliasti, che io sentissi o vedessi; ma forse il facesti che io non me n'avvidi: lasciami vedere se io gli ho tagliati o no. » E, levatisi suoi veli di testa, mostrò che tagliati non gli avea, ma interi.

Le quali cose e vedendo e udendo i fratelli e la madre, cominciarono verso d'Arriguccio a dire: « Che vuoi tu dire, Arriguccio? questo non è già quello che tu ne venisti a dire che avevi fatto: e non sappiam noi come tu ti proverrai il rimanente. »

Arriguccio stava come trasognato e voleva pur dire; ma veggendo che quello ch'egli credea poter mostrare non era così, non s'attentava di dir nulla.

La donna, rivolta verso i fratelli, disse: « Fratei miei, io veggio che egli è andato cercando che io faccia quello che io non volli mai fare, cioè ch'io vi racconti le miserie e le cattività [33] sue; e io il farò. Io credo fermamente che ciò che egli v'ha detto gli sia intervenuto e abbial fatto; e udite come. Questo valente uomo, al qual voi nella mia mala ora [34] per moglie mi deste, che si chiama mercatante e che vuole esser creduto e che dovrebbe esser più temperato che uno religioso e più onesto che una donzella, son poche sere che [35] egli non si vada inebbriando per le

---

31 *quanti... mente*: quanti sono con te e tu stesso osservatemi attentamente.
32 romperei il viso.
33 vizi.
34 *nella... ora*: per mia disgrazia.
35 *son... che*: son poche le sere in cui.

taverne, e or con questa cattiva femina e or con quella rimescolando; e a me si fa infino a mezzanotte e talora infino a matutino aspettare nella maniera che mi trovaste. Son certa che, essendo bene ebbro, si mise a giacere con alcuna sua trista,[36] e a lei, destandosi, trovò lo spago al piede e poi fece tutte quelle sue gagliardie [37] che egli dice, e ultimamente tornò a lei e battella e tagliolle i capelli; e non essendo ancora ben tornato in sé, si credette, e son certa che egli crede ancora, queste cose aver fatte a me: e se voi il porrete ben mente nel viso, egli è ancora mezzo ebbro. Ma tuttavia, che che egli s'abbia di me detto, io non voglio che voi il vi rechiate se non come da uno ubriaco; [38] e poscia che io gli perdono io, gli perdonate voi altressì. »

La madre di lei, udendo queste cose, cominciò a fare romore e a dire: « Alla croce di Dio, figliuola mia, cotesto non si vorrebbe [39] fare, anzi si vorrebbe uccidere questo can fastidioso e sconoscente, ché egli non ne fu degno d'avere una figliuola fatta come se' tu. Frate, bene sta! basterebbe se egli t'avesse ricolta del fango! [40] Col malanno possa egli essere oggimai, se tu dei stare al fracidume delle parole di un mercatantuzzo di feccia d'asino, che venutici di contado e usciti delle troiate vestiti di romagnuolo, con le calze a campanile e con la penna in culo, come egli hanno tre soldi, vogliono le figliuole de' gentili uomini e delle buone donne per moglie, e fanno arme,[41] e dicono: ‹ I' son de' cotali' ›, e: ‹ Quei di casa mia fecer così. › Ben vorrei che' miei figliuoli n'avesser seguito il mio con-

36 compagna di malaffare.

37 bravate.

38 *il vi... ubriaco*: lo consideriate altro che parole di un ubriaco.

39 il verbo ha qui il senso di *dovere*, come il *vorrebbe* immediatamente successivo.

40 *Frate... fango*: guarda un po'! sarebbe troppo anche se ti avesse raccolta nel fango.

41 *venutoci... arme*: arrivati dalla campagna e usciti dalle masnade con indosso panni rozzi, con le calze scampanate *le calze a campanile* erano calze corte con risvolto, portate dalle persone del contado) e la penna che sporge dal di dietro dei pantaloni (secondo l'uso dei mercanti), appena hanno un po' di soldi vogliono sposare le figlie dei nobili e delle donne oneste e se ne fanno lo stemma gentilizio.

siglio, che ti potevano così orrevolmente acconciare in casa i conti Guidi con un pezzo di pane,[42] ed essi vollon pur darti a questa bella gioia, che, dove tu se' la miglior figliuola di Firenze e la più onesta, egli non s'è vergognato di mezzanotte di dir che tu sii puttana, quasi noi non ti conoscessimo: ma, alla fé di Dio, se me ne fosse creduto, e' se ne gli darebbe sì fatta gastigatoia[43] ch'e' gli putirebbe.» E rivolta a' figliuoli disse: «Figliuoli miei, io il vi dicea bene che questo non doveva potere essere. Avete voi udito come il buono vostro cognato tratta la sirocchia vostra, mercatantuolo di quattro denari che egli è? ché, se io fossi come voi, avendo detto quello che egli ha di lei e faccendo quello che egli fa, io non mi terrei mai né contenta né appagata, se io nollo levassi di terra:[44] e se io fossi uomo come io son femina, io non vorrei che altri ch'io se ne 'mpacciasse. Domine, fallo tristo, ubriaco doloroso[45] che non si vergogna!»

I giovani, vedute e udite queste cose, rivoltisi ad Arriguccio gli dissero la maggior villania che mai a niun cattivo uom si dicesse; e ultimamente dissero: «Noi ti perdoniam questa sì come ad ebbro, ma guarda che per la vita tua[46] da quinci innanzi simili novelle noi non sentiamo più, ché per certo, se più nulla ce ne viene agli orecchi, noi ti pagheremo di questa e di quella»; e così detto, se n'andarono.

Arriguccio, rimaso come uno smemorato, seco stesso non sappiendo se quello che fatto avea era stato vero o s'egli aveva sognato, senza più farne parola, lasciò la moglie in pace; la qual non solamente con la sua sagacità fuggì il pericol soprastante, ma s'aperse la via a poter fare nel tempo avvenire ogni suo piacere, senza paura alcuna più aver del marito.

42 *ti potevano... pane*: potevano sposarti onorevolmente con poco, con una dote modesta a uno dei conti Guidi.

43 *se me... gastigatoia*: se mi si desse retta, lo si castigherebbe in modo tale.

44 *levassi di terra*: facessi sparire, uccidessi.

45 disgraziato, sciagurato.

46 *per la vita tua*: se ti è cara la vita.

Novella nona

LIDIA MOGLIE DI NICOSTRATO AMA PIRRO; IL QUALE,
ACCIÒ CHE CREDERE IL POSSA, LE CHIEDE TRE COSE,
LE QUALI ELLA GLI FA TUTTE; E OLTRE A QUESTO IN
PRESENZA DI NICOSTRATO SI SOLLAZZA CON LUI, E A
NICOSTRATO FA CREDERE CHE NON SIA VERO QUELLO CHE
HA VEDUTO.[1]

Tanto era piaciuta la novella di Neifile, che né di ridere né di ragionar di quella si potevano le donne tenere, quantunque il re più volte silenzio loro avesse imposto, avendo comandato a Panfilo che la sua dicesse: ma pur poi che tacquero, così Panfilo incominciò:

Io non credo, reverende donne, che niuna cosa sia, quantunque sia grave e dubbiosa,[2] che a far non ardisca chi ferventemente ama; la qual cosa, quantunque in assai novelle sia stato dimostrato, nondimeno io il mi credo molto più con una che dirvi intendo mostrare, dove udirete d'una donna alla quale nelle sue opere fu troppo più favorevole la fortuna, che la ragione avveduta; e per ciò non consiglierei io alcuna che dietro alle pedate di colei, di cui dire intendo, s'arrischiasse d'andare, per ciò che non sempre è la fortuna in un modo disposta, né sono al mondo tutti gli uomini abbagliati igualmente.

In Argo, antichissima città di Grecia, per li suoi passati re molto più famosa che grande, fu già uno nobile uomo il quale appellato fu Nicostrato, a cui già vicino alla vecchiezza la fortuna concedette per moglie una gran donna, non meno ardita che bella, detta per nome Lidia. Teneva costui, sì come nobile uomo e ricco, molta famigia[3] e cani e uccelli, e grandissimo diletto prendea nelle cacce; e aveva tra gli altri suoi famigliari un giovinetto leggiadro e adorno e bello della persona e destro[4] a qualun-

---

1 Con certezza si può additare il modello di questa novella nella *Comoedia Lydiae* (poemetto latino attribuito a Matteo di Vendôme), che a sua volta assorbe fortunate tradizioni medievali.

2 pericolosa.

3 servitù.

4 sveglio, accorto.

que cosa avesse voluta fare, chiamato Pirro: il quale Nicostrato oltre ad ogni altro amava e più di lui si fidava. Di costui Lidia s'innamorò forte, tanto che né dì né notte in altra parte che con lui aver poteva il pensiere: del quale amore, o che Pirro non s'avvedesse o non volesse, niente mostrava se ne curasse; di che la donna intollerabile noia [5] portava nell'animo.

E disposta del tutto di fargliele sentire, [6] chiamò a sé una sua cameriera nomata Lusca, della quale ella si confidava molto, e sì le disse: « Lusca, li benefici li quali tu hai da me ricevuti ti debbono fare a me obediente e fedele; e per ciò guarda che quello che io al presente ti dirò niuna persona senta giammai se non colui al quale da me ti fia imposto. Come tu vedi, Lusca, io son giovane e fresca donna, e piena e copiosa di tutte quelle cose che alcuna può disiderare, e brievemente, fuor che d'una, non mi posso rammaricare: e questa è che gli anni del mio marito son troppi, se co' miei si misurano, per la qual cosa di quello che le giovani donne prendono più piacere io vivo poco contenta. E pur come l'altre disiderandolo, è buona pezza [7] che io diliberai meco di non volere, se la fortuna m'è stata poco amica in darmi così vecchio marito, essere io nimica di me medesima in non saper trovar modo a' [8] miei diletti e alla mia salute: e per avergli così compiuti in questo come nell'altre cose, ho per partito preso di volere, sì come di ciò più degno che alcun altro, che il nostro Pirro co' suoi abbracciamenti gli supplisca, e ho tanto amore in lui posto, che io non sento mai bene se non tanto quanto io il veggio o di lui penso: e se io senza indugio non mi ritruovo seco, per certo io me ne credo morire. E per ciò, se la mia vita t'è cara, per quel modo che miglior ti parrà, il mio amore gli significherai [9] e sì 'l pregherai da mia parte che gli piaccia di venire a me quando tu per lui [10] andrai. »

5 dolore.
6 *di... sentire*: di farglielo sapere.
7 *buona pezza*: da lungo tempo.
8 *trovar modo a'*: soddisfare i.
9 *gli significherai*: gli farai sapere.
10 *per lui*: alla sua ricerca.

La cameriera disse di farlo volentieri; e come prima tempo e luogo le parve, tratto Pirro da parte, quanto seppe il meglio l'ambasciata gli fece della sua donna.[11] La qual cosa udendo Pirro si maravigliò forte, sì come colui che mai d'alcuna cosa avveduto non s'era, e dubitò non[12] la donna ciò facesse dirgli per tentarlo; per che subito e ruvidamente rispose: « Lusca, io non posso credere che queste parole vengano dalla mia donna, e per ciò guarda quel che tu parli; e se pure da lei venissero, non credo che con l'animo dir te le faccia; e se pur con l'animo dir le facesse, il mio signore mi fa più onore che io non vaglio,[13] io non farei a lui sì fatto oltraggio per la vita mia;[14] e però guarda che tu più di sì fatte cose non mi ragioni. »

La Lusca, non sbigottita per lo suo rigido parlare, gli disse: « Pirro, e di queste e d'ogn'altra cosa che la mia donna m'imporrà ti parlerò io quante volte ella il mi comanderà, o piacere o noia ch'egli ti debbia essere: ma tu se' una bestia! »

E turbatetta[15] con le parole di Pirro se ne tornò alla donna, la quale udendole disiderò di morire; e dopo alcun giorno riparlò alla cameriera e disse: « Lusca, tu sai che per lo primo colpo non cade la quercia; per che a me pare che tu da capo ritorni a colui che in mio pregiudicio nuovamente[16] vuol divenir leale, e, prendendo tempo convenevole, gli mostra interamente il mio ardore e in tutto t'ingegna di far che la cosa abbia effetto; però che, se così s'intralasciasse,[17] io ne morrei ed egli si crederebbe esser stato tentato; e dove il suo amor cerchiamo, ne seguirebbe odio. » La cameriera confortò la donna, e cercato di Pirro, il trovò lieto e ben disposto, e sì gli disse: « Pirro, io ti mostrai, pochi dì sono, in quanto fuoco la tua donna e mia stea per l'amor che ella ti porta, e ora da capo te ne rifò certo, che, dove tu in su la durezza che l'altrieri di-

---

11 padrona.
12 *dubitò non*: temette che.
13 *che io non vaglio*: di quanto non valga.
14 *per la vita mia*: per quanto mi è cara la vita.
15 adirata.
16 *in... nuovamente*: a mio danno stranamente.
17 *s'intralasciasse*: si lasciasse a mezzo.

mostrasti dimori,[18] vivi sicuro che ella viverà poco; per che io ti priego che ti piaccia di consolarla del suo disidero, e dove tu pure in su la tua ostinazione stessi duro, là dove io per molto savio t'aveva, io t'avrò per uno scioccone. Che gloria ti può egli essere che una così fatta donna, così bella, così gentile e così ricca te sopra ogni altra cosa ami! Appresso questo, quanto ti puo' tu conoscere alla fortuna obligato, pensando che ella t'abbia parata dinanzi [19] così fatta cosa e a' disideri della tua giovinezza atta, e ancora un così fatto rifugio a' tuoi bisogni! Qual tuo pari conosci tu che per via di [20] diletto meglio stea che starai tu, se tu sarai savio? Quale altro troverai tu che in arme, in cavalli, in robe e in denari possa star come tu starai, volendo il tuo amor concedere a costei? Apri adunque l'animo alle mie parole e in te ritorna: e ricordati che una volta senza più [21] suole avvenire che la fortuna si fa altrui incontro col viso lieto e col grembo aperto; la quale chi allora non sa ricevere, poi, trovandosi povero e mendico, di sé e non di lei s'ha a rammaricare. E oltre a questo non si vuol [22] quella lealtà tra' servidori usare e' signori, che tra gli amici e' pari si conviene; anzi gli deono così i servidori trattare, in quel che possono, come essi da loro trattati sono. Speri tu, se tu avessi o bella moglie o madre o figliuola o sorella che a Nicostrato piacesse, ch'egli andasse la lealtà ritrovando che tu servar vuoi a lui della sua donna? Sciocco se' se tu 'l credi: abbi di certo, se le lusinghe e' prieghi non bastassono, che che ne dovesse a te parere, e' vi si adoperrebbe la forza. Trattiamo adunque loro e le lor cose come essi noi e le nostre trattano. Usa il beneficio della fortuna: non la cacciare, falleti incontro e lei vegnente ricevi, ché per certo, se tu nol fai, lasciamo stare la morte la quale senza fallo alla tua donna ne seguirà, ma tu ancora te ne penterai tante volte che tu ne vorrai morire. »

Pirro, il qual più fiate sopra le parole che la Lusca dette

18 persisti.
19 *parata dinanzi*: offerta.
20 *per via di*: quanto a.
21 *senza più*: e basta.
22 deve.

gli avea avea ripensato, per partito avea preso che, se ella più a lui ritornasse, di fare altra risposta e del tutto recarsi a compiacere alla donna, dove certificar[23] si potesse che tentato non fosse; e per ciò rispose: «Vedi, Lusca, tutte le cose che tu mi di' io le conosco vere: ma io conosco d'altra parte il mio signore molto savio e molto avveduto, e ponendomi tutti i suoi fatti in mano, io temo forte che Lidia con consiglio e voler di lui questo non faccia per dovermi tentare; e per ciò, dove[24] tre cose ch'io domanderò voglia fare a chiarezza di me,[25] per certo niuna cosa mi comanderà poi che io prestamente non faccia. E quelle tre cose che io voglio son queste: primieramente che in presenza di Nicostrato ella uccida il suo buono[26] sparviere, appresso ch'ella mi mandi una ciocchetta della barba di Nicostrato, e ultimamente un dente di quegli di lui medesimo de' migliori. »

Queste cose parvono alla Lusca gravi e alla donna gravissime; ma pure Amore, che è buono confortatore e gran maestro di consigli, le fece diliberar di farlo, e per la sua cameriera gli mandò dicendo che quello che egli aveva addimandato pienamente fornirebbe, e tosto; e oltre a ciò, per ciò che egli così savio reputava Nicostrato, disse che in presenzia di lui con Pirro si sollazzerebbe e a Nicostrato farebbe credere che ciò non fosse vero. Pirro adunque cominciò ad apettare quello che far dovesse la gentil donna: la quale, avendo ivi a pochi dì Nicostrato dato un gran desinare, sì come usava spesse volte di fare, a certi gentili uomini, ed essendo già levate le tavole, vestita d'uno sciamito[27] verde e ornata molto, e uscita della sua camera, in quella sala venne dove costoro erano, e veggente Pirro e ciascuno altro, se n'andò alla stanga sopra la quale lo sparviere era cotanto da Nicostrato tenuto caro, e scioltolo, quasi in mano sel volesse levare, e presolo per li geti,[28] al muro il percosse e ucciselo.

23 esser certo.
24 qualora.
25 *a chiarezza di me*: per rassicurarmi.
26 valente.
27 velluto.
28 strisce di cuoio, che si legano alle zampe del falco da caccia.

E gridando verso lei Nicostrato: « Oimè, donna, che hai tu fatto? » niente a lui rispose, ma, rivolta a' gentili uomini che con lui avevan mangiato, disse: « Signori, mal prenderei vendetta d'un re che mi facesse dispetto, se d'uno sparvier non avessi ardir di pigliarla. Voi dovete sapere che questo uccello tutto il tempo da dover essere prestato dagli uomini al piacer delle donne lungamente m'ha tolto; per ciò che, sì come[29] l'aurora suole apparire, così Nicostrato s'è levato, e salito a cavallo col suo sparviere in mano n'è andato alle pianure aperte a vederlo volare; e io, qual voi mi vedete, sola e malcontenta nel letto mi son rimasa; per la qual cosa ho più volte avuta voglia di far ciò che io ho ora fatto, né altra cagione m'ha di ciò ritenuta se non l'aspettar di farlo in presenza d'uomini che giusti giudici sieno alla mia querela,[30] sì come io credo che voi sarete. »

I gentili uomini che l'udivano, credendo non altramente esser fatta la sua affezione a Nicostrato che sonasser le parole,[31] ridendo ciascuno e verso Nicostrato rivolti, che turbato era, cominciarono a dire: « Deh! come la donna ha ben fatto a vendicare la sua ingiuria con la morte dello sparviere! » e con diversi motti sopra così fatta materia, essendosi già la donna in camera ritornata, in riso rivolsero il cruccio di Nicostrato.

Pirro, veduto questo, seco medesimo disse: « Alti principi ha dati la donna a' miei felici amori: faccia Iddio che ella perseveri! »

Ucciso adunque da Lidia lo sparviere, non trapassar molti giorni che, essendo ella nella sua camera insieme con Nicostrato, faccendogli carezze, con lui cominciò a cianciare, ed egli per sollazzo alquanto tiratala per li capelli, le diè cagione da mandare ad effetto la seconda cosa a lei domandata da Pirro: e prestamente lui per un picciolo lucignoletto[32] preso della sua barba e ridendo, sì forte

29 *sì come*: appena che.
30 lamentela.
31 *credendo... parole*: credendo che il suo affetto verso il marito fosse fervente come le sue parole davano a intendere.
32 riccioletto.

il tirò che tutto dal mento gliele divelse; di che ramaricandosi Nicostrato, ella disse: « Or che avesti, che fai cotal viso per ciò che io t'ho tratti forse sei peli della barba? tu non sentivi quel ch'io, quando tu mi tiravi testeso [33] i capelli! » E così d'una parola in una altra continuando il lor sollazzo, la donna cautamente guardò [34] la ciocca della barba che tratta gli avea, e il dì medesimo la mandò al suo caro amante.

Della terza cosa entrò la donna in più pensiero; ma pur, sì come quella che era d'alto ingegno e Amor la faceva vie più,[35] s'ebbe pensato che modo tener dovesse a darle compimento. E avendo Nicostrato due fanciulli datigli da' padri loro acciò che in casa sua, per ciò che gentili uomini erano, apparassono alcun costume,[36] dei quali, quando Nicostrato mangiava, l'uno gli tagliava innanzi [37] e l'altro gli dava bere, fattigli chiamare amenduni, fece lor vedere [38] che la bocca putiva loro e ammaestrogli che quando a Nicostrato servissono, tirassono il capo indietro il più che potessono, né questo mai dicessero a persona. I giovanetti, credendole, cominciarono a tenere quella maniera che la donna aveva lor mostrata; per che ella una volta domandò Nicostrato: « Se' ti tu accorto di ciò che questi fanciulli fanno quando ti servono? »

Disse Nicostrato: « Mai sì, anzi gli ho io voluti domandare perché il facciano. »

A cui la donna disse: « Non fare, ché io il ti so dire io, e holti [39] buona pezza taciuto per non fartene noia;[40] ma ora che io m'accorgo che altri comincia ad avvedersene, non è più da celarloti. Questo non ti avviene per altro se non che la bocca ti pute fieramente, e non so qual si sia la cagione, per ciò che ciò non soleva essere; e questa è brut-

---

33 testé.
34 *cautamente guardò*: custodì con cura.
35 *vie più*: ancor più.
36 *apparassono alcun costume*: apprendessero le maniere signorili.
37 *gli tagliava innanzi*: gli tagliava il cibo nel piatto.
38 *fece lor vedere*: fece loro intendere.
39 te l'ho.
40 *per... noia*: per non addolorarti.

tissima cosa, avendo tu ad usare con gentili uomini, e
per ciò si vorrebbe veder modo di curarla. »

Disse allora Nicostrato : « Che potrebbe ciò essere? avrei
io in bocca dente niun guasto? »

A cui Lidia disse : « Forse che sì »; e menatolo ad una
finestra, gli fece aprire la bocca, e poscia che ella ebbe
d'una parte e d'altra riguardato disse : « O Nicostrato, e
come il puoi tu tanto aver patito? tu n'hai uno da questa
parte, il quale, per quel che mi paia, non solamente è
magagnato ma egli è tutto fracido, e fermamente, se tu il
terrai guari in bocca, egli guasterà quegli che son da
lato : per che io ti consiglierei che tu nel cacciassi fuori,
prima che l'opera andasse più innanzi. »

Disse allora Nicostrato : « Da poi che egli ti pare, ed
egli mi piace : mandisi senza più indugio per un maestro[41]
il qual mel tragga. »

Al quale la donna disse : « Non piaccia a Dio che qui
per questo venga maestro : e' mi pare che egli stea in
maniera che senza alcun maestro io medesima tel trarrò
ottimamente. E d'altra parte questi maestri son sì crudeli
a far questi servigi, che il cuore nol mi patirebbe per niuna maniera di vederti o di sentirti tra le mani a niuno;
e per ciò del tutto io voglio fare io medesima, ché almeno, se egli ti dorrà troppo, ti lascerò io incontanente :
quello che il maestro non farebbe. »

Fattisi adunque venire i ferri da tal servigio e mandato
fuori della camera ogni persona, solamente seco la Lusca
ritenne; e dentro serratesi, fecer distender Nicostrato sopra un desco, e messegli le tanaglie in bocca e preso uno
de' denti suoi, quantunque egli forte per dolor gridasse, tenuto fermamente dall'una, fu dall'altra per viva forza un
dente tirato fuori; e quel serbatosi, e presone un altro il
quale sconciamente magagnato[42] Lidia aveva in mano, a lui
doloroso e quasi mezzo morto il mostrarono, dicendo : « Vedi quello che tu hai tenuto in bocca già è cotanto! » Egli
credendoselo, quantunque gravissima pena sostenuta avesse
e molto se ne rammaricasse, pur, poi che fuor n'era, gli

41 medico.
42 *sconciamente magagnato* : orribilmente guasto.

parve esser guarito: e con una cosa e con altra riconfortato, essendo la pena alleviata, s'uscì della camera. La donna, preso il dente, tantosto [43] al suo amante il mandò: il quale, già certo del suo amore sé ad ogni suo piacere offerse apparecchiato.

La donna, disiderosa di farlo più sicuro, e parendole ancora ogn'ora mille [44] che con lui fosse, volendo quello che profferto gli avea attenergli, fatto sembiante d'essere inferma ed essendo un dì appresso mangiare da Nicostrato visitata, non veggendo con lui altri che Pirro, il pregò, per alleggiamento della sua noia, che aiutar la dovessero ad andare infino nel giardino. Per che Nicostrato dall'un de' lati e Pirro dall'altro presala, nel giardino la portarono e in un pratello a piè d'un bel pero la posarono: dove stati alquanto sedendosi, disse la donna, che già aveva fatto informar Pirro di ciò che avesse a fare: « Pirro, io ho gran disiderio d'aver di quelle pere, e però montavi suso e gittane giù alquante. »

Pirro, prestamente salitovi, cominciò a gittar giù delle pere, e mentre le gittava cominciò a dire: « Eh, messere, che è ciò che voi fate? e voi, madonna, come non vi vergognate di sofferirlo [45] in mia presenza? Credete voi che io sia cieco? voi eravate pur testé così forte malata: come siete voi così tosto guerita che voi facciate tai cose? le quali se pur far volete, voi avete tante belle camere: perché non in alcuna di quelle a far queste cose ve n'andate? e' sarà più onesto che farlo in mia presenza! »

La donna, rivolta al marito, disse: « Che dice Pirro? farnetica egli? »

Disse allora Pirro: « Non farnetico no, madonna: non credete voi che io veggia? »

Nicostrato si maravigliava forte, e disse: « Pirro, veramente io credo che tu sogni. »

Al quale Pirro rispose: « Signor mio, non sogno né mi-

43 immediatamente.
44 *parendole... mille*: e sembrandole ogni ora di attesa per essere con Pirro lunga quanto mille, desiderando mantenergli quello che in suo favore gli aveva promesso.
45 sopportarlo.

ca,[46] né voi anche non sognate; anzi vi dimenate ben sì che, se così si dimenasse questo pero, egli non ce ne rimarrebbe su niuna. »[47]

Disse la donna allora : « Che può questo essere? potrebbe egli esser vero che gli paresse ver ciò ch'e' dice? Se Dio mi salvi, se io fossi sana come io fu' già, che io vi sarrei [48] suso, per vedere che maraviglie sien queste che costui dice che vede. »

Pirro di 'n sul pero pur diceva, e continuava queste novelle; [49] al qual Nicostrato disse : « Scendi giù, » ed egli scese; a cui egli disse : « Che di' tu che vedi? »

Disse Pirro : « Io credo che voi m'abbiate per smemorato o per trasognato : vedeva voi addosso alla donna vostra, poi pur dir mel conviene; [50] e poi discendendo, io vi vidi levare e porvi costì dove voi siete a sedere. »

« Fermamente, » disse Nicostrato, « eri tu in questo smemorato, ché noi non ci siamo, poi che in sul pero salisti, punto mossi, se non come tu vedi. »

Al qual Pirro disse : « Perché ne facciam noi quistione? io vi pur vidi; e se io vi vidi, io vi vidi in sul vostro. »

Nicostrato più ognora si maravigliava, tanto che egli disse : « Ben vo' vedere se questo pero è incantato, e che chi v'è su vegga le maraviglie! » e montovvi su; sopra il quale come egli fu, la donna insieme con Pirro s'incominciarono a sollazzare; il che Nicostrato veggendo cominciò a gridare : « Ahi rea femina, che è quel che tu fai? e tu Pirro, di cui io più mi fidava? » e così dicendo cominciò a scendere del pero.

La donna e Pirro dicevano : « Noi ci seggiamo »; [51] e lui veggendo discendere, a seder si tornarono in quella guisa che lasciati gli avea. Come Nicostrato fu giù e vide costoro dove lasciati gli avea, così lor cominciò a dir villania.

Al quale Pirro disse : « Nicostrato, ora veramente confesso io' che, come voi diciavate davanti, che io falsamen-

46 *né mica* : per niente.
47 *egli... niuna* : non resterebbe su alcun frutto.
48 salirei.
49 ciance, sciocchezze.
50 *poi... conviene* : dato che debbo dirvelo.
51 *Noi ci seggiamo* : noi siamo qui seduti.

te vedessi mentre fui sopra 'l pero; né ad altro il conosco se non a questo, che io veggio e so che voi falsamente avete veduto. E che io dica il vero, niun'altra cosa vel mostri se non l'aver riguardo e pensare a che ora [52] la vostra donna, la quale è onestissima e più savia che altra, volendo di tal cosa farvi oltraggio, si recherebbe a farlo davanti agli occhi vostri; di me non vo' dire, che mi lascerei prima squartare che io il pur pensassi, non che io il venissi a fare in vostra presenza. Per che di certo la magagna di questo transvedere [53] dee procedere dal pero; per ciò che tutto il mondo non m'avrebbe fatto discredere [54] che voi qui non foste con la donna vostra carnalmente giaciuto, se io non udissi dire a voi che egli vi fosse paruto che io facessi quello che io so certissimamente che io non pensai, non che io facessi mai. »

La donna appresso, che quasi tutta turbata s'era levata in piè, cominciò a dire : « Sia con la mala ventura, se tu m'hai per sì poco sentita,[55] che, se io volessi attendere a queste tristezze che tu di' che vedevi, io le venissi a fare dinanzi agli occhi tuoi. Sii certo di questo, che qualora volontà me ne venisse, io non verrei qui, anzi mi crederrei sapere essere in una delle nostre camere,[56] in guisa e in maniera che gran cosa mi parrebbe che tu il risapessi giammai. »

Nicostrato, al qual vero parea ciò che dicea l'uno e l'altro, che essi quivi dinanzi a lui mai a tale atto non si dovessero esser condotti, lasciate stare le parole e le riprensioni di tal maniera, cominciò a ragionar della novità [57] del fatto e del miracolo della vista che così si cambiava a chi su vi montava.

Ma la donna, che della oppinione che Nicostrato mostrava d'avere avuta di lei si mostrava turbata, disse : « Veramente questo pero non ne farà mai più niuna, né a me né ad altra donna, di queste vergogne, se io potrò; e

52 *a che ora* : quando mai.
53 *la... transvedere* : la colpa di questo stravedere.
54 non credere.
55 *m'hai... sentita* : mi stimi così poco intelligente.
56 *mi... camere* : saprei recarmi in una delle nostre camere.
57 stranezze.

per ciò, Pirro, corri e va e reca una scure, e ad una ora te e me vendica tagliandolo, come che molto meglio sarebbe a dar con essa in capo a Nicostrato, il quale senza considerazione alcuna così tosto si lasciò abbagliar gli occhi dello 'ntelletto: ché, quantunque a quegli che tu hai in testa paresse ciò che tu di', per niuna cosa dovevi nel giudicio della tua mente comprendere o consentire [58] che ciò fosse. »

Pirro prestissimo andò per la scure e tagliò il pero: il quale come la donna vide caduto, disse verso Nicostrato: « Poscia che io veggio abbattuto il nimico della mia onestà, la mia ira è ita via »; e a Nicostrato, che di ciò la pregava, benignamente perdonò, imponendogli che più non gli avvenisse di presummere, di colei che più che sé l'amava, una così fatta cosa giammai.

Così il misero marito schernito con lei insieme e col suo amante nel palagio se ne tornarono, nel quale poi molte volte Pirro di Lidia ed ella di lui con più agio presero piacere e diletto. Dio ce ne dea a noi.

58 *comprendere o consentire*: ritenere o ammettere.

Novella decima

DUE SANESI AMANO UNA DONNA COMARE DELL'UNO:
MUORE IL COMPARE E TORNA AL COMPAGNO SECONDO LA
PROMESSA FATTAGLI, E RACCONTAGLI COME DI LÀ SI DIMORI.[1]

Restava solamente al re il dover novellare; il quale, poi che vide le donne racchetate, che del pero tagliato che colpa avuto non avea si dolevano, incominciò:

Manifestissima cosa è che ogni giusto re primo servatore dee essere delle leggi fatte da lui, e se altro ne fa,[2] servo degno di punizione e non re si dee giudicare: nel quale peccato e riprensione a me, che vostro re sono, quasi costretto cader conviene. Egli è il vero che io ieri la legge diedi a' nostri ragionamenti fatti oggi, con intenzione di non voler questo dì il mio privilegio usare, ma, soggiacendo con voi insieme a quella, di quello ragionare che voi tutti ragionato avete; ma egli non solamente è stato raccontato quello che io imaginato avea di raccontare, ma sonsi sopra quello tante altre cose e molto più belle dette, che io per me, quantunque la memoria ricerchi, rammentar non mi posso né conoscere che io intorno a sì fatta materia dir potessi cosa che alle dette s'appareggiasse. E per ciò, dovendo peccare nella legge da me medesimo fatta, sì come degno di punizione, infino ad ora ad ogni ammenda che comandata mi fia mi proffero apparecchiato, e al mio privilegio usitato mi tornerò. E dico che la novella detta da Elissa del compare e della comare, e appresso la bessaggine[3] de' sanesi hanno tanta forza, carissime donne, che, lasciando stare le beffe agli sciocchi mariti fatte dalle lor savie mogli, mi tirano a dovervi contare una novelletta di loro, la quale, ancora che in sé abbia

---

1 Talune inflessioni dell'impianto narrativo rinviano a prediche e a opere edificanti; ma nessun precedente accredita una dipendenza del Boccaccio.
2 *se... fa*: se si comporta diversamente.
3 stupidità, balordaggine.

assai di quello che creder non si dee,[4] nondimeno sarà in parte piacevole ad ascoltare.

Furono adunque in Siena due giovani popolari,[5] de' quali l'uno ebbe nome Tingoccio Mini e l'altro fu chiamato Meuccio di Tura, e abitavano in porta Salaia; e quasi mai non usavano se non l'un con l'altro, e per quello che paresse s'amavan molto. E andando, come gli uomini vanno, alle chiese e alle prediche, più volte udito avevano della gloria e della miseria che all'anime di coloro che morivano era, secondo li lor meriti, conceduta nell'altro mondo; delle quali cose disiderando di saper certa novella,[6] né trovando il modo, insieme si promisero che qual prima di lor morisse, a colui che vivo fosse rimaso, se potesse, ritornerebbe, e direbbegli novelle di quello che egli disiderava: e questo fermarono con giuramento.

Avendosi adunque questa promission fatta e insieme continuamente usando, come è detto, avvenne che Tingoccio divenne compare d'uno Ambruogio Anselmini, che stava in Camporeggi,[7] il qual d'una sua donna chiamata monna Mita aveva avuto un figliuolo. Il qual Tingoccio, insieme con Meuccio visitando alcuna volta questa sua comare, la quale era una bellissima e vaga donna, nonostante il comparatico, s'innamorò di lei; e Meuccio similmente, piacendogli ella molto e molto udendola commendare a Tingocoio, se ne innamorò. E di questo ·amore l'un si guardava dall'altro, ma non per una medesima cagione: Tingoccio si guardava di scoprirlo a Meuccio per la cattività[8] che a lui medesimo pareva fare d'amare la comare, e sarebbesi vergognato che alcun l'avesse saputo; Meuccio non se ne guardava per questo, ma perché già avveduto s'era che ella piaceva e Tingoccio, laonde egli diceva: «Se io questo gli discuopro, egli prenderà gelosia di me, e potendole ad ogni suo piacere parlare, sì come compare, in

---

4 *quello... dee*: incredibile, inverosimile.
5 *popolari*: del popolo (come erano appunto le famiglie *Mini* e *Tura*).
6 notizia.
7 quartiere di Siena.
8 malvagità.

ciò che egli potrà le mi metterà in odio,[9] e così mai cosa che mi piaccia di lei io non avrò. »

Ora, amando questi due giovani come detto è, avvenne che Tingoccio, al quale era più destro [10] il potere alla donna aprire ogni suo disidero, tanto seppe fare e con atti e con parole, che egli ebbe di lei il piacere suo; di che Meuccio s'accorse bene, e quantunque molto gli dispiacesse, pure, sperando di dovere alcuna volta pervenire al fine del suo disidero, acciò che Tingoccio non avesse materia né cagione di guastargli o d'impedirgli alcun suo fatto, faceva pur vista di non avvedersene.

Così amando i due compagni, l'uno più felicemente che l'altro, avvenne che, trovando Tingoccio nelle possessioni della comare il terren dolce, tanto vangò e tanto lavorò [11] che una infermità ne gli sopravvenne; la quale dopo aiquanti dì sì l'aggravò forte che, non potendola sostenere, trapassò di questa vita. E trapassato, il terzo dì appresso, ché forse prima non aveva potuto, se ne venne, secondo la promession fatta, una notte nella camera di Meuccio, e lui, il qual forte dormiva, chiamò.

Meuccio destatosi disse: « Qual [12] se' tu? »

A cui egli rispose: « Io son Tingoccio, il qual, secondo la promession che io ti feci, son a te tornato a dirti novelle dell'altro mondo. »

Alquanto si spaventò Meuccio veggendolo, ma pure rassicurato disse: « Tu sia il ben venuto, fratel mio! » e poi il domandò se egli era perduto.[13]

Al qual Tingoccio rispose: « Perdute son le cose che non si ritruovano: e come sarei io in mei chi,[14] se io fossi perduto? »

« Deh, » disse Meuccio, « io non dico così; ma io ti domando se tu se' tra l'anime dannate nel fuoco pennace di ninferno. »

---

9 *le... odio*: mi farà odiare da lei.
10 facile.
11 *vangò... lavorò*: il linguaggio è scopertamente a doppio senso.
12 chi.
13 perso, nel senso di dannato. Ma Tingoccio sfrutta l'equivocità del termine.
14 *in mei chi*: qui in mezzo.

A cui Tingoccio rispose: « Costetto [15] no, ma io son bene, per li peccati da me commessi, in gravissime pene e angosciose molto. »

Domandò allora Meuccio particularmente Tingoccio che pene si dessero di là per ciascun de' peccati che di qua si commettono, e Tingoccio gliele disse tutte. Poi il domandò Meuccio s'egli avesse di qua per lui a fare alcuna cosa; a cui Tingoccio rispose di sì, e ciò era che egli facesse per lui dir delle messe e delle orazioni e fare delle limosine, per ciò che queste cose molto giovavano a quei di là; a cui Meuccio disse di farlo volentieri.

E partendosi Tingoccio da lui, Meuccio si ricordò della comare, e sollevato alquanto il capo disse: « Ben, che mi ricorda,[16] o Tingoccio: della comare, con la quale tu giacevi quando eri di qua, che pena t'è di là data? »

A cui Tingoccio rispose: « Fratel mio, come io giunsi di là, sì fu uno, il qual pareva che tutti i miei peccati sapesse a mente, il quale mi comandò che io andassi in quel luogo nel quale io purgo in grandissima pena le colpe mie, dove io trovai molti compagni a quella medesima pena condennati che io; [17] e stando io tra loro e ricordandomi di ciò che già fatto avea con la comare e aspettando per quello troppo maggior pena ʿche quella che data m'era, quantunque io fossi in un gran fuoco e molto ardente, tutto di paura tremava. Il che sentendo un che m'era dal lato, mi disse: ‹ Che hai tu più che gli altri che qui sono, che trienni stando nel fuoco? › ‹ O, › diss'io, ‹ amico mio, io ho gran paura del giudicio che io aspetto d'un gran peccato che io feci già. › Quegli allora mi domandò che peccato quel fosse; a cui io dissi: ‹ Il peccato fu cotale, che io mi giaceva con una mia comare, e giacquivi tanto che io me ne scorticai. ›[18] Ed egli allora, faccendosi beffe di ciò, mi disse: ‹ Va, sciocco, non dubitare, ché di qua non si tiene ragione alcuna [19] delle comari! › il che io udendo tutto mi rassicurai. » E detto questo, appressandosi il gior-

---

15 codesto (è termine dialettale senese).
16 *Ben... ricorda*: ora che rammento.
17 *che io*: a cui ero condannato io.
18 Continua l'equivoco osceno di *vangò* e *lavorò*.
19 *ragione alcuna*: nessun conto.

no, disse : « Meuccio, fatti con Dio,[20] ché io non posso più esser con teco » ; e subitamente andò via.

Meuccio, avendo udito che di là niuna ragione si teneva delle comari, cominciò a far beffe della sua sciocchezza, per ciò che già parecchie n'avea risparmiate ; per che, lasciata andar la sua ignoranza, in ciò per innanzi divenne savio. Le quali cose se frate Rinaldo avesse sapute, non gli sarebbe stato bisogno d'andare sillogizzando quando convertì a' suoi piaceri la sua buona comare.

Zefiro era levato per lo sole che al ponente s'avvicinava, quando il re, finita la sua novella né alcuno altro restandogli a dire,[1] levatasi la corona di testa, sopra il capo la pose a Lauretta, dicendo : « Madonna, io vi corono di voi medesima [2] reina della nostra brigata ; quello omai che crederete che piacer sia di tutti e consolazione, sì come donna,[3] comanderete » ; e riposesi a sedere.

La Lauretta, divenuta reina, si fece chiamare il siniscalco, al quale impose che ordinasse che nella piacevole valle alquanto a migliore ora che l'usato [4] si mettesser le tavole, acciò che poi ad agio si potessero al palagio tornare ; e appresso ciò che a fare avesse, mentre il suo reggimento durasse, gli divisò.[5] Quindi, rivolta alla compagnia, disse : « Dioneo volle ieri che oggi si ragionasse delle beffe che le donne fanno a' mariti ; e, se non fosse ch'io non voglio mostrare d'essere di schiatta di can botolo [6] che incontanente si vuol vendicare, io direi che domane si dovesse ragionare delle beffe che gli uomini fanno alle lor mogli. Ma lasciando star questo, dico che ciascun pensi di dire ‹ di quelle beffe che tutto il giorno o donna ad uomo o uomo a donna o l'uno uomo all'altro si fanno › ; e credo

20 *fatti con Dio* : sta con Dio.

1 *né... dire* : non restando da parlare a nessun altro.
2 Gioco di parole tra il nome (*Lauretta*) e l'oggetto (*laurea* : « corona d'alloro »).
3 signora, padrona.
4 *a... usato* : prima del solito.
5 espose, ordinò.
6 *can botolo* : cane piccolo e ringhioso.

che in questo sarà non men di piacevol ragionare, che stato sia questo giorno»; e così detto, levatasi in piè, per infino ad ora di cena licenziò la brigata.

Levaronsi adunque le donne e gli uomini parimente, de' quali alcuni scalzi per la chiara acqua cominciarono ad andare, e altri tra' belli e diritti alberi sopra il verde prato s'andarono diportando.[7] Dioneo e Fiammetta gran pezza cantarono insieme d'Arcita e di Palemone:[8] e così vari e diversi diletti pigliando, il tempo infino all'ora della cena con grandissimo piacer trapassarono; la qual venuta e lungo al pelaghetto a tavola postisi, quivi al canto di mille uccelli, rinfrescati sempre da un'aura soave che da quelle montagnette dattorno nasceva, senza alcuna mosca, riposatamente e con letizia cenarono. E levate le tavole, poi che alquanto la piacevole valle ebber circuita,[9] essendo ancora il sole alto a mezzo vespro, sì come alla loro reina piacque, inverso la loro usata dimora con lento passo ripresero il cammino; e motteggiando e cianciando di ben mille cose, così di quelle che il dì erano state ragionate come d'altre, al bel palagio assai vicino di notte pervennero. Dove con freschissimi vini e con confetti la fatica del picciol cammin cacciata via, intorno della bella fontana di presente furono in sul danzare,[10] quando al suono della cornamusa di Tindaro e quando d'altri suoni carolando.[11] Ma alla fine la reina comandò a Filomena che dicesse una canzone,[12] la quale così incominciò:

> Deh lassa la mia vita!
> Sarà giammai ch'io possa ritornare
> donde mi tolse noiosa partita?[13]

7 divertendo, prendendo piacere.

8 Sono i protagonisti del *Teseida*, adombrati nei due personaggi maschili dell'ultima novella narrata.

9 percorsa tutt'intorno.

10 *di... danzare*: cominciarono subito a ballare.

11 danzando (la *carola* è il ballo che si esegue in cerchio, tenendosi per mano).

12 Ancora una volta una ballata di settenari ed endecasillabi, disposti in una ripresa trimembre (ABA) e in quattro strofe di nove versi (CDECDEEBA), nella quale cioè le rime-ritornello sono due.

13 *donde... partita*: nella condizione da cui mi allontanò una dolorosa partenza.

Certo io non so, tanto è 'l disio focoso
　　che io porto nel petto,
　　di ritrovarmi ov'io, lassa, già fui.
O caro bene, o solo mio riposo,
　　che 'l mio cuor tien distretto,
　　deh dilmi tu, che domandarne altrui
　　non oso, né so cui.[14]
　　Deh, signor mio, deh fammelo sperare,
　　sì ch'io conforti l'anima smarrita.

I' non so ben ridir qual fu 'l piacere [15]
　　che sì m'ha infiammata
　　che io non trovo dì né notte loco.[16]
Per che l'udire e 'l sentire e 'l vedere,
　　con forza non usata,
　　ciascun per sé accese novo foco,
　　nel qual tutta mi coco; [17]
　　né mi può altri che tu confortare,
　　o ritornar la virtù sbigottita.[18]

Deh dimmi s'esser dee, e quando fia
　　ch'io ti trovi giammai,
　　dov'io basciai quegli occhi che m'han morta; [19]
dimmel, caro mio bene, anima mia,
　　quando tu vi verrai,
　　e, col dir ‹tosto› alquanto mi conforta.
　　Sia la dimora corta
　　d'ora al venire, e poi lunga allo stare,[20]
　　ch'io non men curo, sì m'ha Amor ferita.

Se egli avvien che io mai più ti tenga,
　　non so s'io sarò sciocca,
　　com'io or fui a lasciarti partire.
Io ti terrò, e che può sì n'avvenga;
　　e della dolce bocca
　　convien ch'io sodisfaccia al mio disire:
　　d'altro non voglio or dire.
　　Dunque vien tosto, vienmi ad abbracciare,
　　che 'l pur pensarlo di cantar m'invita.

14 a chi.
15 vista piacevole, bellezza.
16 riposo.
17 *mi coco*: ardo, mi consumo.
18 smarrita.
19 uccisa (solito l'uso transitivo di *morire*).
20 *Sia la dimora... stare*: sia breve l'indugio a venire e prolungata la permanenza.

Estimar fece questa canzone a tutta la brigata che nuovo e piacevole amore Filomena strignesse; e per ciò che per le parole di quella pareva che ella più avanti che la vista sola n'avesse sentito,[21] tenendonela più felice, invidia per tali vi furono le ne fu avuta. Ma poi che la sua canzon fu finita, ricordandosi la reina che il dì seguente era venerdì, così a tutti piacevolmente disse: «Voi sapete, nobili donne e voi giovani, che domane è quel dì che alla passione del nostro Signore è consecrato, il quale, se ben vi ricorda, noi divotamente celebrammo, essendo reina Neifile, e a' ragionamenti dilettevoli demmo luogo;[22] e il simigliante facemmo del sabato susseguente. Per che, volendo il buono essemplo datone da Neifile seguitare, estimo che onesta cosa sia che domane e l'altro dì, come i passati giorni facemmo, dal nostro dilettevole novellare ci asteniamo, quello a memoria riducendoci[23] che in così fatti giorni per la salute delle nostre anime addivenne.»

Piacque a tutti il divoto parlare della loro reina; dalla quale licenziati, essendo già buona pezza di notte passata, tutti s'andarono a riposare.

---

21 *più... sentito*: ne avesse avvertito più che la semplice vista.
22 riposo, interruzione.
23 *a memoria riducendoci*: ricordando, richiamandoci alla memoria.

FINISCE LA SETTIMA GIORNATA DEL « DECAMERON »;
COMINCIA L'OTTAVA NELLA QUALE, SOTTO IL REGGIMENTO
DI LAURETTA, SI RAGIONA DI QUELLE BEFFE CHE TUTTO IL
GIORNO O DONNA AD UOMO O UOMO A DONNA O L'UNO
UOMO ALL'ALTRO SI FANNO.

La processione dei beffati percorre un itinerario che eccezionalmente travalica i programmi della fissità e varietà tematica, segno e indizio indubitabili delle propensioni inventive del Boccaccio, impegnato nell'iterazione a coltivare, sfaccettare e rinnovare il rapporto uomo-donna nelle componenti erotiche, al fine di enuclearne le risorse intellettuali che lo guidano durante tutta la sua durata. La traccia della novella farsesca che schiude la giornata con una lezione mondana — l'avidità del denaro saziata con astuzia dalla forza dei sensi —, preannunzia l'idillio rusticano tra il prete di Varlungo e la Belcolore: una beffa squisita e indolore, una scommessa tra desideri concorrenti dove il baratto tra passione e roba discende dalle leggi intrinseche di un contado primitivo e arcaico quanto avido e astuto. Il motivo dello scambio fra tabarro e mortaio, scopertamente allusivo dell'amorazzo, corona l'intera farsa, dal rincorrersi calcolato e lento di furbi inviti e dinieghi prudenti, di profferte voraci e di sospette condiscendenze, fino alle promesse disattese e ai ricatti truccati, rimbalzando, come è d'obbligo, nella rappacificazione dei due « innamorati ». Riportata entro le mura gigliate, la gara tra furbi e interessati evapora nel clima surreale e allegrissimo di una satira irresistibile sino al limite della crudeltà, del grullo Calandrino. Prigioniero di un sogno impossibile, sino in fondo buffone beffato dal miraggio di convertire il desiderio in realtà, egli è il bersaglio di un divertimento estetico allo stato puro, recitato da artisti del pennello e della scena con ilare fantasia: lui vittima designata crea alla fine un'altra vittima, la moglie, nella figura del disinganno e della delusione conseguenti alla speranza del miracolo. Lo schema riaffiora con qualche variante significativa nella pubblica esecrazione del vecchio e vispo proposto di Fiesole, non ri-

fiutato dalla vedova, ma allettato da una falsa promessa e ingannato dalla sostituzione della spaventevole Ciutazza. Si tratta di raggiri gratuiti, di beffe giuocate per il piacere del giuoco, e perciò stesso divertenti nell'esclusivo proposito di tipizzare e dare un volto alla stupidità umana; sia il rozzo e ottuso giudice marchigiano, sbracato dai tre amici fiorentini con perfetta scelta teatrale di tempo, durante cioè i rumorosi lazzi di un litigio concertato all'uopo, sia il malcapitato Calandrino, questa volta alleggerito del porco e dileggiato sino alla speciosa adulazione della sua astuzia: è sempre la figura del babbeo al centro di dileggi e tiri e trovate. Ma con la elaborata e ampia novella dello scolare la tecnica narrativa sale bruscamente di vigoria, il dettato si gonfia in ardenza passionale, la canzonatura si slarga negli armeggii insistiti di un dialogo raggelante per l'atrocità delle battute lunghe, a segnare la vetta dell'inganno, teso crudelmente e sadicamente ricambiato: con aspro gusto del male e un parossistico sapore di vendetta. Nell'economia tematica la successiva botta e risposta tra Spinelloccio e Zeppa, che si dividono l'uno la moglie dell'altro, scaricandone la tensione, ripresenta a livello popolare con innocuo sorriso la violenza dei colpi scambiati tra lo studente e la donna. Mentre si diradano, tingendosi di rosa, le luci dell'inganno e dell'improperio innocente o scanzonato, la macchinazione di Bruno e Buffalmacco alle prese con maestro Simone, in un crescendo irrefrenabile di trovate e calembours *parodici, propone a livello assai più serio e impegnativo e polemico la problematica dell'«elitropia»: che la realtà sfugga dalle prospettive più consuete in grossolana evasione a un vantone laureato nella più celebre università del tempo non è motivo di puro* divertissement, *ma invito esplicito ad una riflessione amara intorno ad una comune inclinazione umana. E del resto, per quanto garbata e leggiadra nell'intreccio, la storia di Salabaetto e Jancofiore trascende la dinamica dialettica dei raggiri. Imbrogliare significa correre il rischio di insegnare a chi si inganna l'arte di un generoso contraccambio: questa è la lezione morale che discende dai due atti, fittissimi·di annotazioni psicologiche, che segnano il passaggio dello sprovveduto mercante da ingenuo e appassionato amatore ad*

astuto e lucido affarista, e il declino della sua maestra, da
professionista nella seduzione ad arrischiata, insaziabile e
alla fine delusa dilettante della menzogna.

Già nella sommità de' più alti monti apparivano, la domenica mattina, i raggi della surgente luce, e ogni ombra partitasi, manifestamente le cose si conosceano, quando la reina levatasi con la sua compagnia primieramente alquanto su per le rugiadose erbette andarono, e poi in su la mezza terza[1] una chiesetta lor vicina visitata, in quella il divino officio ascoltarono; e a casa tornatisene, poi che con letizia e con festa ebber mangiato, cantarono e danzarono alquanto, e appresso, licenziati dalla reina, chi volle andare a riposarsi poté. Ma avendo il sol passato il cerchio di meriggio,[2] come alla reina piacque, al novellare usato tutti appresso la bella fontana a seder posti, per comandamento della reina così Neifile cominciò:

1 *in su la mezza terza*: poco dopo le sette del mattino.
2 *il... meriggio*: il meridiano di mezzogiorno.

Novella prima

GULFARDO PRENDE DA GUASPARRUOLO DENARI IN PRESTANZA,
E CON LA MOGLIE DI LUI ACCORDATO DI DOVER GIACER
CON LEI PER QUEGLI, SÌ GLIELE DÀ; E POI IN PRESENZIA
DI LEI A GUASPARRUOLO DICE CHE A LEI GLI DIEDE, ED
ELLA DICE CHE È IL VERO.[3]

Se così ha disposto Iddio che io debba alla presente giornata dare con la mia novella cominciamento, ed el[4] mi piace : e per ciò, amorose donne, con ciò sia cosa che molto
detto si sia delle beffe fatte dalle donne agli uomini, una
fattane da uno uomo ad una donna mi piace di raccontarne, non già perché io intenda in quella di biasimare ciò
che l'uom fece o di dire che alla donna non fosse bene
investito,[5] anzi per commendar l'uomo e biasimare la donna, e per mostrare che anche gli uomini sanno beffare chi
crede loro, come essi da cui egli credono son beffati;[6] avvegna che, chi volesse più propiamente parlare, quello
che io dir debbo non si direbbe beffa, anzi si direbbe merito. [7] Per ciò che, con ciò sia cosa che ciascuna donna
debbe essere onestissima e la sua castità come la sua vita
guardare, né per alcuna cagione a contaminarla condu-
cersi,[8] e questo non potendosi così appieno tuttavia, come
si converrebbe, per la fragilità nostra; affermo colei esser
degna del fuoco la quale a ciò per prezzo si conduce; dove chi per amore, conoscendo le sue forze grandissime, per-
viene, da giudice non troppo rigido merita perdono, come, pochi dì son passati, ne mostrò Filostrato essere stato
in madonna Filippa osservato[9] in Prato.

Fu adunque già in Melano un tedesco al soldo,[10] il cui

3 La popolarità del tema non si è concretata prima del *Decameron* in dettati significativi nei riguardi di questa novella.
4 *ed el*: certo questo.
5 *bene investito*: ben dato.
6 *come... beffati*: come essi sono beffati da coloro nei quali
ripongono fiducia.
7 *merito*: giusto compenso.
8 indursi.
9 constatato.
10 *al soldo*: soldato di ventura.

nome fu Gulfardo, pro della persona e assai leale a coloro ne' cui servigi si mettea, il che rade volte suole de' tedeschi avvenire : e per ciò che egli era nelle prestanze [11] de' denari che fatte gli erano lealissimo renditore, assai mercatanti avrebbe trovati che per piccolo utile ogni quantità di denari gli avrebber prestata. Pose costui, in Melan dimorando, l'amor suo in una donna assai bella, chiamata madonna Ambruogia, moglie d'un ricco mercatante che aveva nome Guasparruol Cagastraccio, il quale era assai suo conoscente e amico : e amandola assai discretamente, senza avvedersene il marito né altri, le mandò un giorno a parlare, pregandola che le dovesse piacere d'essergli del suo amor cortese, e che egli era dalla sua parte presto a dover far ciò che ella gli comandasse. La donna, dopo molte novelle,[12] venne a questa conclusione, che ella era presta di far ciò che a Gulfardo piacesse, dove due cose ne dovesser seguire : l'una, che questo non dovesse mai per lui esser manifestato ad alcuna persona; l'altra, che, con ciò fosse cosa che ella avesse per alcuna sua cosa bisogno di fiorini dugento d'oro, voleva che egli, che ricco uomo era, gliele donasse; e appresso sempre sarebbe al suo servigio. Gulfardo, udendo la 'ngordigia di costei, sdegnato per la viltà [13] di lei la quale egli credeva che fosse una valente donna, quasi in odio trasmutò il fervente amore, e pensò di doverla beffare, e mandolle dicendo che molto volentieri e quello e ogn'altra cosa, che egli potesse, che le piacesse; [14] e per ciò mandassegli pure a dire quando ella volesse che egli andasse a lei, ché egli gliele [15] porterebbe, né che mai di questa cosa alcun sentirebbe, se non un suo compagno di cui egli si fidava molto e che sempre in sua compagnia andava in ciò che faceva. La donna, anzi cattiva femina, udendo questo fu contenta, e mandogli dicendo che Guasparruolo suo marito doveva ivi a pochi dì

11 prestito.

12 parole, chiacchiere.

13 bassezza.

14 *mandolle... piacesse* : e le mandò a dire che avrebbe fatto molto volentieri quello e ogni altra cosa che le piacesse e che egli fosse in grado di fare.

15 glieli (i *fiorini dugento d'oro*).

per sue bisogne [16] andare infino a Genova, e allora ella gliele farebbe assapere e manderebbe per lui.

Gulfardo, quando tempo [17] gli parve, se n'andò a Guasparruolo e sì gli disse: « Io son per fare un mio fatto per lo quale mi bisognano fiorini dugento d'oro, li quali io voglio che tu mi presti con quello utile che tu mi suogli prestare degli altri. » Guasparruolo disse che volentieri, e di presente gli annoverò [18] i denari.

Ivi a pochi giorni Guasparruolo andò a Genova, come la donna aveva detto; per la qual cosa la donna mandò [19] a Gulfardo che a lei dovesse venire e recare li dugento fiorin d'oro. Gulfardo, preso il compagno suo, se n'andò a casa della donna; e trovatala che l'aspettava, la prima cosa che fece, le mise in mano questi dugento fiorin d'oro, veggente il suo compagno, e sì le disse: « Madonna, tenete questi denari, e daretegli a vostro marito quando serà tornato. »

La donna gli prese, e non s'avvide perché Gulfardo dicesse così, ma si credette che egli il facesse, acciò che 'l compagno suo non s'accorgesse che egli a lei per via di prezzo [20] gli desse; per che ella disse: « Io il farò volentieri, ma io voglio vedere quanti sono »; e versatigli sopra una tavola e trovatigli essere dugento, seco forte contenta, gli ripose; e tornò a Gulfardo, e lui nella sua camera menato, non solamente quella volta, ma molte altre, avanti che 'l marito tornasse da Genova, della sua persona gli sodisfece.

Tornato Guasparruolo da Genova, di presente Gulfardo, avendo appostato che insieme con la moglie era, se n'andò a lui, e in presenza di lei disse: « Guasparruolo, i denari, cioè li dugento fiorin d'oro, che l'altrier mi prestasti, non m'ebber luogo,[21] per ciò che io non pote' fornir la bisogna per la quale gli presi; e per ciò io gli recai qui di presente alla donna tua, e sì gliele diedi; e per ciò dannerai la mia ragione. »[22]

16 affari.
17 *tempo*: l'occasione propizia.
18 *di... annoverò*: all'istante gli contò.
19 mandò a dire.
20 *per... prezzo*: quale compenso.
21 *non... luogo*: non mi servirono.
22 *dannerai la mia ragione*: cancellerai il mio debito.

Guasparruolo, volto alla moglie, la domandò se avuti gli avea; ella, che quivi vedeva il testimonio, nol seppe negare, ma disse: « Mai sì [23] che io gli ebbi, né me n'era ancora ricordata di dirloti. »

Disse allora Guasparruolo: « Gulfardo, io son contento: andatevi pur con Dio, che io acconcerò bene la vostra ragione. »[24]

Gulfardo partitosi, e la donna rimasa scornata diede al marito il disonesto prezzo della sua cattività:[25] e così il sagace amante senza costo godé della sua avara donna.

23 *Mai sì*: certo.
24 *io... ragione*: sistemerò il vostro conto.
25 malvagità.

Novella seconda

IL PRETE DA VARLUNGO SI GIACE CON MONNA BELCOLORE:
LASCIALE PEGNO UN SUO TABARRO, E ACCATTATO DA LEI
UN MORTAIO, IL RIMANDA E FA DOMANDARE IL TABARRO
LASCIATO PER RICORDANZA:[1] RENDELO PROVERBIANDO LA
BUONA DONNA.[2]

Commendavano igualmente e gli uomini e le donne ciò
che Gulfardo fatto aveva alla 'ngorda melanese, quando
la reina a Panfilo voltatasi, sorridendo gl'impose ch'el seguitasse; per la qual cosa Panfilo incominciò:

Belle donne, a me occorre di dire una novelletta contro
a coloro li quali continuamente n'offendono senza poter da
noi del pari essere offesi, cioè contro a' preti, li quali sopra le nostre mogli hanno bandita la croce,[3] e par loro
non altramenti aver guadagnato il perdono di colpa e di
pena, quando una se ne possono metter sotto, che se d'Alessandria avessero il soldano menato legato a Vignone.[4] Il
che i secolari cattivelli[5] non possono a lor fare, come che
nelle madri, nelle sirocchie, nell'amiche e nelle figliuole
con non meno ardore, che essi le lor mogli assaliscano, ven-
dichino l'ire loro. E per ciò io intendo raccontarvi uno
amorazzo contadino, più da ridere per la conclusione che
lungo di parole, del quale ancor potrete per frutto cogliere[6] che a' preti non sia sempre ogni cosa da credere.

Dico adunque che a Varlungo,[7] villa assai vicina di qui,
come ciascuna di voi o sa o puote avere udito, fu un valente prete e gagliardo della persona ne' servigi delle donne, il quale, come che[8] legger non sapesse troppo, pur con

---

1 *per ricordanza*: in pegno.

2 Qualche pallido antecedente francese e latino non toglie a
questo intreccio la sua sostanziale originalità.

3 *sopra... croce*: hanno bandito la crociata alla conquista delle
nostre mogli.

4 *che... Vignone*: non diversamente che se avessero sconfitto
e portato prigioniero da Alessandria ad Avignone il sultano (da legare a *non altramenti*).

5 miserelli.

6 *per frutto cogliere*: concludere.

7 cittadina (*villa*) a pochi chilometri da Firenze (*di qui*).

8 *come che*: sebbene.

molte buone e sante parolozze la domenica a piè dell'olmo [9]
ricreava i suoi popolani; e meglio le lor donne, quando
essi in alcuna parte andavano, che altro prete che prima
vi fosse stato, visitava, portando loro della festa [10] e del-
l'acqua benedetta e alcun moccolo di candela talvolta infino a casa, dando loro la sua benedizione. Ora avvenne
che, tra l'altre sue popolane che prima gli eran piaciute,
una sopra tutte ne gli piacque, che aveva nome monna
Belcolore, moglie d'un lavoratore che si facea chiamare
Bentivegna del Mazzo; la qual nel vero era pure una
piacevole e fresca foresozza,[11] brunazza e ben tarchiata e
atta a meglio sapere macinare [12] che alcuna altra; e oltre
a ciò era quella che meglio sapeva sonare il cembalo e
cantare *L'acqua corre la borrana*,[13] e menare la ridda e il
ballonchio,[14] quando bisogno faceva, che [15] vicina che ella
avesse, con bel moccichino e gentile in mano. Per le quali cose messer lo prete ne 'nvaghì sì forte, che egli ne menava
smanie, e tutto 'l dì andava aiato [16] per poterla vedere; e
quando la domenica mattina la sentiva in chiesa, diceva
un *Kyrie* e un *Sanctus* sforzandosi ben di mostrarsi un
gran maestro di canto, che pareva uno asino che ragghias-
se, dove, quando non la vi vedeva, si passava assai leggermente; ma pure sapeva sì fare che Bentivegna del
Mazzo non se ne avvedeva, né ancora vicino che egli
avesse. E per potere più avere la dimestichezza di monna
Belcolore, a otta a otta la presentava,[17] e quando le man-
dava un mazzuol d'agli freschi, che egli aveva i più belli
della contrada in un suo orto che egli lavorava a sue
mani, e quando un canestruccio di baccelli, e talora un

9 Quello che si trovava a fianco delle chiese di campagna.
10 Oggettini religiosi che si vendevano nei giorni di festa (rosari, immagini, ecc.).
11 contadinotta.
12 ovviamente in senso erotico.
13 *L'acqua... borrana*: popolare canzonetta a ballo dell'epoca
del Boccaccio. *Borrana*: burrone. Il titolo corrisponde più o meno
a « l'acqua corre all'ingiù ».
14 *la ridda e il ballonchio*: sono due danze popolari.
15 va legato a *meglio*.
16 *andava aiato*: girava intorno, andava a zonzo.
17 *a... presentava*: di quando in quando le faceva regali.

mazzuolo di cipolle maligie o di scalogni;[18] e, quando si vedeva tempo, guatatala un poco in cagnesco, per amorevolezza la rimorchiava,[19] ed ella cotal salvatichetta, faccendo vista di non avvedersene, andava pure oltre in contegno;[20] per che messer lo prete non ne poteva venire a capo.

Ora avvenne un dì che, andando il prete di fitto meriggio[21] per la contrada or qua or là zazzeato,[22] scontrò Bentivegna del Mazzo con uno asino pien di cose innanzi, e fattogli motto, il domandò dov'egli andava.

A cui Bentivegna rispose: « Gnaffe, sere,[23] in buona verità io vo infino a città per alcuna mia vicenda, e porto queste cose a ser Bonaccorri da Ginestreto, ché m'aiuti di non so che m'ha fatto richiedere per una comparigione del parentorio per lo pericolator suo il giudice del dificio. »[24]

Il prete lieto disse: « Ben fai, figliuolo; or va con la mia benedizione e torna tosto; e se ti venisse veduto[25] Lapuccio o Naldino, non t'esca di mente di dir loro che mi rechino quelle combine per li coreggiati[26] miei. »

Bentivegna disse che sarebbe fatto; e venendosene verso Firenze, si pensò il prete che ora era tempo d'andare alla Belcolore e di provare sua ventura; e messasi la via tra' piedi, non ristette sì[27] fu a casa di lei; ed entrato dentro disse: « Dio ci mandi bene: chi è di qua? »

La Belcolore, ch'era andata in balco,[28] udendol disse: « O

18 *mazzuolo... scalogni*: mazzo di cipolle di maggio (dal sapore forte e lunghe) e cipolle d'Ascalona (meno forti e a cespi).

19 rimbrottava.

20 *ella... contegno*: quella ritrosetta si mostrava tutta contegnosa, fingendo di non accorgersene.

21 *di fitto meriggio*: in pieno mezzogiorno.

22 gironzoloni.

23 monsignore (lo si diceva al parroco).

24 *m'ha... dificio*: serie di storpiature contadinesche di tecnicismi giuridici: il giudice del maleficio (*dificio*) delle cause penali, mi ha fatto citare, per una comparsa perentoria (*comparigione del parentorio*), tramite il suo procuratore (*pericolator*).

25 *venisse veduto*: capitasse di vedere.

26 *combine per li coreggiati*: strisce di cuoio per i correggiati (strumenti per la battitura del grano).

27 *ristette sì*: si fermò finché.

28 solaio.

sere, voi siate il ben venuto: che andate voi zacconato [29] per questo caldo? »

Il prete rispose: « Se Dio mi dea bene, che io mi vengo a star con teco un pezzo, per ciò che io trovai l'uom tuo che andava a città. »

La Belcolore, scesa giù, si pose a sedere, e cominciò a nettar sementa di cavolini, che il marito avea poco innanzi trebbiati; il prete le cominciò a dire: « Bene, Belcolore, de' mi tu far sempre mai morire a questo modo? »

La Belcolore cominciò a ridere e a dire: « O che ve fo io? »

Disse il prete: « Non mi fai nulla, ma tu non mi lasci fare a te quel ch'io vorrei e che Iddio comandò. »

Disse la Belcolore: « Deh! andate, andate: o fanno i preti così fatte cose? »

Il prete rispose: « Sì facciam noi meglio che gli altri uomini: o perché no? e dicoti più, che noi facciamo vie miglior lavorio; e sai perché? perché noi maciniamo a raccolta: [30] ma in verità bene a tuo uopo, [31] se tu stai cheta e lascimi fare. »

Disse la Belcolore: « O che bene a mio uopo potrebbe esser questo, ché siete tutti quanti più scarsi che 'l fistolo? » [32]

Allora il prete disse: « Io non so, chiedi pur tu: o vuogli un paio di scarpette o vuogli un frenello, [33] o vuogli una bella fetta di stame, [34] o ciò che tu vuogli. »

Disse la Belcolore: « Frate, bene sta! io me n'ho di coteste cose; ma se voi mi volete cotanto bene, ché non mi fate voi un servigio, e io farò ciò che voi vorrete? »

Allora disse il prete: « Dì ciò che tu vuogli, e io il farò volentieri. »

La Belcolore allora disse: « Egli mi conviene andar sabato a Firenze a render lana che io ho filata e a far rac-

29 scioperato, a zonzo.
30 *a raccolta*: di rado, a intervalli; quindi, con maggiori risultati. Continua la metafora equivoca del *macinare* precedente.
31 *a tuo uopo*: a vantaggio tuo.
32 *scarsi... fistolo*: taccagni del diavolo.
33 ghirlandetta di seta da portare intorno al collo.
34 *fetta di stame*: pezza di lana fine.

conciare il filatoio mio : e se voi mi prestate cinque lire, che so che l'avete, io ricoglierò dall'usuraio la gonnella mia del perso e lo scaggiale da i dì delle feste, che io recai a marito,[35] ché vedete che non ci posso andare a santo [36] né in niun buon luogo, perché io non l'ho; e io sempre mai poscia farò ciò che voi vorrete. »

Rispose il prete : « Se Dio mi dea il buono anno,[37] io non gli ho allato: [38] ma credimi che, prima che sabato sia, io farò che tu gli avrai molto volentieri. »

« Sì, » disse la Belcolore, « tutti siete così gran promettitori, e poscia non attenete altrui nulla : [39] credete voi fare a me come voi faceste alla Biliuzza, che se n'andò col ceteratoio? [40] Alla fé di Dio non farete, ché ella n'è divenuta femina di mondo pur per ciò: se voi non gli avete, e voi andate per essi. »

« Deh! » disse il prete, « non mi fare ora andare infino a casa, ché vedi che ho così ritta la ventura [41] testé che non c'è persona, e forse quand'io tornassi ci sarebbe chi che sia che c'impaccerebbe : e io non so quando e' mi si venga così ben fatto come ora. »

Ed ella disse : « Bene sta : se voi volete andar, sì andate; se non, sì ve ne durate. »[42]

Il prete, veggendo che ella non era acconcia a far cosa che gli piacesse se non a *salvum me fac*,[43] ed egli volea fare *sine custodia*, disse : « Ecco, tu non mi credi che io te gli rechi; acciò che tu mi creda, io ti lascerò pegno questo mio tabarro di sbiavato. »[44]

---

35 *ricoglierò... marito* : riscatterò dall'usuraio la mia veste scura (*perso* è un colore porpora misto a nero) e la cintura da festa che portai in dote.

36 *a santo* : nel luogo santo, in chiesa.

37 *Se... anno* : che Dio mi benedica (frase augurale-deprecativa).

38 indosso, con me.

39 *attenete... nulla* : non mantenete per nulla le promesse fatte ad altri.

40 *col ceteratoio* : imbrogliata, beffata.

41 *ho... ventura* : ho la fortuna a favore, mi va così bene. Ma è anche metafora sessuale (più avanti si parla di *balestra carica*).

42 *sì... durate* : resistete, fatene a meno.

43 *salvum me fac* : con garanzia. È formula giuridica, come il *sine custodia* (« senza pegno di garanzia »), subito dopo.

44 panno molto fino.

La Belcolore levò alto il viso e disse: «Sì, cotesto tabarro, o che vale egli?»

Disse il prete: «Come, che vale? io voglio che tu sappi che egli è di duagio [45] infino in treagio, e hacci di quegli nel popolo nostro che il tengon di quatragio; e non è ancora quindici dì che mi costò da Lotto rigattiere delle lire ben sette, ed ebbine buon mercato de' soldi ben cinque,[46] per quel che mi dica Buglietto d'Alberto, che sai che si conosce [47] così bene di questi panni sbiavati.»

«O, sie?» disse la Belcolore, «se Dio m'aiuti, io non l'averei mai creduto: ma datemelo in prima.»

Messer lo prete, ch'aveva carica la balestra, trattosi il tabarro, gliele diede; ed ella, poi che riposto l'ebbe, disse: «Sere, andiancene qua nella capanna, che non vi vien mai persona.»

E così fecero; e quivi il prete, dandole i più dolci basciozzi del mondo e faccendola parente di messer Domenedio, con lei una gran pezza si sollazzò: poscia, partitosi in gonnella, che pareva che venisse da servire a nozze,[48] se ne tornò al santo.

Quivi, pensando che quanti moccoli ricoglieva in tutto l'anno d'offerta non valevan la metà di cinque lire, gli parve aver mal fatto, e pentessi d'aver lasciato il tabarro e cominciò a pensare in che modo riavere lo potesse senza costo. E per ciò che alquanto era maliziosetto, s'avvisò troppo bene come dovesse fare a riaverlo, e vennegli fatto: per ciò che il dì seguente, essendo festa, egli mandò un fanciul d'un suo vicino in casa questa monna Belcolore, e mandolla pregando che le piacesse di prestargli il mortaio suo della [49] pietra, però che desinava la mattina con lui Binguccio del Poggio e Nuto Buglietti, sì che egli

45 panno fine di Douai, nelle Fiandre. Sulla falsariga di questo termine, sono inventati poi dal prete le parole *treagio* e *quatragio*, per impressionare la donna con l'idea di qualcosa di maggior valore.

46 *ebbine... cinque*: lo ebbi a buon prezzo per cinque soldi.

47 *si conosce*: si intende.

48 *pareva... nozze*: perché si portava la gonnella senza tabarro solo in cerimonie speciali.

49 di.

voleva far della salsa. La Belcolore gliele mandò. E come
fu in su l'ora del desinare, e 'l prete appostò [50] quando Bentivegna del Mazzo e la Belcolor manicassero; e, chiamato
il cherico suo, gli disse: « Togli quel mortaio e riportalo
alla Belcolore, e dì: ‹ Dice il sere che gran mercé,[51] e che
voi gli rimandiate il tabarro che 'l fanciullo vi lasciò per
ricordanza. › » Il cherico andò a casa della Belcolore con
questo mortaio e trovolla insieme con Bentivegna a desco
che desinavano. Quivi, posto giù il mortaio, fece l'ambasciata del prete.

La Belcolore, udendosi richiedere il tabarro, volle rispondere; ma Bentivegna con un mal viso disse: « Adunque
toi tu ricordanza [52] al sere? fo boto a Cristo, che mi vien
voglia di darti un gran sergozzone: [53] va rendiglel tosto,
che canciola te nasca: [54] e guarda che di cosa che voglia
mai, io dico s'e' volesse l'asino nostro, non ch'altro, non
gli sia detto di no. »

La Belcolore brontolando si levò, e andatasene al sop-
pidiano [55] ne trasse il tabarro e diello al cherico e disse:
« Dirai così al sere da mia parte: ‹ La Belcolore dice che
fa prego a Dio che voi non pesterete mai più salsa in suo
mortaio: [56] non l'avete voi sì bello onor fatto di questa. › »

Il cherico se n'andò col tabarro e fece l'ambasciata al
sere; a cui il prete ridendo disse: « Dira'le, quando tu la
vedrai, che s'ella non ci presterà il mortaio, io non pre-
sterrò a lei il pestello; vada l'un per l'altro. »

Bentivegna si credeva che la moglie quelle parole dicesse perché egli l'aveva garrita,[57] e non se ne curò; ma la
Belcolore, rimasa scornata, venne in iscrezio col sere e
tennegli favella [58] insino a vendemmia; poscia, avendola mi-

---

50 *e 'l prete appostò*: il prete si appostò, spiò.
51 *che gran mercé*: che vi sian rese grazie (frase ellittica del
verbo).
52 *toi tu ricordanza*: pretendi il pegno.
53 *fo... sergozzone*: giuro che ti darei un colpo al gozzo, alla
gola.
54 *canciola te nasca*: ti venga il cancro.
55 cassa per i panni che si teneva ai piedi del letto.
56 *pesterete... mortaio*: naturalmente in senso equivoco.
57 rimproverata.
58 *tennegli favella*: rifiutò di parlargli.

nacciata il prete di farnela andare in bocca del lucifero maggiore, per bella paura entro, col mosto e con le castagne calde si rappattumò con lui,[59] e più volte insieme fecer poi gozzoviglia. E in iscambio delle cinque lire le fece il prete rincartare [60] il cembal suo e appiccarvi un sonagliuzzo, ed ella fu contenta.

59 *avendola... lui*: avendola minacciata di farla cadere in Inferno, per la paura che le entrò, che si sentì, si rappacificò con lui nella stagione della vendemmia e delle castagne calde, cioè, in autunno.

60 mettere la pelle nuova.

Novella terza

CALANDRINO, BRUNO E BUFFALMACCO GIÙ PER LO MUGNONE
VANNO CERCANDO DI TROVAR L'ELITROPIA,[1] E CALANDRINO
SE LA CREDE AVER TROVATA; TORNASI A CASA CARICO DI
PIETRE; LA MOGLIE IL PROVERBIA[2] ED EGLI TURBATO LA
BATTE, E A' SUOI COMPAGNI RACCONTA CIÒ CHE ESSI
SANNO MEGLIO DI LUI.[3]

Finita la novella di Panfilo, della quale le donne avevano tanto riso che ancor ridono, la reina ad Elissa commise[4] che seguitasse, la quale ancora ridendo incominciò:

Io non so, piacevoli donne, se egli mi si verrà fatto di farvi con una mia novelletta, non men vera che piacevole, tanto ridere quanto ha fatto Panfilo con la sua, ma io me ne 'ngegnerò.

Nella nostra città, la qual sempre di varie maniere e di nuove genti[5] è stata abondevole, fu, ancora non è gran tempo, un dipintore chiamato Calandrino,[6] uom semplice e di nuovi costumi, il quale il più del tempo con due altri dipintori usava, chiamati l'un Bruno e l'altro Buffalmacco,[7] uomini sollazzevoli molto, ma per altro avveduti e sagaci, li quali con Calandrino usavan per ciò che de' modi suoi e della sua simplicità sovente gran festa[8] prendevano. Era similmente allora in Firenze un giovane di maravigliosa piacevolezza in ciascuna cosa che far voleva, astuto e avvenevole,[9] chiamato Maso del Saggio; il quale,

---

1 pietra di color verde che aveva la proprietà, secondo i lapidari medievali, di render invisibile chi la portasse.
2 redarguisce.
3 Le favolose qualità dell'*elitropia*, già affermate da Plinio e ricordate dalla cultura medievale (cfr. Dante, *Inf.*, XXIV, 93) hanno probabilmente incoraggiato il Boccaccio a confezionare il racconto.
4 diede ordine.
5 *di varie... genti*: di svariati costumi e di persone bizzarre.
6 soprannome di Nozzo (Giovannozzo) di Perino.
7 *Bruno... Buffalmacco*: Bruno di Giovanni d'Olivieri e Bonamico di Cristofano, soprannominato Buffalmacco, erano pittori abbastanza conosciuti, vissuti nella prima metà del XIV secolo. Il secondo, soprattutto, era reputato grande pittore dai contemporanei.
8 sollazzo.
9 leggiadro.

udendo alcune cose della simplicità di Calandrino, propose di voler prender diletto de' fatti suoi [10] col fargli alcuna beffa, o fargli credere alcuna nuova cosa. E per avventura trovandolo un dì nella chiesa di San Giovanni e vedendolo stare attento a riguardar le dipinture e gl'intagli [11] del tabernacolo il quale è sopra l'altare della detta chiesa, non molto tempo davanti postovi, pensò essergli dato luogo e tempo [12] alla sua intenzione: e informato un suo compagno di ciò che fare intendeva, insieme s'accostarono là dove Calandrino solo si sedeva, e faccendo vista di non vederlo, insieme cominciarono a ragionare delle virtù di diverse pietre, delle quali Maso così efficacemente parlava come se stato fosse un solenne e gran lapidario.[13] A' quali ragionamenti Calandrino posto orecchie, e dopo alquanto levatosi in piè, sentendo che non era credenza,[14] si congiunse con loro, il che forte piacque a Maso; il quale, seguendo le sue parole,[15] fu da Calandrin domandato dove queste pietre così virtuose si trovassero. Maso rispose che le più si trovavano in Berlinzone,[16] terra de' baschi, in una contrada che si chiamava Bengodi, nella quale si legano le vigne con le salsicce, e avevavisi un'oca a denaio e un papero giunta,[17] ed eravi una montagna tutta di formaggio parmigiano grattugiato, sopra la quale stavan genti che niuna altra cosa facevan che far maccheroni e raviuoli e cuocergli in brodo di capponi, e poi gli gittavan quindi giù, e chi più ne pigliava più se n'aveva: e ivi presso correva un fiumicel di vernaccia, della migliore che mai si bevve, senza avervi entro gocciol d'acqua.

« Oh, » disse Calandrino, « cotesto è buon paese; ma dimmi, che si fa de' capponi che cuocon coloro? »

10 *de' fatti suoi*: di lui.
11 bassorilievi.
12 *essergli... tempo*: gli erano offerti luogo e tempo propizi.
13 intenditore di pietre preziose.
14 *non era credenza*: non c'era segreto.
15 *seguendo le sue parole*: proseguendo il discorso.
16 luogo immaginario, come *Bengodi* che segue. Tutto il discorso di Maso è infarcito di paradossi verbali e di *non-sense*, costruiti con tecnica simile a quella usata da frate Cipolla (sesta giornata, novella decima).
17 *un'oca... giunta*: un'oca per un denaro e un papero per giunta.

Rispuose Maso: « Mangiansegli i baschi tutti. »

Disse allora Calandrino: « Fostivi tu mai? »

A cui Maso rispose: « Di' tu se io vi fu mai? sì vi sono stato così una volta come mille. »[18]

Disse allora Calandrino: « E quante miglia ci ha? »[19]

Maso rispose: « Haccene più di millanta, che tutta notte canta. »

Disse Calandrino: « Dunque dee egli essere più là che Abruzzi. »

« Sì bene, » rispuose Maso, « sì è cavelle. »[20]

Calandrino semplice, veggendo Maso dir queste parole con un viso fermo[21] e senza ridere, quella fede vi dava che dar si può a qualunque verità è più manifesta, e così l'aveva per vere; e disse: « Troppo ci è di lungi a' fatti miei,[22] ma se più presso ci fosse, ben ti dico che io vi verrei una volta con essoteco, pur per veder fare il tomo a quei maccheroni e tormene una satolla.[23] Ma dimmi, che lieto sie tu, in queste contrade non se ne truova niuna di queste pietre così virtuose? »

A cui Maso rispose: « Sì, due maniere di pietre ci si truovano di grandissima virtù. L'una sono i macigni da Settignano e da Montisci,[24] per virtù de' quali, quando son macine fatti, se ne fa la farina, e per ciò si dice egli in que' paesi di là, che da Dio vengono le grazie e da Montisci le macine; ma ecci[25] di questi macigni sì gran quantità, che appo noi è poco prezzata, come appo loro gli smeraldi, de' quali v'ha maggior montagne che monte Morello,[26] che rilucon di mezza notte vatti con Dio; e sappi che chi facesse le macine belle e fatte legare in anella,

18 *una... mille*: gioco di parole, mediante le quali Maso nega dando l'impressione di affermare.

19 *ci ha*: ci sono.

20 suppergiù.

21 impassibile.

22 *Troppo... miei*: è troppo distante per me.

23 *pur... satolla*: solamente per veder fare il capitombolo a quei maccheroni e farmene una scorpacciata.

24 *da Settignano e da Montisci*: due località nei pressi di Firenze.

25 vi è.

26 *monte Morello*: collina nelle vicinanze di Firenze.

prima che elle si forassero,[27] e portassele al soldano, n'avrebbe ciò che volesse. L'altra si è una pietra, la quale noi altri lapidari appelliamo elitropia, pietra di troppo gran virtù, per ciò che qualunque persona la porta sopra di sé, mentre la tiene non è da alcuna altra persona veduto dove non è. »[28]

Allora Calandrino disse: « Gran virtù son queste; ma questa seconda dove si truova? » A cui Maso rispose che nel Mugnone se ne solevan trovare. Disse Calandrino: « Di che grossezza è questa pietra? o che colore è il suo? »

Rispose Maso: « Ella è di varie grossezze, ché alcuna n'è più e alcuna meno, ma tutte son di colore quasi come nero. »

Calandrino, avendo tutte queste cose seco notate, fatto sembianti d'avere altro a fare, si partì da Maso, e seco propose di voler cercare di questa pietra; ma diliberò di non volerlo fare senza saputa[29] di Bruno e di Buffalmacco, li quali spezialissimamente amava. Diessi adunque a cercar di costoro, acciò che senza indugio e prima che alcuno altro n'andassero a cercare, e tutto il rimanente di quella mattina consumò in cercargli. Ultimamente,[30] essendo già l'ora della nona[31] passata, ricordandosi egli che essi lavoravano nel monistero delle donne[32] di Faenza, quantunque il caldo fosse grandissimo, lasciata ogni altra sua faccenda, quasi correndo n'andò a costoro, e chiamatigli, così disse loro: « Compagni, quando voi vogliate credermi, noi possiamo divenire i più ricchi uomini di Firenze, per ciò che io ho inteso da uomo degno di fede che in Mugnone si truova una pietra, la qual chi la porta sopra non è veduto da niun'altra persona; per che a me parrebbe che noi senza alcuno indugio, prima che altra persona v'andasse, v'andassimo a cercare. Noi la troveremo per certo, per ciò che io la conosco; e trovata che noi l'avremo,

27 *chi... forassero*: chi facesse legare a mo' di collana le macine, ma prima che venissero forate.
28 *dove non è*: gioco di parole.
29 *senza saputa*: all'insaputa.
30 infine.
31 *l'ora della nona*: le tre pomeridiane.
32 monachè.

che avrem noi a fare altro se non mettercela nella scarsella e andare alle tavole de' cambiatori,[33] le quali sapete che stanno sempre cariche di grossi [34] e di fiorini, e torcene quanti noi ne vorremo? Niuno ci vedrà; e così potremo arricchire subitamente, senza avere tutto dì a schiccherare [35] le mura a modo che fa la lumaca. »

Bruno e Buffalmacco, udendo costui, fra se medesimi cominciarono a ridere, e guatando l'un verso l'altro fecer sembianti di maravigliarsi forte, e lodarono il consiglio di Calandrino; ma domandò Buffalmacco come questa pietra avesse nome.

A Calandrino, che era di grossa pasta, era già il nome uscito di mente, per che egli rispose: « Che abbiam noi a far del nome, poi che noi sappiam la virtù? a me parrebbe che noi andassimo a cercare senza star più. »[36]

« Or ben, » disse Bruno « come è ella fatta? »

Calandrin disse: « Egli ne son d'ogni fatta, ma tutte son quasi nere; per che a me pare che noi abbiamo a ricogliere tutte quelle che noi vederem nere, tanto che noi ci abbattiamo ad [37] essa; e perciò non perdiamo tempo, andiamo. »

A cui Bruno disse: « Or t'aspetta »; e volto a Buffalmacco disse: « A me pare che Calandrino dica bene, ma non mi pare che questa sia ora da ciò,[38] perciò che il sole è alto e dà per lo Mugnone entro e ha tutte le pietre rasciutte, per che tali paion testé [39] bianche, delle pietre che vi sono, che la mattina, anzi che il sole l'abbia rasciutte, paion nere: e oltre a ciò molta gente per diverse cagioni è oggi, che è dì da lavorare, per lo Mugnone, li quali vedendoci si potrebbono indovinare quello che noi andassimo faccendo, e forse farlo essi altressì, e potrebbe venire alle mani a loro, e noi avremmo perduto il trotto per l'ambiadura.[40] A me pare, se pare a voi, che questa sia

33 alle... cambiatori: al banco dei cambiavalute.
34 monete d'argento.
35 insudiciare, imbrattare.
36 senza star più: senza indugiare oltre.
37 ci abbattiamo ad: ci imbattiamo in.
38 ora da ciò: adatta a questo.
39 adesso.
40 avremmo... ambiadura: avremmo perduto lo scopo del nostro viaggio (espressione proverbiale).

opera da dover fare da mattina, che si conoscon meglio le nere dalle bianche, e in dì di festa, che non vi sarà persona che ci vegga. » Buffalmacco lodò il consiglio di Bruno, e Calandrino vi s'accordò, e ordinarono [41] che la domenica mattina vegnente tutti e tre fossero insieme a cercar di questa pietra; ma sopra ogni altra cosa gli pregò Calandrino che essi non dovesser questa cosa con persona del mondo ragionare, per ciò che a lui era stata posta in credenza; [42] e ragionato questo, disse loro ciò che udito avea della contrada di Bengodi, con saramenti [43] affermando che così era. Partito Calandrino da loro, essi quello che intorno a questo avessero a fare ordinarono fra se medesimi.

Calandrino con disidero aspettò la domenica mattina; la qual venuta, in sul far del dì si levò, e chiamati i compagni, per la porta a San Gallo usciti e nel Mugnon discesi, cominciarono ad andare in giù, della pietra cercando. Calandrino andava, come più volenteroso, avanti e prestamente or qua e or là saltando, dovunque alcuna pietra nera vedeva, si gittava, e quella ricogliendo si metteva in seno. I compagni andavano appresso, e quando una e quando un'altra ne ricoglievano; ma Calandrino non fu guari di via andato, [44] che egli il seno se n'ebbe pieno, per che, alzandosi i gheroni della gonnella, che all'analda non era, [45] e faccendo di quegli ampio grembo, bene avendogli alla coreggia [46] attaccati d'ogni parte, non dopo molto gli empié, e similmente, dopo alquanto spazio, fatto del mantello grembo, quello di pietre empié. Per che, veggendo Buffalmacco e Bruno che Calandrino era carico e l'ora del mangiare s'avvicinava, secondo l'ordine da sé posto, [47] disse Bruno a Buffalmacco : « Calandrino dove è? »

41 stabilirono.
42 *posta in credenza* : confidata in segreto.
43 sacramenti.
44 *non... andato* : non ebbe fatto molto cammino.
45 *alzandosi... era* : alzandosi i lembi (*gheroni*) della gonnella, che non era stretta, alla foggia dell'*analda*. L'Heïnault (da cui *analda*), provincia del Belgio, andava famosa per le manifatture tessili. La moda di quella regione si era diffusa in Italia dopo la discesa di Carlo d'Angiò.
46 cintura di cuoio.
47 *secondo... posto* : secondo quanto stabilito tra loro.

Buffalmacco, che ivi presso sel vedeva, volgendosi intorno e or qua e or là riguardando, rispose : « Io non so, ma egli era pur poco fa qui dinanzi da noi. »

Disse Bruno : « Ben che fa poco! [48] a me par egli esser certo che egli è ora a casa a desinare, e noi ha lasciati nel farnetico [49] d'andar cercando le pietre nere giù per lo Mugnone. »

« Deh come egli ha ben fatto, » disse allora Buffalmacco, « d'averci beffati e lasciati qui, poscia che noi fummo sì sciocchi che noi gli credemmo. Sappi! chi sarebbe stato sì stolto che avesse creduto che in Mugnone si dovesse trovare una così virtuosa pietra, altri che noi? »

Calandrino, queste parole udendo, imaginò che quella pietra alle mani gli fosse venuta e che per la virtù d'essa coloro, ancor che lor fosse presente, nol vedessero. Lieto adunque oltre modo di tal ventura, senza dir loro alcuna cosa, pensò di tornarsi a casa; e volti i passi indietro se ne cominciò a venire.

Vedendo ciò, Buffalmacco disse a Bruno : « Noi che faremo? ché non ce ne andiam noi? »

A cui Bruno rispose : « Andianne; ma io giuro a Dio che mai Calandrino non me ne farà più niuna; e se io gli fossi presso, come stato sono tutta mattina, io gli darei tale di questo ciotto [50] nelle calcagna, che egli si ricorderebbe forse un mese di questa beffa »; e il dir le parole e l'aprirsi [51] e 'l dar del ciotto nel calcagno a Calandrino fu tutto uno. Calandrino, sentendo il duolo, levò alto il piè e cominciò a soffiare, ma pur si tacque e andò oltre.

Buffalmacco, recatosi in man uno de' codoli [52] che raccolti avea, disse a Bruno : « Deh! vedi bel codolo; così giugnesse egli testé nelle reni a Calandrino! » e lasciato andare, gli diè con esso nelle reni una gran percossa; e in brieve in cotal guisa or con una parola e or con una altra su per lo Mugnone infino alla porta di San Gallo il vennero lapidando. Quindi, in terra gittate le pietre che

48 *Ben... poco* : altro che poco fa!
49 *nel farnetico* : nella folle idea.
50 ciottolo.
51 *l'aprirsi* : l'allargare le braccia per lanciare il sasso.
52 sassi affilati.

ricolte aveano, alquanto con le guardie de' gabellieri si ristettero,[53] le quali, prima da loro informate, faccendo vista di non vedere, lasciarono andar Calandrino con le maggior risa del mondo. Il quale senza arrestarsi se ne venne a casa sua, la quale era vicina al Canto alla Macina; e in tanto fu la fortuna piacevole [54] alla beffa, che, mentre Calandrino per lo fiume ne venne e poi per la città, niuna persona gli fece motto, come che [55] pochi ne scontrasse, per ciò che quasi a desinare era ciascuno.

Entrossene adunque Calandrino così carico in casa sua. Era per avventura la moglie di lui, la quale ebbe nome monna Tessa, bella e valente donna, in capo della scala: e alquanto turbata della sua lunga dimora,[56] veggendol venire, cominciò proverbiando a dire: « Mai,[57] frate, il diavol ti ci reca! ogni gente ha già desinato quando tu torni a desinare. »

Il che udendo Calandrino e veggendo che veduto era, pieno di cruccio e di dolore cominciò a gridare: « Oimè, malvagia femina, o eri tu costì? tu m'hai diserto,[58] ma in fé di Dio io te ne pagherò! » e salito in una sua saletta e quivi scaricate le molte pietre che recate avea, niquitoso [59] corse verso la moglie, e presala per le treccie la si gittò a' piedi, e quivi, quanto egli poté menar le braccia e' piedi, tanto le diè per tutta la persona pugna e calci, senza lasciarle in capo capello o osso addosso che macero [60] non fosse, niuna cosa valendole il chieder mercé con le mani in croce.

Buffalmacco e Bruno, poi che co' guardiani della porta ebbero alquanto riso, con lento passo cominciarono alquanto lontani a seguitar Calandrino; e giunti a piè dell'uscio di lui, sentirono la fiera battitura la quale alla moglie dava, e faccendo vista di giungere pure allora, il chiamarono. Calandrino tutto sudato, rosso e affannato si fece

53 *si ristettero* : si fermarono.
54 compiacente, favorevole.
55 *come che* : benché.
56 ritardo.
57 finalmente.
58 rovinato.
59 furibondo.
60 pesto, livido.

alla finestra e pregogli che suso a lui dovessero andare. Essi, mostrandosi alquanto turbati,[61] andaron suso e videro la sala piena di pietre, e nell'un de' canti la donna scapigliata, stracciata, tutta livida e rotta nel viso dolorosamente piagnere; e d'altra parte Calandrino scinto e ansando a guisa d'uom lasso sedersi.

Dove, come alquanto ebbero riguardato, dissero: « Che è questo, Calandrino? vuoi tu murare,[62] ché noi veggiamo qui tante pietre? » e oltre a questo soggiunsero: « E monna Tessa che ha? e' par che tu l'abbi battuta: che novelle[63] son queste? » Calandrino, faticato dal peso delle pietre e dalla rabbia con la quale la donna aveva battuta, e dal dolore della ventura[64] la quale perduta gli pareva avere, non poteva raccogliere lo spirito[65] a formare intera la parola alla risposta; per che soprastando,[66] Buffalmacco ricominciò: « Calandrino, se tu avevi altra ira, tu non ci dovevi perciò straziare[67] come fatto hai; ché, poi sodotti[68] ci avesti a cercar teco della pietra preziosa, senza dirci a Dio né a diavolo, a guisa di due becconi[69] nel Mugnon ci lasciasti e venistitene, il che noi abbiamo forte per male; ma per certo questa fia la sezzaia[70] che tu ci farai mai. »

A queste parole Calandrino, sforzandosi, rispose: « Compagni, non vi turbate; l'opera sta altramenti che voi non pensate. Io, sventurato! avea quella pietra trovata; e volete udire se io dico il vero? Quando voi primieramente di me domandaste l'un l'altro, io v'era presso a men di diece braccia, e veggendo che voi ve ne venavate e non mi vedavate, v'entrai innanzi,[71] e continuamente poco innanzi a voi me ne son venuto. » E, cominciandosi dall'un de' capi, infino la fine raccontò loro ciò che essi fatto

61 adirati.
62 far opere di muratura.
63 novità.
64 fortuna.
65 fiato.
66 indugiando nella risposta.
67 canzonare.
68 indotti.
69 scemi.
70 ultima.
71 *v'entrai innanzi*: vi precedetti.

e detto aveano, e mostrò loro il dosso e la calcagna come i ciotti conci gliel'avessero, e poi seguitò: « E dicovi che, entrando alla porta con tutte queste pietre in seno che voi vedete qui, niuna cosa mi fu detta, ché sapete quanto esser sogliano spiacevoli e noiosi que' guardiani a volere ogni cosa vedere; e oltre a questo ho trovati per la via più miei compari e amici, li quali sempre mi soglion far motto e invitarmi a bere, né alcun fu che parola mi dicesse né mezza,[72] sì come quegli che non mi vedeano. Alla fine, giunto qui a casa, questo diavolo di questa femina maladetta mi si parò dinanzi ed ebbemi veduto, per ciò che, come voi sapete, le femine fanno perder la virtù ad ogni cosa: di che[73] io, che mi poteva dire il più avventurato uom di Firenze, sono rimaso il più sventurato; e per questo l'ho tanto battuta quant'io ho potuto menar le mani, e non so a quello che io mi tengo che io non le sego le veni;[74] che maladetta sia l'ora che io prima la vidi e quand'ella mi venne in questa casa!» E raccesosi nell'ira, si voleva levare per tornare a batterla da capo.

Buffalmacco e Bruno, queste cose udendo, facevan vista di maravigliarsi forte e spesso affermavano[75] quello che Calandrino diceva, e avevano sì gran voglia di ridere che quasi scoppiavano; ma vedendolo furioso levare per battere un'altra volta la moglie, levatiglisi allo 'ncontro il ritennero, dicendo di queste cose niuna colpa aver la donna, ma egli, che sapeva che le femine facevano perdere la virtù alle cose e non le aveva detto che ella si guardasse d'apparirgli innanzi quel giorno: il quale avvedimento[76] Iddio gli aveva tolto o per ciò che la ventura non doveva esser sua, o perch'egli aveva in animo d'ingannare i suoi compagni, a' quali, come s'avvedeva d'averla trovata, il doveva palesare. E dopo molte parole, non senza gran fatica, la dolente donna riconciliata con essolui, e lasciandol malinconoso con la casa piena di pietre, si partirono.

---

72 *parola... mezza*: neppure mezza parola.
73 *di che*: per ciò.
74 vene.
75 confermavano.
76 accorgimento.

Novella quarta

Venuta era Elissa alla fine della sua novella, non senza gran piacere di tutta la compagnia avendola raccontata, quando la reina, ad Emilia voltatasi, le mostrò voler che ella appresso d'Elissa la sua raccontasse; la qual prestamente così cominciò:

Valorose donne, quanto i preti e' frati e ogni cherico sieno sollecitatori delle [3] menti nostre, in più novelle dette mi ricorda essere mostrato; ma per ciò che dir non se ne potrebbe tanto che ancora più non ne fosse, [4] io, oltre a quelle, intendo di dirvene una d'un proposto, il quale, malgrado di tutto il mondo, voleva che una gentil donna vedova gli volesse bene, o volesse ella o no: la quale, sì come molto savia, il trattò sì come egli era degno.

Come ciascuna di voi sa, Fiesole, il cui poggio noi possiamo di quinci vedere, fu già antichissima città e grande, come che oggi tutta disfatta sia, [5] né per ciò è mai cessato che Vescovo avuto non abbia, [6] e ha ancora. Quivi vicino alla maggior chiesa [7] ebbe già una gentil donna vedova, chiamata monna Piccarda, un suo podere con una casa non troppo grande; e per ciò che la più agiata donna del mondo non era, quivi la maggior parte dell'anno dimorava e con lei due suoi fratelli, giovani assai dabbene e cortesi. Ora avvenne che, usando questa donna alla chiesa maggiore ed essendo ancora assai giovane e bella e pia-

1 preposto, curato.
2 Accanto a fonti classiche, si ricorda con maggior verosimiglianza un antecedente medievale, il *fabliau* di Guglielmo il Normanno: *Le prêtre et Alison.*
3 *sieno... delle*: stimolino, eccitino le (detto in senso ironico).
4 *tanto.. fosse*: tanto che non ne rimanesse ancora da dire.
5 *come... sia*: benché oggi sia andata completamente in rovina.
6 *è... abbia*: non ha mai smesso di avere un suo vescovo.
7 *maggior chiesa*: il duomo.

cevole, di lei s'innamorò sì forte il proposto della chiesa, che più qua né più là non vedea; e dopo alcun tempo fu di tanto ardire, che egli medesimo disse a questa donna il piacer[8] suo, e pregolla che ella dovesse esser contenta del suo amore e d'amar lui come egli lei amava.

Era questo proposto d'anni già vecchio ma di senno giovanissimo, baldanzoso e altiero, e di sé ogni gran cosa presummeva,[9] con suoi modi e costumi pieni di scede[10] e di spiacevolezze, e tanto sazievole e rincrescevole che niuna persona era che ben gli volesse; e se alcuno ne gli voleva poco, questa donna era colei,[11] ché non solamente non ne gli voleva punto, ma ella l'aveva più in odio che il mal del capo; per che ella, sì come savia, gli rispose: « Messere, che voi m'amiate mi può esser molto caro, e io debbo amar voi e amerovvi volentieri; ma tra 'l vostro amore e 'l mio niuna cosa disonesta dee cader mai. Voi siete mio padre spirituale e siete prete, e già v'appressate molto bene alla vecchiezza, le quali cose vi debbono fare e onesto e casto; e d'altra parte io non son fanciulla, alla quale questi innamoramenti steano oggimai bene, e son vedova, ché sapete quanta onestà nelle vedove si richiede; e per ciò abbiatemi per iscusata, che al modo che voi mi richiedete io non v'amerò mai, né così voglio essere amata da voi. »

Il proposto, per quella volta non potendo trarre da lei altro, non fece come sbigottito o vinto al primo colpo, ma, usando la sua trascutata prontezza,[12] la sollicitò molte volte e con lettere e con ambasciate e ancora egli stesso quando nella chiesa la vedeva venire; per che, parendo questo stimolo troppo grave e troppo noioso alla donna, si pensò di volerlosi levar da dosso per quella maniera la quale egli meritava, poscia che altramenti non poteva; ma cosa alcuna far non volle, che prima co' fratelli no 'l ragionasse. E detto loro ciò che il proposto verso lei operava e

8 desiderio.
9 *di sé... presummeva*: era molto presuntuoso.
10 lezi, smorfie.
11 *se... colei*: se qualcuno gliene voleva poco (bene), la donna era tra quelli.
12 *trascutata prontezza*: sfacciataggine smodata.

quello ancora che ella intendeva di fare, e avendo in ciò
piena licenza da loro, ivi a pochi giorni andò alla chiesa
come usata era; la quale come il proposto vide, così se ne
venne verso lei, e come far soleva, per un modo parentevole [13] seco entrò in parole.

La donna, vedendol venire, e verso lui riguardando, gli
fece lieto viso; e da una parte tiratisi, avendole il proposto molte parole dette al modo usato, la donna dopo un
gran sospiro disse: « Messere, io ho udito assai volte che
egli non è alcun castello sì forte che, essendo ogni dì com-
battuto [14] non venga fatto d'esser preso una volta; il che
io veggo molto bene in me essere avvenuto. Tanto, ora
con dolci parole e ora con una piacevolezza e ora con un'altra, mi siete andato dattorno, che voi m'avete fatto rom-
pere il mio proponimento, e son disposta, poscia che io
così vi piaccio, a volere esser vostra. »

Il proposto tutto lieto disse: « Madonna, gran mercé;
e a dirvi il vero, io mi son forte maravigliato come voi vi
siete tanto tenuta,[15] pensando che mai più di niuna non
m'avvenne; anzi ho io alcuna volta detto: ‹Se le femine
fossero d'ariento, elle non varrebbon denaio, per ciò che
niuna se ne terrebbe a martello. ›[16] Ma lasciamo andare ora
questo: quando e dove potrem noi essere insieme? »

A cui la donna rispose: « Signor mio dolce, il quando
potrebbe essere qualora più ci piacesse, perciò che io non
ho marito a cui mi convenga render ragion delle notti;
ma io non so pensare il dove. »

Disse il proposto: « Come no? o in casa vostra? »

Rispose la donna: « Messer, voi sapete che io ho due
fratelli giovani, li quali e di dì e di notte vengono in casa con lor brigate, e la casa mia non è troppo grande, e
per ciò esser non vi si potrebbe, salvo chi non volesse starvi a modo di mutolo, senza far motto o zitto alcuno [17] e

13 *per... parentevole*: con atteggiamento di grande familiarità.
14 assalito.
15 *vi... tenuta*: avete resistito tanto.
16 *Se... martello*: se le donne fossero d'argento, non varrebbero
per il conio del denaro perché non resisterebbero al martello (cioè,
alle pressioni, alle insistenze degli uomini).
17 *salvo... alcuno*: a meno che non ci si voglia stare muti,
senza far parola o sussurro alcuno.

al buio a modo di ciechi: vogliendo far così, si potrebbe, per ciò che essi non s'impacciano [18] nella camera mia; ma è la loro sì allato alla mia, che paroluzza sì cheta [19] non si può dire che non si senta. »

Disse allora il proposto: « Madonna, per questo non rimanga [20] per una notte o per due, intanto che io pensi dove noi possiamo essere in altra parte con più agio. »

La donna disse: « Messere, questo stea pure a voi; ma d'una cosa vi priego: che questo stea segreto, che mai parola non se ne sappia. »

Il proposto disse allora: « Madonna, non dubitate di ciò, e, se esser puote, fate che istasera noi siamo insieme. »

La donna disse: « Piacemi », e datogli l'ordine come e quando venir dovesse, si partì e tornossi a casa.

Aveva questa donna una fante, la qual non era però troppo giovane, ma ella aveva il più brutto viso e il più contrafatto che si vedesse mai: ché ella aveva il naso schiacciato forte e la bocca torta e le labbra grosse e i denti mal composti e grandi, e sentiva del guercio,[21] né mai era senza mal d'occhi, con un color verde e giallo, che pareva che non a Fiesole ma a Sinigaglia avesse fatta la state,[22] e oltre a tutto questo era sciancata e un poco monca dal lato destro; e il suo nome era Ciuta, e perché così cagnazzo [23] viso avea, da ogn'uomo era chiamata Ciutazza; e benché ella fosse contrafatta della persona, ella era pure alquanto maliziosetta.

La quale la donna chiamò a sé e dissele: « Ciutazza, se tu mi vuoi fare un servigio stanotte, io ti donerò una bella camiscia nuova. »

La Ciutazza, udendo ricordar la camiscia, disse: « Madonna, se voi mi date una camiscia, io mi gitterò nel fuoco, non che altro. »

« Or ben, » disse la donna, « io voglio che tu giaccia stanotte con uno uomo entro il letto mio e che tu gli

18 *s'impacciano*: entrano, si prendono la briga d'entrare.
19 sommessa.
20 si rinunci.
21 *sentiva del guercio*: era un po' guercia.
22 *non... state*: avesse passato l'estate non a Fiesole, ma in un luogo malsano e malarico come Sinigallia.
23 livido.

faccia carezze, e guardíti ben di non far motto, sì che tu non fossi sentita da' fratei miei, ché sai che ti dormono allato; e poscia io ti darò la camiscia. »

La Ciutazza disse : « Sì, dormirò io con sei, non che con uno, se bisognerà. »

Venuta adunque la sera, messer lo proposto venne come ordinato gli era stato, e i due giovani, come la donna composto [24] avea, erano nella camera loro e facevansi ben sentire : per che il proposto, tacitamente e al buio nella camera della donna entratosene, se n'andò, come ella gli disse, al letto, e dall'altra parte la Ciutazza, ben dalla donna informata di ciò che a far avesse. Messer lo proposto, credendosi aver la donna sua allato, si recò in braccio la Ciutazza e cominciolla a basciar senza dir parola, e la Ciutazza lui; e cominciossi il proposto a sollazzar con lei, la possession pigliando de' beni lungamente disiderati. Quando la donna ebbe questo fatto, impose a' fratelli che facessero il rimanente di ciò che ordinato era; li quali, chetamente della camera usciti, n'andarono verso la piazza, e fu lor la fortuna in quello che far volevano più favorevole che essi medesimi non dimandavano; per ciò che, essendo il caldo grande, aveva domandato il Vescovo di questi due giovani, per andarsi infino a casa lor diportando [25] e ber con loro. Ma come venir gli vide, così detto loro il suo disidero, con loro si mise in via, e in una lor corticella fresca entrato dove molti lumi accesi erano, con gran piacer bevve d'un loro buon vino.

E avendo bevuto, dissono i giovani : « Messer, poi che tanta di grazia n'avete fatta, che degnato siete di visitar questa nostra piccola casetta, alla quale noi venavamo ad invitarvi, noi vogliam che vi piaccia di voler vedere una cosetta che noi vi vogliam mostrare. »

Il Vescovo rispose che volentieri : per che l'un de' giovani, preso un torchietto acceso in mano e messosi innanzi, seguitandolo il Vescovo e tutti gli altri, si dirizzò verso la camera dove messer lo proposto giaceva con la Ciutazza; il quale, per giunger tosto, s'era affrettato di cavalcare, [26]

24 accordato, combinato.
25 svagando.
26 nel senso equivoco (come più avanti *cavalcato*).

ed era, avanti che costor quivi venissero, cavalcato già delle miglia più di tre, per che istanchetto, avendo, nonostante il caldo, la Ciutazza in braccio, si riposava. Entrato adunque con lume in mano il giovane nella camera, e il Vescovo appresso e poi tutti gli altri, gli fu mostrato il proposto con la Ciutazza in braccio. In questo destatosi messer lo proposto e veduto il lume e questa gente dattornosi,[27] vergognandosi forte e temendo, mise il capo sotto i panni;[28] al quale il Vescovo disse una gran villania,[29] e fecegli trarre il capo fuori e vedere con cui giaciuto era. Il proposto, conosciuto lo 'nganno della donna, sì per quello e sì per lo vituperio che aver gli parea, subito divenne il più doloroso uomo che fosse mai; e per comandamento del Vescovo rivestitosi, a patir gran penitenza del peccato commesso con buona guardia ne fu mandato alla chiesa. Volle il Vescovo appresso sapere come questo fosse avvenuto, che egli quivi con la Ciutazza fosse a giacere andato. I giovani gli dissero ordinatamente ogni cosa; il che il Vescovo udito, commendò molto la donna e i giovani altressì, che, senza volersi del sangue de' preti imbrattar le mani, lui sì come egli era degno avean trattato.

Questo peccato gli fece il Vescovo piagnere quaranta dì, ma amore e isdegno gliele fecero piagnere più di quarantanove;[30] senza che, poi ad un gran tempo,[31] egli non poteva mai andar per via che egli non fosse da' fanciulli mostrato a dito, li quali dicevano: « Vedi colui che giacque con la Ciutazza, » il che gli era sì gran noia, che egli ne fu quasi in su lo 'mpazzare.[32] E in così fatta guisa la valente donna si tolse da dosso la noia dello improtno[33] proposto, e la Ciutazza guadagnò la camiscia.

---

27 intorno a sé.
28 *i panni*: le coltri.
29 *una gran villania*: parole molto ingiuriose.
30 È solo un'aggiunta ironica per indicare il dolore « supplementare », dovuto ad amore e ira.
31 *poi... tempo*: per molto tempo ancora.
32 *ne... 'mpazzare*: fu sul punto di impazzire.
33 sfacciato.

Novella quinta

TRE GIOVANI TRAGGONO LE BRACHE AD UN GIUDICE
MARCHIGIANO IN FIRENZE, MENTRE CHE EGLI, SEDENDO
AL BANCO,[1] TENEVA RAGIONE.[2]

Fatto aveva Emilia fine al suo ragionamento, essendo
stata la vedova donna commendata da tutti, quando la
reina, a Filostrato guardando, disse : « A te viene ora il
dover dire. » Per la qual cosa egli prestamente rispose sé
essere apparecchiato, e cominciò :

Dilettose donne, il giovane che Elissa poco avanti no-
minò, cioè Maso del Saggio,[3] mi farà lasciare stare una novella la quale io di dire intendeva, per dirne una di lui e
d'alcuni suoi compagni, la quale ancora che disonesta
non sia per ciò che [4] vocaboli in essa s'usano che voi d'usar
vi vergognate, nondimeno è ella tanto da ridere, che io
la pur dirò.

Come voi tutte potete avere udito, nella nostra città
vengono molto spesso rettori [5] marchigiani, li quali generalmente sono uomini di povero cuore e di vita tanto strema e tanto misera, che altro non pare ogni lor fatto che una
pidocchieria : [6] e per questa loro innata miseria e avarizia
menan seco e giudici e notai che paion uomini levati più
tosto dallo aratro o tratti dalla calzoleria, che delle scuole
delle leggi. Ora, essendovene venuto uno per podestà,
tra gli altri molti giudici che seco menò, ne menò uno il
quale si facea chiamare messer Niccola da San Lepidio, il

---

1 *al banco* : in tribunale.
2 *teneva ragione* : amministrava la giustizia. La tramatura della
novella trova persuasiva collocazione entro la cerchia della vita
fiorentina.
3 *Maso del Saggio* : si veda la novella terza di questa giornata.
4 *ancora che... che* : per quanto non sia sconveniente sebbene.
5 podestà.
6 *di... pidocchieria* : di animo meschino e di vita tanto stenta
e misera, che ogni loro azione non sembra che il risultato della
loro grettezza.

qual pareva più tosto un magnano[7] che altro a vedere, e
fu posto costui tra gli altri giudici ad udire le quistion
criminali.[8] E come spesso avviene che, bene che i cittadini
non abbiano a fare cosa del mondo a Palagio,[9] pur talvolta vi vanno, avvenne che Maso del Saggio una mattina, cercando d'un suo amico, v'andò; e venutogli guardato[10] là dove questo messer Niccola sedeva, parendogli che
fosse un nuovo uccellone,[11] tutto il venne considerando. E
come che[12] egli gli vedesse il vaio[13] tutto affumicato in capo
e un pennaiuolo[14] a cintola e più lunga la gonnella che la
guarnacca[15] e assai altre cose tutte strane da ordinato e costumato uomo,[16] tra queste una, ch'è più notabile che alcuna dell'altre, al parere suo, ne gli vide, e ciò fu un paio
di brache, le quali, sedendo egli e i panni per istrettezza
standogli aperti dinanzi, vide che il fondo loro infino a
mezza gamba gli aggiugnea.[17]

Per che, senza star troppo a guardarle, lasciato quello
che andava cercando, incominciò a far cerca nuova, e
trovò due suoi compagni, de' quali l'uno aveva nome Ribi e l'altro Matteuzzo, uomini ciascun di loro non meno
sollazzevoli che Maso, e disse loro: « Se vi cal di me,[18] venite
meco infino a Palagio, ché io vi voglio mostrare il più
nuovo squasimodeo[19] che voi vedeste mai. »

E con loro andatosene in Palagio, mostrò loro questo
giudice e le brache sue. Costoro dalla lungi[20] cominciarono

7 fabbro, calderaio.
8 *ad... criminali*: a dirigere le cause penali.
9 *non... Palagio*: non abbiano da fare cosa alcuna al palagio
del podestà.
10 *venutogli guardato*: capitatogli di guardare.
11 *un nuovo uccellone*: un singolare babbeo.
12 *come che*: benché.
13 berretto foderato di pelliccia di vaio (tipo di scoiattolo).
14 astuccio contenente il necessario per scrivere (calamaio e
penna) che si portava appeso alla cintola.
15 la guarnacca era una sopravveste che si portava sopra la
gonnella, molto più lunga di quest'ultima.
16 *strane... uomo*: sconvenienti a una persona ordinata e dabbene.
17 *gli aggiugnea*: gli arrivava.
18 *se... me*: se vi importa di me.
19 sciocco.
20 *dalla lungi*: già da lontano.

a ridere di questo fatto, e fattisi più vicini alle panche sopra le quali messer lo giudice stava, vider che sotto quelle panche molto leggiermente [21] si poteva andare, e oltre a ciò videro rotta l'asse sopra la quale messer lo giudicio teneva i piedi, tanto che a grand'agio vi si poteva mettere la mano e 'l braccio.

E allora Maso disse a' compagni: «Io voglio che noi gli traiamo quelle brache del tutto, per ciò che si può troppo [22] bene.»

Aveva già ciascun de' compagni veduto come: per che, fra sé ordinato [23] che dovessero fare e dire, la seguente mattina vi ritornarono: ed essendo la corte molto piena d'uomini, Matteuzzo, che persona non se ne avvide,[24] entrò sotto il banco e andossene appunto sotto il luogo dove il giudice teneva i piedi; Maso, dall'un de' lati accostatosi a messer lo giudice, il prese per lo lembo della guarnacca; e Ribi accostatosi dall'altro e fatto il simigliante, incominciò Maso a dire: «Messer, o messere: io vi priego per Dio, che, innanzi che cotesto ladroncello, che v'è costì dallato, vada altrove, che voi mi facciate rendere un mio paio d'uose [25] le quali egli m'ha imbolate,[26] e dice pur di no; e io il vidi, non è ancora un mese, che faceva risolare.»

Ribi dall'altra parte gridava forte: «Messere, non gli credete, ché egli è un ghiottoncello; [27] e perché egli sa che io son venuto a richiamarmi di lui [28] d'una valigia la quale egli m'ha imbolata, ed egli è testé venuto e dice dell'uose, che io m'aveva in casa infin vie l'altrieri; [29] e se voi non mi credeste, io vi posso dare per testimonia la trecca mia dallato,[30] e la Grassa ventraiuola [31] e un che va raccogliendo

---

21 facilmente.
22 assai.
23 stabilito.
24 *che... ne avvide*: senza che alcuno se ne avvedesse.
25 stivaletti.
26 rubate.
27 ribaldo.
28 *richiamarmi di lui*: citarlo in giudizio.
29 *infin vie l'altrieri*: da lungo tempo.
30 *la trecca mia dallato*: la fruttivendola che abita vicino a me.
31 venditrice di trippa.

la spazzatura da Santa Maria a Verzaia, che 'l vide quando egli tornava di villa. »[32]

Maso d'altra parte non lasciava dire a Ribi, anzi gridava, e Ribi gridava ancora. E mentre che il giudice stava ritto e loro più vicino per intendergli meglio, Matteuzzo, preso tempo,[33] mise la mano per lo rotto dell'asse, e pigliò il fondo delle brache del giudice, e tirò giù forte: le brache ne venner giuso incontanente, per ciò che il giudice era magro e sgroppato.[34] Il quale, questo fatto sentendo e non sappiendo che ciò si fosse, volendosi tirare i panni dinanzi e ricoprirsi e porsi a sedere, Maso dall'un lato e Ribi dall'altro pur tenendolo e gridando forte: « Messer, voi fate villania a non farmi ragione e non volermi udire e volervene andare altrove; di così piccola cosa, come questa è, non si dà libello [35] in questa terra », e' tanto in queste parole il tennero per li panni, che quanti nella corte [36] n'erano s'accorsero essergli state tratte le brache. Ma Matteuzzo, poi che alquanto tenute l'ebbe, lasciatele, se n'uscì fuori e andossene senza esser veduto.

Ribi, parendogli avere assai fatto, disse: « Io fo boto a Dio d'aiutarmene al sindacato! »[37]

E Maso d'altra parte, lasciatagli la guarnacca, disse: « No, io ci pur [38] verrò tante volte, che io non vi troverrò così impacciato come voi siete paruto stamane! » e l'uno in qua e l'altro in là, come più tosto poterono, si partirono.

Messer lo giudice, tirate in su le brache in presenza d'ogni uomo, come se da dormir si levasse, accorgendosi pure allora del fatto, domandò dove fossero andati quegli che dell'uose e della valigia avevan quistione; ma non ritrovandosi, cominciò a giurare per le budella di Dio che e' gli conveniva cognoscere e saper se egli s'usava a Firen-

32 *di villa*: dalla campagna.
33 *preso tempo*: colta l'occasione.
34 senza fianchi.
35 *non... libello*: non occorrono procedure scritte.
36 tribunale.
37 *Io... sindacato*: faccio voto di rivalermene alla resa dei conti. I giudici, quando venivano a cessare dall'ufficio, dovevano render conto del loro operato ai sindacatori.
38 ancora.

ze di trarre le brache a' giudici, quando sedevano al banco della ragione.[39] Il podestà d'altra parte, sentitolo, fece un grande schiamazzio: poi per suoi amici mostratogli [40] che questo non gli era fatto se non per mostrargli che i fiorentini conoscevano che, dove egli doveva aver menati giudici, egli aveva menati becconi per averne miglior mercato,[41] per lo miglior si tacque, né più avanti andò la cosa per quella volta.

39 giustizia.

40 *per... mostratogli*: essendogli stato spiegato dagli amici.

41 *egli aveva... mercato*: egli aveva portato delle bestie per risparmiare sullo stipendio.

Novella sesta

BRUNO E BUFFALMACCO IMBOLANO UN PORCO A CALANDRINO;
FANNOGLI FARE LA SPERIENZIA DA RITROVARLO CON GALLE
DI GENGIOVO E CON VERNACCIA, E A LUI NE DANNO DUE,
L'UNA DOPO L'ALTRA, DI QUELLE DEL CANE CONFETTATE
IN ALOÈ, E PARE CHE L'ABBIA AVUTO EGLI STESSO: FANNOLO
RICOMPERARE, SE EGLI NON VUOLE CHE ALLA MOGLIE IL
DICANO.[1]

Non ebbe prima la novella di Filostrato fine, della quale molto si rise, che la reina a Filomena impose che seguitando dicesse; la quale incominciò:

Graziose donne, come Filostrato fu dal nome di Maso tirato a dover dire la novella la quale da lui udita avete, così né più né men son tirata io da quello di Calandrino e de' compagni suoi a dirne un'altra di loro, la qual, sì come io credo, vi piacerà.

Chi Calandrino, Bruno e Buffalmacco fossero non bisogna che io vi mostri, ché assai l'avete di sopra udito; e per ciò, più avanti faccendomi,[2] dico che Calandrino avea un suo poderetto non guari lontano da Firenze, che in dote aveva avuto della moglie, del quale, tra l'altre cose che su vi ricoglieva,[3] n'avea ogn'anno un porco; ed era sua usanza sempre colà di dicembre d'andarsene la moglie ed egli in villa, e ucciderlo e quivi farlo salare.

Ora avvenne una volta tra l'altre che, non essendo la moglie ben sana, Calandrino andò egli solo ad uccidere il porco; la qual cosa sentendo Bruno e Buffalmacco, e sappiendo che la moglie di lui non v'andava, se n'anda-

---

1 *Bruno... dicano*: Bruno e Buffalmacco rubano un porco a Calandrino; gli fanno fare l'esperimento con enfiature, palle di zenzero e con vernaccia per ritrovarlo e, l'una dopo l'altra, gli danno due galle del gengiovo di cane (ossia di zenzero canino, pianta di vile natura) preparate con aloe (pianta amarissima); appare che lui stesso lo abbia rubato; gli fan pagare la taglia se non vuole che lo dicano a sua moglie. Anche qui le ascendenze letterarie della novella, per l'estrema genericità dei rapporti, non tolgono alla sua genesi un sapore squisitamente municipale.

2 *più avanti faccendomi*: proseguendo il discorso.

3 *su vi ricoglieva*: ricavava da esso.

rono ad un prete loro grandissimo amico, vicino di Calandrino, a starsi con lui alcun dì. Aveva Calandrino, la mattina che costor giunsero il dì,[4] ucciso il porco; e vedendogli col prete, gli chiamò e disse: «Voi siate i ben venuti: io voglio che voi veggiate che massaio io sono»; e menatigli in casa, mostrò loro questo porco.

Videro costoro il porco esser bellissimo, e da Calandrino intesero che per la famiglia sua il voleva salare; a cui Brun disse: «Deh! come tu se' grosso![5] vendilo, e godianci i denari; e a mogliata[6] dì che ti sia stato imbolato.»

Calandrino disse: «No, ella nol crederrebbe, e caccerebbemi fuor di casa: non v'impacciate, ché io nol farei mai.»

Le parole furono assai, ma niente montarono. Calandrino gl'invitò a cena cotale alla trista,[7] sì che costoro non vi vollon cenare, e partirsi da lui.

Disse Bruno a Buffalmacco: «Vogliamgli noi imbolare stanotte quel porco?»

Disse Buffalmacco: «O come potremmo noi?»

Disse Bruno: «Il come ho io ben veduto, se egli non muta[8] di là ove egli era testé.»

«Adunque,» disse Buffalmacco, «facciamlo; perché nol faremo noi? e poscia cel goderemo qui insieme col domine.»[9]

Il prete disse che gli era molto caro: disse allora Bruno: «Qui si vuole usare un poco d'arte. Tu sai, Buffalmacco, come Calandrino è avaro e come egli bee volentieri quando altri paga: andiamo e meniallo[10] alla taverna, e quivi il prete faccia vista di pagare tutto per onorarci e non lasci pagare a lui nulla: egli si ciurmerà,[11] e verracci troppo[12] ben fatto poi, per ciò che egli è solo in casa.»

Come Brun disse, così fecero. Calandrino, veggendo che

4 *la... dì*: la mattina del giorno in cui essi giunsero.
5 ingenuo, stupido.
6 tua moglie: forma popolare (avanti, *mogliema*: mia moglie).
7 *cotale alla trista*: così tristemente, di mala voglia.
8 sposta.
9 prete.
10 portiamolo.
11 ubriacherà.
12 molto.

il prete non lo lasciava pagare, si diede in sul bere, e benché non ne gli bisognasse troppo, pur si caricò bene: ed essendo già buona ora di notte quando dalla taverna si partì, senza volere altramenti cenare, se n'entrò in casa, e credendosi aver serrato l'uscio, il lasciò aperto e andossi al letto. Buffalmacco e Bruno se n'andarono a cenare col prete, e, come cenato ebbero, presi loro argomenti [13] per entrare in casa Calandrino là onde Bruno aveva divisato,[14] là chetamente n'andarono; ma, trovando aperto l'uscio, entrarono dentro, e ispiccato [15] il porco, via a casa del prete nel portaronc, e, ripostolo, se n'andarono a dormire.

Calandrino, essendogli il vino uscito del capo, si levò la mattina, e come scese giù, guardò e non vide il porco suo, e vide l'uscio aperto: per che, domandato questo e quell'altro se sapessero chi il porco s'avesse avuto, e non trovandolo, incominciò a fare il romore grande: oisé,[16] dolente sé, che il porco gli era stato imbolato. Bruno e Buffalmacco levatisi, se n'andarono verso Calandrino per udir ciò che egli del porco dicesse; il qual, come gli vide, quasi piagnendo chiamatigli, disse: « Oimè, compagni miei, che il porco mio m'è stato imbolato! »

Bruno, accostatoglisi, pianamente [17] gli disse: « Maraviglia, che se' stato savio una volta. »

« Oimè, » disse Calandrino, « ché io dico da dovero. »

« Così dì, » diceva Bruno, « grida forte, sì che paia bene che sia stato così. »

Calandrino gridava allora più forte e diceva: « Al corpo di Dio, che io dico da dovero che egli m'è stato imbolato. »

E Bruno diceva: « Ben dì, ben dì: e' si vuol ben dir così, grida forte, fatti ben sentire, sì che egli paia vero. »

Disse Calandrino: « Tu mi faresti dar l'anima al nimico: [18] io dico che tu non mi credi, se io non sia impiccato per la gola, che egli m'è stato imbolato! »[19]

13 strumenti.
14 *onde... divisato*: da dove Bruno aveva pensato (di entrare).
15 staccato.
16 corrispondente per la terza persona di « ohimè ».
17 piano, sottovoce.
18 *dar... nimico*: dannare.
19 *io... imbolato*: tutta la frase corrisponde a « che io sia impiccato se non mi è stato rubato ».

Disse allora Bruno: « Deh! come dee potere ·esser questo? Io il vidi pure ieri costì: credimi tu far credere che egli sia volato? »

Disse Calandrino: « Egli è come io ti dico. »

« Deh! » disse Bruno, « può egli essere? »

« Per certo, » disse Calandrino, « egli è così, di che io son diserto [20] e non so come io mi torni a casa: mogliema nol mi crederà, e se ella il mi pur crede, io non avrò uguanno pace con lei. »[21]

Disse allora Bruno: « Se Dio mi salvi, questo è mal fatto, se vero è; ma tu sai, Calandrino, che ieri io t'insegnai dir così: io non vorrei che tu ad un'ora [22] ti facessi beffe di mogliata e di noi. »

Calandrino incominciò a gridare e a dire: « Deh perché mi farete disperare e bestemmiare Iddio e' Santi e ciò che v'è? [23] io vi dico il porco m'è stato stanotte imbolato. »

Disse allora Buffalmacco: « Se egli è pur così, vuolsi veder via, se noi sappiamo, di riaverlo. »

« E che via, » disse Calandrino, « potrem noi trovare? »

Disse allora Buffalmacco: « Per certo egli non c'è venuto d'India niuno a torti il porco: alcuno di questi tuoi vicini dee essere stato, e perciò, se tu gli potessi ragunare, io so fare la sperienza del pane e del formaggio [24] e vederemmo di botto chi l'ha avuto. »

« Sì, » disse Bruno, « ben farai con pane e con formaggio a certi gentilotti che ci ha dattorno! [25] ché son certo che alcun di loro l'ha avuto, e avvederebbesi del fatto e non ci vorrebber venire. »

« Come è dunque da fare? » disse Buffalmacco.

---

20 rovinato.

21 *se... lei*: anche se me lo crede, non avrò pace con lei quest'anno.

22 *ad un'ora*: nello stesso tempo.

23 *ciò che v'è*: tutto ciò che esiste.

24 *la... formaggio*: sortilegio molto diffuso nel medioevo, per cui si davano da mangiare ai ladri dei bocconi fatti di formaggio e pane e segnati secondo formule magiche, i colpevoli non potevano inghiottirli.

25 *gentilotti... dattorno*: signorotti che sono qui intorno.

Rispose Bruno: « Vorrebbesi [26] fare con belle galle di gengiovo e con bella vernaccia, e invitargli a bere: essi non sel penserebbono e verrebbono, e così si possono benedire le galle del gengiovo come il pane e 'l cacio. »

Disse Buffalmacco: « Per certo tu di' il vero; e tu, Calandrino, che di'? vogliallo fare? »

Disse Calandrino: « Anzi ve ne priego io per l'amor di Dio; ché, se io sapessi pur chi l'ha avuto, sì mi parrebbe esser mezzo consolato. »

« Or via, » disse Bruno, « io sono acconcio [27] d'andare infino a Firenze per quelle cose in tuo servigio, se tu mi dai i denari. »

Aveva Calandrino forse quaranta soldi, li quali egli gli diede.

Bruno, andatosene a Firenze ad un suo amico speziale, comperò una libbra di belle galle, e fecene far due di quelle del cane, le quali egli fece confettare in uno aloè patico [28] fresco; poscia fece dar loro le coverte del zucchero, [29] come avevan l'altre, e per non ismarrirle o scambiarle, fece lor fare un certo segnaluzzo, per lo quale egli molto bene le conoscea; e comperato un fiasco d'una buona vernaccia, se ne tornò in villa [30] a Calandrino e dissegli: « Farai che tu inviti domattina a ber con teco tutti coloro di cui tu hai sospetto: egli è festa, ciascun verrà volentieri, e io farò stanotte insieme con Buffalmacco la 'ncantagione sopra le galle e recherolleti domattina a casa, e per tuo amore io stesso le darò, e farò e dirò ciò che fia da dire e da fare. »

Calandrino così fece. Ragunata adunque una buona brigata tra di giovani fiorentini, che per la villa erano, e di lavoratori, la mattina vegnente, dinanzi alla chiesa intorna all'olmo, [31] Bruno e Buffalmacco vennono con una scatola di galle e col fiasco del vino, e fatti stare costoro in cerchio, disse Bruno: « Signori, e' mi vi convien dir la

26 si dovrebbe.
27 pronto, disposto.
28 buono per la cura del fegato.
29 *fece... zucchero*: le fece ricoprire di zucchero.
30 campagna.
31 Un olmo era spesso piantato accanto alla chiesa.

cagione per che voi siete qui, acciò che, se altro avvenisse che non vi piacesse, voi non v'abbiate a rammaricar di
me. A Calandrino, che qui è, fu ier notte tolto un suo bel
porco, né sa trovare chi avuto se l'abbia; e per ciò che
altri che alcun di noi che qui siamo non gliele dee potere
aver tolto, esso, per ritrovar chi avuto l'ha, vi dà a mangiar queste galle una per uno, e bere; e infino da ora sappiate che chi avuto avrà il porco, non potrà mandar giù
la galla, anzi gli parrà più amara che veleno, e sputeralla;
e per ciò, anzi che questa vergogna gli sia fatta in presenza di tanti, è forse il meglio che quel cotale che avuto
l'avesse, in penitenzia il dica al sere,[32] e io mi rimarrò di [33]
questo fatto. »

Ciascun che v'era disse che ne voleva volentier mangiare : per che Bruno, ordinatigli e messo Calandrino tra
loro, cominciatosi all'un de' capi, cominciò a dare a ciascun la sua; e, come fu per mei [34] Calandrino, presa una
delle canine, gliele pose in mano. Calandrino prestamente
la si gittò in bocca e cominciò a masticare; ma sì tosto come la lingua sentì l'aloè, così Calandrino, non potendo
l'amaritudine sostenere, la sputò fuori. Quivi ciascun guatava nel viso l'uno all'altro, per veder chi la sua sputas-
se; e non avendo Bruno ancora compiuto di darle, non faccendo sembianti d'intendere a ciò,[35] s'udì dir dietro : « Eia,
Calandrino, che vuol dir questo? » per che prestamente
rivolto, e veduto che Calandrino la sua aveva sputata, disse : « Aspettati,[36] forse che alcuna altra cosa gliele fece spu-
tare : tenne [37] un'altra »; e presa la seconda, gliele mise in
bocca e fornì [38] di dare l'altre che a dare aveva. Calandrino, se la prima gli era paruta amara, questa gli parve amarissima : ma pur vergognandosi di sputarla, alquanto ma-
sticandola la tenne in bocca, e tenendola cominciò a gittar le lagrime che parevan nocciuole, sì eran grosse; e ul-

32 *in... sere* : lo dica al parroco in confessione.
33 *mi rimarrò di* : non parteciperò a.
34 *per mei* : davanti a.
35 *non... ciò* : fingendo di non stare attento a ciò.
36 fermati, aspetta un po'.
37 tienine.
38 finì.

timamente, non potendo più, la gittò fuori come la prima aveva fatto. Buffalmacco faceva dar bere alla brigata e Bruno: [39] li quali, insieme con gli altri questo vedendo, tutti dissero che per certo Calandrino se l'aveva imbolato egli stesso; e furonvene di quegli che aspramente il ripresono. [40]

Ma pur, poi che partiti si furono, rimasi Bruno e Buffalmacco con Calandrino, gl'incominciò Buffalmacco a dire: « Io l'aveva per lo certo tuttavia che tu te l'avevi avuto tu, e a noi volevi mostrare che ti fosse stato imbolato per non darci una volta bere de' denari che tu n'avesti.»

Calandrino, il quale ancora non aveva sputata l'amaritudine dello aloè, incominciò a giurare che egli avuto non l'avea.

Disse Buffalmacco: « Ma che n'avesti, sozio, alla buona fé? avestine sei? » [41]

Calandrino, udendo questo, s'incominciò a disperare; a cui Brun disse: « Intendi sanamente, Calandrino, che egli fu tale nella brigata che con noi mangiò e bevve, che mi disse che tu avevi quinci su una giovinetta che tu tenevi a tua posta, [42] e davile ciò che tu potevi rimedire, [43] e che egli aveva per certo che tu l'avevi mandato questo porco: tu sì hai apparato ad esser beffardo! [44] Tu ci menasti una volta giù per lo Mugnone ricogliendo pietre nere, e quando tu ci avesti messi in galea senza biscotto, e tu te ne venisti; [45] e poscia ci volevi far credere che tu l'avessi trovata: e ora similmente ti credi co' tuoi giuramenti far credere altressì che il porco, che tu hai donato o ver venduto, ti sia stato imbolato. Noi sì siamo usi delle tue beffe e conoscialle; tu non ce ne potresti far più: e per ciò,

39 *e Bruno*: e, insieme con lui, Bruno.
40 rimproverarono.
41 *Ma... sei*: dì la verità, compare, quanto ne hai guadagnato? sei fiorini?
42 *a tua posta*: a tua disposizione, per te.
43 rimediare, raccogliere.
44 *tu... beffardo*: hai imparato così bene a prendere in giro la gente.
45 *quando... venisti*: te ne tornasti dopo averci lasciati nei pasticci (letteralmente, nella nave senza cibo). *Biscotto* era il pane tostato per i marinai.

a dirti il vero, noi ci abbiamo durata fatica in far l'arte,[46] per che noi intendiamo che tu ci doni due paia di capponi, se non che noi diremo a monna Tessa ogni cosa. »

Calandrino, vedendo che creduto non gli era, parendogli avere assai dolore, non volendo anche il riscaldamento [47] della moglie, diede a costoro due paia di capponi; li quali, avendo essi salato il porco, portatisene a Firenze, lasciaron Calandrino col danno e con le beffe.

46 *durata... arte* : penato a fare il sortilegio.
47 rabbuffata, irosa lavata di capo.

UNO SCOLARE [1] AMA UNA DONNA VEDOVA, LA QUALE,
INNAMORATA D'ALTRUI, UNA NOTTE DI VERNO IL FA STARE
SOPRA LA NEVE AD ASPETTARSI; LA QUALE EGLI POI,
CON UN SUO CONSIGLIO, DI MEZZO LUGLIO IGNUDA TUTTO
UN DÌ LA FA STARE IN SU UNA TORRE ALLE MOSCHE E A'
TAFANI E AL SOLE. [2]

Molto avevan le donne riso del cattivello [3] di Calandrino,
e più n'avrebbono ancora, se stato non fosse che loro increbbe di vedergli torre ancora i capponi, a color [4] che tolto gli aveano il porco. Ma poi che la fine fu venuta, la
reina a Pampinea impose che dicesse la sua; ed essa prestamente così cominciò:

Carissime donne, spesse volte avviene che l'arte è dal-
l'arte schernita, [5] e per ciò è poco senno il dilettarsi di
schernire altrui. Noi abbiamo per più novellette dette riso
molto delle beffe state fatte, delle quali niuna vendetta
esserne stata fatta s'è raccontato: ma io intendo di farvi
avere alquanta compassione d'una giusta retribuzione ad
una nostra cittadina renduta, alla quale la sua beffa presso che con morte, [6] essendo beffata, ritornò sopra il capo.
E questo udire non sarà senza utilità di voi, per ciò che
meglio di beffare altrui vi guarderete, e farete gran senno.

Egli non sono ancora molti anni passati, che in Firenze
fu una giovane del corpo bella e d'animo altiera e di le-
gnaggio assai gentile, [7] de' beni della fortuna convenevolmente abbondante, e nominata Elena; la quale, rimasa del
suo marito vedova, mai più rimaritar non si volle, essendosi ella d'un giovinetto bello e leggiadro a sua scelta in-

1 studente.
2 Piuttosto che in vaghi echi medievali del tema misogino, assai
fortunato, gli antecedenti della novella vanno ricercati in talune
pagine delle opere minori del Boccaccio.
3 sfortunato, disgraziato.
4 *torre... color*: portar via anche i capponi da quelli.
5 *che l'arte è dall'arte schernita*: che il raggiro sia beffato da
un altro raggiro (espressione proverbiale).
6 *presso... morte*: quasi a rischio di morire.
7 *assai gentile*: molto nobile.

namorata; e da ogni altra sollicitudine sviluppata,[8] con l'opera d'una sua fante, di cui ella si fidava molto, spesse volte con lui con maraviglioso diletto si dava buon tempo. Avvenne che in questi tempi un giovane chiamato Rinieri, nobile uomo della nostra città, avendo lungamente studiato a Parigi, non per vender poi la sua scienzia a minuto,[9] come molti fanno, ma per sapere la ragion delle cose e la cagion d'esse, il che ottimamente sta in [10] gentile uomo, tornò da Parigi a Firenze; e quivi, onorato molto sì per la sua nobiltà e sì per la sua scienzia, cittadinescamente [11] viveasi. Ma come spesso avviene coloro ne' quali è più l'avvedimento [12] delle cose profonde più tosto da amore essere incapestrati,[13] avvenne a questo Rinieri; al quale, essendo egli un giorno per via di diporto andato ad una festa, davanti agli occhi si parò questa Elena, vestita di nero sì come le nostre vedove vanno, piena di tanta bellezza al suo giudicio e di tanta piacevolezza, quanto alcuna altra ne gli fosse mai paruta [14] vedere; e seco estimò colui potersi beato chiamare, al quale Iddio grazia facesse lei potere ignuda nelle braccia tenere. E una volta e altra cautamente riguardatala, e conoscendo che le gran cose e care [15] non si possono senza fatica acquistare, seco diliberò del tutto di porre ogni pena [16] e ogni sollicitudine in piacere a costei, acciò che per lo piacerle il suo amore acquistasse, e per questo il potere aver copia [17] di lei. La giovane donna, la quale non teneva gli occhi fitti in inferno,[18] ma, quello e più tenendosi che ella, artificiosamente movendogli [19] si guardava dintorno, e prestamente conosceva chi con diletto la riguardava; e accortasi di Ri-

8 liberata, sciolta.
9 *vender... minuto*: per esercitare a fine di lucro.
10 *sta in*: si addice a.
11 civilmente.
12 discernimento.
13 *essere incapestrati*: venire presi al laccio.
14 parsa.
15 preziose.
16 sforzo.
17 dono.
18 *fitti in inferno*: fissi a terra.
19 *artificiosamente movendogli*: volgendoli ad arte.

nieri, in se stessa ridendo disse: ‹Io non ci sarò oggi venuta invano, che, se io non erro, io avrò preso un paolin [20] per lo naso.› E cominciatolo con la coda dell'occhio alcuna volta a guardare, in quanto ella poteva, s'ingegnava di dimostrargli che di lui le calesse; [21] d'altra parte, pensandosi che quanti più n'adescasse e prendesse col suo piacere, tanto di maggior pregio fosse la sua bellezza, e massimamente a colui al quale ella insieme col suo amore l'aveva data.

Il savio scolare, lasciati i pensier filosofici da una parte, tutto l'animo rivolse a costei; e, credendosi doverle piacere, la sua casa apparata, [22] davanti v'incominciò a passare con varie cagioni colorando, [23] l'andate. Al qual la donna, per la cagion già detta di ciò seco stessa vanamente gloriandosi, mostrava di vederlo assai volentieri: per la qual cosa lo scolare, trovato modo, s'accontò [24] con la fante di lei e il suo amor le scoperse, e la pregò che con la sua donna operasse sì che la grazia di lei potesse avere. La fante promise largamente e alla sua donna il raccontò, la quale con le maggior risa del mondo l'ascoltò, e disse: « Hai veduto dove costui è venuto a perdere il senno che egli ci ha da Parigi recato? or via, diamgli di quello ch'e' va cercando. Dira'gli, qualora egli ti parla più, [25] che io amo molto più lui che egli non ama me; ma che a me si convien di guardar l'onestà mia, sì che io con l'altre donne possa andare a fronte scoperta, di che egli, se così è savio come si dice, mi dee molto più cara avere. » Ahi cattivella, [26] cattivella! ella non sapeva ben, donne mie, che cosa è il mettere in aia [27] con gli scolari. La fante, trovatolo, fece quello che dalla donna sua le fu imposto. Lo scolar lieto procedette a più caldi prieghi e a scriver lettere e a mandar doni, e ogni cosa era ricevuta, ma indietro non

20 *un paolin*: un merlotto, un allocco.
21 *le calesse*: le importasse.
22 *la... apparata*: appreso dove abitava.
23 *con... colorando*: giustificando con vari pretesti.
24 *s'accontò*: entrò in amicizia.
25 *ti parla più*: ti rivolge ancora la parola.
26 misera.
27 *il mettere in aia*: l'impicciarsi.

venivan risposte se non generali : e in questa guisa il tenne gran tempo in pastura.[28]

Ultimamente, avendo ella al suo amante ogni cosa scoperta ed egli essendosene con lei alcuna volta turbato [29] e alcuna gelosia presane, per mostrargli che a torto di ciò di lei sospicasse, sollicitandola lo scolare molto, la sua fante gli mandò, la quale da sua parte gli disse che ella tempo [30] mai non aveva avuto da poter fare cosa che gli piacesse poi che del suo amore fatta l'aveva certa, se non che per le feste del Natale che s'appressava ella sperava di potere esser con lui : e per ciò la seguente sera alla festa,[31] di notte, se gli piacesse, nella sua corte se ne venisse, dove ella per lui,[32] come prima potesse, andrebbe. Lo scolare, più che altro uom lieto, al tempo impostogli andò alla casa della donna, e messo dalla fante in una corte e dentro serratovi, quivi la donna cominciò ad aspettare.

La donna, avendosi quella sera fatto venire il suo amante e con lui lietamente avendo cenato, ciò che fare quella notte intendeva gli ragionò, aggiugnendo : « E potrai vedere quanto e quale sia l'amore il quale io ho portato e porto a colui del quale scioccamente hai gelosia presa. » Queste parole ascoltò l'amante con gran piacer d'animo, disideroso di vedere per opera [33] ciò che la donna con parole gli dava ad intendere. Era per avventura il dì davanti a quello nevicato forte, e ogni cosa di neve era coperta; per la qual cosa lo scolare fu poco nella corte dimorato, che egli cominciò a sentir più freddo che voluto non avrebbe; ma, aspettando di ristorarsi, pur pazientemente il sosteneva.[34]

La donna al suo amante disse dopo alquanto : « Andiamcene in camera e da una finestretta guardiamo ciò che colui, di cui tu se' divenuto geloso, fa, e quello che egli risponderà alla fante, la quale io gli ho mandata a favellare. »

28 *in pastura* : sulla corda (proverbiale).
29 irritato.
30 occasione.
31 *la... festa* : la sera successiva alla festività.
32 *per lui* : alla sua ricerca.
33 *per opera* : nei fatti.
34 *il sosteneva* : lo sopportava.

Andatisene adunque costoro ad una finestretta, e veggendo senza esser veduti, udiron la fante da un'altra favellare [35] allo scolare e dire: « Rinieri, madonna è la più dolente femina che mai fosse, per ciò che egli ci è stasera venuto uno de' suoi fratelli e ha molto con lei favellato, e poi volle cenar con lei, e ancora non se n'è andato, ma io credo che egli se n'andrà tosto; e per questo non è ella potuta venire a te, ma tosto verrà oggimai: [36] ella ti priega che non ti incresca l'aspettare. »

Lo scolare, credendo questo esser vero, rispose: « Dirai alla mia donna che di me niun pensier si dea infino a tanto che ella possa con suo acconcio [37] per me venire; ma che questo ella faccia come più tosto può. »

La fante, dentro tornatasi, se n'andò a dormire.

La donna allora disse al suo amante: « Ben, che dirai? credi tu che io, se quel ben gli volessi che tu temi, sofferissi [38] che egli stesse là giù ad agghiacciare? » e questo detto, con l'amante suo, che già in parte era contento, se n'andò a letto, e grandissima pezza stettero in festa e in piacere, del misero iscolare ridendosi e faccendosi beffe.

Lo scolare, andando per la corte, sé esercitava [39] per riscaldarsi, né aveva dove porsi a sedere né dove fuggire il sereno,[40] e maladiceva la lunga dimora del fratel con la donna; e ciò che udiva [41] credeva che uscio fosse che per lui dalla donna s'aprisse; ma invano sperava.

Essa infino vicino della mezzanotte col suo amante sollazzatasi, gli disse: « Che ti pare, anima mia, dello scolare nostro? qual ti par maggiore o il suo senno o l'amore ch'io gli porto? faratti il freddo che io gli fo patire uscir del petto quello che per li miei motti vi t'entrò l'altrieri? »

L'amante rispuose: « Cuor del corpo mio, sì, assai conosco che così come tu se' il mio bene e il mio riposo e il mio diletto e tutta la mia speranza, così sono io la tua. »

« Adunque, » diceva la donna, « or mi bascia ben mille

35 *da... favellare*: parlare da un'altra finestra.
36 oramai.
37 *con suo acconcio*: a suo agio.
38 sopporterei.
39 *sé esercitava*: faceva del moto.
40 *il sereno*: il freddo e l'umido della notte.
41 *ciò che udiva*: ogni volta che sentiva un rumore.

volte, a veder se tu di' vero. » Per la qual cosa l'amante, abbracciandola stretta, non che mille, ma più di centomilia la basciava.

E poi che in cotale ragionamento stati furono alquanto, disse la donna: « Deh! leviamci un poco, e andiamo a vedere se 'l fuoco è punto spento nel quale questo mio novello amante tutto il dì mi scrivea che ardea. »

E levati, alla finestretta usata n'andarono; e nella corte guardando, videro lo scolare fare su per la neve una carola trita [42] al suon d'un batter di denti, che egli faceva per troppo freddo, sì spessa e ratta,[43] che mai simile veduta non aveano. Allora disse la donna: « Che dirai, speranza mia dolce? parti che io sappia far gli uomini carolare senza suono di trombe o di cornamusa? »

A cui l'amante ridendo rispose: « Diletto mio grande, sì. »

Disse la donna: « Io voglio che noi andiamo infin giù all'uscio: tu ti starai cheto e io gli parlerò, e udirem quello che egli dirà, e per avventura n'avrem non men festa [44] che noi abbiam di vederlo. » E aperta la camera chetamente, se ne scesero all'uscio, e quivi, senza aprir punto, la donna con voce sommessa da un pertugetto che v'era il chiamò.

Lo scolare, udendosi chiamare, lodò Iddio, credendosi troppo bene entrar dentro, e accostatosi all'uscio disse: « Eccomi qui, madonna: aprite per Dio, ché io muoio di freddo. »

La donna disse: « O sì, che io so che tu se' uno assiderato! [45] e anche è il freddo molto grande, perché costì sia un poco di neve! [46] già so io che elle [47] sono molto maggiori a Parigi. Io non ti posso ancora aprire, per ciò che questo mio maledetto fratello, che iersera ci [48] venne meco a cenare, non se ne va ancora: ma egli se n'andrà tosto, e io verrò incontanente ad aprirti. Io mi son testé con gran

42 *una... trita*: una danza a saltelli.
43 *sì... ratta*: con passi così brevi e rapidi.
44 *non men festa*: un sollazzo non minore.
45 freddoloso.
46 *perché... neve*: per quel poco di neve che c'è.
47 le nevi.
48 qui.

fatica scantonata[49] da lui per venirti a confortare che l'aspettar non t'incresca. »

Disse lo scolare: « Deh! madonna, io vi priego per Dio che voi m'apriate, acciò che io possa costì dentro stare al coperto, per ciò che da poco in qua s'è messa la più folta neve del mondo, e nevica tuttavia;[50] e io v'attenderò quanto vi sarà a grado. »

Disse la donna: « Oimè, ben mio dolce, che io non posso, ché questo uscio fa sì gran romor, quando s'apre, che leggermente sarei sentita da fratelmo,[51] se io t'aprissi: ma io voglio andare a dirgli che se ne vada, acciò che io possa poi tornare ad aprirti. »

Disse lo scolare: « Ora andate tosto; e priegovi che voi facciate fare un buon fuoco, acciò che, come io enterrò dentro, io mi possa riscaldare, ché io son tutto divenuto sì freddo che appena sento di me. »[52]

Disse la donna: « Questo non dee potere essere, se quello è vero che tu m'hai più volte scritto, cioè che tu per l'amor di me ardi tutto; ma io son certa che tu mi beffi. Ora io vo: aspettati, e sia di buon cuore. » L'amante, che tutto udiva e aveva sommo piacere, con lei nel letto tornatosi, poco quella notte dormirono, anzi quasi tutta in lor diletto e in farsi beffe dello scolare consumarono.

Lo scolare cattivello, quasi cicogna divenuto[53] sì forte batteva i denti, accorgendosi d'esser beffato, più volte tentò l'uscio se aprirlo potesse, e riguardò se altronde ne potesse uscire; né vedendo il come, faccendo le volte del leone,[54] maladiceva la qualità del tempo, la malvagità della donna e la lunghezza della notte insieme con la sua simplicità;[55] e sdegnato forte verso di lei, il lungo e fervente amor portatole subitamente in crudo e acerbo odio tran-

49 allontanata.
50 continuamente.
51 mio fratello.
52 *sento di me*: mi sento in vita.
53 *quasi... divenuto*: come se fosse divenuto una cicogna (cioè battendo i denti per il freddo con il ritmo con il quale questo animale sbatte le due parti del becco).
54 *faccendo... leone*: andando su e giù per la corte come un leone in gabbia.
55 sciocchezza.

smutò,[56] seco gran cose e varie volgendo a trovar modo alla vendetta, la quale ora molto più disiderava, che prima d'esser con la donna non avea disiato.

La notte, dopo molta e lunga dimoranza, s'avvicinò al dì e cominciò l'alba ad apparire; per la qual cosa la fante della donna ammaestrata, scesa giù, aperse la corte, e mostrando d'aver compassion di costui, disse: « Mala ventura possa egli avere che [57] iersera ci venne! Egli n'ha tutta notte tenute in bistento,[58] e te ha fatto agghiacciare; ma sai che è? portatelo in pace, ché quello che stanotte non è potuto essere sarà un'altra volta: so io bene che cosa non potrebbe essere avvenuta che tanto fosse dispiaciuta a madonna. »

Lo scolare sdegnoso, sì come savio il qual sapeva niun'altra cosa le minacce essere che arme del minacciato, serrò dentro al petto suo ciò che la non temperata volontà s'ingegnava di mandar fuori; e con voce sommessa, senza punto mostrarsi crucciato, disse: « Nel vero io ho avuta la piggior notte che io avessi mai, ma bene ho conosciuto che di ciò non ha la donna alcuna colpa, per ciò che essa medesima, sì come pietosa di me, infin quaggiù venne a scusar sé e a confortar me; e come tu di', quello che stanotte non è stato sarà un'altra volta: raccomandalemi e fatti con Dio. »

E quasi tutto rattrappato,[59] come poté a casa sua se ne tornò; dove, essendo stanco e di sonno morendo, sopra il letto si gittò a dormire, donde tutto quasi perduto [60] delle braccia e delle gambe si destò; per che, mandato per alcun medico e dettogli il freddo che avuto avea, alla sua salute fé provedere. Li medici con grandissimi argomenti e con presti [61] aiutandolo, appena dopo alquanto di tempo il poterono de' nervi guerire e far sì che si distendessero; e se non fosse che egli era giovane e sopravveniva il caldo, egli avrebbe avuto troppo da sostenere.[62] Ma ritor-

56 immaginando.
57 *che*: colui che.
58 *in bistento*: in sospeso.
59 rattrappito.
60 paralizzato.
61 *con grandissimi... presti*: con cure rapide ed efficaci.
62 sopportare.

nato sano e fresco, dentro il suo odio servando, vie più che mai si mostrava innamorato della vedova sua.

Ora avvenne, dopo certo spazio di tempo, che la fortuna apparecchiò caso da poter lo scolare al suo disidero sodisfare; per ciò che, essendosi il giovane che dalla vedova era amato, non avendo alcun riguardo all'amore da lei portatogli, innamorato d'un'altra donna, e non volendo né poco né molto dire né far cosa che a lei fosse a piacere, essa in lagrime e in amaritudine si consumava. Ma la sua fante, la qual gran compassion le portava, non trovando modo da levar la sua donna dal dolor preso per lo perduto amante, vedendo lo scolare al modo usato per la contrada passare, entrò in uno sciocco pensiero, e ciò fu che l'amante della donna sua ad amarla come far solea si dovesse poter riducere per alcuna nigromantica operazione, e che di ciò lo scolare dovesse essere gran maestro; e disselo alla sua donna. La donna poco savia, senza pensare che, se lo scolare saputo avesse nigromantia, per sé adoperata l'avrebbe, pose l'animo [63] alle parole della sua fante, e subitamente le disse che da lui sapesse se fare il volesse, e sicuramente gli promettesse che, per merito di ciò, [64] ella farebbe ciò che a lui piacesse.

La fante fece l'ambasciata bene e diligentemente; la quale udendo lo scolare, tutto lieto seco medesimo disse: « Iddio, lodato sie tu: venuto è il tempo che io farò col tuo aiuto portar pena alla malvagia femina della ingiuria fattami in premio del grande amore che io le portava »; e alla fante disse: « Dirai alla mia donna che di questo non stea in pensiero, ché, se il suo amante fosse in India, io gliele farò prestamente venire e domandar mercé di ciò che contro al suo piacere avesse fatto: ma il modo che ella abbia a tenere intorno a ciò attendo di dire a lei, quando e dove più le piacerà: e così le dì e da mia parte la conforta. » La fante fece la risposta, e ordinossi [65] che in Santa Lucia del Prato fossero insieme.

Quivi venuta la donna e lo scolare, e soli insieme parlando, non ricordandosi ella che lui quàsi alla morte con-

63 *pose l'animo*: diede retta.
64 *per... ciò*: in ricompensa di questo.
65 si concertò.

dotto avesse, gli disse apertamente ogni suo fatto e quello che disiderava, e pregollo per la sua salute; a cui lo scolar disse: « Madonna, egli è il vero che tra l'altre cose che io apparai [66] a Parigi si fu nigromantia, della quale per certo io so ciò che n'è; [67] ma per ciò che ella è di grandissimo dispiacer di Dio, io avea giurato di mai né per me né per altrui adoperarla. È il vero che l'amore il quale io vi porto è di tanta forza, che io non so come io mi nieghi cosa che voi vogliate che io faccia; e per ciò, se io ne dovessi per questo solo andare a casa del diàvolo, sì son presto [68] di farlo poi che vi piace. Ma io vi ricordo che ella è più malagevole cosa a fare che voi per avventura non v'avvisate,[69] e massimamente quando una donna vuole rivocare uno uomo ad amar sé o l'uomo una donna, per ciò che questo non si può far se non per la propria persona a cui appartiene; [70] e a far ciò convien che chi 'l fa sia di sicuro animo, per ciò che di notte si convien fare e in luoghi solitari e senza compagnia: le quali cose io non so come voi vi siate a far disposta. »

A cui la donna, più innamorata che savia, rispose: « Amor mi sprona per sì fatta maniera, che niuna cosa è la quale io non facessi per riaver colui che a torto m'ha abbandonata; ma tuttavia, se ti piace, mostrami in che mi convenga esser sicura. »[71]

Lo scolare, che di mal pelo avea taccata la coda, disse: « Madonna, a me converrà fare una imagine di stagno in nome di colui il qual voi disiderate di racquistare, la quale quando io v'avrò mandata, converrà che voi, essendo la luna molto scema,[72] ignuda in un fiume vivo, in sul primo sonno e tutta sola, sette volte con lei vi bagniate; e appresso, così ignuda n'andiate sopra ad un albero, o sopra una qualche casa disabitata; e volta a tramontana con la imagine in mano sette volte diciate certe parole che

66 appresi.
67 *ciò che n'è*: tutto quanto se ne può sapere.
68 pronto.
69 *che... v'avvisate*: di quanto voi per caso non pensiate.
70 *per... appartiene*: proprio dalla persona a cui la cosa interessa.
71 coraggiosa.
72 calante.

io vi darò scritte; le quali come dette avrete, verranno a voi due damigelle delle più belle che voi vedeste mai e sì vi saluteranno e piacevolmente vi domanderanno quel che voi vogliate che si faccia. A queste farete che voi diciate bene e pienamente i disideri vostri; e guardatevi che non vi venisse nominato un per un altro; e come detto l'avrete, elle si partiranno e voi ve ne potrete scendere al luogo dove i vostri panni avrete lasciati e rivestirvi e tornarvene a casa. E per certo egli non sarà mezza la seguente notte, che il vostro amante piagnendo vi verrà a dimandar mercé e misericordia: e sappiate che mai da questa ora innanzi egli per alcuna altra non vi lascerà. »

La donna, udendo queste cose e intera fede prestandovi, parendole il suo amante già riaver nelle braccia, mezza lieta divenuta disse: « Non dubitare, che queste cose farò io troppo bene; e ho il più bel destro da ciò del mondo,[73] ché io ho un podere verso il Valdarno di sopra, il quale è assai vicino alla riva del fiume; ed egli è testé di luglio, che sarà il bagnarsi dilettevole. E ancora mi ricorda esser non guari lontana dal fiume una torricella disabitata, se non che per cotali scale di castagnuoli [74] che vi sono, salgono alcuna volta i pastori sopra un battuto [75] che v'è, a guardar di lor bestie smarrite, luogo molto solingo e fuor di mano; sopra la quale io salirò, e quivi il meglio del mondo spero di fare quello che m'imporrai. »

Lo scolare, che ottimamente sapeva e il luogo della donna e la torricella, contento d'esser certificato della sua intenzion,[76] disse: « Madonna, io non fu' mai in coteste contrade, e per ciò non so il podere né la torricella; ma se così sta come voi dite, non può essere al mondo migliore. E per ciò, quando tempo sarà, vi manderò la imagine e l'orazione; ma ben vi priego che, quando il vostro disidero avrete e conoscerete che io v'avrò ben servita, che vi ricordi di me e d'attenermi [77] la promessa. » A cui la

---

73 *ho... mondo*: per questo ho le migliori comodità possibili.
74 *scale di castagnuoli*: rozze scale di rami di castagni.
75 terrazza.
76 *contento... intenzion*: felice di aver conferma della riuscita del suo disegno.
77 mantenermi.

donna disse di farlo senza alcun fallo; e preso da lui commiato, se ne tornò a casa.

Lo scolar lieto di ciò che il suo avviso pareva dovere avere effetto, fece una imagine con sue cateratte [78] e scrisse una sua favola per orazione; e, quando tempo gli parve, la mandò alla donna e mandolle a dire che la notte vegnente senza più indugio dovesse far quello che detto l'avea: e appresso segretamente con un suo fante se n'andò a casa d'un suo amico che assai vicino stava alla torricella, per dovere al suo pensiero dare effetto.

La donna d'altra parte con la sua fante si mise in via e al suo podere se n'andò; e come la notte fu venuta, vista faccendo [79] d'andarsi a letto, la fante ne mandò a dormire, e in su l'ora del primo sonno di casa chetamente uscita, vicino alla torricella sopra la riva d'Arno se n'andò, e molto dattorno guatatosi, né veggendo né sentendo alcuno, spogliatasi e i suoi panni sotto un cespuglio nascosi, sette volte con la imagine si bagnò, e appresso, ignuda con la imagine in mano, verso la torricella n'andò. Lo scolare, il quale in sul fare della notte col suo fante tra salci e altri alberi presso della torricella nascono s'era e aveva tutte queste cose vedute, e passandogli ella quasi allato così ignuda, ed egli veggendo lei con la bianchezza del suo corpo vincere le tenebre della notte, e appresso riguardandole il petto e l'altre parti del corpo, e vedendole belle e seco pensando quali infra piccol termine dovean divenire, sentì di lei alcuna compassione; e d'altra parte lo stimolo della carne l'assalì subitamente e fece tale in piè levare [80] che si giaceva, e confortavalo che egli da guato uscisse [81] e lei andasse a prendere e il suo piacer ne facesse: e vicin fu ad essere tra dall'uno e dall'altro vinto. Ma nella memoria tornandosi chi egli era e qual fosse la 'ngiuria ricevuta e per che e da cui,[82] e per ciò nello sdegno raccesosi, e la compassione e il carnale appetito cacciati, stette nel suo proponimento fermo, e lasciolla andare. La

78 caratteri magici.
79 *vista faccendo*: facendo finta.
80 *fece... levare*: fece raddrizzare uno che (allusione oscena).
81 *da guato uscisse*: sortisse dal suo nascondiglio.
82 *da cui*: da chi.

donna, montata in su la torre e a tramontana rivolta, cominciò a dire le parole datele dallo scolare; il quale, poco appresso nella torricella entrato, chetamente a poco a poco levò quella scala che saliva in sul battuto dove la donna era, e appresso aspettò quello che ella dovesse dire e fare.

La donna, detta sette volte la sua orazione, cominciò ad aspettare le due damigelle, e fu sì lungo l'aspettare che, senza che fresco le faceva troppo più che voluto non avrebbe,[83] ella vide l'aurora apparire; per che, dolente che avvenuto non era ciò che lo scolare detto l'avea, seco disse: « Io temo che costui non m'abbia voluto dare una notte chente[84] io diedi a lui; ma se per ciò questo m'ha fatto, mal s'è saputo vendicare, ché questa non è stata lunga per lo terzo che fu la sua, senza che il freddo fu d'altra qualità. » E perché il giorno quivi non la cogliesse, cominciò a volere smontare della torre, ma ella trovò non esservi la scala. Allora, quasi come se il mondo sotto i piedi venuto le fosse meno, le fuggì l'animo, e vinta cadde sopra il battuto della torre; e poi che le forze le ritornarono, miseramente cominciò a piagnere e a dolersi; e assai ben conoscendo questa dovere essere stata opera dello scolare, s'incominciò a rammaricare d'avere altrui offeso e appresso d'essersi troppo fidata di colui, il quale ella doveva meritamente creder nimico; e in ciò stette lunghissimo spazio. Poi, riguardando se via alcuna da scender vi fosse e non veggendola, rincominciato il pianto, entrò in uno amaro pensiero, a se stessa dicendo: « O sventurata, che si dirà da' tuoi fratelli, da' parenti e da' vicini, e generalmente da tutti i fiorentini, quando si saprà che tu sii qui trovata ignuda? La tua onestà,[85] stata cotanta, sarà conosciuta essere stata falsa; e se tu volessi a queste cose trovare scuse bugiarde, che pur ce n' avrebbe,[86] il maladetto scolare, che tutti i fatti tuoi sa, non ti lascerà mentire. Ahi misera te, che ad una ora avrai perduto il male amato gio-

83 *senza... avrebbe*: senza considerare che aveva più fresco di quanto non avrebbe desiderato.
84 quale.
85 buona reputazione.
86 *ce n'avrebbe*: ve ne sarebbero.

vane e il tuo onore! » E dopo questo venne in tanto dolore, che quasi fu per gittarsi della torre in terra.

Ma, essendosi già levato il sole ed ella alquanto dall'una delle parti più al muro accostatasi della torre, guardando se alcuno fanciullo quivi con le bestie s'accostasse cui essa potesse mandare per la sua fante, avvenne che lo scolare, avendo a piè d'un cespuglio dormito alquanto, destandosi la vide ed ella lui; alla quale lo scolare disse: « Buon dì, madonna: sono ancor venute le damigelle? »

La donna, vedendolo e udendolo, rincominciò a piagner forte e pregollo che nella torre venisse, acciò che essa potesse parlargli. Lo scolare le fu di questo assai cortese. La donna, postasi a giacer boccone sopra il battuto, il capo solo fece alla cateratta [87] di quello, e piagnendo disse: « Rinieri, sicuramente, se io ti diedi la mala notte, tu ti se' ben di me vendicato, per ciò che, quantunque di luglio sia, mi sono io creduta questa notte, stando ignuda, assiderare: senza che [88] io ho tanto pianto e lo 'nganno che io ti feci e la mia sciocchezza che ti credetti [89] che maraviglia è come gli occhi mi sono in capo rimasi. E per ciò io ti priego, non per amor di me, la qual tu amar non dei, ma per amor di te, che se' gentile uomo, che ti basti, per vendetta della ingiuria la quale io ti feci, quello che infino a questo punto fatto hai, e faccimi i miei panni recare e che io possa di quassù discendere, e non mi voler tor quello che tu poscia vogliendo rendere non mi potresti, cioè l'onor mio: ché, se io tolsi a te l'esser con meco quella notte, io, ognora che a grado ti fia, te ne posso render molte per quella una. Bastiti adunque questo, e, come a valente uomo, sieti assai l'esserti potuto vendicare e l'averlomi fatto conoscere. Non volere le tue forze contro ad una femina esercitare: niuna gloria è ad una aquila l'aver vinta una colomba; dunque, per l'amor di Dio e per onor di te, t'incresca di me. »

Lo scolare, con fiero animo seco la ricevuta ingiuria rivolgendo, e veggendo piagnere e pregare, ad una ora ave-

87 botola.
88 *senza che*: senza contare che.
89 *la... credetti*: la sciocchezza di me che ti prestai fede.

va piacere e noia [90] nell'animo : piacere della vendetta la quale più che altra cosa disiderata avea, e noia sentiva movendolo la umanità sua a compassion della misera; ma pur, non potendo la umanità vincere la fierezza dello appetito, rispose : « Madonna Elena, se i miei prieghi, li quali nel vero io non seppi bagnare di lagrime né far melati [91] come tu ora sai porgere i tuoi, m'avessero impetrato, la notte che io nella tua corte di neve piena moriva di freddo, di potere essere stato messo da te pure un poco sotto il coperto, leggier cosa mi sarebbe al presente i tuoi esaudire; ma se cotanto or più che per lo passato del tuo onor ti cale, ed etti grave il costà su ignuda dimorare, porgi cotesti prieghi a colui nelle cui braccia non t'increbbe, quella notte che tu stessa ricordi, ignuda stare, me sentendo per la tua corte andare i denti battendo e scalpitando la neve, e a lui [92] ti fa aiutare, a lui ti fa i tuoi panni recare, a lui ti fa por la scala per la qual tu scenda, in lui t'ingegna di metter tenerezza [93] del tuo onore, per cui quel medesimo, e ora e mille altre volte, non hai dubitato di mettere in periglio. Come nol chiami tu che ti venga ad aiutare ? e a cui appartiene egli [94] più che a lui? Tu se' sua : e quali cose guarderà egli o aiuterà, se egli non guarda e aiuta te? Chiamalo, stolta che tu se', e prova se l'amore il quale tu gli porti e il tuo senno col suo ti possono dalla mia sciocchezza liberare; la qual, sollazzando con lui, domandasti quale gli pareva maggiore o la mia sciocchezza o l'amor che tu gli portavi. Né essere a me ora cortese di ciò che io non disidero né negare il mi puoi se io il disiderassi : al tuo amante le tue notti riserba, se egli avviene che tu di qui viva ti parti : tue sieno e di lui : io n'ebbi troppo d'una, e bastimi d'essere stato una volta schernito. E ancora, la tua astuzia usando nel favellare, t'ingegni col commendarmi [95] la mia benivolenzia acquistare, e chiamimi gentile uomo e valente, e tacitamente, che io come ma-

90 dolore.
91 *far melati* : render mielati, dolci.
92 *a lui* : da lui.
93 compassione, pena.
94 *a... egli* : a chi spetta questo.
95 lodarmi.

gnanimo mi ritragga dal punirti della tua malvagità, t'ingegni di fare; ma le tue lusinghe non m'adombreranno [96] ora gli occhi dello 'ntelletto, come già fecero le tue disleali promessioni: io mi conosco, né tanto di me stesso apparai [97] mentre dimorai a Parigi, quanto tu in una sola notte delle tue [98] mi facesti conoscere. Ma, presupposto che io pur magnanimo fossi, non se' tu di quelle in cui la magnanimità debba i suoi effetti mostrare: la fine della penitenzia nelle salvatiche fiere come tu se', e similmente della vendetta, vuole [99] esser la morte, dove [100] negli uomini quel dee bastare che tu dicesti. Per che, quantunque io aquila non sia, te non colomba ma velenosa serpe conoscendo, come antichissimo nimico con ogni odio e con tutta la forza di perseguire intendo, con tutto che questo che io ti fo non si possa assai propiamente vendetta chiamare, ma più tosto gastigamento, in quanto la vendetta dee trapassare l'offesa, e questo non v'aggiugnerà: [101] per ciò che se io vendicar mi volessi, riguardando a che partito tu ponesti l'anima mia, la tua vita non mi basterebbe togliendolati, [102] né cento altre alla tua simiglianti, per ciò che io ucciderei una vile e cattiva e rea feminetta. E da che diavol, togliendo via cotesto tuo pochetto di viso il quale pochi anni guasteranno riempiendolo di crespe, [103] se' tu più che qualunque altra dolorosetta fante? [104] Dove per te non rimase di [105] far morire un valente uomo, come tu poco avanti mi chiamasti, la cui vita ancora potrà più di un dì essere utile al mondo che centomilia tue pari non potranno mentre il mondo durar dee. [106] Insegnerotti adunque con questa noia che tu sostieni che cosa sia lo schernir gli uomini che

96 *m'adombreranno*: mi offuscheranno.
97 *di... apparai*: appresi su me stesso.
98 *delle tue*: sulle tue promesse.
99 deve.
100 mentre.
101 *v'aggiugnerà*: arriverà a pareggiarla.
102 *la... togliendolati*: non mi sarebbe neppure sufficiente toglierti la vita.
103 rughe.
104 *dolorosetta fante*: misera serva.
105 *per... di*: per parte tua non trascurasti nulla per.
106 *mentre... dee*: finché il mondo durerà.

hanno alcun sentimento [107] e che cosa sia lo schernir gli scolari; e darotti materia di giammai più in tal follia non cader, se tu campi. Ma, se tu n'hai così gran voglia di scendere, ché non te ne gitti tu in terra? e ad una ora con lo aiuto di Dio, fiaccandoti tu il collo, uscirai della pena nella quale esser ti pare e me farai il più lieto uomo del mondo. Ora io non ti vo' dir più: io seppi tanto fare che io costà su ti feci salire; sappi tu ora tanto fare che tu ne scenda, come tu mi sapesti beffare. »

Parte che [108] lo scolare questo diceva, la misera donna piagneva continuo e il tempo se n'andava, sagliendo tuttavia il sol più alto; ma poi che ella il sentì tacer, disse: « Deh! crudele uomo, se egli ti fu tanto la maladetta notte grave e parveti il fallo mio così grande che né ti posson muovere a pietate alcuna la mia giovane bellezza, le amare lagrime né gli umili prieghi, almeno muovati alquanto e la tua severa rigidezza diminuisca questo solo mio atto, l'essermi di te nuovamente [109] fidata e l'averti ogni mio segreto scoperto col quale ho dato via [110] al tuo disidero in potermi fare del mio peccato conoscente; con ciò sia cosa che, senza fidarmi io di te, niuna via fosse a te a poterti di me vendicare, il che tu mostri con tanto ardore aver disiderato. Deh! lascia l'ira tua e perdonami omai: io sono, quando tu perdonarmi vogli e di quinci farmi discendere, acconcia [111] d'abbandonar del tutto il disleal giovane e te solo aver per amadore e per signore, quantunque tu molto la mia bellezza biasimi, brieve e poco cara mostrandola, la quale, chente che ella, insieme con quella dell'altre, si sia, pur so che, se per altro non fosse da aver cara, si è per ciò che vaghezza e trastullo e diletto è della giovanezza degli uomini; e tu non se' vecchio. E quantunque io crudelmente da te trattata sia, non posso per ciò credere che tu volessi vedermi fare così disonesta morte, come sarebbe il gittarmi a guisa di disperata quinci giù dinanzi agli occhi tuoi, a' quali, se tu bugiardo non eri co-

107 sensibilità.
108 *Parte che*: nel mentre.
109 ultimamente.
110 *ho dato via*: ho consentito, ho dato modo.
111 pronta.

me se' diventato, già piacqui cotanto. Deh! increscati di me per Dio e per pietà: il sole s'incomincia a riscaldar troppo, e come il troppo freddo questa notte m'offese, così il caldo m'incomincia a far grandissima noia. »

A cui lo scolare, che a diletto la teneva a parole,[112] rispose: « Madonna, la tua fede non si rimise ora nelle mie mani per amor che tu mi portasti, ma per racquistare quello che tu perduto avevi; e per ciò niuna cosa merita altro che maggior male: e mattamente credi, se tu credi questa sola via, senza più, essere alla disiderata vendetta da me opportuna stata.[113] Io n'aveva mille altre, e mille lacciuoli col mostrar d'amarti t'aveva tesi intorno a' piedi, né guari di tempo era ad andare, che di necessità, se questo avvenuto non fosse, ti convenia in uno incappare, né potevi incappare in alcuno, che in maggior pena e vergogna che questa non ti fia, caduta non fossi: e questo presi non per agevolarti, ma per esser più tosto [114] lieto. E dove tutti mancati mi fossero, non mi fuggiva la penna, con la quale tante e sì fatte cose di te scritte avrei e in sì fatta maniera, che, avendole tu risapute, ché l'avresti, avresti il dì mille volte disiderato di mai non esser nata. Le forze della penna sono troppo maggiori che coloro non estimano che quelle con conoscimento provate non hanno. Io giuro a Dio, e se [115] egli di questa vendetta che io di te prendo mi faccia allegro infin la fine come nel cominciamento m'ha fatto, che io avrei di te scritte cose che, non che dell'altre persone, ma di te stessa vergognandoti, per non poterti vedere t'avresti cavati gli occhi: e per ciò non rimproverare al mare d'averlo fatto crescere il piccolo ruscelletto. Del tuo amore, o che tu sii mia, non ho io, come già dissi, alcuna cura: sieti pur di colui di cui stata se', se tu puoi; il quale come io già odiai, così al presente amo, riguardando a ciò che egli ha ora verso te operato. Voi v'andate innamorando e disiderate l'amor de' giovani, per ciò che alquanto con le carni più vive e

112 *a diletto... parole*: che si divertiva a farla parlare.

113 *essere... stata*: essere stata opportuna alla vendetta che desiderava.

114 presto.

115 così.

con le barbe più nere gli vedete, e sopra sé andare [116] e carolare e giostrare : le quali cose tutte ebber coloro che più
alquanto attempati sono, e quel sanno che coloro hanno
ad imparare. E oltre a ciò gli stimate miglior cavalieri e
far di più miglia le lor giornate che gli uomini più maturi.
Certo io confesso che essi con maggior forza scuotono i
pelliccioni [117] ma gli attempati, sì come esperti, sanno meglio i luoghi dove stanno le pulci, e di gran lunga è da
eleggere [118] piuttosto il poco e saporito che il molto e insi-
pido; e il trottar forte rompe e stanca altrui, quantunque
sia giovane, dove il soavemente [119] andare, ancora che alquanto più tardi altrui meni allo albergo, egli vi conduce almen riposato. Voi non v'accorgete, animali senza
intelletto, quanto di male sotto quella poca di bella apparenza stea nascoso. Non sono i giovani d'una contenti,
ma quante ne veggono tante ne disiderano, di tante par
loro esser degni; per che essere non può stabile il loro
amore, e tu ora ne puoi per pruova esser verissima testimonia. E par loro esser degni d'essere riveriti e careggia-
ti [120] dalle lor donne, né altra gloria hanno maggiore che il
vantarsi di quelle che hanno avute : il qual fallo già sotto
a' frati, che nol ridicono, ne mise molte.[121] Benché tu dichi
che mai i tuoi amori non seppe altri che la tua fante e
io, tu il sai male, e mal credi se così credi : la sua contrada quasi di niun'altra cosa ragiona, e la tua; ma le più
volte è l'ultimo, a cui cotali cose agli orecchi pervengono,
colui a cui elle appartengono. Essi ancora vi rubano, dove
dagli attempati v'è donato. Tu adunque, che male eleg-
gesti, sieti di colui a cui tu ti desti, e me, il quale scher-
nisti, lascia stare ad altrui, ché io ho trovata donna da
molto più che tu non se', che meglio m'ha conosciuto che
tu non facesti. E acciò che tu del disidero degli occhi miei
possi maggior certezza nell'altro mondo portare che non
mostra che tu in questo prenda dalle mie parole, gittati

116 *sopra sé andare* : camminare impettiti.
117 *scuotono i pelliccioni* : metafora oscena.
118 scegliere.
119 lentamente, con dolcezza.
120 accarezzati.
121 *il qual... molte* : cioè, molte donne furono indotte ad accondiscendere ai frati.

giù pur tosto, e l'anima tua, sì come io credo, già ricevuta nelle braccia del diavolo, potrà vedere se gli occhi miei d'averti veduta strabocchevolmente cadere si saranno turbati o no. Ma per ciò che io credo che di tanto non mi vorrai far lieto, ti dico che, se il sole ti comincia a scaldare, ricorditi del freddo che tu a me facesti patire, e se con cotesto caldo il mescolerai, senza fallo il sol sentirai temperato. »

La sconsolata donna, veggendo che pure a crudel fine riuscivano [122] le parole dello scolare, ricominciò a piagnere e disse: « Ecco, poi che niuna mia cosa di me a pietà ti muove, muovati l'amore il qual tu porti a quella donna che più savia di me di' che hai trovata e da cui tu di' che se' amato, e per amor di lei mi perdona e i miei panni mi reca, ché io rivestirmi possa, e quinci mi fa smontare. »

Lo scolare allora cominciò a ridere; e veggendo che già la terza era di buona ora passata,[123] rispose: « Ecco, io non so ora dir di no, per tal donna me n'hai pregato: insegnamegli, e io andrò per essi e farotti di costà su scendere. »

La donna, ciò credendo, alquanto si confortò e insegnogli il luogo dove aveva i panni posti. Lo scolare, della torre uscito, comandò al fante suo che di quinvi non si partisse, anzi vi stesse vicino, e a suo poter guardasse [124] che alcun non v'entrasse dentro infino a tanto che egli tornato fosse: e questo detto, se n'andò a casa del suo amico, e quivi a grande agio desinò, e appresso, quando ora gli parve, s'andò a dormire.

La donna, sopra la torre rimasa, quantunque da sciocca speranza un poco riconfortata fosse, pure oltre misura dolente si dirizzò a sedere, e a quella parte del muro dove un poco d'ombra era s'accostò, e cominciò accompagnata da amarissimi pensieri ad aspettare: e ora pensando e ora piagnendo, e ora sperando e or disperando della tornata dello scolare co' panni, e d'un pensiero in altro saltando, sì come quella che dal dolore era vinta e che niente la

122 *pure... riuscivano*: sempre portavano ad una crudele conclusione.
123 *che... passata*: che le nove erano trascorse da un bel pezzo.
124 *a... guardasse*: sorvegliasse per quanto poteva.

notte passata aveva dormito, s'addormentò. Il sole, il quale era ferventissimo, essendo già al mezzogiorno salito, feriva alla scoperta e al diritto sopra il tenero e dilicato corpo di costei e sopra la sua testa, da niuna cosa coperta, con tanta forza, che non solamente le còsse le carni tanto quanto ne vedea, ma quelle minuto minuto tutte l'aperse; [125] e fu la cottura tale, che lei che profondamente dormiva contrinse a destarsi. E sentendosi cuocere e alquanto movendosi, parve nel muoversi che tutta la cotta pelle le s'aprisse e ischiantasse, come veggiamo avvenire d'una carta di pecora abbrusciata, se altri [126] la tira: e oltre a questo le doleva sì forte la testa, che pareva che le si spezzasse, il che niuna maraviglia era. E il battuto della torre era fervente [127] tanto che ella né co' piedi né con altro vi poteva trovar luogo: [128] per che, senza star ferma, or qua or là si tramutava [129] piagnendo. E oltre a questo, non faccendo punto di vento, v'erano mosche e tafani in grandissima quantità abondati, li quali, ponendolesi sopra le carni aperte, sì fieramente la stimolavano,[130] che ciascuna le pareva una puntura d'uno spuntone: [131] per che ella di menare le mani attorno non restava niente, sé, la sua vita, il suo amante e lo scolare sempre maladicendo. E così essendo dal caldo inestimabile, dal sole, dalle mosche e da' tafani, e ancor dalla fame ma molto più dalla sete, e per aggiunta da mille noiosi pensieri angosciata e stimolata e trafitta, in piè dirizzata, cominciò a guardare se vicin di sé o vedesse o udisse alcuna persona, disposta del tutto, che che avvenire ne le dovesse, di chiamarla e di domandare aiuto. Ma anche questo l'aveva la sua nimica fortuna tolto. I lavoratori eran tutti partiti de' campi per lo caldo, avvegna che quel dì niuno ivi appresso era andato a lavorare, sì come quegli che allato alle lor case tutti le lor biade battevano: per che niuna altra cosa udiva che cicale, e vedeva Arno, il qual, porgendole disidero delle

125 *l'aperse*: la piagò.
126 qualcuno.
127 riscaldato, bollente.
128 rifugio.
129 *si tramutava*: cambiava di posizione, si spostava.
130 pungevano.
131 spiedo.

sue acque, non iscemava la sete ma l'accresceva. Vedeva
ancora in più luoghi boschi e ombre e case, le quali tutte
similmente l'erano angoscia disiderando.[132] Che direm più
della sventurata vedova ? Il sol di sopra e il fervor del battuto di sotto e le trafitture delle mosche e de' tafani da
lato sì per tutto l'avean concia, che ella, dove la notte passata con la sua bianchezza vinceva le tenebre, allora rossa
divenuta come robbia [132] e tutta di sangue chiazzata, sarebbe
paruta a chi veduta l'avesse la più brutta cosa del mondo.

E così dimorando costei, senza consiglio alcuno o speranza, più la morte aspettando che altro, essendo già la
mezza nona [134] passata, lo scolare, da dormir levatosi e della
sua donna ricordandosi, per veder che di lei fosse se ne
tornò alla torre, e il suo fante, che ancora era digiuno,
ne mandò a mangiare; il quale avendo la donna sentito,
debole e della grave noia angosciosa,[135] venne sopra la cateratta, e postasi a sedere, piagnendo cominciò a dire:
« Rinieri, ben ti se' oltre misura vendico, ché se io feci
te nella mia corte di notte agghiacciare, tu hai me di
giorno sopra questa torre fatta arrostire, anzi ardere, e
oltre a ciò di fame e di sete morire: per che io ti priego
per solo Iddio che qua su salghi, e poi che a me non sof-
fera il cuore di dare a me stessa la morte, dallami tu,
ché io la disidero più che altra cosa, tanto e tale è il tormento che io sento. E se tu questa grazia non mi vuoi
fare, almeno un bicchier d'acqua mi fa venire, che io possa bagnarmi la bocca, alla quale non bastano le mie lagrime, tanta è l'asciugaggine e l'arsura la quale io v'ho
dentro. »

Ben conobbe lo scolare alla voce la sua debolezza, e ancor
vide in parte il corpo suo tutto riarso dal sole, per le
quali cose e per gli umili suoi prieghi un poco di compassione gli venne di lei; ma non per tanto rispose: « Malvagia donna, delle mie mani non morrai tu già, tu morrai pur delle tue, se voglia te ne verrà; e tanta acqua

132 *le quali... disiderando*: che le procuravano angoscia dato
che le desiderava.

133 pianta con le cui radici si tingeva in rosso.

134 *la mezza nona*: l'una e mezzo pomeridiane.

135 *della... angosciosa*: angosciata per il grande dolore.

avrai da me a sollevamento del tuo caldo, quanto fuoco io ebbi da te ad alleggiamento [136] del mio freddo. Di tanto mi dolgo forte, che la 'nfermità del mio freddo col caldo del letame puzzolente si convenne curare, ove quella del tuo caldo col freddo della odorifera acqua rosa [137] si curerà; e dove io per perdere i nervi e la persona [138] fui, tu da questo caldo scorticata, non altramenti rimarrai bella che faccia la serpe lasciando il vecchio cuoio. »

« O misera me! » disse la donna, « queste bellezze in così fatta guisa acquistate dea Iddio a quelle persone che mal mi vogliono; ma tu, più crudele che ogni altra fiera, come hai potuto sofferire di straziarmi a questa maniera? che più doveva io aspettar da te o da alcuno altro, se io tutto il tuo parentado sotto crudelissimi tormenti avessi uccisi? Certo io non so qual maggior crudeltà si fosse potuta usare in un traditore che tutta una città avesse messa ad uccisione, che quella alla qual tu m'hai posta a farmi arrostire al sole e manicare [139] alle mosche: e oltre a questo non un bicchier d'acqua volermi dare, che a' micidiali dannati dalla ragione,[140] andando essi alla morte, è dato ber molte volte del vino, pur che essi ne domandino. Ora ecco, poscia che io veggo te star fermo nella tua acerba crudeltà, né poterti la mia passione [141] in parte alcuna muovere, con pazienzia mi disporrò alla morte ricevere, acciò che Iddio abbia misericordia della anima mia, il quale io priego che con giusti occhi questa tua operazion [142] riguardi. » E queste parole dette, si trasse con gravosa sua pena verso il mezzo del battuto, disperandosi di dovere da così ardente caldo campare; [143] e non una volta ma mille, oltre agli altri suoi dolori, credette di sete ispasimare, tuttavia [144] piagnendo forte e della sua sciagura dolendosi.

136 sollievo.
137 acqua di rose.
138 i... persona: la forza e la vita.
139 mangiare.
140 a'... ragione: agli assassini condannati dalla giustizia.
141 sofferenza.
142 azione.
143 disperandosi... campare: non sperando più di poter scampare a un caldo così ardente.
144 sempre.

Ma essendo già vespro e parendo allo scolare avere assai fatto, fatti prendere i panni di lei e inviluppare nel mantello del fante, verso la casa della misera donna se n'andò, e quivi sconsolata e trista e senza consiglio [145] la fante di lei trovò sopra la porta sedersi, alla quale egli disse: « Buona femina, che è della donna tua? »

A cui la fante rispose: « Messere, io non so: io mi credeva stamane trovarla nel letto dove iersera me l'era paruta vedere andare; ma io non la trovai né quivi né altrove, né so che si sia divenutã,[146] di che io vivo con grandissimo dolore. Ma voi, messere, saprestemene dir niente? »

A cui lo scolar rispose: « Così avess'io avuta te con lei insieme là dove io ho lei avuta, acciò che io t'avessi della tua colpa così punita come io ho lei della sua! ma fermamente [147] tu non mi scapperai dalle mani che io non ti paghi sì dell'opere tue che mai di niuno uomo farai beffe che di me non ti ricordi. » E questo detto, disse al suo fante: « Dalle cotesti panni e dille che vada per lei,[148] s'ella vuole. »

Il fante fece il suo comandamento; per che la fante, presigli e riconosciutigli, udendo ciò che detto l'era, temette forte non l'avessero uccisa, e appena di gridar si ritenne; e subitamente, piagnendo, essendosi già lo scolar partito, con quegli verso la torre n'andò correndo.

Aveva per isciagura uno lavoratore di questa donna quel dì due suoi porci smarriti, e, andandoli cercando, poco dopo la partita dello scolare a quella torricella pervenne, e andando guatando per tutto se i suoi porci vedesse, sentì il miserabile pianto che la sventurata donna faceva, per che salito su quanto poté, gridò: « Chi piagne là su? »

La donna conobbe la voce del suo lavoratore, e chiamatol per nome gli disse: « Deh! vammi per la mia fante, e fa sì che ella possa qua su a me venire. »

Il lavoratore, conosciutola, disse: « Oimè! madonna, o chi vi portò costà su? La fante vostra v'è tutto dì oggi

145 *senza consiglio*: senza sapere quale soluzione prendere.
146 *che... divenuta*: che cosa le sia accaduto.
147 di certo.
148 *per lei*: alla sua ricerca.

andata cercando: ma chi avrebbe mai pensato che voi doveste essere stata qui? »

E presi i travicelli [149] della scala, la cominciò a dirizzar come star dovea e a legarvi con ritorte i bastoni a traverso; e in questo [150] la fante di lei sopravvenne, la quale, nella torre entrata, non potendo più la voce tenere, battendosi a palme,[151] cominciò a gridare: « Oimè, donna mia dolce, ove siete voi? »

La donna udendola, come più forte poté, disse: « O sirocchia mia, io son qua su: non piagnere, ma recami tosto i panni miei. »

Quando la fante l'udì parlare, quasi tutta riconfortata salì su per la scala già presso che racconcia [152] dal lavoratore, e aiutata da lui in sul battuto pervenne; e vedendo la donna sua, non corpo umano ma più tosto un cepperello innarsicciato [153] parere, tutta vinta, tutta spunta,[154] e giacere in terra ignuda, messesi l'unghie nel viso cominciò a piagnere sopra di lei, non altramenti che se morta fosse. Ma la donna la pregò per Dio che ella tacesse e lei rivestire aiutasse; e avendo da lei saputo che niuna persona sapeva dove ella stata fosse, se non coloro che i panni portati l'aveano e il lavoratore che al presente v'era, alquanto di ciò racconsolata, gli pregò per Dio che mai ad alcuna persona di ciò niente dicessero. Il lavoratore, dopo molte novelle,[155] levatasi la donna in collo, che andar non poteva, salvamente infin fuor della torre la condusse. La fante cattivella, che di dietro era rimasa, scendendo meno avvedutamente, smucciandole [156] il piè, cadde della scala in terra e ruppesi la coscia, e per lo dolor sentito cominciò a mugghiar che pareva un leone. Il lavoratore, posata la donna sopra ad uno erbaio,[157] andò a vedere che avesse la fante, e trovatala con la coscia rotta, similmente nello erbaio la

149 assi laterali.
150 *in questo*: a tale punto.
151 *battendosi a palme*: percuotendosi con le palme delle mani.
152 rabberciata.
153 *un... innarsicciato*: un piccolo ceppo bruciacchiato.
154 spossata, distrutta.
155 discorsi.
156 scivolandole.
157 prato.

recò, e allato alla donna la pose; la quale veggendo questo a giunta degli altri suoi mali avvenuto, e colei avere rotta la coscia da cui ella sperava essere aiutata più che da altrui, dolorosa senza modo rincominciò al suo pianto tanto miseramente, che non solamente il lavoratore non la poté racconsolare, ma egli altresì cominciò a piagnere. Ma essendo già il sol basso, acciò che quivi non gli cogliesse la notte, come alla sconsolata donna piacque, n'andò alla casa sua, e quivi chiamati due suoi fratelli e la moglie, e là tornati con una tavola, su v'acconciarono la fante e alla casa ne la portarono; e riconfortata la donna con un poco d'acqua fresca e con buone parole, levatalasi il lavoratore in collo, nella camera di lei la portò. La moglie del lavoratore, datole mangiar pan lavato[158] e poi spogliatala, nel letto la mise, e ordinarono che essa e la fante fosser la notte portate a Firenze; e così fu fatto.

Quivi la donna, che aveva a gran divizia lacciuoli,[159] fatta una sua favola tutta fuor dell'ordine delle cose avvenute, sì di sé e sì della sua fante fece a' suoi fratelli e alle sirocchie e ad ogn'altra persona credere che per indozzamenti di demoni questo loro fosse avvenuto. I medici furon presti, e non senza grandissima angoscia e affanno della donna, che tutta la pelle più volte appiccata lasciò alle lenzuola, lei d'una fiera febbre e degli altri accidenti guerirono, e similmente la fante della coscia. Per la qual cosa la donna, dimenticato il suo amante, da indi innanzi e di beffare e d'amare si guardò saviamente; e lo scolare, sentendo alla fante la coscia rotta, parendogli avere assai intera vendetta, lieto, senza altro dirne, se ne passò.[160]

Così adunque alla stolta giovane addivenne delle sue beffe, non altramenti con uno scolare credendosi frascheggiare[161] che con un altro avrebbe fatto, non sappiendo bene che essi, non dico tutti ma la maggior parte, sanno dove il diavolo tien la coda. E per ciò guardatevi, donne, dal beffare, e gli scolari spezialmente.

158 bagnato, inzuppato.
159 astuzie.
160 *se ne passò*: lasciò perdere la cosa.
161 scherzare.

Novella ottava

DUE USANO INSIEME: L'UNO CON LA MOGLIE DELL'ALTRO
SI GIACE; L'ALTRO, AVVEDUTOSENE, FA CON LA SUA MOGLIE
CHE L'UNO [1] È SERRATO IN UNA CASSA, SOPRA LA QUALE,
STANDOVI L'UN DENTRO, L'ALTRO CON LA MOGLIE DELL'UN
SI GIACE.[2]

Gravi e noiosi erano stati i casi d'Elena ad ascoltare
alle [3] donne, ma per ciò che in parte giustamente avve-
nutigli gli estimavano, con più moderata compassion gli
avean trapassati,[4] quantunque rigido e costante fieramente,
anzi crudele, riputassero lo scolare. Ma essendo Pampinea
venutane alla fine, la reina alla Fiammetta impose che seguitasse; la quale, d'ubidire disiderosa, disse:

« Piacevoli donne, per ciò che mi pare che alquanto
trafitto v'abbia la severità dello offeso scolare, estimo che
convenevole sia con alcuna cosa più dilettevole rammor-
bidire gli'innacerbiti spiriti; e per ciò intendo di dirvi una
novelletta d'un giovane, il quale con più mansueto animo una ingiuria ricevette, e quella con più moderata operazion vendicò; per la quale potrete comprendere che assai
dee bastare a ciascuno, se quale asino dà in parete tal
riceve,[5] senza volere, soprabbondando oltre la convenevolezza della vendetta, ingiuriare, dove l'uomo si mette alla
ricevuta ingiuria vendicare.[6]

Dovete adunque sapere che in Siena, sì come io intesi
già, furon due giovani assai agiati e di buone famiglie popolane, de' quali l'uno ebbe nome Spinelloccio Tavena
e l'altro ebbe nome Zeppa di Mino,[7] e amenduni eran

---

1 il primo.
2 Intreccio affatto originale che non trova riscontri nella letteratura erotica classica e medievale.
3 per le.
4 uditi.
5 *quale... riceve*: è il proverbio già noto da altre novelle. Significa: spesso chi vuole offendere rimane offeso.
6 *dove... vendicare*: quando si voglia vendicare l'offesa ricevuta.
7 Mino de' Tolomei, detto Zeppa, ricordato con accenti d'ira
nei sonetti del fratello Meo, ricoprì cariche pubbliche sulla fine del
Duecento e i primi del Trecento.

vicini a casa in Cammollia.[8] Questi due giovani sempre
usavano insieme, e, per quello che mostrassono, così s'amavano, o più, come se stati fosser fratelli; e ciascun di loro avea per moglie una donna assai bella. Ora avvenne
che Spinelloccio, usando molto in [9] casa del Zeppa, ed
essendovi il Zeppa e non essendovi, per sì fatta maniera con
la moglie del Zeppa si dimesticò, che egli incominciò a giacersi con essolei; e in questo continuarono una buona pezza avanti che persona se n'avvedesse. Pure al lungo andare, esendo un giorno il Zeppa in casa e non sappiendolo
la donna, Spinelloccio venne a chiamarlo. La donna disse
che egli non era in casa: di che [10] Spinelloccio prestamente
andato su e trovata la donna nella sala, e veggendo che
altri non v'era, abbracciatala la cominciò a basciare, ed
ella lui. Il Zeppa, che questo vide, non fece motto, ma
nascoso si stette a veder quello a che il giuoco dovesse
riuscire; e brievemente egli vide la sua moglie e Spinelloccio così abbracciati andarsene in camera e in quella
serrarsi; di che egli si turbò forte. Ma conoscendo che per
far romore né per altro la sua ingiuria non ne diveniva
minore, anzi ne cresceva la vergogna, si diede a pensar che
vendetta di questa cosa dovesse fare, che,[11] senza sapersi
dattorno, l'animo suo rimanesse contento: e dopo lungo
pensiero, parendogli aver trovato il modo, tanto stette nascoso quanto Spinelloccio stette con la donna.

Il quale come andato se ne fu, così egli nella camera se
n'entrò, dove trovò la donna che ancora non s'era compiuta di racconciare i veli in capo, li quali scherzando
Spinelloccio fatti l'aveva cadere, e disse: « Donna, che
fai tu? »

A cui la donna rispose: « Nol vedi tu? »

Disse il Zeppa: « Sì bene, sì, ho io veduto anche altro
che io non vorrei! » e con lei delle cose state entrò in parole; ed essa con grandissima paura dopo molte novelle [12]

8 *vicini... Cammollia*: vicini di casa a Porta Camollia (contrada di Siena).
9 *usando molto in*: frequentando spesso.
10 *di che*: per cui.
11 in modo che.
12 storie, chiacchiere inutili.

quello avendogli confessato che acconciamente della sua dimestichezza con Ispinelloccio negar non potea, piagnendo gl'incominciò a chieder perdono.

Alla quale il Zeppa disse : « Vedi, donna, tu hai fatto male; il quale se tu vuogli che io ti perdoni, pensa di fare compiutamente quello che io t'imporrò, il che è questo. Io voglio che tu dichi a Spinelloccio che domattina in su l'ora della terza egli truovi qualche cagione di partirsi da me e venirsene qui a te; e quando egli ci sarà, io tornerò, e come tu mi senti, così il fa entrare in questa cassa e serracel dentro : poi, quando questo fatto avrai, e io ti dirò il rimanente che a fare avrai; e di far questo non aver dottanza [13] niuna, ché io ti prometto che io non gli farò male alcuno. » La donna, per sodisfargli, disse di farlo, e così fece.

Venuto il dì seguente, essendo il Zeppa e Spinelloccio insieme, in su la terza Spinelloccio, ché promesso aveva alla donna d'andare a lei a quella ora, disse al Zeppa : « Io debbo stamane desinare con alcuno amico, al quale io non mi voglio fare aspettare, e per ciò fatti con Dio. »

Disse il Zeppa : « Egli non è ora di desinare di questa pezza. » [14]

Spinelloccio disse : « Non fa forza; [15] io ho altresì a parlar seco d'un mio fatto, sì che egli mi vi convien pure essere a buona ora. »

Partitosi adunque Spinelloccio dal Zeppa, data una sua volta, [16] fu in casa con la moglie di lui; ed essendosene entrati in camera, non stette guari che il Zeppa tornò : il quale come la donna sentì, mostratasi paurosa molto, lui fece ricoverare in quella cassa che il marito detto l'avea e serrollovi entro, e uscì della camera.

Il Zeppa, giunto suso, disse : « Donna, è egli otta [17] di desinare? » La donna rispose : « Sì, oggimai. » [18]

Disse allora il Zeppa : « Spinelloccio è andato a desi-

13 esitazione, timore.
14 di questa pezza : in questo momento, a quest'ora.
15 Non fa forza : non importa.
16 data... volta : fatto un giro.
17 ora.
18 ormai.

nare stamane con un suo amico e ha la donna sua lasciata sola : fatti alla finestra e chiamala, e dì che venga
a desinar con essonoi. »

La donna, di se stessa temendo e per ciò molto ubbidente divenuta, fece quello che il marito le 'mpose. La
moglie di Spinelloccio, pregata molto dalla moglie del
Zeppa, vi venne, udendo che il marito non vi doveva desinare; e quando ella venuta fu, il Zeppa, faccendole le
carezze grandi e presala dimesticamente per mano, comandò pianamente alla moglie che in cuscina n'andasse, e
quella seco ne menò in camera, nella quale come fu, voltatosi addietro, serrò la camera dentro. Quando la donna
vide serrar la camera dentro, disse : « Oimè, Zeppa, che
vuol dir questo? dunque mi ci avete voi fatta venir per
questo? ora, è questo l'amor che voi portate a Spinelloccio e la leale compagnia che voi gli fate? »

Alla quale il Zeppa, accostatosi alla cassa dove serrato
era il marito di lei e tenendola bene, disse : « Donna, in
prima che tu ti ramarichi, ascolta ciò che io ti vo' dire.
Io ho amato e amo Spinelloccio come fratello; e ieri, come che egli nol sappia, io trovai che la fidanza la quale
io ho di lui avuta era pervenuta a questo, che egli con
la mia donna così si giace come con teco : ora, per ciò
che io l'amo, non intendo di voler altra vendetta di lui
pigliare, se non quale è stata l'offesa : egli ha la mia donna avuta, e io intendo d'aver te. Dove tu non vogli, per
certo egli converrà che io il ci colga; [19] e per ciò che io non
intendo di lasciare questa ingiuria impunita, io gli farò giuoco [20] che né tu né egli sarete mai lieti. »

La donna, udendo questo, e dopo molte riconfermazioni
fattelene dal Zeppa, credendol, disse : « Zeppa mio, poi
che sopra me dee cadere questa vendetta, e io son contenta,
sì veramente che [21] tu mi facci, di questo che far dobbiamo,
rimanere in pace con la tua donna, come io, non ostante
quello che ella m'ha fatto, intendo di rimaner con lei. »

A cui il Zeppa rispose : « Sicuramente io il farò; e oltre

19 Dove... colga : se tu non vuoi, dovrò sicuramente coglierlo
sul fatto.

20 scherzo, detto ironicamente. Cioè, gli farò la festa.

21 sì veramente che : purché.

a questo ti donerò un così caro e bello gioiello, come niun altro che tu n'abbi »; e così detto, abbracciatala e cominciatala a basciare, la distese sopra la cassa nella quale era il marito di lei serrato, e quivi su, quanto gli piacque, con lei si sollazzò, ed ella con lui.

Spinelloccio, che nella cassa era e udite aveva tutte le parole dal Zeppa dette e la risposta della sua moglie, e poi aveva sentita la danza trivigiana[22] che sopra il capo fatta gli era, una grandissima pezza sentì tal dolore che parea che morisse; e se non fosse che egli temeva del Zeppa, egli avrebbe detta alla moglie una gran villania così rinchiuso come era. Poi, pur ripensandosi che da lui era la villania incominciata e che il Zeppa aveva ragione di far ciò che egli faceva, e che verso di lui umanamente e come compagno s'era portato, seco stesso disse di volere esser più che mai amico del Zeppa, quando volesse.

Il Zeppa, stato con la donna quanto gli piacque, scese della cassa, e domandando la donna il gioiello promesso, aperta la camera fece venir la moglie, la quale niun'altra cosa disse, se non: « Madonna, voi m'avete renduto pan per focaccia », e questo disse ridendo.

Alla quale il Zeppa disse: « Apri questa cassa », ed ella il fece: nella quale il Zeppa mostrò alla donna il suo Spinelloccio.

E lungo sarebbe a dire qual più di lor due si vergognò, o Spinelloccio vedendo il Zeppa e sappiendo che egli sapeva ciò che fatto aveva, o la donna vedendo il suo marito e conoscendo che egli aveva e udito e sentito ciò che ella sopra il capo fatto gli aveva.

Alla quale il Zeppa disse: « Ecco il gioiello il quale io ti dono. »

Spinelloccio, uscito della cassa, senza far troppe novelle, disse: « Zeppa, noi siam pari pari, e per ciò è buono, come tu dicevi dianzi alla mia donna, che noi siamo amici come solavamo; e non essendo tra noi due niun'altra cosa che le mogli divisa, che noi quelle ancora comunichiamo. »[23]

22 *danza trivigiana*: allusione, equivoca, ad una danza scomposta, vagamente oscena, diffusa a Treviso.

23 *che... comunichiamo*: dipende ancora da *è buono*. Quindi, è bene che spartiamo, mettiamo in comune anche quelle due, cioè le mogli.

Il Zeppa fu contento, e nella miglior pace del mondo tutti e quattro desinarono insieme; e da indi innanzi ciascuna di quelle donne ebbe due mariti, e ciascun di loro ebbe due mogli, senza alcuna quistione o zuffa mai per quello insieme averne.

Novella nona

MAESTRO SIMONE MEDICO DA BRUNO E DA BUFFALMACCO,
PER ESSER FATTO D'UNA BRIGATA CHE VA IN CORSO, FATTO
ANDAR DI NOTTE IN ALCUN LUOGO, È DA BUFFALMACCO
GITTATO IN UNA FOSSA DI BRUTTURA E LASCIATOVI.[1]

Poi che le donne alquanto ebber cianciato dello accomunar le mogli' fatto da' due sanesi, la reina, alla qual sola restava a dire, per non fare ingiuria a Dioneo, incominciò:

Assai bene, amorose donne, si guadagnò Spinelloccio la beffa che fatta gli fu dal Zeppa; per la qual cosa non mi pare che agramente sia da riprendere, come Pampinea volle poco innanzi mostrare, chi fa beffa alcuna a colui che la va cercando o che la si guadagna. Spinelloccio la si guadagnò; e io intendo di dirvi d'uno che se l'andò cercando, estimando che quegli che gliele fecero non da biasimare ma da commendar[2] sieno. E fu colui a cui fu fatta un medico, che a Firenze da Bologna, essendo una pecora, tornò tutto coperto di pelli di vai.[3]

Sì come noi veggiamo tutto il dì, i nostri cittadini da Bologna ci tornano qual giudice e qual medico e qual notaio, co' panni lunghi e larghi, e con gli scarlatti e co' vai, e con altre assai apparenze grandissime, alle quali come gli effetti succedano[4] anche veggiamo tutto giorno. Tra' quali un maestro Simone da Villa, più ricco di ben paterni che di scienza, non ha gran tempo, vestito di scarlatto e con un gran batalo,[5] dottor di medicine, secondo che egli medesimo diceva, ci ritornò, e prese casa nella

1 Nemmeno di questa novella fiorentina sono emersi significativi antecedenti.

2 lodare.

3 *un medico... vai*: un medico che tornò a Firenze dall'università di Bologna, benché fosse un bestione, con il titolo di dottore. Il berretto foderato di pelle di vaio e la veste scarlatta erano riservati agli addottorati.

4 *come... succedano*: quali effetti corrispondano.

5 falda di panno che ricadeva dal cappuccio sulla spalla. A Firenze era portato dai medici.

via la quale noi oggi chiamiamo la via del Cocomero.[6] Questo maestro Simone novellamente tornato, sì come è detto, tra gli altri suoi costumi notabili aveva in costume di domandare chi[7] con lui era chi fosse qualunque uomo veduto avesse per via passare; e quasi degli atti degli uomini dovesse le medicine che dar doveva a' suoi infermi comporre, a tutti poneva mente e raccoglievali.[8] E intra gli altri, li quali con più efficacia gli vennero gli occhi addosso posti, furono due dipintori dei quali s'è oggi qui due volte ragionato,[9] Bruno e Buffalmacco, la compagnia de' quali era continua,[10] ed eran suoi vicini. E parendogli che costoro meno che alcuni altri del mondo curassero[11] e più lieti vivessero, sì come essi facevano, più persone domandò di lor condizione; e udendo da tutti costoro essere poveri uomini e dipintori, gli entrò nel capo non dover potere esere che essi dovessero così lietamente vivere della lor povertà, ma s'avvisò,[12] per ciò che udito avea che astuti uomini erano, che d'alcuna altra parte non saputa dagli uomini dovesser trarre profitti grandissimi; e per ciò gli venne in disidero di volersi, se esso potesse, con amenduni,[13] o con l'uno almeno, dimesticare;[14] e vennegli fatto di prendere dimestichezza con Bruno. E Bruno, conoscendo, in poche di volte che con lui stato era, questo medico essere uno animale, cominciò di lui ad avere il più bel tempo del mondo con sue nuove novelle;[15] e il medico similmente cominciò di lui a prendere maraviglioso piacere. E avendolo alcuna volta seco invitato a desinare e per questo credendosi dimesticamente con lui poter ragionare, gli

6 *via del Cocomero*: oggi costituisce un tratto di via Ricasoli. Il nome della via allude alla stupidità del maestro (cfr. anche pag. 786, nota 21).

7 a chi.

8 meditava.

9 *due volte ragionato*: cfr. ottava giornata, novella terza e sesta.

10 *la... continua*: che stavano sempre in compagnia.

11 *meno... curassero*: si preoccupassero del mondo meno di ogni altro.

12 stimò, reputò.

13 ambedue.

14 entrare in confidenza.

15 *cominciò... novelle*: iniziò a godersela un mondo con le sue balorde sciocchezze.

disse la maraviglia che egli si faceva di lui e di Buffal-macco, che, essendo poveri uomini, così lietamente viveano; e pregollo che gli 'nsegnasse come facevano.

Bruno, udendo il medico e parendogli la domanda dell'altre sue sciocche e dissipite,[16] cominciò a ridere, e pensò di rispondergli secondo che alla sua pecoraggine si convenia, e disse: « Maestro, io nol direi a molte persone come noi facciamo, ma di dirlo a voi, perché siete amico e so che ad altrui nol direte, non mi guarderò. Egli è il vero che il mio compagno e io viviamo così lietamente e così bene come vi pare e più; né di nostra arte né d'altro frutto, che noi d'alcune possessioni traiamo, avremmo da poter pagar pur l'acqua che noi logoriamo;[17] né voglio per ciò che voi crediate che noi andiamo ad imbolare, ma noi andiamo in corso,[18] e di questo ogni cosa che a noi è di diletto o di bisogno, senza alcun danno d'altrui, tutto traiamo; e da questo viene in nostro viver lieto che voi vedete. »

Il medico udendo questo e senza saper che si fosse credendolo, si maravigliò molto; e subitamente entrò in disidero caldissimo di sapere che cosa fosse l'andare in corso, affermandogli che per certo mai a niuna persona il direbbe.

« O me! » disse Bruno, « maestro, che mi domandate voi? egli è troppo gran secreto quello che voi volete sapere, ed è cosa da disfarmi[19] e da cacciarmi del mondo, anzi da farmi mettere in bocca del lucifero da San Gallo,[20] se altri il risapesse: ma sì è grande l'amor che io porto alla vostra qualitativa mellonaggine da Legnaia,[21] e la fi-

16 *parendogli... dissipite*: sembrandogli una delle sue usuali domande, sciocche e scipite.

17 *avremmo... logoriamo*: non possederemmo neppure di che pagare l'acqua che consumiamo.

18 *andiamo in corso*: l'espressione sarà spiegata dal Boccaccio successivamente.

19 mandarmi in rovina.

20 *in... San Gallo*: la figura del diavolo dipinta sulla facciata dell'ospedale di San Gallo.

21 *qualitativa... Legnaia*: emblematica, insigne stupidaggine. *Legnaia* è una località rurale nei dintorni di Firenze, un tempo famosa per i suoi cocomeri.

danza la quale ho in voi, che io non posso negarvi cosa che voi vogliate; e per ciò io il vi dirò con questo patto, che voi per la croce a Montesone [22] mi giurerete che mai, come promesso avete, a niuno il direte. »

Il maestro affermò che non farebbe.

« Dovete adunque, » disse Bruno, « maestro mio dolciato, [23] sapere che egli non è ancora guari che in questa città fu un gran maestro in nigromantia, il quale ebbe nome Michele Scotto, [24] per ciò che di Scozia era, e da molti gentili uomini, de' quali pochi oggi son vivi, ricevette grandissimo onore; e volendosi di qui partire, ad istanzia de' prieghi loro [25] ci lasciò due suoi sofficienti [26] discepoli, a' quali impose che ad ogni piacere di questi cotalì gentili uomini, che onorato l'aveano, fossero sempre presti. Costoro adunque servivano i predetti gentili uomini di [27] certi loro innamoramenti e d'altre cosette liberamente: poi, piacendo lor la città e i costumi degli uomini, ci si disposero a voler sempre stare, e preserci di grandi e di strette amistà [28] con alcuni, senza guardare chi essi fossero, più gentili che non gentili, o più ricchi che poveri, solamente che uomini fossero conformi a' lor costumi. E per compiacere a questi così fatti loro amici ordinarono [29] una brigata forse di venticinque uomini, li quali due volte almeno il mese insieme si dovessero ritrovare in alcun luogo da loro ordinato: [30] e quivi essendo, ciascuno a costoro il suo disidero dice, ed essi prestamente per quella notte il forniscono: [31] co' quali due avendo Buffalmacco e io singulare amistà e dimestichezza, da loro in cotal brigata fummo messi, e siamo. E dicovi così che, qualora egli avvien che noi in-

---

22 *a Montesone*: di Montesone (monastero presso Firenze dove c'era un famoso crocefisso).

23 dolce (di sale), cioè sciocco.

24 Filosofo e astrologo famoso, vissuto alla corte di Federico II (cfr. Dante, *Inf.*, xx, 115).

25 *ad... loro*: per l'insistenza della loro preghiera.

26 valenti.

27 relativamente a.

28 amicizia.

29 organizzarono.

30 fissato.

31 *per... forniscono*: nel corso di quella notte lo esaudiscono.

sieme ci raccogliamo, è maravigliosa cosa a vedere i capoletti [32] intorno alla sala dove mangiamo e le tavole messe alla reale e la quantità de' nobili e belli servidori, così
femine come maschi, al piacer [33] di ciascuno che è di tal
compagnia, e i bacini, gli urciuoli, i fiaschi e le coppe e
l'altro vasellamento d'oro e d'argento, ne' quali noi mangiamo e beiamo; e oltre a questo le molte e varie vivande,
secondo che ciascun disidera, che recate ci sono davanti
ciascheduna a suo tempo. Io non vi potrei mai divisare
chenti [34] e quanti sieno i dolci suoni d'infiniti istrumenti, e
i canti pieni di melodia che vi s'odono, né vi potrei dire
quanta sia la cera che vi s'arde a queste cene né quanti
sieno i confetti [35] che vi si consumano e come sieno preziosi
i vini che vi si beono. E non vorrei, zucca mia de sale, che
voi credeste che noi stessimo là in questo abito o con questi panni che ci vedete: egli non ve n'è niuno sì cattivo [36]
che non vi paresse uno imperadore, sì siamo di cari [37] vestimenti e di belle cose ornati. Ma sopra tutti gli altri piaceri
che vi sono, si è quello delle belle donne, le quali subitamente, pur che l'uom voglia, di [38] tutto il mondo vi son recate. Voi vedreste quivi la donna dei barbanicchi, la reina
de' baschi, la moglie del Soldano, la imperadrice d'Osbech,
la ciancianfera di Norvecca, la semistante di Berlinzone e
la scalpedra di Narsia.[39] Che vi vo io annoverando? e' vi
sono tutte le reine del mondo, io dico infino alla schinchimurra del Presto Giovanni; [40] or vedete oggimai voi! Dove,
poi che hanno bevuto e confettato,[41] fatta una danza o
due, ciascuna con colui a cui stanzia v'è fatta venire se
ne va nella sua camera. E sappiate che quelle camere

32 drappi.
33 servizio.
34 *divisare chenti*: descrivere quali.
35 dolci.
36 povero.
37 preziosi.
38 da.
39 *barbanicchi... Narsia*: serie di nomi che deformano dati
reali e storici.
40 *schinchimurra... Giovanni*: nuova sequela onomastica di pro-
venienza fantastica.
41 mangiato dolciumi.

paiono un paradiso a veder, tanto son belle, e sono non meno odorifere che sieno i bossoli [42] delle spezie della bottega vostra, quando voi fate pestare il comino: [43] e havvi letti che vi parrebber più belli che quello del doge di Vinegia, e in quegli a riposar se ne vanno. Or che menar di calcole e di tirar le casse a sé,[44] per fare il panno serrato, faccian le tessitrici, lascerò io pensare pure a voi! Ma tra gli altri che meglio stanno, secondo il parer mio, siam Buffalmacco e io, per ciò che Buffalmacco le più delle volte vi fa venir per sé la reina di Francia, e io per me quella d'Inghilterra, le quali son due pur le più belle donne del mondo; e sì abbiamo saputo fare che elle non hanno altro occhio in capo che noi. Per che da voi medesimo pensar potete se noi possiamo e dobbiamo vivere e andare più che gli altri uomini lieti, pensando che noi abbiamo l'amor di due così fatte reine: senza che,[45] quando noi vogliamo un mille o un duemila fiorini da loro, noi non gli abbiamo [46] prestamente. E questa cosa chiamiam noi vulgarmente l'andare in corso; per ciò che sì come i corsari tolgono la roba d'ogn'uomo, e così facciam noi: se non che di tanto siam differenti da loro, che eglino mai non la rendono, e noi la rendiamo come adoperata l'abbiamo. Ora avete, maestro mio da bene, inteso ciò che noi diciamo l'andare in corso; ma quanto questo voglia esser segreto voi il vi potete vedere, e per ciò più nol vi dico né ve ne priego. »

Il maestro, la cui scienzia non si stendeva forse più oltre che il medicare i fanciulli del lattime,[47] diede tanta fede alle parole di Bruno quanta si saria convenuta a qualunque verità; e in tanto disidero s'accese di volere essere in questa brigata ricevuto, quanto di qualunque altra

42 barattoli.

43 cumino (pianta aromatica).

44 *Or... sé*: operazioni della tessitura. La metafora riveste significato equivoco.

45 *senza che*: senza tener conto che.

46 *noi... abbiamo*: fuorviato dal contesto, Maestro Simone è troppo stupido per poter cogliere il valore negativo dell'affermazione.

47 crosta lattea.

cosa più disiderabile si potesse essere acceso. Per la qual cosa a Bruno rispose che fermamente maraviglia non era se lieti andavano, e a gran pena si temperò in riservarsi di richiederlo che essere il vi facesse,[48] infino a tanto che, con più onor fattogli,[49] gli potesse con più fidanza porgere i prieghi suoi. Avendoselo adunque riservato, cominciò più a continuare con lui l'usanza e ad averlo da sera e da mattina a mangiar seco e a mostrargli smisurato amore: ed era sì grande e sì continua questa loro usanza, che non parea che senza Bruno il maestro potesse né sapesse vivere.

Bruno, parendogli star bene, acciò che ingrato non paresse di questo onor fattogli dal medico, gli aveva dipinto nella sala sua la quaresima e uno *agnusdei* all'entrar della camera[50] e sopra l'uscio della via uno orinale,[51] acciò che coloro che avessero del suo consiglio bisogno il sapessero riconoscere dagli altri: e in una sua loggetta gli aveva dipinta la battaglia dei topi e delle gatte, la quale troppo bella cosa pareva al medico; e oltre a questo diceva alcuna volta al maestro, quando con lui non avea cenato: « Stanotte fu' io alla brigata, ed essendomi un poco la reina d'Inghilterra rincresciuta, mi feci venire la gumedra del gran Can d'Altarisi. »[52]

Diceva il maestro: « Che vuol dir gumedra? io non gli intendo questi nomi. »

« O maestro mio, » diceva Bruno, « io non me ne maraviglio, ché io ho bene udito dire che Porcograsso e Vannacena[53] non ne dicon nulla. »

Disse il maestro: « Tu vuoi dire Ipocrasso e Avicenna! »

Disse Bruno: « Gnaffe! io non so: io m'intendo così

48 *si... facesse*: si trattenne, riservandosi di chiedere di poter entrare a farvi parte.

49 *con... fattogli*: avendo tributato loro maggior onore, essendo entrato in più intima confidenza.

50 da letto.

51 L'esame delle orine era l'elemento più importante per fondare una diagnosi.

52 *gumedra... Altarisi*: ulteriore teoria di invenzioni verbali prive di senso.

53 *Porcograsso e Vannacena*: Ippocrate e Avicenna (le storpiature comiche investono i nomi del più famoso medico greco e di un celebre filosofo arabo).

male de' vostri nomi come voi de' miei; ma la gumedra in quella lingua del gran cane vuol tanto dire quanto imperadrice nella nostra. O ella vi parrebbe la bella feminaccia! Ben vi so dire che ella vi farebbe dimenticare le medicine e gli argomenti [54] e ogni impiastro. »

E così dicendogli alcuna volta per più accenderlo, avvenne che, parendo a messer lo maestro una sera a vegghiare parte che il lume teneva a Bruno che la battaglia de' topi e delle gatte dipignea bene averlo co' suoi onori preso, che egli si dispose d'aprirgli l'animo suo; e soli essendo gli disse: « Bruno, come Iddio sa, egli non vive oggi alcuna persona per cui io facessi ogni cosa come io farei per te; e per poco, se tu mi dicessi che io andassi di qui a Peretola,[55] io credo che io v'andrei; e per ciò non voglio che tu ti maravigli se io te dimesticamente e a fidanza [56] richiederò. Come tu sai, egli non è guari che tu mi ragionasti de' modi della vostra lieta brigata, di che sì gran disidero d'esserne [57] m'è venuto, che mai niuna altra cosa si disiderò tanto. E questo non è senza cagione, come tu vedrai se mai avviene che io ne sia; ché infino ad ora voglio io che tu ti facci beffe di me se io non vi fo venire la più bella fante che tu vedessi già è buona pezza, che io vidi pur l'altr'anno a Cacavincigli,[58] a cui io voglio tutto il mio bene; e per lo corpo di Cristo che io le volli dare dieci bolognini [59] grossi, ed ella mi s'acconsentisse, e non volle. E però quanto più posso ti priego che m'insegni quello che io abbia a fare per dovervi potere essere, e che tu ancora facci e adoperi che io vi sia: e nel vero voi avrete di me buono e fedel compagno e orrevole.[60] Tu vedi innanzi innanzi come io sono bello uomo e come mi stanno bene le gambe in su la persona, e ho un viso che pare una rosa; e oltre a ciò son dottore di medicine, che non credo che voi ve n'abbiate niuno, e so di molte belle cose e di belle canzonette, e vo'tene dire una »; e di botto incominciò

54 rimedi, clisteri.
55 Paese nelle vicinanze di Firenze.
56 *a fidanza*: con fiducia.
57 farne parte.
58 Vicolo malfamato di Firenze.
59 Monete d'argento di scarso valore, coniate a Bologna.
60 onorevole.

a cantare. Bruno aveva sì gran voglia di ridere che egli in se medesimo non capeva, ma pur si tenne; [61] e finita la canzone, e 'l maestro disse: « Che te ne pare? »

Disse Bruno: « Per certo con voi perderieno le cetere de' sagginali, sì artagoticamente stracantate. » [62]

Disse il maestro: « Io dico che tu non l'avresti mai creduto, se tu non m'avessi udito. »

« Per certo voi dite vero, » disse Bruno.

Disse il maestro: « Io so bene anche dell'altre, ma lasciamo ora star questo. Così fatto come tu mi vedi, mio padre fu gentile uomo, benché egli stesse in contado, e io altressì son nato per madre di quegli da Vallecchio: [63] e, come tu hai potuto vedere, io ho pure i più be' libri e le più belle robe [64] che medico di Firenze. In fé di Dio, io ho roba che costò, contata ogni cosa, delle lire presso a cento di bagattini, già è degli anni più di diece! [65] Per che quanto più posso ti priego che facci che io ne sia, e in fé di Dio, se tu il fai, sie pure infermo, se tu sai, [66] che mai di mio mestiere io non ti torrò un denaio. »

Bruno, udendo costui e parendogli, sì come altre volte assai paruto gli era, un lavaceci, [67] disse: « Maestro, fate un poco il lume più qua, e' non v'incresca infin tanto che io abbia fatte le code a questi topi, e poi vi risponderò. »

Fornite [68] le code, e Bruno faccendo vista che forte la petizion gli gravasse, disse: « Maestro mio, gran cose son quelle che per me fareste, e io il conosco: ma tuttavia quella che a me addimandate, quantunque alla [69] grandezza del vostro cervello sia piccola, pure è a me grandissima, né so alcuna persona del mondo per cui io potendo la mi facessi, se io non la facessi per voi, sì perché v'amo quanto

61 *in... tenne*: non si teneva in sé, ma tuttavia si trattenne.
62 *le cetere... stracantate*: le cetre di saggina (usate dai ragazzi di campagna) arcibarbaramente cantate.
63 Località presso Castelfiorentino.
64 vesti.
65 *delle... diece*: quasi cento lire in denari (*bagattini*) più di dieci anni fa.
66 *se tu sai*: quanto vuoi.
67 sciocco.
68 finite.
69 relativamente alla.

si conviene e sì per le parole vostre, le quali son condite di tanto senno che trarrebbono le pinzochere degli usatti,[70] non che me del mio proponimento; e quanto più uso con voi, più mi parete savio. E dicovi ancora così, che se altro non mi vi facesse voler bene, sì vi vo' bene perché veggio che innamorato siete di così bella cosa come diceste. Ma tanto [71] vi vo' dire: io non posso in queste cose quello che voi avvisate,[72] e per questo non posso per voi quello che bisognerebbe adoperare; ma, ove voi mi promettiate sopra la vostra grande e calterita [73] fede di tenerlomi credenza, io vi darò il modo che a tenere avrete; e parmi esser certo, avendo voi così be' libri e l'altre cose che di sopra dette m'avete, che egli vi verrà fatto. »[74]

A cui il maestro disse: « Sicuramente dì: [75] io veggio che tu non mi conosci bene e non sai ancora come io so tenere segreto. Egli erano poche cose che messer Guasparruolo da Saliceto facesse, quando egli era giudice della podestà di Forlimpopoli, che egli non me le mandasse a dire, perché mi trovava così buon segretaro.[76] E vuoi vedere se io dico vero? Io fui il primaio [77] uomo a cui egli dicesse che egli era per isposare la Bergamina: vedi oggimai tu! »[78]

« Or bene sta dunque, » disse Bruno, « se cotestui se ne fidava, ben me ne posso fidare io. Il modo che voi avrete a tener fia questo. Noi sì abbiamo a questa nostra brigata un capitano con due consiglieri, li quali di sei in sei mesi si mutano, e senza fallo a calendi [79] sarà capitano Buffalmacco e io consigliere, e così è fermato: [80] e chi è capitano può molto in mettervi e far che messo vi sia chi egli vuole; e per ciò a me parrebbe che voi, in quanto voi po-

---

70 *trarrebbono... usati*: toglierebbero le scarpe alle pinzochere, cioè le manderebbero in fregola.
71 soltanto.
72 reputate.
73 scaltrita.
74 *che... fatto*: che ci riuscirete.
75 *Sicuramente dì*: parla con tranquillità.
76 custode di segreti.
77 primo.
78 *vedi... tu*: trai ora tu le conclusioni.
79 *a calendi*: il primo del mese prossimo.
80 stabilito.

teste, prendeste la dimestichezza [81] di Buffalmacco e faceste-
gli onore. Egli è uomo che, veggendovi così savio, s'inna-
morerà di voi incontanente, e quando voi l'avrete col senno vostro e con queste buone cose che avete un poco di-
mesticato, voi il potrete richiedere: egli non vi saprà dir
di no. Io gli ho già ragionato di voi, e vuolvi il meglio [82] del
mondo; e quando voi avrete fatto così, lasciate far me con
lui. » Allora disse il maestro: « Troppo mi piace ciò che tu
ragioni; e se egli è uomo che si diletti de' savi uomini, e
favellami pure [83] un poco, io farò ben che egli m'andrà sempre cercando, per ciò che io n'ho tanto del senno, che
io ne potrei fornire una città, e rimarrei savissimo. »

Ordinato questo, Bruno disse ogni cosa a Buffalmacco
per ordine: di che a Buffalmacco parea mille anni di dovere essere a far quello che questo maestro Scipa [84] andava
cercando. Il medico, che oltre modo disiderava d'andare
in corso, non mollò mai che [85] egli divenne amico di Buffalmacco, il che agevolmente gli venne fatto; e cominciogli
a dare le più belle cene e i più belli desinari del mondo,
e a Bruno con lui altressì, ed essi si carapignavano, [86] come
que' signori li quali sentendogli bonissimi vini e di grossi
capponi e d'altre buone cose assai, gli si tenevano assai di
presso, e senza troppi inviti, dicendo sempre che con uno
altro ciò non farebbono, si rimanevan con lui.

Ma pure, quando tempo parve al maestro, sì come Bruno aveva fatto, così Buffalmacco richiese; di che Buffalmacco si mostrò molto turbato e fece a Bruno un gran
romore in testa, [87] dicendo: « Io fo boto all'alto Dio da
Pasignano, [88] che io mi tengo a poco che io non ti do tale [89]
in su la testa, che il naso ti caschi nelle calcagna, tradi-

81 amicizia, confidenza.

82 *vuolvi il meglio*: vi vuole il più gran bene.

83 soltanto.

84 soprannome burlesco da scipare: guastare, sciupare.

85 fino a che.

86 aggrappavano, sollazzavano, davano buon tempo (la varietà
delle proposte esegetiche qui affacciate dipende dall'oscurità della
voce verbale, priva di altre attestazioni nella lingua antica).

87 *un... testa*: una gran lavata di capo.

88 *Dio da Pasignano*: l'immagine divina dipinta sulla facciata
della chiesa di Pasignano.

89 una pacca tale.

tor che tu se', ché altri che tu non ha queste cose mani-
festate al maestro. »

Ma il maestro lo scusava forte, dicendo e giurando sé
averlo d'altra parte saputo; e dopo molte delle sue savie
parole pure il paceficò.

Buffalmacco rivolto al maestro disse: « Maestro mio,
egli si par bene che voi siete stato a Bologna e che voi infino in questa terra abbiate recata la bocca chiusa; e ancora vi dico più, che voi non apparaste miga l'abbiccì in
su la mela, come molti sciocconi voglion fare, anzi l'apparaste bene in sul mellone,[90] ch'è così lungo; e se io non m'inganno, voi foste battezzato in domenica.[91] E come che [92] Bruno m'abbia detto che voi studiaste là in medicine, a me
pare che voi studiaste in apparare a pigliar uomini; il che
voi, meglio che altro uomo che io vidi mai, sapete fare con
vostro senno e con vostre novelle. »

Il medico, rompendogli [93] la parola in bocca, verso Brun
disse: « Che cosa è a favellare e ad usare co' savi! Chi
avrebbe tosto ogni particularità compresa del mio sentimento, come ha questo valente uomo? Tu non te ne av-
vedesti miga così tosto tu di quel che io valeva, come ha
fatto egli; ma dì almeno quello che io ti dissi quando tu
mi dicesti che Buffalmacco si dilettava de' savi uomini:
parti che io l'abbia fatto? »

Disse Bruno: « Meglio. »[94]

Allora il maestro disse a Buffalmacco: « Altro avresti
detto se tu m'avessi veduto a Bologna, dove non era niuno grande né piccolo, né dottore né scolare, che non mi
volesse il meglio del mondo, sì tutti gli sapeva appagare
col mio ragionare e col senno mio. E dirotti più, che io
non vi dissi mai parola che io non facessi ridere ogn'uomo,
sì forte piaceva loro; e quando io me ne partii, fecero

90 *voi... mellone*: voi non apprendeste l'alfabeto sulla mela (si
usava scrìvere una lettera dell'alfabeto su una mela e donare questa
ultima ai fanciulli che riconoscevano la prima), ma su un melone.
L'intera espressione vale « voi siete uno sciocco ».

91 *voi... domenica*: cioè, siete uno stupido (perché di domenica
non si vendeva il sale).

92 *come che*: benché.

93 interrompendogli.

94 meglio di quanto credessi.

tutti il maggior pianto del mondo, e volevano tutti che io vi pur rimanessi, e fu a tanto la cosa perch'io vi stessi, che vollono lasciare a me solo che io leggessi,[95] a quanti scolari v'aveva, le medicine; ma io non volli, ché io era pur disposto a venir qua a grandissime eredità che io ci ho, state sempre di quei di casa mia; e così feci. »

Disse allora Bruno a Buffalmacco: « Che ti pare? tu nol mi credevi, quando io il ti diceva. Alle guagnele![96] egli non ha in questa terra medico che s'intenda d'orina d'asino a petto a costui, e fermamente tu non ne troverresti un altro di qui alle porti[97] di Parigi de' così fatti. Va, tienti oggimai[98] tu di non fare ciò ch'e' vuole! »

Disse il medico: « Brun dice il vero, ma io non ci[99] sono conosciuto. Voi siete anzi gente grossa[100] che no, ma io vorrei che voi mi vedeste tra' dottori, come io soglio stare. »

Allora disse Buffalmacco: « Veramente, maestro, voi le sapete troppo più che io non avrei mai creduto: di che[101] io, parlandovi come si vuole parlare a' savi come voi siete, frastagliatamente[102] vi dico che io procaccerò senza fallo che voi di nostra brigata sarete. »

Gli onori dal medico fatti a costoro appresso questa promessa multiplicarono: laonde essi, godendo, gli facevan cavalcar la capra delle[103] maggiori sciocchezze del mondo, e impromisongli di dargli per donna la contessa di Civillari,[104] la quale era la più bella cosa che si trovasse in tutto il culattario dell'umana generazione.

Domandò il medico chi fosse questa contessa; al quale Buffalmacco disse: « Pinca mia da seme,[105] ella è una trop-

95 insegnassi.
96 *alle guagnele*: per il Vangelo (cfr. pag. 544, nota 11).
97 porte.
98 *tienti oggimai*: astienti oramai.
99 qui.
100 rozza.
101 *di che*: perciò.
102 dettagliatamente.
103 *gli... delle*: gli davano da bere le.
104 *contessa di Civillari*: la regina dei cessi. Civillari era un luogo presso le mura di Firenze dove si svuotavano i condotti delle fogne e si poteva soddisfare ai propri bisogni corporali. Le seguenti determinazioni rinviano tutte alle funzioni defecali.
105 *pinca... seme*: cetriolo mio da semina.

po gran donna, e poche case ha per lo mondo nelle quali ella non abbia alcuna giurisdizione; e non che altri, ma i Frati minori a suon di nacchere le rendon tributo. E sovvi dire che, quando ella va dattorno, ella si fa ben sentire, benché ella stea il più rinchiusa : ma non ha per ciò molto che ella vi passò innanzi all'uscio una notte che andava ad Arno a lavarsi i piedi e per pigliare un poco d'aria; ma la sua più continua dimora è in Laterina.[106] Ben vanno per ciò de' suoi segreti spesso dattorno, e tutti a dimostrazion della maggioranza [107] di lei portano la verga e 'l piombino.[108] De' suoi baron si veggon per tutto assai, sì come è il Tamagnin della porta, don Meta, Manico di Scopa, lo Squacchera e altri,[109] li quali vostri dimestici credo che sieno, ma ora non ve ne ricordate. A così gran donna adunque, lasciata star quella da Cacavincigli, se 'l pensier non c'inganna, vi metteremo nelle dolci braccia. »

Il medico, che a Bologna nato e cresciuto era, non intendeva i vocaboli di costoro, per che egli della donna si chiamò per [110] contento; né guari dopo queste novelle gli recarono [111] i dipintori che egli era per ricevuto. E venuto il dì che la notte seguente si dovean ragunare, il maestro gli ebbe amenduni a desinare; e desinato ch'egli ebbero, gli domandò che modo gli conveniva tenere a venire a questa brigata; al quale Buffalmacco disse : « Vedete, maestro, a voi conviene esser molto sicuro, per ciò che, se voi non foste molto sicuro,[112] voi potreste ricevere impedimento e fare a noi grandissimo danno; e quello a che egli vi conviene esser molto sicuro, voi l'udirete. A voi si convien trovar modo che voi siate stasera in sul primo sonno in su uno di quegli avelli rilevati [113] che poco tempo ha si fece-

---

106 Paese presso Arezzo (ma è evidente il bisticcio con « latrina »).

107 signoria.

108 *la... piombino* : strumenti dei nettacessi.

109 *Tamagnin... altri* : i nomi indicano diversi tipi e forme di sterco.

110 *si chiamò per* : si dichiarò.

111 annunciarono.

112 coraggioso.

113 *avelli rilevati* : sepolcri di marmo provvisti di bassorilievi.

ro di fuori a Santa Maria Novella, con una delle più belle vostre robe indosso, acciò che voi per la prima volta compariate orrevole [114] dinanzi alla brigata, e sì ancora per ciò che (per quello che detto ne fosse ché non vi fummo noi poi),[115] per ciò che voi siete gentile uomo, la contessa intende di farvi cavaliere bagnato [116] alle sue spese; e quivi v'aspettate tanto, che per voi venga colui che noi manderemo. E acciò che voi siate d'ogni cosa informato, egli verrà per voi una bestia nera e cornuta, non molto grande, e andrà faccendo per la piazza dinanzi da voi un gran sufolare e un gran saltare per ispaventarvi; ma poi, quando vedrà che voi non vi spaventiate, ella vi s'accosterà pianamente: quando accostata vi si sarà, e voi allora senza alcuna paura scendete giù dello avello, e senza ricordare o Iddio o' santi, vi salite suso, e come suso vi siete acconcio, così, a modo che se steste cortese,[117] vi recate le mani al petto, senza più toccar la bestia. Ella allora soavemente si moverà e recheravvene a noi: ma infino ad ora, se voi ricordaste o Iddio o' santi, o aveste paura, vi dich'io' che ella vi potrebbe gittare o percuotere in parte che vi putirebbe;[118] e per ciò, se non vi dà il cuore d'esser ben sicuro, non vi venite, ché voi fareste danno a voi, senza fare a noi pro veruno. »

Allora il medico disse: « Voi non mi conoscete ancora: voi guardate forse perché io porto i guanti in mano e' panni lunghi. Se voi sapeste quello che io ho già fatto di notte a Bologna, quando io andava talvolta co' miei compagni alle femine, voi vi maravigliereste. In fé di Dio, egli fu tal notte che, non volendone una venir con noi, ed era una tristanzuola, ch'è peggio, che non era alta un sommesso,[119] io le diedi prima di molte pugna, poscia, presala di peso, credo che io la portassi presso ad una bale-

---

114 onorevole.

115 *ché... poi*: poiché non ci siamo stati mai.

116 *cavaliere bagnato*: i cavalieri venivano detti « bagnati », quando erano immersi in un bagno durante la cerimonia dell'investitura.

117 *se steste cortese*: con le braccia conserte.

118 *vi putirebbe*: vi dispiacerebbe (con evidente allusione al prossimo bagno nello sterco).

119 palmo.

strata;[120] e pur convenne, sì feci, che ella ne venisse con noi. E un'altra volta mi ricorda che io, senza esser meco altri che un mio fante, colà un poco dopo l'*avemaria*, passai allato al cimitero de' Frati minori, ed eravi il dì stesso stata sotterrata una femina, e non ebbi paura niuna : e per ciò di questo non v'isfidate,[121] ché sicuro e gagliardo son io troppo. E dicovi che io, per venirvi bene orrevole, mi metterò la roba mia dello scarlatto con la quale io fui conventato,[122] e vedrete se la brigata si rallegrerà quando mi vedrà e se io sarò fatto a mano a man capitano. Vedrete pure come l'opera [123] andrà quando io vi sarò stato, da che, non avendomi ancor quella contessa veduto, ella s'è sì innamorata di me che ella mi vuol fare cavalier bagnato : e forse che la cavalleria mi starà così male? e saprolla così mal mantenere o pur bene? lascerete pur far me ! »

Buffalmacco disse : « Troppo dite bene, ma guardate che voi non ci faceste la beffa e non vi veniste o non vi foste trovato quando per voi manderemo; e questo dico per ciò che egli fa freddo e voi signor medici ve ne guardate molto. »

« Non piaccia a Dio, » disse il medico, « io non sono di questi assiderati : io non curo freddo : poche volte è mai che io mi levi la notte così per bisogno del corpo, come l'uom fa talvolta, che io mi metta altro che il pilliccione mio sopra il farsetto; e per ciò io vi sarò fermamente. »

Partitisi adunque costoro, come notte si venne faccendo, il maestro trovò sue scuse in casa con la moglie; e trattane celatamente la sua bella roba, come tempo gli parve, messalasi indosso, se n'andò sopra uno de' detti avelli; e sopra quegli marmi ristrettosi, essendo il freddo grande, cominciò ad aspettar la bestia. Buffalmacco, il quale era grande e atante [124] della persona, ordinò d'avere una di queste maschere che usare si soleano a certi giuochi li quali oggi non si fanno,[125] e messosi indosso un pilliccion nero a rove-

120 *ad una balestrata* : ad un tiro di balestra.
121 *v'isfidate* : abbiate paura.
122 addottorato.
123 faccenda.
124 aitante.
125 *giuochi... fanno* : probabile allusione alla festa mascherata detta « Giuoco del Veglio », proibita fin dal 1325.

scio, in quello s'acconciò in guisa che pareva pure uno orso, se non che la maschera aveva viso di diavolo ed era cornuta. E così acconcio, venendoli Bruno appresso per vedere come l'opera andasse, se n'andò nella piazza nuova di Santa Maria Novella; e come egli si fu accorto che messer lo maestro v'era, così cominciò a saltabellare e a fare un nabissare grandissimo [126] su per la piazza, e a sufolare e ad urlare e a stridere a guisa che se imperversato fosse. Il quale come il maestro sentì e vide, così tutti i peli gli s'arricciarono addosso e tutto cominciò a tremare, come colui che era più che una femina pauroso; e fu ora che egli vorrebbe essere stato innanzi a casa sua che quivi. Ma non per tanto pur, poi che andato v'era, si sforzò d'assicurarsi,[127] tanto il vinceva il disidero di giugnere a vedere le maraviglie dettegli da costoro. Ma poi che Buffalmacco ebbe alquanto imperversato, come è detto, faccendo sembianti di rappacificarsi, s'accostò allo avello sopra il quale era il maestro, e stette fermo. Il maestro, sì come quegli che tutto tremava di paura, non sapeva che farsi, se su vi salisse o se si stesse.[128] Ultimamente, temendo non gli facesse male se su non vi salisse con la seconda paura cacciò la prima, e sceso dello avello, pianamente dicendo « Iddio m'aiuti! » su vi salì, e acconciossi molto bene; e sempre tremando tutto si recò con le mani a star cortese, come detto gli era stato. Allora Buffalmacco pianamente s'incominciò a dirizzare verso Santa Maria della Scala, e andando carpone infin presso le donne di Ripole [129] il condusse. Erano allora per quella contrada fosse, nelle quali i lavoratori di que' campi facevan votare la contessa a Civillari per ingrassare i campi loro. Alle quali come Buffalmacco fu vicino, accostatosi alla proda d'una e preso tempo,[130] messa la mano sotto all'un de' piedi del medico e con essa sospintolsi da dosso, di netto col capo innanzi il gittò in essa, e cominciò a ringhiare forte e a saltare e ad

126 *saltabellare... grandissimo*: correre saltellando e ad agitarsi pazzamente.

127 farsi coraggio.

128 *o se si stesse*: oppure se rinunciasse all'impresa.

129 *presso... Ripole*: vicino al monastero delle monache di San Iacopo a Ripoli.

130 *preso tempo*: scelto il momento favorevole.

imperversare e ad andarsene lungo Santa Maria della Scala verso il prato d'Ognissanti, dove ritrovò Bruno che per non poter tener le risa fuggito s'era: e amenduni, festa faccendosi, di lontano si misero a veder quello che il medico impastato [131] facesse. Messer lo medico, sentendosi in questo luogo così abominevole, si sforzò di rilevare e di volersi aiutare per uscirne, e ora in qua e ora in là ricadendo, tutto dal capo al piè impastato, dolente e cattivo,[132] avendone alquante dramme ingozzate, pur n'uscì fuori e lasciovvi il cappuccio: e spastandosi con le mani come poteva il meglio, non sappiendo che altro consiglio pigliarsi, se ne tornò a casa sua, e picchiò tanto che aperto gli fu.

Né prima, essendo egli entrato dentro così putente,[133] fu l'uscio riserrato, che Bruno e Buffalmacco furono ivi, per udire come il maestro fosse dalla sua donna raccolto; li quali stando a udir, sentirono alla donna dirgli la maggior villania che mai si dicesse a niun tristo, dicendo: « Deh, come ben ti sta! tu eri ito a qualche altra femina, e volevi comparire molto orrevole con la roba dello scarlatto. Or non ti bastava io? frate, io sarei sofficiente ad un popolo,[134] non che a te. Deh, or t'avessono essi affogato, come essi ti gittarono là dove tu eri degno d'esser gittato. Ecco medico onorato, aver moglie e andar la notte alle femine altrui! » E con queste e con altre assai parole, faccendosi il medico tutto lavare, infino alla mezzanotte non rifinò [135] la donna di tormentarlo.

Poi la mattina vegnente Bruno e Buffalmacco, avendosi tutte le carni dipinte soppanno [136] di lividori a guisa che far sogliono le battiture, se ne vennero a casa del medico e trovaron lui già levato; ed entrati dentro a lui, sentirono ogni cosa putirvi, ché ancora non s'era sì ogni cosa potuta nettare, che non vi putisse. E sentendo il medico costor venire a lui, si fece loro incontro, dicendo che Iddio desse loro il buon dì: al quale Bruno e Buffalmacco,

131 imbrattato.
132 disgraziato.
133 puzzolente.
134 *ad un popolo*: a un'intera parrocchia.
135 cessò.
136 sotto.

sì come proposto aveano, risposero con turbato viso:
« Questo non diciam noi a voi, anzi preghiamo Iddio che
vi dea tanti malanni che voi siate morto a ghiado,[137] sì come il più disleale e il maggior traditor che viva, per ciò
che egli non è rimaso per voi,[138] ingegnandoci noi di farvi
onore e piacere, che noi non siamo stati morti come cani.
E per la vostra dislealtà abbiamo stanotte avute tante
busse, che di meno [139] andrebbe uno asino a Roma: senza che
noi siamo stati a pericolo d'essere stati cacciati della compagnia nella quale noi avavamo ordinato di farvi ricevere. E se voi non ci credete, ponete mente le carni nostre
come elle stanno »; e ad un cotal barlume,[140] apertisi i panni dinanzi, gli mostrarono i petti loro tutti dipinti, e ri-
chiusongli senza indugio.

Il medico si volea scusare e dir delle sue sciagure, e
come e dove egli era stato gittato; al quale Buffalmacco
disse: « Io vorrei che egli v'avesse gittato dal ponte in
Arno: perché ricordavate voi o Dio o' Santi? non vi fu
egli detto dinanzi? »

Disse il medico: « In fé di Dio non ricordava. »

« Come, » disse Buffalmacco, « non ricordavate? voi ve
ne ricordate molto! ché ne disse il messo nostro che voi
tremavate come verga e non sapavate dove voi vi foste.
Or voi ce l'avete ben fatta, ma mai più persona non la
ci farà, e a voi ne faremo ancora quello onore che vi se
ne conviene. »

Il medico cominciò a chieder perdono e a pregargli per
Dio che nol dovessero vituperare, e con le miglior parole
che egli poté s'ingegnò di pacificargli; e per paura che
essi questo suo vitupero non palesassero, se da indi addietro onorati gli avea, molto più gli onorò e careggiò [141] con
conviti e altre cose da indi innanzi. Così adunque, come
udito avete, senno s'insegna a chi tanto non n'apparò a
Bologna.

137 *morto a ghiado*: ucciso con coltellate.
138 *per ciò... voi*: perché non è certo dipeso da voi.
139 *di meno*: con meno.
140 *ad... barlume*: alla debole luce.
141 vezzeggiò, blandì.

Novella decima

UNA CICILIANA MAESTREVOLMENTE TOGLIE AD UN MERCATANTE
CIÒ CHE IN PALERMO HA PORTATO; IL QUALE, SEMBIANTE
FACCENDO D'ESSERVI TORNATO CON MOLTA PIÙ MERCATANTIA
CHE PRIMA, DA LEI ACCATTATI DENARI, LE LASCIA
ACQUA E CAPECCHIO.[1]

Quanto la novella della reina in diversi luoghi facesse
le donne ridere, non è da domandare: niuna ve n'era a
cui per soperchio riso non fossero dodici volte le lagrime
venute in su gli occhi. Ma poi che ella ebbe fine, Dioneo,
che sapeva che a lui toccava la volta, disse:

Graziose donne, manifesta cosa è tanto più l'arti piacere, quanto più sottile artefice è per quelle artificiosamente
beffato. E per ciò, quantunque bellissime cose tutte raccontate abbiate, io intendo di raccontarne una, tanto più
che alcuna altra dettane da dovervi aggradire, quanto colei che beffata fu era maggior maestra di beffare altrui
che alcuno altro beffato fosse di quegli o di quelle che avete contate.[2]

Soleva essere, e forse che ancora oggi è, una usanza in
tutte le terre marine che hanno porto, così fatta, che tutti
i mercatanti che in quelle con mercatantie capitano, faccendole scaricare, tutte in un fondaco, il quale in molti
luoghi è chiamato dogana, tenuta per lo comune o per
lo signor della terra, le portano; e quivi, dando a coloro
che sopra ciò sono[3] per iscritto tutta la mercatantia e il
pregio[4] di quella, è dato per li detti al mercatante un magazzino nel quale esso la sua mercatantia ripone e serralo

---

1 stoppa ricavata dalla prima battitura della canapa e del lino.
Qualche affinità con beffe analoghe raccontate in opere medievali
(la *Disciplina clericalis* di Pietro Alfonso donde derivano spunti
nei *Gesta Romanorum* e nel *Novellino*) non valgono a mettere in
dubbio il marchio originale del racconto.

2 *tanto più... contate*: che vi piacerà tanto più di qualsiasi altra raccontata quanto più brava maestra di beffe fu colei che rimase
beffata rispetto a tutti gli altri beffati protagonisti delle novelle
raccontate da voi.

3 *sopra ciò sono*: ne sono incaricati.

4 valore.

con la chiave; e li detti doganieri poi scrivono in sul libro della dogana a ragione[5] del marcatante tutta la sua mercatantia, faccendosi poi del lor diritto pagare al mercatante, o per tutta o per parte della mercatantia che egli della dogana traesse. E da questo libro della dogana assai volte s'informano i sensali e delle qualità e delle quantità delle mercatantie che vi sono, e ancora chi sieno i mercatanti che l'hanno; con li quali poi essi, secondo che lor cade per mano,[6] ragionano di cambi, di baratti e di vendite e d'altri spacci. La quale usanza, sì come in molti altri luoghi, era in Palermo in Cicilia, dove similmente erano, e ancor sono, assai femine del corpo bellissime ma nimiche della onestà; le quali, da chi non le conosce, sarebbono e son tenute grandi e onestissime donne. Ed essendo non a radere ma a scorticare uomini date del tutto,[7] come un mercatante forestiere vi veggono, così dal libro della dogana s'informano di ciò che egli v'ha e di quanto può fare: e appresso con lor piacevoli e amorosi atti e con parole dolcissime questi cotali mercatanti s'ingegnano d'adescare e di trarre nel loro amore: e già molti ve n'hanno tratti, a' quali buona parte della lor mercatantia hanno delle mani tratta, e d'assai tutta;[8] e di quelli vi sono stati che la mercatantia e 'l navilio e le polpe e l'ossa lasciate v'hanno, sì ha soavemente la barbiera saputo menare il rasoio.

Ora, non è ancora molto tempo, avvenne che quivi, da' suoi maestri[9] mandato, arrivò un giovane nostro fiorentino detto Niccolò da Cignano, come che[10] Salabaetto fosse chiamato, con tanti pannilani che alla fiera di Salerno gli erano avanzati, che potevan valere un cinquecento fiorin d'oro; e dato il legaggio[11] di quegli a' doganieri, gli mise in un magazzino, e senza mostrar troppo gran fretta dello spaccio, s'incominciò ad andare alcuna volta a sollazzo per

5 *a ragione*: sul conto.
6 *cade per mano*: capita.
7 *date del tutto*: completamente dedite.
8 *d'assai tutta*: di molti mercanti hanno portato via tutta la mercanzia.
9 capi, principali.
10 *come che*: benché.
11 tassa sull'imballaggio.

la terra. Ed essendo egli bianco e biondo e leggiadro molto, e standogli ben la vita,[12] avvenne che una di queste barbiere, che si faceva chiamare madonna Jancofiore,[13] avendo alcuna cosa sentita de' fatti suoi, gli pose l'occhio addosso; di che egli accorgendosi, estimando che ella fosse una gran donna, s'avvisò che per la sua bellezza le piacesse, e pensossi di volere molto cautamente menar questo amore; e senza dirne cosa alcuna a persona, incominciò a far le passate[14] dinanzi alla casa di costei. La quale accortasene, poi che alquanti dì l'ebbe ben con gli occhi acceso, mostrando ella di consumarsi per lui, segretamente gli mandò una sua femina la quale ottimamente l'arte sapeva del ruffianesimo. La quale, quasi con le lagrime in su gli occhi, dopo molte novelle, gli disse che egli con la bellezza e con la piacevolezza sua aveva sì la sua donna presa, che ella non trovava luogo[15] né dì né notte; e per ciò, quando a lui piacesse, ella disiderava più che altra cosa di potersi con lui ad un bagno segretamente trovare; e appresso questo, trattosi uno anello di borsa, da parte della sua donna gliele donò. Salabaetto, udendo questo, fu il più lieto uomo che mai fosse; e preso l'anello e fregatoselo agli occhi[16] e poi basciatolo, sel mise in dito e rispuose alla buona femina che, se madonna Jancofiore l'amava, che ella n'era ben cambiata,[17] per ciò che egli amava più lei che la sua propia vita, e che egli era disposto d'andare dovunque a lei fosse a grado e ad ogn'ora.

Tornata adunque la messaggiera alla sua donna con questa risposta, a Salabaetto fu a mano a man[18] detto a qual bagno il dì seguente passato vespro la dovesse aspettare; il quale, senza dirne cosa del mondo a persona, prestamente all'ora impostagli v'andò, e trovò il bagno per la donna esser preso.[19] Dove egli non stette guari che due schiave venner cariche: l'una aveva un materasso di bam-

---

12 *standogli... vita*: presentandosi bene, avendo un bell'aspetto.
13 Biancofiore, nella forma siciliana.
14 *far le passate*: passare e ripassare.
15 pace.
16 *fregatoselo agli occhi*: in segno di grande amore.
17 ricambiata.
18 *a mano a man*: subito dopo.
19 *per... preso*: essere stato affittato dalla donna.

bagia bello e grande in capo, e l'altra un grandissimo paniere pien di cose; e steso questo materasso in una camera del bagno sopra una lettiera, vi miser su un paio di lenzuola sottilissime listate di seta, e poi una coltre di bucherame [20] cipriana bianchissima con due origlieri lavorati a maraviglie; [21] e appresso questo spogliatesi ed entrate nel bagno, quello tutto lavarono e spazzarono ottimamente. Né stette guari che la donna con due sue altre schiave appresso al bagno venne; dove ella, come prima ebbe agio, fece a Salabaetto, grandissima festa, e dopo i maggiori sospiri del mondo, poi che molto e abbracciato e basciato l'ebbe, gli disse: « Non so chi mi s'avesse a questo potuto conducere, altri che tu; tu m'hai miso lo foco all'arma, toscano acanino. » [22]

Appresso questo, come a lei piacque, ignudi amenduni se n'entrarono nel bagno, e con loro due delle schiave. Quivi, senza lasciargli por mano addosso ad altrui, ella medesima con sapone moscoleato [23] e con garofanato maravigliosamente e bene tutto lavò Salabaetto, e appresso sé fece e lavare e stropicciare alle schiave. E fatto questo, recaron le schiave due lenzuoli bianchissimi e sottili, de' quali veniva sì grande odor di rose che ciò che v'era pareva rose; e l'una inviluppò nell'uno Salabaetto e l'altra nell'altro la donna, e in collo levatigli, amenduni nel letto fatto ne gli portarono. E quivi, poi che di sudare furono restati, [24] dalle schiave fuor di que' lenzuoli tratti, rimasono ignudi negli altri. E tratti del paniere oricanni [25] d'ariento bellissimi e pieni qual d'acqua rosa, qual d'acqua di fior d'aranci, qual d'acqua di fior di gelsomino e qual d'acqua nanfa, [26] tutti costoro di queste acque spruzzarono; e appres-

20 panni molto fini.
21 *a maraviglie* : ricamo particolare, largo e variegato.
22 *tu... acanino* : mi hai messo il fuoco nell'animo, amatissimo toscano. La donna parla con inflessioni dialettali siciliane. Si noti il probabile arabismo *acanino* (*hanin* in arabo significa « caro, amato »).
23 profumato al muschio.
24 *furono restati* : ebbero cessato.
25 vasetti per profumi.
26 *acqua nanfa* : si ricavava dai fiori d'arancio.

so tratte fuori scatole di confetti [27] e preziosissimi vini, alquanto si confortarono. A Salabaetto pareva essere in paradiso, e mille volte aveva riguardata costei, la quale era per certo bellissima, e cento anni gli pareva ciascuna ora che queste schiave se n'andassero e che egli nelle braccia di costei si ritrovasse. Le quali poi che per comandamento della donna, lasciato un torchietto acceso nella camera, andate se ne furono fuori, costei abbracciò Salabaetto ed egli lei, e con grandissimo piacer di Salabaetto, al quale pareva che costei tutta si struggesse per suo amore, dimorarono una lunga ora.

Ma poi che tempo parve di levarsi alla donna, fatte venire le schiave, si vestirono, e un'altra volta bevendo e confettando [28] si riconfortarono alquanto, e il viso e le mani di quelle acque odorifere lavatisi e volendosi partire, disse la donna a Salabaetto: « Quando a te fosse a grado, a me sarebbe grandissima grazia che questa sera te ne venissi a cenare e ad albergo meco. »[29]

Salabaetto, il qual già e dalla bellezza e dalla artificiosa piacevolezza di costei era preso, credendosi fermamente da lei essere come il cuor del corpo amato, rispose: « Madonna, ogni vostro piacere m'è sommamente a grado, e per ciò e istasera e sempre intendo di far quello che vi piacerà e che per voi mi fia comandato. »

Tornatasene adunque la donna a casa, e fatta bene di sue robe e di suoi arnesi ornar la camera sua, e fatto splendidamente far da cena, aspettò Salabaetto; il quale, come alquanto fu fatto oscuro, là se n'andò, e lietamente ricevuto, con gran festa e ben servito cenò. Poi, nella camera entratisene, sentì quivi maraviglioso odore di legno aloè e d'uccelletti cipriani,[30] vide il letto ricchissimo e molte belle robe su per le stanghe; [31] le quali cose tutte insieme, e ciascuna per sé gli fecero stimare costei dovere essere

---

27 dolciumi.
28 mangiando confetti, dolciumi.
29 *ad albergo meco*: ad alloggiare da me.
30 *uccelletti cipriani*: uccelli profumati, impastati con olezzanti ingredienti, che si ardevano di solito nelle stanze da letto.
31 erano le traverse che reggevano le cortine del letto e su cui si appoggiavano le vesti.

una grande e ricca donna; e quantunque in contrario avesse della vita di lei udito buscinare,[32] per cosa del mondo nol volea credere, e se pure alquanto ne credeva lei già alcuno aver beffato, per cosa del mondo non poteva credere questo dovere a lui intervenire. Egli giacque con grandissimo suo piacere la notte con essolei, sempre più accendendosi. Venuta la mattina, ella gli cinse una bella e leggiadra cinturetta d'argento con una bella borsa, e sì gli disse: «Salabaetto mio dolce, io mi ti raccomando: e così come la mia persona è al piacer tuo, così e ciò che ci è e ciò che per me si può è allo comando tuio.»[33] Salabaetto lieto abbracciatala e basciatala, s'uscì di casa costei [34] e vennesene là dove usavano gli altri mercatanti.

E usando una volta e altra con costei senza costargli cosa del mondo, e ogni ora più invescandosi, avvenne che egli vendé i panni suoi a contanti e guadagnonne bene: il che la buona donna non da lui ma da altrui sentì incontanente. Ed essendo Salabaetto da lei andato una sera, costei incominciò a cianciare e a ruzzare con lui, a basciarlo e abbracciarlo, mostrandosi sì forte di lui infiammata, che pareva che ella gli volesse d'amor morir nelle braccia; e volevagli pur donare due bellissimi nappi d'argento che ella aveva, li quali Salabaetto non voleva torre, sì come colui che da lei tra una volta e altra aveva avuto quello che valeva ben trenta fiorin d'oro, senza aver potuto fare che ella da lui prendesse tanto che valesse un grosso.[35] Alla fine, avendol costei bene acceso col mostrar sé accesa e liberale, una delle sue schiave, sì come ella aveva ordinato, la chiamò; per che ella, uscita della camera e stata alquanto, tornò dentro piagnendo, e sopra il letto gittatasi boccone, cominciò a fare il più doloroso lamento che mai facesse femina.

Salabaetto, maravigliandosi, la si recò in braccio, e cominciò a piagner con lei e a dire: «Deh, cuor del corpo

32 mormorare.

33 *ciò... tuio*: quello che ho e quello che posso avere sono a tua disposizione.

34 *casa costei*: casa di costei, con la normale omissione della preposizione *di*.

35 moneta d'argento di poco valore.

mio, che avete voi così subitamente? che è la cagione di questo dolore? deh! ditemelo, anima mia. »

Poi che la donna s'ebbe assai fatta pregare, ed ella disse: « Oimè, signor mio dolce, io non so né che mi far né che mi dire! io ho testé ricevute lettere da Messina, e scrivemi mio fratello che, se io dovessi vendere e impegnare ciò che ci è, che [36] senza alcun fallo io gli abbia fra qui e otto dì mandati mille fiorin d'oro, se non che [37] gli sarà tagliata la testa; e io non so quello che io mi debba fare, che io gli possa così prestamente avere: ché, se io avessi spazio pur quindici dì, io troverrei modo d'accivirne [38] d'alcun luogo donde io ne debbo avere molti più, o io venderei alcuna delle nostre possessioni; ma, non potendo, io vorrei esser morta prima che quella mala novella mi venisse »; e detto questo, forte mostrandosi tribolata, non restava di piagnere.

Salabaetto, al quale l'amorose fiamme avevan gran parte del debito conoscimento [39] tolto, credendo quelle verissime lagrime e le parole ancor più vere, disse: « Madonna, io non vi potrei servire di mille, mà di cinquecento fiorin d'oro sì bene, dove voi crediate potermegli rendere di qui a quindici dì; e questa è vostra ventura che pure ieri mi vennero venduti i panni miei, ché, se così non fosse, io non vi potrei prestare un grosso. »

« Oimè! » disse la donna, « dunque hai tu patito disagio di denari? o perché non me ne richiedevi tu? perché [40] io non n'abbia mille, io ne aveva ben cento e anche dugento da darti: tu m'hai tolta tutta la baldanza [41] da dovere da te ricevere il servigio che tu mi profferi. » Salabaetto vie più che preso da queste parole, disse: « Madonna, per questo non voglio io che voi lasciate, [42] ché, se fosse così bisogno a me come egli fa a voi, io v'avrei ben richiesta. »

36 *che... che*: che, a costo di vendere o impegnare tutto quello che ho. La congiunzione *che* è ripetuta dopo la proposizione parentetica.

37 *se non che*: altrimenti.

38 procurarmeli.

39 criterio, giudizio.

40 benché.

41 coraggio.

42 rinunciate (a chiedermi).

« Oimè! » disse la donna, « Salabaetto mio, ben conosco che il tuo è vero e perfetto amore verso di me, quando, senza aspettar d'esser richiesto di così gran quantità di moneta, in così fatto bisogno liberamente mi sovvieni. E per certo io era tutta tua senza questo, e con questo sarò molto maggiormente; né sarà mai che io non riconosca da te la testa [43] di mio fratello. Ma sallo Iddio che io mal volentier gli prendo, considerando che tu se' mercatante e i mercatanti fanno co' denari tutti i fatti loro: ma per ciò che il bisogno mi strigne e ho ferma speranza di tosto rendergli, io gli pur prenderò, e per l'avanzo,[44] se più presta via non troverrò, impegnerò tutte queste mie cose »; e così detto, lagrimando, sopra il viso di Salabaetto si lasciò cadere. Salabaetto la cominciò a confortare; e stato la notte con lei, per mostrarsi bene liberalissimo suo servidore, senza alcuna richiesta di lei aspettare, le portò cinquecento be' fiorin d'oro, li quali ella, ridendo col cuore e piagnendo con gli occhi, prese, attenendosene Salabaetto alla sua semplice promessione.[45]

Come la donna ebbe i denari, così s'incominciarono le 'ndizioni [46] a mutare; e dove prima era libera l'andata alla donna ogni volta che a Salabaetto era in piacere, così incominciaron poi a sopravvenire delle cagioni per le quali non gli veniva delle sette volte l'una fatto il potervi entrare, né quel viso né quelle carezze né quelle feste più gli eran fatte che prima. E passato d'un mese e di due il termine, non che venuto, al quale i suoi danari riaver dovea, richiedendogli, gli eran date parole in pagamento. Laonde, avvedendosi Salabaetto dell'arte della malvagia femina e del suo poco senno, e conoscendo che di lei niuna cosa più che le si piacesse di questo poteva dire,[47] sì come colui che di ciò non aveva né scritta né testimonio, e vergognandosi di ramaricarsene con alcuno, sì perché

43 *riconosca... testa*: debba a te la vita, la salvezza.

44 *per l'avanzo*: per il resto (della somma che mi serve).

45 *attenendosene... promessione*: fidandosi Salabaetto della sola promessa verbale.

46 periodi di quindici anni di cui tenevano conto i notai nei loro atti. Qui vale « rapporti, visite ».

47 *di lei... dire*: di questo non poteva dire nulla di più di quanto volesse lei.

n'era stato fatto avveduto dinanzi [48] e sì per le beffe le quali meritamente della sua bestialità n'aspettava, dolente oltre modo, seco medesimo la sua sciocchezza piagnea. E avendo da' suoi maestri più lettere avute che egli quegli denari cambiasse e mandassegli loro, acciò che, non faccendolo egli, quivi non fosse il suo difetto scoperto,[49] diliberò di partirsi : e in su un legnetto montato, non a Pisa, come dovea ma a Napoli se ne venne.

Era quivi in quei tempi nostro compar Pietro dello Canigiano,[50] trasorier di madama la 'mperatrice di Costantinopoli, uomo di grande intelletto e di sottile [51] ingegno, grandissimo amico e di Salabaetto e de' suoi : col quale, sì come con discretissimo uomo, dopo alcun giorno Salabaetto dolendosi, raccontò ciò che fatto aveva e il suo misero accidente, e domandogli aiuto e consiglio in fare che esso quivi potesse sostentar la sua vita, affermando che mai a Firenze non intendeva di ritornare.

Il Canigiano, dolente di queste cose, disse : « Male hai fatto, mal ti se' portato, male hai i tuoi maestri ubbiditi, troppi denari ad un tratto hai spesi in dolcitudine :[52] ma che? fatto è, vuolsi vedere altro » ;[53] e, sì come avveduto uomo, prestamente ebbe pensato quello che era da fare e a Salabaetto il disse ; al quale piacendo il fatto, si mise in avventura di volerlo seguire.[54]

E avendo alcuno denaio [55] e il Canigiano avendonegli alquanti prestati, fece molte balle ben legate e ben magliate,[56] e comperate da [57] venti botti da olio ed empiutele, e caricato ogni cosa, se ne tornò in Palermo : e il legaggio

48 *avveduto dinanzi* : avvertito, messo in guardia prima.

49 *quivi... scoperto* : non si scoprisse in questo modo il suo ammanco.

50 Coetaneo e amico del Boccaccio, ricoprì cariche pubbliche importanti a Napoli e a Firenze. Fu, tra l'altro, tesoriere (*trasorier*) di Caterina di Valois, nuora di Carlo II lo Zoppo, imperatrice di Costantinopoli discendente di Baldovino II.

51 acuto.

52 mollezze.

53 *vuolsi vedere altro* : bisogna pensare ad altro, a un rimedio.

54 *si... seguire* : affrontò il rischio di mettere in atto il consiglio.

55 *alcuno denaio* : un po' di soldi.

56 *ben magliate* : ben legate.

57 *da* : intorno a, circa.

delle balle dato a' doganieri e similmente il costo delle botti, e fatto ogni cosa scrivere a sua ragione, quelle mise ne' magazzini, dicendo che infino che altra mercatantia, la quale egli aspettava, non veniva, quelle non voleva toccare. Jancofiore, avendo sentito questo e udendo che ben duomilia fiorin d'oro valeva o più quello che al presente aveva recato, senza quello che egli aspettava, che valeva più di tremilia, parendole aver tirato a pochi,[58] pensò di restituirgli i cinquecento, per potere avere la maggior parte de' cinquemilia; e mandò per lui.[59]

Salabaetto divenuto malizioso v'andò; al quale ella, faccendo vista di niente sapere di ciò che recato s'avesse, fece maravigliosa festa e disse: « Ecco, se tu fossi crucciato meco perché io non ti rende' così al termine i tuoi denari... »

Salabaetto cominciò a ridere e disse: « Madonna, nel vero egli mi dispiacque bene un poco, sì come a colui che mi trarrei il cuor per darlovi, se io credessi piacervene; ma io voglio che voi udiate come io son crucciato con voi. Egli è tanto e tale l'amor che io vi porto, che io ho fatto vendere la maggior parte delle mie possessioni, e ho al presente recata qui tanta mercatantia che vale oltre a duomilia fiorini, e aspettone di Ponente tanta che varrà oltre a tremilia; e intendo di fare in questa terra un fondaco e di starmi qui, per esservi sempre presso, parendomi meglio stare del vostro amore che io creda che stia alcuno innamorato del suo. »

A cui la donna disse: « Vedi, Salabaetto, ogni tuo acconcio [60] mi piace forte, sì come di quello di colui il quale io amo più che la vita mia, e piacemi forte che tu con intendimento di starci tornato ci sii, però che spero d'avere ancora assai di buon tempo con teco; ma io mi ti voglio un poco scusare che, di quei tempi che tu te n'andasti, alcune volte ci volesti venire e non potesti, e alcune ci venisti e non fosti così lietamente veduto come solevi, e oltre a questo di ciò che io al termine promesso non ti rende' i tuoi denari. Tu dei sapere che io era allora in grandissimo

58 *tirato a pochi*: guadagnato poco (dalla sua beffa).
59 *mandò per lui*: lo mandò a chiamare.
60 buona ventura, vantaggio.

dolore e in grandissima afflizione, e chi è in così fatta disposizione, quantunque egli ami molto altrui, non gli può far così buon viso né attendere tuttavia a lui come colui vorrebbe: e appresso dei sapere ch'egli è molto malagevole ad una donna il poter trovar mille fiorin d'oro, e sonci tutto il dì dette delle bugie e non c'è attenuto [61] quello che ci è promesso, e per questo conviene che noi altressì mentiamo altrui; e di quinci venne, e non da altro difetto, che io i tuoi denari non ti rendei. Ma io gli ebbi poco appresso la tua partita, e se io avessi saputo dove mandargliti, abbi per certo che io te gli avrei mandati; ma perché saputo non l'ho, gli t'ho guardati. » [62]

E fattasi venire una borsa dove erano quegli medesimi che esso portati l'avea, gliele pose in mano e disse: « Annovera se son cinquecento. »

Salabaetto non fu mai sì lieto, e annoveratigli e trovatigli cinquecento e ripostigli, disse: « Madonna, io conosco che voi dite vero, ma voi n'avete fatto assai: e dicovi che per questo e per lo amore che io vi porto, voi non ne vorreste da me per niun vostro bisogno quella quantità che io potessi fare, che io non ve ne servissi; e come io ci sarò acconcio [63] voi ne potrete essere alla pruova. » E in questa guisa reintegrato con lei l'amore in parole, rincominciò Salabaetto vezzatamente [64] ad usar con lei, ed ella a fargli i maggior piaceri e i maggiori onori del mondo, e a mostrargli il maggiore amore.

Ma Salabaetto, volendo col suo inganno punire lo 'ganno di lei, avendogli ella il dì mandato [65] che egli a cena e ad albergo con lei andasse, v'andò tanto malinconoso e tanto tristo, che egli pareva che volesse morire. Jancofiore, abbracciandolo e basciandolo, lo 'ncominciò a domandare perché egli questa malinconia avea. Egli, poi che una buona pezza s'ebbe fatto pregare, disse: « Io son diserto per ciò che il legno, sopra il quale è la mercatantia che io

61 mantenuto.
62 *gli... guardati*: te li ho custoditi.
63 *come... acconcio*: quando mi sarò sistemato qui.
64 con vezzi e carezze (finte).
65 mandato a dire.

aspettava, è stato preso da' corsari di Monaco [66] e riscattasi diecimilia fiorin d'oro, de' quali ne tocca a pagare a me mille, e io non ho un denaio, per ciò che li cinquecento che mi rendesti incontanente mandai a Napoli ad investire in tele per far venir qui. E se io vorrò al presente vendere la mercatantia la quale ho qui, per ciò che non è tempo, appena che io abbia delle due derrate un denaio; [67] e io non ci sono sì ancora conosciuto che io ci trovassi chi di questo mi sovvenisse, e per ciò io non so che mi fare né che mi dire; e se io non mando tosto i denari, la mercatantia ne fia portata a Monaco, e non ne riavrò mai nulla. »

La donna, forte crucciosa di questo, sì come colei alla quale tutto il pareva perdere, avvisando che modo ella dovesse tenere acciò che a Monaco non andasse, disse: « Dio il sa che ben me ne incresce per tuo amore: ma che giova il tribolarsene tanto? Se io avessi questi denari, sallo Iddio che io gli ti presterrei incontanente, ma io non gli ho. È il vero che egli ci è alcuna persona il quale l'altrieri mi servì de' cinquecento che mi mancavano, ma grossa usura ne vuole, ché egli non ne vuol meno che a ragion di trenta per centinaio; [68] se da questa cotal persona tu gli volessi, converrebbesi far sicuro [69] di buon pegno, e io per me sono acconcia d'impegnar per te tutte queste robe e la persona per tanto quanto egli ci vorrà su prestare, per poterti servire: ma del rimanente come il sicurerai tu? »

Conobbe Salabaetto la cagione che moveva costei a fargli questo servigio, e accorsesi che di lei dovevan essere i denari prestati; il che piacendogli, prima la ringraziò, e appresso disse che già per pregio ingordo non lascerebbe, strignendolo il bisogno; [70] e poi disse che egli il sicurerebbe della mercatantia la quale aveva in dogana, faccen-

---

66 A quei tempi era la base di partenza di feroci corsari.

67 *appena... denaio*: riuscirò a stento a ricavarne la metà del valore.

68 *a... centinaio*: a un interesse del trenta per cento.

69 *far sicuro*: dar garanzia (cfr. più sotto *sicurerai*).

70 *per... bisogno*: non desisterebbe, nonostante l'esagerato interesse, costretto com'era da necessità.

dola scrivere in[71] colui che i denar gli prestasse, ma che egli voleva guardar la chiave de' magazzini, sì per poter mostrar la sua mercatantia se richiesta gli fosse, e sì acciò che niuna cosa gli potesse esser tocca o tramutata o scambiata. La donna disse che questo era ben detto, ed era assai buona sicurtà;[72] e per ciò, come il dì fu venuto, ella mandò per un sensale di cui ella si confidava molto, e ragionato con lui questo fatto, gli diè mille fiorin d'oro li quali il sensale prestò a Salabaetto, e fece in suo nome scrivere alla dogana ciò che Salabaetto dentro v'avea; e fattesi loro scritte e contrascritte insieme, e in concordia rimasi, attesero a' loro altri fatti.

Salabaetto, come più tosto poté, montato in su un legnetto, con millecinquecento fiorin d'oro a Pietro dello Canigiano se ne tornò a Napoli, e di quindi buona e intera ragione[73] rimandò a Firenze a' suoi maestri che co' panni l'avevan mandato; e pagato Pietro e ogni altro a cui alcuna cosa doveva, più dì col Canigiano si diè buon tempo dello inganno fatto alla ciciliana; poi di quindi, non volendo più mercatante essere, se ne venne a Ferrara.

Jancofiore, non trovandosi Salabaetto in Palermo, s'incominciò a maravigliare e divenne sospettosa; e poi che ben due mesi aspettato l'ebbe, veggendo che non veniva, fece che 'l sensale fece schiavare[74] i magazzini. E primieramente tastate le botti che si credeva che piene d'olio fossero, trovò quelle esser piene d'acqua marina, avendo[75] in ciascuna forse un barile d'olio di sopra vicino al cocchiume;[76] poi, sciogliendo le balle, tutte, fuor che due che panni erano, piene le trovò di capecchio; e in brieve, tra ciò che v'era,[77] non valeva oltre a dugento fiorini. Di che Jancofiore tenendosi scornata, lungamente pianse i cinquecento renduti e troppo più i mille prestati, spesse volte dicendo: «Chi ha a far con tosco, non vuole esser lo-

71 a nome di.
72 garanzia.
73 *intera ragione*: completo rendiconto.
74 forzare.
75 essendoci.
76 apertura della botte, donde la si riempie.
77 *tra... era*: in totale.

sco. »[78] E così, rimasasi col danno e con le beffe, trovò che tanto seppe altri quanto altri.[79]

Come Dioneo ebbe la sua novella finita, così Lauretta, conoscendo il termine esser venuto oltre al quale più regnar non dovea, commendato il consiglio di Pietro Canigiano che apparve dal suo effetto buono, e la sagacità di Salabaetto che non fu minore a mandarlo ad esecuzione, levatasi la laurea [1] di capo, in testa ad Emilia la pose, donnescamente dicendo: « Madonna, io non so come piacevole reina noi avrem di voi, ma bella la pure avrem noi : fate adunque che alle vostre bellezze l'opere sien rispondenti » ; e tornossi a sedere.

Emilia, non tanto dell'esser reina fatta, quanto dell'udirsi così in pubblico commendare di ciò che le donne sogliono essere più vaghe,[2] un pochetto si vergognò, e tal nel viso divenne qual in su l'aurora son le novelle rose; ma pur, poi che avendo alquanto gli occhi tenuti bassi ebbe il rossore dato luogo,[3] avendo col suo siniscalco de' fatti pertinenti alla brigata ordinato, così cominciò a parlare : « Dilettose donne, assai manifestamente veggiamo che, poi che i buoi per alcuna parte del giorno hanno faticato sotto il giogo ristretti, quegli esser dal giogo allievati e disciolti, e liberamente, dove lor più piace, per li boschi lasciati andare alla pastura : e veggiamo ancora non esser men belli, ma molto più, i giardini di varie piante fronzuti che i boschi ne' quali solamente querce veggiamo; per le quali cose io estimo, avendo riguardo quanti giorni sotto certa [4] legge ristretti ragionato abbiamo, che, sì come a bisognosi, di vagare alquanto, e vagando riprender forze a

---

78 *Chi... losco* : chi ha a che fare con un toscano non deve essere guercio. Era un proverbio di cui si compiacevano gli stessi toscani.

79 *tanto... altri* : la furbizia dell'uno fu pari a quella dell'altro.

---

1 corona d'alloro.

2 *che... vaghe* : di cui le donne sono solite maggiormente compiacersi.

3 *ebbe... luogo* : scomparve (dal volto) il rossore.

4 stabile, fissa.

rientrar sotto il giogo, non solamente sia utile ma opportuno. E per ciò quello che domane seguendo il vostro dilettevole ragionare sia da dire, non intendo di ristrignervi sotto alcuna spezialità,[5] ma voglio che ciascun secondo che gli piace ragioni, fermamente tenendo[6] che la varietà delle cose che si diranno non meno graziosa ne fia che l'avere pur[7] d'una parlato; e così avendo fatto, chi appresso di me nel reame verrà, sì come più forti,[8] con maggior sicurtà ne potrà nelle usate leggi ristrignere. » E detto questo, infino all'ora della cena libertà concedette a ciascuno.

Commendò ciascun la reina delle cose dette, sì come savia; e in piè dirizzatisi, chi ad un diletto e chi ad un altro si diede: le donne a far ghirlande e a trastullarsi, i giovani a giucare e a cantare; e così infino all'ora della cena passarono. La quale venuta, intorno alla bella fontana con festa e con piacer cenarono, e dopo la cena al modo usato cantando e ballando un gran pezzo si trastullarono. Alla fine la reina, per seguire de' suoi predecessori lo stilo, nonostanti quelle[9] che volontariamente da più di loro erano state dette, comandò a Panfilo che una ne dovesse cantare; il quale così liberamente cominciò:[10]

> Tanto è, Amore, il bene
>   ch'io per te sento, e l'allegrezza e 'l gioco[11]
>   ch'io son felice ardendo nel tuo foco.
> L'abbondante allegrezza ch'è nel core,
>   dell'alta gioia e cara,
>   nella qual m'ha' recato,
>   non potendo capervi,[12] esce di fore,
>   e nella faccia chiara[13]

5 *ristrignervi... spezialità*: costringervi entro un tema particolare.

6 *fermamente tenendo*: essendo convinta.

7 solo.

8 *sì... forti*: essendoci così rinforzati, corroborati (cioè con questa giornata di libertà).

9 quelle canzoni.

10 La ballata cantata da Panfilo comprende una ripresa (aBB) e tre strofe (cdecdeeBB) raggruppanti settenari ed endecasillabi, che dividono due rime comuni nei versi finali di ciascuna (BB).

11 gioia.

12 *dell'alta... capervi*: non potendo esservi contenuta per la profonda e piena allegria a cui m'hai condotto.

13 serena.

mostra 'l mio lieto stato;
ché essendo innamorato
in così alto e ragguardevol loco,[14]
lieve mi fa lo star dov'io mi coco.[15]
Io non so col mio canto dimostrare,
né disegnar col dito,[16]
Amore, il ben ch'io sento;
e s'io sapessi, mel convien celare;
ché, s'el fosse sentito,[17]
torneria in tormento:
ma io son sì contento,
ch'ogni parlar sarebbe corto e fioco,[18]
pria n'avessi mostrato pure un poco.
Chi potrebbe estimar che le mie braccia
aggiugnesser [19] giammai
là dov'io l'ho tenute,
e ch'io dovessi giunger la mia faccia
là dov'io l'accostai
per grazia e per salute?
Non mi sarien credute
le mie fortune; ond'io tutto m'infoco,
quel nascondendo ond'io m'allegro e gioco.[20]

La canzone di Panfilo aveva fine, alla quale quantunque per tutti fosse compiutamente risposto,[21] niun ve n'ebbe che, con più attenta sollecitudine che a lui non apparteneva, non notasse le parole di quella, ingegnandosi di quello volersi indovinare che egli di convenirgli tener nascoso cantava;[22] e quantunque vari varie cose andassero imaginando, niun per ciò alla verità del fatto pervenne. Ma la reina, poi che vide la canzone di Panfilo finita e le giovani donne e gli uomini volentier riposarsi, comandò che ciascuno se n'andasse a dormire.

14 *in... loco*: di persona così nobile e degna d'onore.
15 *lieve... coco*: mi rende facilmente sopportabile lo stare dove mi consumo.
16 *disegnar col dito*: descrivere figurativamente.
17 avvertito, conosciuto.
18 *corto e fioco*: insufficiente e inadeguato.
19 arrivassero.
20 *ond'io... gioco*: da cui io ricevo felicità e gioia.
21 Cioè, cantando la ripresa.
22 *di... cantava*: di riuscire a comprendere ciò che Panfilo nella sua canzone diceva fosse preferibile tener nascosto.

FINISCE LA OTTAVA GIORNATA DEL « DECAMERON »;
INCOMINCIA LA NONA, NELLA QUALE, SOTTO IL REGGIMENTO
D'EMILIA, SI RAGIONA CIASCUNO SECONDO CHE GLI PIACE
E DI QUELLO CHE PIÙ GLI AGGRADA.

Nella seconda vacanza tematica il Boccaccio raduna pezzi quasi tutti di « scarto », per lo più rispondenti cioè, o contrastanti, a prove precedenti. Madonna Francesca che si libera degli sgraditi e insistenti spasimanti, architettando, con la complicità della fantesca, un piano di macabri imbrogli ricorda, per opposizione, le colleghe impegnate nell'acquisto d'amore, non foss'altro perché il diniego si compiace di una prova d'astuzia densa di colpi di scena. Del pari, il comico processo imbastito dalla sussiegosa badessa ipocrita contro la monacella peccatrice ripropone non pure il significato etico, ma addirittura la meccanica narrativa del raffronto tra l'abate e il frate nella quarta novella della prima giornata, distinguendosi, nella variatio, *per un'ostentata e più teatrale, vistosa comparazione burlesca dei segni-spia dell'identico vizio. Anche Calandrino ritorna a recitare, vestito dei medesimi panni, un altro atto della commedia che lo vede soccombere da sciocco di fronte al solito duo di buontemponi: se mai l'imbroglio, immutato nella sostanza, si raffina nell'oggetto, tingendo con malizia pungente la dabbenaggine del marito-amatore. Nella conclusiva puntata del suo romanzo, rimandata di un solo numero, questo antieroe si maschera dietro i panni di Eros. Lo spazio assegnato agli attori si apre ad una commedia mimica nella gioconda esilarante, spigliatissima e vivace, interpretata dal duo Bruno-Niccolosa con grande classe parodica. L'incongruente e quasi patetica metamorfosi del beffato, trafitto dall'amore, in quell'ambiente contadino dove occhiate e sospiri languorosi compongono una stridente schermaglia, attraverso il magico rituale accredita un indimenticabile convegno amoroso, silenzioso a due, fragoroso a tre personaggi: e con l'ultima apparizione nelle vesti buffonesche dell'adultero scoperto « né morto né vivo », « così graffiato e tutto pelato e rabbuffato*» dalla solita moglie guastafeste, Calandrino scompare dalla scena. Tra le due apparizioni s'inserisce la serie scoppiettante di inganni, imbrogli, contumelie orditi dal Fortarrigo a Cecco Angiolieri. Se lo scambio tra vero e falso rimane fisso, i contendenti si scatenano alla ricerca del soldo, con l'irruenza del mondo cantato nei loro versi. E non è senza significato che un'ansia disperata e scomposta fermi nel vano inseguimento, appiedato, squattrinato e seminudo, il più celebre rimatore scapigliato della nostra rimeria burlesca. Il garbuglio erotico che stringe Adriano e Pinuccio rammemora altre notti di intrighi. Con la stessa lucidità e perizia registica il Boccaccio muove gli scambi di letti e di persone, movimenta il dialogo tra sordi e ricrea il silenzio dei desideri, sul filo di un'ebbrezza collettiva, dalla quale ordinatamente i due soci escono trionfanti e appagati e l'oste scornato e cornuto. Anche il sogno rivelatore di Talano proviene da un filone già saccheggiato (quarta giornata, novella quinta, sesta, ecc.): con la differenza che il presagio della sciagura concerne la scontrosa e stizzita moglie di chi sogna, di modo che la sorte si diverte cupamente a gravare su un appestato rapporto coniugale, infierendo in maniera quasi efferata, con brutale secchezza di modi narrativi, sull'incredula e insopportabile Margherita. Che esce dal brevissimo racconto segnata perennemente da una sinistra deformità fisica, congruente al suo personaggio. Sul filo rischioso delle più eleganti beffe e contrabeffe cittadine è mantenuto l'incontro-scontro tra Biondello e Ciacco, che per l'intervento di un altro personaggio dantesco, il massiccio Filippo Argenti, minaccia di degenerare in parossistica vendetta di iracondo, se non fosse l'esterrefatto terrore, misto di incredulità e sorpresa, a cancellare le tracce del dolore fisico nel malcapitato figurino, sottoposto ad una rimenata verbale e ad un pestaggio violento. Probabilmente, sia per la giacitura, sia per la presentazione introduttiva, la parabola di Salomone intende chiudere nel nome della saggezza l'accanita lotta ingaggiata tra gli esponenti nel rapporto coniugale. E tuttavia la sibillina compendiosità dei consigli risolutori, mentre ribadisce la frequenza delle frizioni e la semplicità spiccia dei rimedi, richiama il culto per l'asciutta stringatezza delle sentenze *enigmatiche, quali interpreti infallibili del reale. Non per nulla Dioneo allega seriosamente la propria « modestia » nella ripresentazione di un « incantamento » che fonde la « fantasima » con l'« agnol Gabriello ». Ma questo rito di menzogne acquista all'oscenità della raffigurazione, vivente nei moduli anfibologici dello stile, un'acre parodia del miracolo. Dall'ambiente primitivo e contadino, dalla candida credulità dei miserabili coniugi e dalla rozza immaginazione del prete, si leva una disperata protesta contro la povertà, che soffoca anche il sorriso del lettore.*

La luce, il cui splendore la notte fugge, aveva già l'ottavo cielo [1] d'azzurrino in color cilestro mutato tutto, e cominciavansi i fioretti per li prati a levar suso, quando Emilia, levatasi, fece le sue compagne e i giovani parimente chiamare; li quali venuti e appresso alli lenti passi della reina avviatisi, infino ad un boschetto, non guari al palagio lontano, se n'andarono, e per quello entrati, videro gli animali, sì come cavriuoli, cervi e altri, quasi sicuri da' cacciatori per la soprastante pistolenzia, non altramente aspettargli che se senza tema o dimestichi fossero divenuti. E ora a questo e ora a quell'altro appressandosi, quasi giugnere gli dovessero, [2] faccendogli correre e saltare, per alcuno spazio sollazzo presero; ma già inalzando il sole, parve [3] a tutti di ritornare. Essi eran tutti di frondi di quercia inghirlandati, con le mani piene o d'erbe odorifere o di fiori; e chi scontrati gli avesse, niun'altra cosa avrebbe potuto dire se non: « O costor non saranno dalla morte vinti o ella gli ucciderà lieti. » Così adunque, piede innanzi piè venendosene, cantando e cianciando e motteggiando, pervennero al palagio, dove ogni cosa ordinatamente disposta e li lor famigliari lieti e festeggianti trovarono. Quivi riposatisi alquanto, non prima a tavola andarono che sei canzonette, più lieta l'una che l'altra, da' giovani e dalle donne cantate furono; appresso alle quali, data l'acqua alle mani, tutti secondo il piacer della reina gli mise il siniscalco a tavola, dove le vivande venute, allegri tutti mangiarono; e da quello levati, al carolare [4] e al

1 *l'ottavo cielo*: è, secondo la cosmologia tolemaica, il cielo delle stelle fisse.
2 *quasi... dovessero*: come se li volessero raggiungere.
3 sembrò opportuno.
4 danzare.

sonare si dierono per alquanto spazio, e poi, comandando-
lo la reina, chi volle s'andò a riposare. Ma già l'ora usita-
ta venuta, ciascuno nel luogo usato s'adunò a ragionare;
dove la reina, a Filomena guardando, disse che principio
desse alle novelle del presente giorno; la qual sorridendo
cominciò in questa guisa:

Novella prima

MADONNA FRANCESCA, AMATA DA UNO RINUCCIO E DA UNO
ALESSANDRO, E NIUNO AMANDONE, COL FARE ENTRARE L'UN
PER MORTO IN UNA SEPOLTURA, E L'ALTRO QUELLO TRARNE
PER MORTO, NON POTENDO ESSI VENIRE AL FINE IMPOSTO,
CAUTAMENTE SE GLI LEVA DA DOSSO.[5]

Madonna, assai m'aggrada, poi che vi piace, che per
questo campo aperto e libero, nel quale la vostra magnificenzia [6] n'ha messi, del novellare, d'esser colei che corra
il primo aringo,[7] il quale se ben farò, non dubito che quegli che appresso verranno non facciano bene e meglio.

Molte volte s'è, o vezzose donne, ne' nostri ragionamenti mostrato quante e quali sieno le forze d'amore; né però
credo che pienamente se ne sia detto, né sarebbe ancora,
se di qui ad uno anno d'altro che di ciò non parlassimo: [8]
e per ciò che esso non solamente a vari dubbi di dover
morire gli amanti conduce ma quegli ancora ad entrare
nelle case de' morti per morti tira, m'aggrada di ciò raccontarvi, oltre a quelle che dette sono, una novella nella quale non solamente la potenzia d'amore comprenderete, ma il senno da una valorosa donna usato a torsi da
dosso due, che contro al suo piacere l'amavan, cognosce-
rete.

Dico adunque che nella città di Pistoia fu già una bellissima donna vedova, la quale due nostri fiorentini, che
per aver bando di [9] Firenze a Pistoia dimoravano, chiamati l'uno Rinuccio Palermini e l'altro Alessandro Chiarmontesi, senza sapere l'un dell'altro, per caso di costei presi,[10] sommamente amavano, operando cautamente ciascuno

5 La popolarità del tema spiega la folla dei precedenti prossimi
nello spirito a questa novella; ma nessuno fra quelli indicati gioca
un ruolo decisivo nei riguardi della sua genesi.

6 liberalità.

7 giostra.

8 né... parlassimo : né lo sarebbe anche se per tutto un anno
non si parlasse che di questo.

9 per... di : per essere stati esiliati da. I Palermini e i Chiarmontesi erano due note famiglie di parte ghibellina.

10 innamorati.

ciò che per lui si poteva a dover l'amor di costei acquistare. Ed essendo questa gentil donna, il cui nome fu madonna Francesca de' Lazzari,[11] assai sovente stimolata da ambasciate e da prieghi di ciascun di costoro, e avendo ella ad esse men [12] saviamente più volte gli orecchi porti e volendosi saviamente ritrarre e non potendo, le venne, acciò che la lor seccaggine si levasse da dosso, un pensiero; e quel fu di volergli richiedere d'un servigio il quale ella pensò niuno dovergliele fare, quantunque egli fosse possibile, acciò che, non faccendolo essi, ella avesse onesta o colorata [13] ragione di più non volere le loro ambasciate udire; e 'l pensiero fu questo. Era, il giorno che questo pensier le venne, morto in Pistoia uno, il quale, quantunque stati fossero i suoi passati [14] gentili uomini, era reputato il piggiore uomo che, non che in Pistoia, ma in tutto il mondo fosse: e oltre a questo vivendo era sì contraffatto e di sì divisato viso,[15] che chi conosciuto non l'avesse, vedendol da prima, n'avrebbe avuto paura; ed era stato sotterrato in uno avello fuori della chiesa de' frati minori. Il quale ella avvisò dovere in parte essere grande acconcio del suo proponimento.[16]

Per la qual cosa ella disse ad una sua fante : « Tu sai la noia e l'angoscia la quale io tutto il dì ricevo dall'ambasciate di questi due fiorentini, da Rinuccio e da Alessandro : ora io non son disposta a dover loro del mio amore compiacere, e per torglimi da dosso m'ho posto in cuore, per le grandi profferte che fanno, di volergli in cosa provare [17] la quale io son certa che non faranno, e così questa seccaggine torrò via : e odi come. Tu sai che stamane fu sotterrato al luogo [18] de' frati minori lo Scannadio (così era chiamato quel reo uomo di cui di sopra dicemmo) del

11 *de' Lazzari* : eminente famiglia guelfa di Pistoia.
12 poco.
13 *onesta o colorata* : decorosa o motivata.
14 antenati.
15 *sì contraffatto... viso* : così deforme e sfigurato nel volto.
16 *Il... proponimento* : ella reputò che quello giungeva assai a proposito per il suo disegno.
17 mettere alla prova.
18 convento.

quale, non che morto, ma vivo, i più sicuri [19] uomini di questa terra, vedendolo, avevan paura; e però tu te n'andrai segretamente prima ad Alessandro, e sì gli dirai: « Madonna Francesca ti manda dicendo [20] che ora è venuto il tempo che tu puoi avere il suo amore, il qual tu hai cotanto disiderato, ed esser con lei, dove tu vogli, in questa forma.[21] A lei dee, per alcuna cagione che tu poi saprai, questa notte essere da un suo parente recato a casa il corpo di Scannadio, che stamane fu sepellito, ed ella, sì come quella che ha di lui, così morto come egli è, paura, nol vi vorrebbe: per che ella ti priega, in luogo di [22] gran servigio, che ti debbia piacere d'andare stasera in su il primo sonno ed entrare in quella sepoltura dove Scannadio è seppellito, e metterti i suoi panni indosso e stare come se tu desso fossi infino a tanto che per te sia venuto,[23] e senza alcuna cosa dire o motto fare, di quella trarre ti lasci e recare a casa sua, dove ella ti riceverà, e con lei poi ti starai, e a tua posta ti potrai partire, lasciando del rimanente il pensiero a lei. » E se egli dice di volerlo fare, bene sta; dove dicesse di non volerlo fare, sì gli dì da mia parte che più dove io sia non apparisca, e come egli ha cara la vita, si guardi che più né messo né ambasciata mi mandi. E appresso questo te n'andrai a Rinuccio Palermini, e sì gli dirai: « Madonna Francesca dice che è presta di volere ogni tuo piacer fare, dove tu a lei facci un gran servigio, cioè che tu stanotte in su la mezzanotte te ne vadi allo avello dove fu stamane sotterrato Scannadio, e lui, senza dire alcuna parola di cosa che tu oda o veggà o senta, tragghi di quello soavemente [24] e recchigliele a casa. Quivi perché ella il voglia vedrai, e di lei avrai il piacer tuo; e dove questo non ti piaccia di fare, ella infino ad ora t'impone che tu mai più non le mandi né messo né ambasciata. »

19 coraggiosi.
20 *ti manda dicendo*: ti manda a dire.
21 *dove... forma*: qualora tu lo voglia, in questo modo.
22 *in luogo di*: a titolo di.
23 *che per te sia venuto*: che qualcuno venga a prenderti.
24 delicatamente.

La fante n'andò ad amenduni,[25] e ordinatamente a ciascuno, secondo che imposto le fu, disse: alla quale risposto fu da ognuno, che non che in una sepoltura, ma in inferno andrebber, quando le piacesse. La fante fé la risposta alla donna, la quale aspettò di vedere se sì fosser pazzi che essi il facessero.

Venuta adunque la notte, essendo già primo sonno,[26] Alessandro Chiarmontesi spogliatosi in farsetto, uscì di casa sua per andare a stare in luogo di Scannadio nello avello; e andando gli venne un pensier molto pauroso nell'animo, e cominciò a dir seco: ‹Deh, che bestia sono io! dove vo io? o che so io se i parenti di costei, forse avvedutisi che io l'amo, credendo essi quel che non è, le fanno far questo per uccidermi in quello avello? il che se avvenisse, io m'avrei il danno, né mai cosa del mondo se ne saprebbe che lor nocesse. O che so io se forse alcun mio nimico questo m'ha procacciato, il quale ella forse amando, di questo il vuol servire?› E poi dicea: ‹Ma pognam che niuna di queste cose sia, e che pure i suoi parenti a casa di lei portar mi debbano; io debbo credere che essi il corpo di Scannadio non vogliono per doverlosi tenere in braccio, o metterlo in braccio a lei, anzi si dee credere che essi ne voglian far qualche strazio, sì come di colui che forse già d'alcuna cosa gli diservì.[27] Costei dice che di cosa che io senta io non faccia motto: o se essi mi cacciasser gli occhi o mi traessero i denti o mozzassermi le mani o facessermi alcuno altro così fatto giuoco, a che sare' io? come potre' io star cheto? E se io favello, e' mi conosceranno e per avventura mi faranno male; ma come che [28] essi non me ne facciano, io non avrò fatto nulla, ché essi non mi lasceranno con la donna; e la donna dirà poi che io abbia rotto il suo comandamento [29] e non farà mai cosa che mi piaccia.› E così dicendo, fu tutto che tornato a casa: [30] ma pure il grande amore il sospinse innanzi con

25 ad amenduni: da ambedue.
26 essendo... sonno: essendo già l'ora del primo sonno (vedi a pag. 775: in sul primo sonno).
27 d'alcuna... diservì: li danneggiò, li offese in qualche cosa.
28 come che: anche se.
29 rotto il suo comandamento: mancato ai suoi ordini.
30 fu... casa: fu sul punto di tornare a casa.

argomenti contrari a questi e di tanta forza, che allo avello il condussero; il quale egli aperse, ed entratovi dentro e spogliato Scannadio e sé rivestito e l'avello sopra sé richiuso e nel luogo di Scannadio postosi, gl'incominciò a tornare a mente chi costui era stato, e le cose che già aveva udite dire che di notte erano intervenute, non che nelle sepolture de' morti, ma ancora altrove. Tutti i peli gli s'incominciarono ad arricciare addosso, e parevagli tratto tratto [31] che Scannadio si dovesse levar ritto e quivi scannar lui. Ma da fervente amore aiutato, questi e gli altri paurosi pensier vincendo, stando come se egli il morto fosse, cominciò ad aspettare che di lui dovesse intervenire. [32]

Rinuccio, appressandosi la mezza notte, uscì di casa sua per far quello che dalla sua donna gli era stato mandato a dire; e andando, in molti e vari pensieri entrò delle cose possibili ad intervenirgli, sì come di poter col corpo, sopra le spalle, di Scannadio venire alle mani della signoria ed esser come malioso [33] condennato al fuoco, o di dovere, se egli si risapesse, venire in odio de' suoi parenti, e d'altri simili, da' quali tutto che rattenuto fu. Ma poi rivolto [34] disse: « Deh, dirò io di no della prima cosa che questa gentil donna, la quale io ho cotanto amata e amo, m'ha richiesto, e spezialmente dovendone la sua grazia acquistare? non ne dovess'io di certo morire, [35] che io non me ne metta a fare ciò che promesso l'ho »; e andato avanti giunse alla sepoltura e quella leggiermente [36] aperse.

Alessandro, sentendola aprire, ancora che gran paura avesse, stette pur cheto. Rinuccio, entrato dentro, credendosi il corpo di Scannadio prendere, prese Alessandro pe' piedi e lui fuor ne tirò, e in su le spalle levatoselo, verso la casa della gentil donna cominciò ad andare; e così andando e non riguardandolo altramenti, [37] spesse volte il per-

31 *tratto tratto*: da un momento all'altro.
32 *che... intervenire*: che cosa dovesse accadergli.
33 stregone.
34 *tutto... rivolto*: fu quasi trattenuto dal recarvisi. Ma poi, cambiato parere.
35 *non... morire*: no, a costo di morire.
36 facilmente.
37 *non... altramenti*: non avendo alcun riguardo nei suoi confronti.

coteva ora in un canto e ora in un altro d'alcune panche che allato alla via erano; e la notte era sì buia e sì oscura che egli non poteva discernere ove s'andava. Ed essendo già Rinuccio a piè dell'uscio della gentil donna, la quale alle finestre con la sua fante stava per sentire se Rinuccio Alessandro recasse, già da sé armata [38] in modo da mandargli amenduni via, avvenne che la famiglia della signoria, in quella contrada ripostasi e chetamente [39] standosi, aspettando di dover pigliare uno sbandito, [40] sentendo lo scalpiccio che Rinuccio coi piè faceva, subitamente tratto fuori un lume per veder che si fare e dove andarsi, e mossi i pavesi [41] e le lance, gridò: «Chi è là?» La quale Rinuccio conoscendo, [42] non avendo tempo da troppa lunga diliberazione, lasciatosi cadere Alessandro, quanto le gambe nel poteron portare andò via. Alessandro, levatosi prestamente, con tutto che i panni del morto avesse in dosso, li quali erano molto lunghi, pure andò via altresì.

La donna, per lo lume tratto fuori dalla famiglia, [43] ottimamente veduto aveva Rinuccio con Alessandro dietro alle spalle, e similmente aveva scorto Alessandro esser vestito dei panni di Scannadio; e maravigliossi molto del grande ardire di ciascuno, ma con tutta la maraviglia rise assai del veder gittar giuso Alessandro e del vedergli poscia fuggire. Ed essendo di tale accidente molto lieta e lodando Iddio che dallo 'mpaccio [44] di costoro tolta l'avea, se ne tornò a casa per [45] tutto questo, ma, partita di quella fante senza alcun dubbio ciascun di costoro amarla molto, poscia quello avevan fatto, sì come appariva, che ella loro aveva imposto.

Rinuccio, dolente e bestemmiando la sua sventura, non se ne tornò a casa per tutto [45] questo, ma, partita di quella contrada la famiglia, colà tornò dove Alessandro ave-

38 *già... armata*: già preparata per parte sua.
39 *ripostasi e chetamente*: messasi in agguato e in silenzio.
40 bandito.
41 *mossi i pavesi*: imbracciati gli scudi.
42 riconoscendo.
43 sbirri.
44 nóia, fastidio.
45 nonostante.

va gittato, e cominciò brancolone[46] a cercare se egli il ritrovasse, per fornire il suo servigio;[47] ma non trovandolo, e avvisando la famiglia quindi averlo tolto,[48] dolente a casa se ne tornò. Alessandro, non sappiendo altro che farsi, senza aver conosciuto chi portato se l'avesse, dolente di tale sciagura, similmente a casa sua se n'andò.

La mattina, trovata aperta la sepoltura di Scannadio né dentro vedendovisi, per ciò che nel fondo l'aveva Alessandro voltato,[49] tutta Pistoia ne fu in vari ragionamenti, estimando gli sciocchi lui da' diavoli essere stato portato via. Nondimeno ciascun de' due amanti, significato alla donna ciò che fatto avea e quello che era intervenuto, e con questo scusandosi se fornito non avean pienamente il suo comandamento, la sua grazia e il suo amore addimandava. La qual mostrando a niun ciò voler credere, con recisa risposta di mai per lor niente voler fare, poi che essi ciò che essa addimandato avea non avean fatto, se gli tolse da dosso.

46 brancolando.
47 *per... servigio* : per portare a termine il suo compito.
48 *quindi... tolto* : lo avessero preso di lì.
49 fatto rotolare.

Novella seconda

LEVASI UNA BADESSA IN FRETTA ED AL BUIO PER TROVARE UNA SUA MONACA A LEI ACCUSATA,[1] COL SUO AMANTE NEL LETTO; ED ESSENDO CON LEI UN PRETE, CREDENDOSI IL SALTERO DE' VELI[2] AVER POSTO IN CAPO, LE BRACCHE DEL PRETE VI SI POSE; LE QUALI VEGGENDO L'ACCUSATA, E FATTANELA ACCORGERE, FU DILIBERATA, ED EBBE AGIO DI STARSI COL SUO AMANTE.[3]

Già si tacea Filomena, e il senno della donna a torsi da dosso coloro li quali amar non volea da tutti era stato commendato, e così in contrario non amor ma pazzia era stata tenuta da tutti l'ardita presunzione degli amanti, quando la reina ad Elissa vezzosamente disse: «Elissa, segui.» La quale prestamente incominciò:

Carissime donne, saviamente si seppe madonna Francesca, come detto è, liberar dalla noia sua; ma una giovane monaca, aiutandola la fortuna, sé da un soprastante pericolo, leggiadramente parlando, diliberò.[4] E come voi sapete, assai sono li quali, essendo stoltissimi, maestri degli altri si fanno e gastigatori,[5] li quali, sì come voi potrete comprendere per la mia novella, la fortuna alcuna volta e meritamente vitupera: e ciò addivenne alla badessa, sotto la cui obedienza era[6] la monaca della quale debbo dire.

Sapere adunque dovete, in Lombardia essere un famosissimo monistero di santità e di religione, nel quale, tra l'altre donne monache che v'erano, v'era una giovane di sangue nobile e di maravigliosa bellezza dotata, la quale, Isabetta chiamata, essendo un dì ad un suo parente alla

1 denunciata.

2 *saltero de' veli*: disposti insieme sul capo, i veli assumevano la forma di un triangolo quale, appunto, quella di un salterio.

3 La parentela più convincente è quella istituita con la *Legenda aurea* di Jacopo di Varazze, che, sull'architettura di questa novella, ebbe peso non determinante, comunque maggiore di alcune narrazioni francesi.

4 *sé... diliberò*: si liberò da un pericolo incombente con parole opportune e discrete.

5 *assai... gastigatori*: ce ne sono molti che, pur essendo decisamente sciocchi, pretendono di insegnare agli altri e di giudicarli.

6 *sotto... era*: a cui era sottomessa, come inferiore.

grata venuta, d'un bel giovane che con lui era s'innamorò :
ed esso, lei veggendo bellissima, già il suo desidero avendo
con gli occhi concetto,[7] similmente di lei s'accese, e non
senza gran pena di ciascuno questo amore un gran tempo senza frutto sostennero. Ultimamente, essendone ciascun sollicito, venne al giovane veduta una via da potere alla sua monaca occultissimamente andare; di che
ella contentandosi, non una volta ma molte, con gran piacer di ciascuno, la visitò. Ma continuandosi questo, avvenne una notte che egli da una delle donne di là entro fu
veduto, senza avvedersene egli o ella, dall'Isabetta partirsi
e andarsene : il che costei con alquante altre comunicò.[8]
E prima ebber consiglio d'accusarla alla badessa, la quale
madonna Usimbalda ebbe nome, buona e santa donna
secondo la oppinione delle donne monache e di chiunque
la conoscea : poi pensarono, acciò che la negazione non
avesse luogo,[9] di volerla far cogliere col giovane alla badessa; e così taciutesi, tra sé le vigilie e le guardie segretamente partirono per incoglier costei.[10]

Or, non guardandosi l'Isabetta da questo né alcuna cosa
sappiendone, avvenne che ella una notte vel fece venire,
il che tantosto sepper quelle che a ciò badavano; le quali,
quando a loro parve tempo, essendo già buona pezza di
notte,[11] in due si divisero, e una parte se ne mise a guardia
dell'uscio della cella dell'Isabetta, e un'altra n'andò correndo alla camera della badessa; e picchiando l'uscio, a
lei che già rispondeva, dissero : « Su, madonna, levatevi
tosto, ché noi abbiam trovato che l'Isabetta ha un giovane
nella cella. »

Era quella notte la badessa accompagnata d'un prete,
il quale ella spesse volte in una cassa si faceva venire;
la quale, udendo questo, temendo non [12] forse le monache
per troppa fretta o troppo volenterose tanto l'uscio sospi-

7 concepito.

8 con... comunicò : fece sapere a qualche altra monaca.

9 acciò... luogo : per metterla nelle condizioni di non poter
negare.

10 tra... costei : distribuirono tra sé i turni di veglia e di sorveglianza per cogliere in fallo, di sorpresa Isabetta.

11 buona... notte : notte avanzata.

12 temendo non : temendo che.

gnessero che egli s'aprisse, spacciatamente[13] si levò suso, e come il meglio seppe si vestì al buio, e credendosi tor certi veli piegati, li quali in capo portano e chiamanli il saltero, le venner tolte[14] le brache del prete; e tanta fu la fretta, che, senza avvedersene, in luogo del saltero le si gittò in capo e uscì fuori, e prestamente l'uscio si riserrò dietro, dicendo: « Dove è questa maladetta da Dio? » e con l'altre, che sì focose e sì attente erano a dover far trovare in fallo l'Isabetta, che di cosa che la badessa in capo avesse non s'avvedieno, giunse all'uscio della cella, e quello, dall'altre aiutata, pinse in terra;[15] ed entrate dentro, nel letto trovarono i due amanti abbracciati, li quali, da così subito soprapprendimento[16] storditi, non sappiendo che farsi, stettero fermi. La giovane fu incontanente dall'altre monache presa, e per comandamento della badessa menata in capitolo. Il giovane s'era rimaso; e vestitosi, aspettava di veder che fine la cosa avesse, con intenzione di fare un mal giuoco a quante giugner ne potesse, se alla sua giovane novità niuna fosse fatta, e di lei menarne con seco.[17]

La badessa, postasi a sedere in capitolo, in presenzia di tutte le monache, le quali solamente alla colpevole riguardavano, incominciò a dirle la maggior villania che mai a femina fosse detta, sì come a colei la quale la santità, l'onestà e la buona fama del monistero con le sue sconce e vituperevoli opere, se di fuor si sapesse, contaminate avea: e dietro alla villania aggiugneva gravissime minacce.

La giovane, vergognosa e timida, sì come colpevole, non sapeva che si rispondere, ma tacendo, di sé metteva compassion nell'altre: e, multiplicando pur la badessa in novelle,[18] venne alla giovane alzato il viso e veduto ciò che

13 di gran fretta.
14 *venner tolte*: capitò di prendere.
15 *pinse in terra*: buttò giù.
16 *da... soprapprendimento*: per essere stati colti così all'improvviso.
17 *con intenzione... seco*: deciso a giocare un cattivo scherzo a quelle che gli fossero venute per le mani, se si dovesse fare del male alla sua amica, e a portarsela via.
18 *multiplicando... novelle*: dilungandosi la badessa in chiacchiere senza fine.

la badessa aveva in capo e gli usolieri [19] che di qua e di là pendevano: di che ella, avvisando [20] ciò che era, tutta rassicurata disse: « Madonna, se Iddio v'aiuti, annodatevi la cuffia, e poscia mi dite ciò che voi volete. »

La badessa che non la intendeva, disse: « Che cuffia, rea femina? ora hai tu viso [21] di motteggiare? parti [22] egli aver fatta cosa che i motti ci abbian luogo? »

Allora la giovane un'altra volta disse: « Madonna, io vi priego che voi v'annodiate la cuffia; poi dite a me ciò che vi piace »; laonde molte delle monache levarono il viso al capo della badessa, ed ella similmente ponendovisi le mani, s'accorsero perché l'Isabetta così diceva.

Di che [23] la badessa, avvedutasi del suo medesimo fallo e vedendo che da tutte veduto era né aveva ricoperta, [24] mutò sermone, e in tutta altra guisa che fatto non avea cominciò a parlare, e conchiudendo venne [25] impossibile essere il potersi dagli stimoli della carne difendere; e per ciò chetamente, come infino a quel dì fatto s'era, disse che ciascuna si desse buon tempo quando potesse. E liberata la giovane, col suo prete si tornò a dormire, e l'Isabetta col suo amante, il qual poi molte volte, in dispetto di quelle che di lei avevano invidia, vi fé venire; l'altre che senza amante erano, come seppero il meglio, segretamente procacciaron lor ventura.

19 i legacci delle brache.
20 immaginando.
21 facciatosta, sfrontatezza.
22 ti sembra.
23 *Di che*: per cui.
24 *aveva ricoperta*: c'era possibilità di nascondere la cosa.
25 *conchiudendo venne*: alla fine concluse.

Novella terza

MAESTRO SIMONE, AD INSTANZIA DI BRUNO E DI BUFFALMACCO
E DI NELLO, FA CREDERE A CALANDRINO CHE EGLI È PREGNO:
IL QUALE PER MEDICINE DÀ A' PREDETTI CAPPONI E DENARI,
E GUARISCE DELLA PREGNEZZA SENZA PARTORIRE.[1]

Poi che Elissa ebbe la sua novella finita, essendo da tutte
rendute grazie a Dio che la giovane monaca aveva con
lieta uscita[2] tratta dei morsi delle invidiose compagne, la
reina a Filostrato comandò che seguitasse; il quale, senza
più comandamento aspettare, incominciò:

Bellissime donne, lo scostumato[3] giudice marchigiano, di
cui ieri vi novellai, mi trasse di bocca una novella di Calandrino, la quale io era per dirvi; e per ciò che ciò che
di lui si ragiona non può altro che multiplicare la festa,[4]
benché di lui e de' suoi compagni assai ragionato si sia,
ancor pur quella che ieri aveva in animo vi dirò.

Mostrato è di sopra assai chiaro che Calandrin fosse e gli
altri de' quali in questa novella ragionar debbo; e per ciò,
senza più dirne, dico che egli avvenne che una zia di
Calandrin si morì, e lasciogli dugento lire di piccioli[5] contanti:' per la qual cosa Calandrino cominciò a dire che
egli voleva comperare un podere, e con quanti sensali aveva[6] in Firenze, come se da spendere avesse avuti diecimila
fiorin d'oro, teneva mercato,[7] il quale sempre si guastava
quando al prezzo del poder domandato si perveniva. Bruno e Buffalmacco, che queste cose sapevano, gli avevan
più volte detto che egli farebbe il meglio a goderg'isi con
loro insieme, che andar comperando terra come se egli

---

1 Anche se il tema si trova largamente diffuso nel Medioevo
latino e romanzo, è probabile che il Boccaccio si sia rivolto per
questo tema alla vita municipale della sua città.
2 battuta.
3 rozzo.
4 *multiplicare la festa*: render maggiore l'allegria.
5 ogni lira di picciolo valeva 240 piccioli o denari.
6 *aveva*: c'erano.
7 *teneva mercato*: contrattava.

avesse avuto a far pallottole; [8] ma, non che a questo, essi non l'aveano mai potuto conducere [9] che egli loro una volta desse mangiare.

Per che un dì dolendosene, ed essendo a ciò sopravvenuto un lor compagno, che aveva nome Nello, dipintore, diliberar tutti e tre di dover trovar modo da ugnersi il grifo [10] alle spese di Calandrino. E senza troppo indugio darvi, avendo tra sé ordinato quello che a fare avessero, la seguente mattina appostato quando Calandrino di casa uscisse, non essendo egli guari andato, [11] gli si fece incontro Nello e disse: « Buon dì, Calandrino. »

Calandrino gli rispose che Iddio gli desse il buon dì e 'l buono anno. Appresso questo Nello, rattenutosi [12] un poco, lo 'ncominciò a guardar nel viso: a cui Calandrino disse: « Che guati tu? »

E Nello disse a lui: « Haiti tu sentita stanotte cosa niuna? tu non mi par desso. » [13]

Calandrino incontanente incominciò a dubitare [14] e disse: « Oimè, come? che ti pare egli che io abbia? »

Disse Nello: « Deh! io nol dico per ciò; ma tu mi pari tutto cambiato: fia forse altro »; [15] e lasciollo andare.

Calandrino tutto sospettoso, non sentendosi per ciò cosa del mondo, [16] andò avanti; ma Buffalmacco, che guari non era lontano, vedendol partito da Nello, gli si fece incontro, e salutatolo il domandò se egli si sentisse niente. Calandrino rispose: « Io non so, pur testé mi diceva Nello che io gli pareva tutto cambiato; potrebbe egli essere che io avessi nulla? » Disse Buffalmacco: « Sì, potrestù aver cavelle, [17] non che nulla: tu par mezzo morto. »

---

8 Vale a dire: « la terra che Calandrino avrebbe potuto comprare con quella somma sarebbe stata ben poca, tutt'al più sufficiente a far pallottole per balestra ».

9 indurre.

10 *ugnersi il grifo*: farsi una sbafata.

11 *non... andato*: non avendo egli percorso molta strada.

12 soffermatosi.

13 *tu... desso*: tu non mi sembri lo stesso.

14 prender paura.

15 *fia forse altro*: sarà una mia impressione.

16 *non... mondo*: pur non avvertendo alcun sintomo.

17 *potrestù... cavelle*: potresti avere qualcosa.

A Calandrino pareva già aver la febbre; ed ecco Bruno sopravvenne, e prima che altro dicesse, disse : « Calandrino, che viso è quello? e' par che tu sia morto : che ti senti tu? »

Calandrino, udendo ciascun di costor così dire, per certissimo ebbe seco medesimo d'esser malato, e tutto sgomentato gli domandò : « Che fo? »

Disse Bruno : « A me pare che tu te ne torni a casa e vaditene in su 'l letto e facciti ben coprire, e che tu mandi il segnal [18] tuo al maestro [19] Simone, che è così nostra cosa [20] come tu sai. Egli ti dirà incontanente ciò che tu avrai a fare, e noi ne verrem teco; e se bisognerà far cosa niuna, noi la faremo. »

E con loro aggiuntosi Nello, con Calandrino se ne tornarono a casa sua; ed egli entratosene tutto affaticato nella camera, disse alla moglie : « Vieni e cuoprimi bene, ché io mi sento un gran male. »

Essendo adunque a giacer posto, il suo segnale per una fanticella mandò al maestro Simone, il quale allora a bottega stava in Mercato Vecchio alla 'nsegna del mellone; [21] e Bruno disse a' compagni : « Voi vi rimarrete qui con lui, e io voglio andare a sapere che il medico dirà; e, se bisogno sarà, a menarloci. » [22] Calandrino allora disse : « Deh! sì, compagno mio, vavvi e sappimi ridire come il fatto sta, ché io mi sento non so che dentro. »

Bruno, andatosene al maestro Simone, vi fu prima che la fanticella che il segno portava, ed ebbe informato maestro Simone del fatto; per che, venuta la fanticella e il maestro veduto il segno, disse alla fanticella : « Vattene e dì a Calandrino che egli si tenga ben caldo, e io verrò a lui incontanente e dirogli ciò che egli ha e ciò che egli avrà a fare. »

La fanticella così rapportò, né stette guari che il medico e Brun vennero; e postoglisi il medico a sedere allato, gli 'ncominciò a toccare il polso, e dopo alquanto, essendo

18 orina.
19 medico.
20 *nostra cosa* : nostro amico.
21 *alla... mellone* : all'insegna della scempiaggine.
22 *a menarloci* : a portarlo qui.

ivi presente la moglie, disse: « Vedi, Calandrino, a parlarti come ad amico, tu non hai altro male se non che tu se' pregno. »

Come Calandrino udì questo, dolorosamente cominciò a gridare e a dire: « Oimè! Tessa, questo m'hai fatto tu, che non vuogli stare altro che di sopra: io il ti diceva bene. » La donna, che assai onesta persona era, udendo così dire al marito, tutta di vergogna arrossò, e abbassata la fronte, senza risponder parola s'uscì della camera; Calandrino, continuando il suo rammarichio,[23] diceva: « Oimè, tristo me! come farò io? come partorirò io questo figliuolo? onde uscirà egli? ben veggo che io son morto per la rabbia[24] di questa mia moglie, che tanto la faccia Iddio trista quanto io voglio esser lieto; ma così foss'io sano come io non sono, ché io mi leverei e dare' le tante busse, che io la romperei tutta, avvegna che[25] egli mi stea molto bene, ché io non la doveva mai lasciar salir di sopra. Ma per certo, se io scampo di questa, ella se ne potrà ben prima morir di voglia. »

Bruno e Buffalmacco e Nello avevan sì gran voglia di ridere che scoppiavano, udendo le parole di Calandrino, ma pur se ne tenevano;[26] ma il maestro Scimmione[27] rideva sì squaccheratamente,[28] che tutti i denti gli si sarebber potuti trarre. Ma pure, al lungo andare, raccomandandosi Calandrino al medico e pregandolo che in questo gli dovesse dar consiglio e aiuto, gli disse il maestro: « Calandrino, io non voglio che tu ti sgomenti, ché, lodato sia Iddio, noi ci siamo sì tosto accorti del fatto, che con poca fatica e in pochi dì ti dilibererò; ma conviensi un poco spendere. »

Disse Calandrino: « Oimè! maestro mio, sì, per l'amor di Dio. Io ho qui da[29] dugento lire di che io voleva comperare un podere: se tutti bisognano, tutti gli togliete,[30] purché io non abbia a partorire, ché io non so come io mi facessi;

23 lamenti.
24 libidine.
25 *avvegna che*: sebbene.
26 *se ne tenevano*: si trattenevano.
27 storpiatura, per beffa, di Simone.
28 sgangheratamente.
29 circa.
30 *tutti gli togliete*: prendeteveli tutti.

ché io odo fare alle femine un sì gran romore quando son per partorire, con tutto che elle abbian buon cotal grande [31] donde farlo, che io credo, se io avessi quel dolore, che io mi morrei prima che io partorissi. »

Disse il medico : « Non aver pensiero. Io ti farò fare una certa bevanda stillata molto buona e molto piacevole a bere, che in tre mattine risolverà ogni cosa, e rimarrai più sano che pesce; ma farai che tu sii poscia savio e più non incappi in queste sciocchezze. Ora ci bisogna per quella acqua tre paia di buon capponi e grossi, e per altre cose che bisognan darai ad un di costoro cinque lire di piccioli, che le comperi, e fara'mi ogni cosa recare alla bottega; e io al nome di Dio domattina ti manderò di quel beveraggio stillato, e comincera'ne a bere un buon bicchier grande per volta. »

Calandrino, udito questo, disse : « Maestro mio, ciò siane in voi »; [32] e date cinque lire a Bruno e denari per tre paia di capponi, il pregò che in suo servigio in queste cose durasse fatica. [33]

Il medico, partitosi, gli fece fare un poco di chiarea [34] e mandogliele. Bruno, comperati i capponi e altre cose necessarie al godere, insieme col medico e co' compagni suoi se li mangiò. Calandrino bevve tre mattine della chiarea; e il medico venne a lui, e i suoi compagni, e toccatogli il polso gli disse : « Calandrino, tu se' guerito senza fallo; e però sicuramente oggimai va a fare ogni tuo fatto, né per questo star più in casa. »

Calandrino lieto, levatosi, s'andò a fare i fatti suoi, lodando molto, ovunque con persona a parlar s'avveniva, la bella cura che di lui il maestro Simone aveva fatta, d'averlo fatto in tre dì senza pena alcuna spregnare; [35] e Bruno e Buffalmacco e Nello rimaser contenti d'aver con ingegni [36] saputo schernire l'avarizia di Calandrino, quantunque monna Tessa, avvedendosene, molto col marito ne brontolasse.

---

31 *buon... grande*: un organo sufficientemente largo.
32 *ciò siane in voi*: lascio la cosa in mano vostra.
33 *durasse fatica*: si desse da fare.
34 bevanda medicinale.
35 abortire.
36 espedienti.

Novella quarta

CECCO DI MESSER FORTARRIGO GIUOCA A BUONCONVENTO
OGNI SUA COSA E I DENARI DI CECCO[1] DI MESSER ANGIULIERI,
E IN CAMISCIA CORRENDOGLI DIETRO E DICENDO CHE RUBATO[2]
L'AVEA, IL FA PIGLIARE A'VILLANI; E I PANNI DI LUI SI
VESTE E MONTA SOPRA IL PALLAFRENO, E LUI, VENENDOSENE,
LASCIA IN CAMISCIA.[3]

Con grandissime risa di tutta la brigata erano state ascoltate le parole da Calandrino dette della sua moglie; ma, tacendosi Filostrato, Neifile, sì come la reina volle, incominciò:

Valorose donne, se egli non fosse più malagevole agli uomini il mostrare altrui il senno e la virtù loro, che sia la sciocchezza e 'l vizio, invano si faticherebber molti in porre freno alle lor parole: e questo v'ha assai manifestato la stoltizia di Calandrino, al quale di niuna necessità era, a voler guerire del male che la sua simplicità gli faceva accredere[4] che egli avesse, i segreti diletti della sua donna in pubblico dimostrare. La qual cosa una a sé contraria nella mente me n'ha recata, cioè come la malizia d'uno il senno soperchiasse[5] d'un altro, con grave danno e scorno del soperchiato: il che mi piace di raccontarvi.

Erano, non sono molti anni passati, in Siena due già per età compiuti[6] uomini, ciascuno chiamato Cecco, ma l'uno di messer Angiulieri e l'altro di messer Fortarrigo. Li quali quantunque in molte altre cose male insieme di costumi si convenissero, in uno,[7] cioè che amenduni li lor

1 È il famoso poeta senese Cecco Angiolieri, vissuto fra la seconda metà del Duecento e il primo decennio del Trecento. Dedicò un sonetto a *Fortarrigo* (Cecco di Fortarrigo Piccolomini), noto quanto lui per la vita sregolata.
2 derubato.
3 Invenzione del Boccaccio, probabilmente influenzata da quella letteratura giocosa (a lui ben nota) della quale i due protagonisti della novella, seppur con diversi titoli, sono rappresentanti.
4 credere.
5 superasse, sopraffacesse.
6 maturi.
7 *male... uno*: avessero abitudini e attitudini poco rassomiglianti, in una sola cosa.

padri odiavano, tanto si convenivano, che amici n'erano divenuti e spesso n'usavano insieme.[8] Ma parendo all'Angiulieri, il quale e bello e costumato uomo era, mal dimorare in Siena della provesione [9] che dal padre donata gli era, sentendo nella Marca d'Ancona esser per legato del Papa venuto un cardinale che molto suo signore era,[10] si dispose a volersene andare a lui, credendone la sua condizion migliorare; e fatto questo al padre sentire, con lui ordinò d'avere ad una ora [11] ciò che in sei mesi gli dovesse dare, acciò che vestir si potesse e fornir di cavalcatura e andare orrevole.[12] E cercando d'alcuno il qual seco menar potesse al suo servigio, venne questa cosa sentita al Fortarrigo, il qual di presente [13] fu all'Angiulieri, e cominciò, come il meglio seppe, a pregarlo che seco il dovesse menare, e che egli voleva essere e fante e famiglio e ogni cosa,[14] e senza alcun salario sopra le spese.[15] Al quale l'Angiulieri rispose che menar nol voleva, non perché egli nol conoscesse bene ad ogni servigio sufficiente,[16] ma per ciò che egli giucava, e oltre a ciò s'innebbriava alcuna volta: a che il Fortarrigo rispose che dell'uno e dell'altro senza dubbio si guarderebbe e con molti saramenti gliele affermò, tanti prieghi sopraggiugnendo [17] che l'Angiulieri, sì come vinto, disse che era contento.

Ed entrati una mattina in cammino amenduni, a desinar n'andarono a Buonconvento,[18] dove avendo l'Angiulier desinato ed essendo il caldo grande, fattosi acconciare un letto nello albergo e spogliatosi, dal Fortarrigo aiutato, s'andò a dormire, e dissegli che come nona sonasse il chia-

8 n'usavano insieme : si frequentavano.

9 mal... provesione : vivere disagiatamente a Siena con la provvigione, la somma.

10 molto... era : era suo grande protettore.

11 ad una ora : in una sola volta.

12 decorosamente.

13 di presente : immediatamente.

14 fante... cosa : cioè, tutto quello di cui aveva bisogno. Fante è il servitore in genere; famiglio, il servo personale.

15 sopra le spese : oltre le spese (di mantenimento).

16 ad... sufficiente : capace, all'altezza di ogni servizio.

17 aggiungendo.

18 Paese non lontano da Siena.

masse. Il Fortarrigo, dormendo l'Angiulieri, se n'andò in su
la taverna, e quivi, alquanto avendo bevuto, cominciò con
alcuni a giucare, li quali, in poca d'ora alcuni denari che
egli avea avendogli vinti, similmente quanti panni egli
aveva in dosso gli vinsero: onde egli, disideroso di riscuo-
tersi,[19] così in camiscia come era, se n'andò là dove dormiva
l'Angiulieri, e vedendol dormir forte, di borsa gli trasse
quanti denari egli avea, e al giuoco tornatosi così gli perdé
come gli altri. L'Angiulieri, destatosi, si levò e vestissi e
domandò del Fortarrigo: il quale non trovandosi, avvisò [20]
l'Angiulieri lui in alcun luogo ebbro dormirsi, sì come
altra volta era usato di fare; per che, diliberatosi di lasciarlo stare, fatta mettere la sella e la valigia ad un suo
palafreno avvisando di [21] fornirsi d'altro famigliare a Corsignano,[22] volendo, per andarsene, l'oste pagare, non si trovò
denaio: di che il rumore fu grande e tutta la casa dell'oste
fu in turbazione, dicendo l'Angiulieri che egli là dentro era
stato rubato e minacciando egli di farnegli tutti presi [23] andare a Siena. Ed ecco venire in camiscia il Fortarrigo, il
quale per torre i panni, come fatto aveva i denari, veniva: e veggendo l'Angiulieri in concio di [24] cavalcar, disse:
« Che è questo, Angiulieri? vogliancene noi andare ancora? deh aspettati un poco: egli dee venire qui testeso [25] uno
che ha pegno il mio farsetto per trentotto soldi: son certo
che egli cel renderà per trentacinque, pagandol testé. »

E duranti [26] ancora le parole, sopravvenne uno il quale
fece certo l'Angiulieri il Fortarrigo essere stato colui che i
suoi denar gli aveva tolti, col mostrargli la quantità di
quegli che egli aveva perduti. Per la qual cosa l'Angiulier
turbatissimo [27] disse al Fortarrigo una grandissima villania,
e se più d'altrui che di Dio temuto non avesse, gliele avreb-

---

19 rifarsi, recuperare la perdita.
20 si immaginò. Il soggetto è l'Angiolieri.
21 *avvisando di*: deciso a.
22 L'attuale Pienza, non molto lontana da Buonconvento.
23 *farnegli tutti presi*: farli mettere tutti in prigione.
24 *in concio di*: pronto a.
25 subito.
26 continuando.
27 molto adirato.

be fatta:[28] e, minacciandolo di farlo impiccar per là gola o fargli dar bando delle forche di Siena,[29] montò a cavallo.

Il Fortarrigo, non come se l'Angiulieri a lui, ma ad un altro dicesse, diceva: « Deh! Angiulieri, in buona ora lasciamo stare ora costette [30] parole che non montan cavelle;[31] intendiamo a questo: noi il riavrem per trentacinque soldi, ricogliendo [32] testé, ché, indugiandosi pure di qui a domane, non ne vorrà meno di trentotto come egli me ne prestò; e fammene questo piacere, perché io gli misi a suo senno.[33] Deh! perché non ci miglioram [34] noi questi tre soldi? »

L'Angiulieri, udendol così parlare, si disperava, e massimamente veggendosi guatare a [35] quegli che v'eran dintorno, li quali parea che credessono non che il Fortarrigo i denari dello Angiulieri avesse giucati, ma che l'Angiulieri ancora avesse dei suoi, e dicevagli: « Che ho io a fare di tuo farsetto, che appiccato sia tu per la gola? ché non solamente m'hai rubato e giucato il mio, ma sopra ciò [36] hai impedita la mia andata, e anche ti fai beffe di me. »

Il Fortarrigo stava pur fermo [37] come se a lui non dicesse, e diceva: « Deh, perché non mi vuo' tu migliorar que' tre soldi? non credi tu che io te li possa ancor servire? [38] deh, fallo, se ti cal di me: per che hai tu questa fretta? noi giugnerem bene ancora stasera a Torrenieri.[39] Fa truova [40] la borsa: sappi che io potrei cercar tutta Siena e non ve ne troverre' uno che così mi stesse ben come questo:

---

28 se... fatta: gliel'avrebbe fatta pagare se non avesse temuto più le leggi umane che Dio.
29 dar... Siena: bandire da Siena sotto pena di impiccagione.
30 codeste (nella forma senese).
31 montan cavelle: portano a nulla.
32 riscattandolo.
33 gli... senno: mi rimisi a lui.
34 risparmiamo.
35 guatare a: guardare da.
36 sopra ciò: oltre a questo.
37 imperterrito.
38 rendere.
39 Altro luogo vicino a Siena sulla strada di Corsignano.
40 Fa truova: vedi di trovare.

e a dire che io il lasciassi a costui per trentotto soldi! egli vale ancor quaranta o più, sì che tu mi piggiorresti [41] in due modi. »

L'Angiulier, di gravissimo dolor punto, veggendosi rubare da costui e ora tenersi a parole, [42] senza più rispondergli, voltata la testa del pallafreno, prese il cammin verso Torrenieri. Al quale il Fortarrigo, in una sottil malizia entrato, [43] così in camiscia cominciò a trottar dietro: ed essendo già ben due miglia andato pur del farsetto pregando, andandone l'Angiulieri forte per levarsi quella seccaggine dagli orecchi, venner veduti al Fortarrigo lavoratori in un campo vicino alla strada dinanzi all'Angiulieri; a' quali il Fortarrigo, gridando forte, incominciò a dire: « Pigliatel, pigliatelo. » Per che essi, chi con vanga e chi con marra nella strada paratisi dinanzi all'Angiulieri, avvisando che rubato avesse colui che in camiscia dietro gli venia gridando, il ritennero e presono: al quale, per dir [44] loro chi egli fosse e come il fatto stesse, poco giovava.

Ma il Fortarrigo, giunto là, con un mal viso disse: « Io non so come io non t'uccido, ladro disleale che ti fuggivi col mio! » e a' villani rivolto disse: « Vedete, signori, come egli m'aveva, nascostamente partendosi, avendo prima ogni sua cosa giocata, lasciato nello albergo in arnese! [45] Ben posso dire che per Dio e per voi io abbia questo cotanto racquistato, di che io sempre vi sarò tenuto. »

L'Angiulieri diceva egli altressì, ma le sue parole non erano ascoltate. Il Fortarrigo con l'aiuto de' villani il mise in terra del pallafreno, e, spogliatolo, de' suoi panni si rivestì; e a caval montato, lasciato l'Angiulieri in camiscia e scalzo, a Siena se ne tornò, per tutto dicendo sé il palafreno e' panni aver vinto all'Angiulieri. L'Angiulieri, che ricco si credeva andare al cardinal nella Marca, povero e in camiscia si tornò a Buonconvento, né per vergogna a que' tempi ardì di tornare a Siena, ma statigli panni

41 danneggeresti.
42 *tenersi a parole*: essere trattenuto con chiacchiere.
43 *in... entrato*: avendo concepito una finissima astuzia.
44 *per di*: per quanto dicesse.
45 *come... arnese*: in che condizioni mi aveva piantato all'albergo andandosene di nascosto, dopo aver perso tutto al gioco.

prestati, in sul ronzino che cavalcava il Fortarrigo se n'andò a' suoi parenti a Corsignano, co' quali si stette tanto che da capo dal padre fu sovvenuto. E così la malizia del Fortarrigo turbò il buono avviso [46] dello Angiulieri, quantunque da lui non fosse a luogo e a tempo lasciata impunita.

46 *turbò... avviso*: guastò i saggi proponimenti.

Novella quinta

CALANDRINO S'INNAMORA D'UNA GIOVANE, AL QUALE BRUNO
FA UN BRIEVE,[1] COL QUALE COME EGLI LA TOCCA, ELLA
VA CON LUI, E DALLA MOGLIE TROVATO, HA GRAVISSIMA
E NOIOSA QUISTIONE.[2]

Finita la non lunga novella di Neifile, senza troppo ri-
derne o parlarne passatasene[3] la brigata, la reina, verso la
Fiammetta rivolta, che ella seguitasse le comandò; la quale tutta lieta rispuose che volentieri, e cominciò:

Gentilissime donne, sì come io credo che voi sappiate,
niuna cosa è di cui tanto si parli, che sempre più non piaccia, dove il tempo e il luogo, che quella cotal cosa richiede, si sappi per colui che parlar ne vuole debitamente
eleggere.[4] E per ciò, se io riguardo quello per che noi siam
qui, ché per aver festa e buon tempo e non per altro ci
siamo, stimo che ogni cosa che festa e piacer possa porgere, qui abbia e luogo e tempo debito; e benché mille volte ragionato ne fosse, altro che dilettar non debbia altrettanto parlandone. Per la qual cosa, posto che[5] assai volte
de' fatti di Calandrino detto si sia tra noi, riguardando,
sì come poco avanti disse Filostrato, che essi son tutti piacevoli, ardirò, oltre alle dette, di dirvene una novella, la
quale, se io dalla verità del fatto mi fossi scostare voluta o
volessi, avrei ben saputo e saprei sotto altri nomi com-
porla e raccontarla; ma per ciò che il partirsi dalla verità
delle cose state nel novellare è gran diminuire di diletto
negli 'ntendenti, in propia forma,[6] dalla ragion di sopra
detta aiutata, la vi dirò.

Niccolò Cornacchini fu nostro cittadino[7] e ricco uomo, e

1 biglietto fatato.
2 Commedia assolutamente originale, tramata forse dal Boccaccio su elementi orali fiorentini.
3 sbrigatasene.
4 scegliere.
5 *posto che*: nonostante che.
6 *negli... forma*: in coloro che odono, così come la cosa è avvenuta.
7 concittadino.

tra l'altre sue possessioni una bella n'ebbe in Camerata,[8] sopra la quale fece fare uno orrevole e bello casamento, e con Bruno e con Buffalmacco che tutto gliele dipignessero si convenne: li quali, per ciò che il lavorio era molto, seco aggiunsero e Nello e Calandrino, e cominciarono a lavorare. Dove, benché alcuna camera fornita di letto e dell'altre cose opportune fosse e una fante vecchia dimorasse sì come guardiana del luogo, per ciò che altra famiglia[9] non v'era, era usato[10] un figliuolo del detto Niccolò, che avea nome Filippo, sì come giovane e senza moglie, di menar talvolta alcuna femina a suo diletto e tenervela un dì o due, e poscia mandarla via. Ora tra l'altre volte avvenne che egli ve ne menò una, che aveva nome la Niccolosa, la quale un tristo,[11] che era chiamato il Mangione, a sua posta tenendola in una casa a Camaldoli, prestava a vettura.[12] Aveva costei bella persona ed era ben vestita, e, secondo sua pari,[13] assai costumata e ben parlante; ed essendo ella un dì di meriggio della camera uscita in un guarnello[14] bianco e co' capelli ravvolti al capo, e ad un pozzo che nella corte era del casamento lavandosi le mani e 'l viso, avvenne che Calandrino quivi venne per acqua e dimesticamente[15] la salutò. Ella, rispostogli, il cominciò a guatare, più perché Calandrino le pareva un nuovo[16] uomo che per altra vaghezza. Calandrino cominciò a guatar lei, e parendogli bella cominciò a trovar sue cagioni,[17] e non tornava a' compagni con l'acqua; ma, non conoscendola, niuna cosa ardiva di dirle. Ella, che avveduta s'era del guatar di costui, per uccellarlo[18] alcuna volta guatava lui, alcun sospiretto gittando; per la qual cosa Calandrino su-

8 località presso Fiesole.
9 servitù.
10 *era usato*: aveva l'abitudine.
11 un poco di buono, un briccone.
12 *prestava a vettura*: dava a nolo, prostituiva.
13 *secondo sua pari*: da persona della sua condizione.
14 sottoveste di *guarnello* (stoffa leggera).
15 affabilmente.
16 strano.
17 motivi per trattenersi.
18 beffarlo.

bitamente di lei s'imbardò,[19] né prima si partì della corte che ella fu da Filippo nella camera richiamata.

Calandrino, tornato a lavorare, altro che soffiare[20] non faceva; di che Bruno accortosi, per ciò che molto gli poneva mente alle mani,[21] sì come quegli che gran diletto prendeva de' fatti suoi, disse: « Che diavolo hai tu, sozio Calandrino? tu non fai altro che soffiare. »

A cui Calandrino disse: « Sozio,[22] se io avessi chi m'aiutassi, io starei bene. »

« Come? » disse Bruno.

A cui Calandrino disse: « E' non si vuol dire a persona: egli è una giovane quaggiù, che è più bella che una lammia,[23] la quale è sì forte innamorata di me, che ti parrebbe un gran fatto: io me n'avvidi testé quando io andai per l'acqua. »

« Oimè! » disse Bruno, « guarda che ella non sia la moglie di Filippo. »

Disse Calandrino: « Io il credo, per ciò che egli la chiamò, ed ella se n'andò a lui nella camera; ma che vuol per ciò dir questo? io la fregherei a Cristo[24] di così fatte cose, non che a Filippo. Io ti vo' dire il vero, sozio: ella mi piace tanto, che io nol ti potrei dire. »

Disse allora Bruno: « Sozio, io ti spierò[25] chi ella è; e se ella è la moglie di Filippo, io acconcerò i fatti tuoi[26] in due parole, per ciò che ella è molto mia domestica. Ma come farem noi che Buffalmacco nol sappia? io non le posso mai favellare ch'e' non sia meco. »

Disse Calandrino: « Di Buffalmacco non mi curo io, ma guardiamci di Nello, ché egli è parente della Tessa e guasterebbeci ogni cosa. »

Disse Bruno: « Ben di'. »

Or sapeva Bruno chi costei era, sì come colui che veduta l'avea venire, e anche Filippo gliele aveva detto; per che,

19 *s'imbardò*: si invaghì.
20 sospirare.
21 *gli... mani*: osservava quanto faceva.
22 compare.
23 fata.
24 *io... Cristo*: la farei in barba a Cristo.
25 *io ti spierò*: indagherò per te.
26 *io... tuoi*: sistemerò la cosa.

essendosi Calandrino un poco dal lavorio partito e andato per vederla, Bruno disse ogni cosa a Nello e a Buffalmacco, e insieme tacitamente ordinarono [27] quello che fare gli dovessero di questo suo innamoramento.

E come egli ritornato fu, disse Bruno pianamente: « Vedestila? »

Rispose Calandrino: « Oimè! sì, ella m'ha morto. » [28]

Disse Bruno: « Io voglio andare a vedere se ella è quella che io credo; e se così sarà, lascia poscia far me. »

Sceso adunque Bruno giuso, e trovato Filippo e costei, ordinatamente disse loro chi era Calandrino, e quello che egli aveva lor detto, e con loro ordinò quello che ciascun di loro dovesse fare e dire, per avere festa [29] e piacere dello innamoramento di Calandrino; e a Calandrino tornatosene disse: « Bene è dessa; e per ciò si vuol questa cosa molto saviamente fare, per ciò che, se Filippo se ne avvedesse, tutta l'acqua d'Arno non ci laverebbe.[30] Ma che vuo' tu che io le dica da tua parte, se egli avvien che io le favelli? »

Rispose Calandrino: « Gnaffe! tu le dirai imprima imprima che io le voglio mille moggia di quel buon bene da impregnare: [31] e poscia, che io son suo servigiale,[32] e se ella vuol nulla; ha'mi bene inteso? »

Disse Bruno: « Sì, lascia far me. »

Venuta l'ora della cena, e costoro avendo lasciata opera [33] e giù nella corte discesi, essendovi Filippo e la Niccolosa, alquanto in servigio di Calandrino ivi si posero a stare; dove Calandrino incominciò a guardare la Niccolosa, e a fare i più nuovi [34] atti del mondo, tali e tanti che se ne sarebbe avveduto un cieco. Ella, d'altra parte, ogni cosa faceva per la quale credesse bene accenderlo, e secondo la

27 stabilirono.
28 *m'ha morto*: mi ha ucciso.
29 divertimento, sollazzo.
30 *tutta... laverebbe*: espressione proverbiale, niente potrebbe farci perdonare.
31 *da impregnare*: tale da mettere incinta.
32 servitore.
33 il lavoro.
34 strani.

informazione avuta da Bruno, il miglior tempo del mondo prendendo de' modi di Calandrino; Filippo con Buffalmacco e con gli altri faceva vista di ragionare e di non avvedersi di questo fatto.

Ma pur dopo alquanto, con grandissima noia [35] di Calandrino, si partirono; e venendosene verso Firenze, disse Bruno a Calandrino: « Ben ti dico che tu la fai struggere come ghiaccio a sole: per lo corpo di Dio, se tu ci rechi la ribeba [36] tua e canti un poco con essa di quelle tue canzoni innamorate, tu la farai gittare a terra delle finestre per venire a te. »

Disse Calandrino: « Parti, sozio? parti che io la rechi? » [37] « Sì, » rispose Bruno.

A cui Calandrino disse: « Tu non mi credevi oggi, quando io il ti diceva: per certo, sozio, io m'avveggio che io so meglio che altro uomo far ciò che io voglio. Chi avrebbe saputo, altri che io, far così tosto innamorare una così fatta donna come è costei? a buona otta [38] l'avrebber saputo fare questi giovani di tromba marina, [39] che tutto 'l dì vanno in giù e in su, e in mille anni non saprebbero accozzare tre man di nocciuoli! [40] Ora io vorrò che tu mi vegghi un poco con la ribeba: vedrai bel giuoco! E intendi sanamente [41] che io non son vecchio come io ti paio; ella se n'è bene accorta ella; ma altramenti ne la farò io accorgere se io le pongo la branca addosso, per lo verace corpo di Cristo, ché io le farò giuoco che ella mi verrà dietro come va la pazza al figliuolo. » [42]

« Oh, » disse Bruno, « tu te la griferai: [43] e' mi par pur vederti morderle con cotesti tuoi denti fatti a bischeri [44]

35 dolore.
36 strumento a corde.
37 *Parti... rechi?* : credi opportuno che io la porti?
38 *a buona otta* : aspetta che.
39 *di tromba marina* : vuoti, pieni di vento.
40 *non... nocciuoli* : espressione proverbiale, non saprebbero raccogliere tre manciate di nocciole.
41 bene.
42 *come... figliolo* : espressione proverbiale, mi verrà dietro senza ritegno.
43 *tu... griferai* : tu te la godrai.
44 pioli, posti sul manico degli strumenti a corda, che regolano la tensione delle corde.

quella sua bocca vermigliuzza e quelle sue gote che paion due rose, e poscia manicarlati [45] tutta quanta. »

Calandrino udendo queste parole, gli pareva essere a' fatti, e andava cantando e saltando tanto lieto, che non capeva nel cuoio.[46] Ma l'altro dì, recata la ribeba, con gran diletto di tutta la brigata cantò più canzoni con essa; e in brieve in tanta sista [47] entrò dello spesso veder costei, che egli non lavorava punto, ma mille volte il dì ora alla finestra, ora alla porta e ora nella corte correa per veder costei, la quale, astutamente secondo l'ammaestramento di Bruno adoperando, molto bene ne gli dava cagione. Bruno d'altra parte gli rispondeva alle sue ambasciate e da parte di lei ne gli faceva talvolte: quando ella non v'era, che era il più del tempo, gli faceva venir lettere da lei, nelle quali esso gli dava grande speranza de' desideri suoi, mostrando che ella fosse a casa di suoi parenti là dove egli allora non la poteva vedere. E in questa guisa Bruno e Buffalmacco, che tenevano mano al fatto, traevano de' fatti di Calandrino il maggior piacer del mondo, faccendosi talvolta dare, sì come domandato dalla sua donna, quando un pettine d'avorio e quando una borsa e quando un coltellino e cotali ciance,[48] allo 'ncontro recandogli cotali anelletti contraffatti [49] di niun valore, de' quali Calandrino faceva maravigliosa festa; e oltre a questo n'avevan da lui di buone merende e d'altri onoretti,[50] acciò che solliciti fossero a' fatti suoi.

Ora, avendol tenuto costoro ben due mesi in questa forma senza più aver fatto, vedendo Calandrino che il lavorio si veniva finendo e avvisando che, se egli non recasse ad effetto il suo amore prima che finito fosse il lavorio, mai più fatto non gli potesse [51] venire, cominciò molto a strignere e a sollicitare Bruno; per la qual cosa, essendovi la giovane venuta, avendo Bruno prima con Filippo e con lei

45 mangiartela.
46 *non... cuoio*: non stava nella pelle.
47 *in tanta sista*: in così grande affanno erotico.
48 sciocchezze.
49 *cotali... contraffatti*: certi anellucci falsi.
50 piccoli inviti.
51 potrebbe.

ordinato quello che fosse da fare, disse a Calandrino:
« Vedi, sozio, questa donna m'ha ben mille volte promesso
di dover far ciò che tu vorrai, e poscia non ne fa nulla,
e parmi che ella ci meni per lo naso; e per ciò, poscia
che ella nol fa come ella promette, noi gliele farem fare
o voglia ella o no, se tu vorrai. »

Rispose Calandrino: « Deh! sì, per l'amor di Dio, facciasi tosto. »

Disse Bruno: « Daratti egli il cuore di toccarla con un
brieve che io ti darò? »

Disse Calandrino: « Sì bene. »

« Adunque, » disse Bruno, « fa che tu mi rechi un poco
di carta non nata [52] e un vipistrello [53] vivo e tre granella d'in-
censo e una candela benedetta, e lascia far me. »

Calandrino stette tutta la sera vegnente con suoi arti-
fici [54] per pigliare un vipistrello, e alla fine presolo, con l'altre cose il portò a Bruno; il quale, tiratosi in una camera,
scrisse in su quella carta certe sue frasche con alquante
cateratte,[55] e portogliele e disse: « Calandrino, sappi che
se tu la toccherai con questa scritta, ella ti verrà incontanente dietro e farà quello che tu vorrai. E però, se
Filippo va oggi in niun luogo, accostaleti in qualche modo
e toccala, e vattene nella casa della paglia [56] ch'è qui dal
lato, che è il miglior luogo che ci sia, per ciò che non vi
bazzica mai persona: tu vedrai che ella vi verrà; quando
ella v'è, tu sai ben ciò che tu t'hai a fare. »

Calandrino fu il più lieto uomo del mondo, e presa la
scritta, disse: « Sozio, lascia far me. »

Nello, da cui Calandrino si guardava, avea di questa
cosa quel diletto che gli altri, e con loro insieme teneva
mano a beffarlo: e per ciò, sì come Bruno gli aveva ordinato, se n'andò a Firenze alla moglie di Calandrino, e dissele: « Tessa, tu sai quante busse Calandrino ti diè senza ragione il dì che egli ci tornò con le pietre di Mugnone,
e per ciò io intendo che tu te ne vendichi, e se tu nol

52 *carta non nata*: cartapecora ricavata da agnelli prematuri.
53 pipistrello.
54 trappole.
55 *certe... cateratte*: certe sue sciocchezze con molti segni magici.
56 *casa della paglia*: pagliaio.

fai, non m'aver mai né per parente né per amico. Egli
sì s'è innamorato d'una donna colassù, ed ella è tanto trista [57] che ella si va rinchiudendo assai spesso con essolui; e
poco fa si dieder la posta d'essere insieme via via; [58] e per
ciò io voglio che tu vi venga e vegghilo e castighil bene. »

Come la donna udì questo, non le parve giuoco, ma levatasi in piè cominciò a dire: « Oimè! ladro piuvico,[59] fa'mi
tu questo? alla croce di Dio ella non andrà così, che io
non te ne paghi. »

E preso suo mantello e una feminetta in compagnia, vie
più che di passo [60] insieme con Nello lassù n'andò; la qual
come Bruno vide venire di lontano, disse a Filippo: « Ecco
l'amico nostro. »

Per la qual cosa Filippo, andato colà dove Calandrino
e gli altri lavoravano, disse: « Maestri, a me conviene
testé andare a Firenze: lavorate di forza; » e partitosi,
s'andò a nascondere in parte che egli poteva, senza esser
veduto, veder ciò che facesse Calandrino.

Calandrino, come credette che Filippo alquanto dilun-
gato [61] fosse, così se ne scese nella corte, dove egli trovò sola
la Niccolosa; ed entrato con lei in novelle, ed ella, che
sapeva ben ciò che a fare aveva, accostataglisi un poco
di più dimestichezza che usata non era gli fece, donde
Calandrino la toccò con la scritta. E come tocca l'ebbe, senza dir nulla volse i passi verso la casa della paglia, dove
la Niccolosa gli andò dietro; e, come dentro fu, chiuso
l'uscio, abbracciò Calandrino e in su la paglia che era
ivi in terra il gittò, e saligli addosso a cavalcione, e tenendogli le mani in su gli omeri, senza lasciarlosi appressare
al viso, quasi come un suo gran disidero il guardava dicendo: « O Calandrino mio dolce, cuor del corpo mio,
anima mia, ben mio, riposo mio, quanto tempo ho io desiderato d'averti e di poterti tenere a mio senno! tu m'hai
con la piacevolezza tua tratto il filo della camiscia; [62] tu

57 malafemmina.
58 *via via*: fra poco.
59 pubblico.
60 *più che di passo*: più che al passo, di corsa.
61 allontanato.
62 *tu... camiscia*: espressione proverbiale, sei riuscito a ottenere
da me tutto ciò che vuoi.

ın'hai aggratigliato [63] il cuore colla tua ribeba : può egli esser vero che io ti tenga? »

Calandrino, appena potendosi muover, diceva : « Deh! anima mia dolce, lasciamiti basciare. »

La Niccolosa diceva : « O tu hai la gran fretta! lasciamiti prima vedere a mio senno : lasciami saziar gli occhi di questo tuo viso dolce! »

Bruno e Buffalmacco n'erano andati da Filippo, e tutti e tre vedevano e udivano questo fatto; ed essendo già Calandrino per voler pur la Niccolosa basciare, ed ecco giugner Nello con monna Tessa, il quale come giunse, disse : « Io fo boto [64] a Dio che sono insieme; » e all'uscio della casa pervenuti, la donna, che arrabbiava,[65] datovi delle mani, il mandò oltre, ed entrata dentro vide la Niccolosa addosso a Calandrino; la quale, come la donna vide, subitamente levatasi, fuggì via e andossene là dove era Filippo.

Monna Tessa corse con l'unghie nel viso a Calandrino, che ancora levato non era, e tutto gliele graffiò; e presolo per li capelli, e in qua e in là tirandolo, cominciò a dire : « Sozzo can vituperato, dunque mi fai tu questo? vecchio impazzato, che maladetto sia il ben che io t'ho voluto : dunque non ti pare avere tanto a fare a casa tua, che ti vai innamorando per l'altrui? Ecco bello innamorato! Or non ti conosci tu, tristo? non ti conosci tu, dolente, che premendoti tutto, non uscirebbe tanto sugo che bastasse ad una salsa? Alla fè di Dio, egli non era ora la Tessa quella che ti 'mpregnava,[66] che Dio la faccia trista chiunque ella è, che ella dee ben sicuramente esser cattiva cosa ad aver vaghezza di così bella gioia come tu se'. »

Calandrino, vedendo venir la moglie, non rimase né morto né vivo, né ebbe ardire di far contro di lei difesa alcuna : ma pur così graffiato e tutto pelato e rabbuffato, ricolto il cappuccio suo e levatosi, cominciò umilmente a pregar la moglie che non gridasse, se ella non volesse che egli fosse tagliato tutto a pezzi, per ciò che colei che con

63 irretito.
64 voto.
65 fremeva di rabbia.
66 *quella... 'mpregnava* : si veda la novella terza di questa giornata, in particolare pag. 787.

lui era, era moglie del signor della casa. La donna disse:
« Sia, che Iddio le dea il mal anno! »

Bruno e Buffalmacco, che con Filippo e con la Niccolosa
avevan di questa cosa riso a lor senno, quasi al romor
venendo,[67] colà trassero, e dopo molte novelle rappacificata
la donna, dieron per consiglio a Calandrino che a Firenze
se n'andasse e più non vi [68] tornasse, acciò che Filippo, se
niente di questa cosa sentisse, non gli facesse male. Così
adunque Calandrino tristo e cattivo, tutto pelato e tutto
graffiato, a Firenze tornatosene, più colassù non avendo
ardir d'andare, il dì e la notte molestato e afflitto dai rim-
brotti della moglie, al suo fervente amor pose fine, avendo
molto dato da ridere a' suoi compagni e alla Niccolosa e
a Filippo.

67 *quasi... venendo*: come se accorressero per il chiasso.
68 a Camerata.

Novella sesta

DUE GIOVANI ALBERGANO CON UNO, DE' QUALI L'UNO SI VA
A GIACERE CON LA FIGLIUOLA, E LA MOGLIE DI LUI
DISAVVEDUTAMENTE SI GIACE CON L'ALTRO; QUEGLI CHE
ERA CON LA FIGLIUOLA, SI CORICA COL PADRE DI LEI, E
DICEGLI OGNI COSA, CREDENDO DIRE AL COMPAGNO; FANNO
ROMORE INSIEME; LA DONNA, RAVVEDUTASI, ENTRA NEL
LETTO DELLA FIGLIUOLA, E QUINDI CON CERTE PAROLE
OGNI COSA PACEFICA.[1]

Calandrino, che altre volte la brigata aveva fatta ridere, similmente questa volta la fece : de' fatti del quale
poscia che le donne si tacquero, la reina impose a Panfilo
che dicesse, il qual disse :

Laudevoli donne, il nome della Niccolosa amata da Calandrino m'ha nella memoria tornata una novella d'un'altra Niccolosa, la quale di raccontarvi mi piace, per ciò
che in essa vedrete un subito avvedimento [2] d'una buona
donna avere un grande scandalo tolto via.

Nel pian di Mugnone' fu, non ha guari,[3] un buono
uomo, il quale a' viandanti dava pe' lor danari mangiare
e bere; e come che [4] povera persona fosse e avesse piccola
casa, alcuna volta per un bisogno grande, non ogni persona, ma alcun conoscente albergava. Ora aveva costui
una sua moglie assai bella femina, della quale aveva due
figliuoli : e l'uno era una giovanetta bella e leggiadra, d'età
di quindici o di sedici anni, che ancora marito non avea;
l'altro era un fanciul piccolino che ancora non aveva uno
anno, il quale la madre stessa allattava. Alla giovane aveva posti gli occhi addosso un giovanetto leggiadro e piacevole e gentile uomo della nostra città, il quale molto
usava per [5] la contrada, e focosamente l'amava; ed ella,
che d'esser da un così fatto giovane amata forte si glo-

1 La novella denuncia affinità di qualche rilievo con un paio
di *fabliaux* : ma la fortuna del tema allenta ogni ipotesi di raccor-
do diretto.
2 *subito avvedimento* : tempestivo accorgimento.
3 *non ha guari* : non molto tempo fa.
4 *come che* : benché.
5 *usava per* : frequentava.

riava, mentre di ritenerlo con piacevoli sembianti nel suo amor si sforzava, di lui similmente s'innamorò; e più volte per grado [6] di ciascuna delle parti avrebbe tale amore avuto effeto, se Pinuccio (che così aveva nome il giovane) non avesse schifato [7] il biasimo della giovane e 'l suo. Ma pur di giorno in giorno multiplicando l'ardore, venne disidero a Pinuccio di doversi pur con costei ritrovare, e caddegli nel pensiero di trovar modo di dover col padre albergare, avvisando,[8] sì come colui che la disposizion della casa della giovane sapeva, che, se questo facesse, gli potrebbe venir fatto d'esser con lei, senza avvedersene persona;[9] e come nell'animo gli venne, così sanza indugio mandò ad effetto.

Esso, insieme con un suo fidato compagno chiamato Adriano, il quale questo amor sapeva, tolti una sera al tardi due ronzini a vettura [10] e postevi su due valigie, forse piene di paglia, di Firenze uscirono, e presa una lor volta,[11] sopra il pian di Mugnone cavalcando pervennero, essendo già notte; e di quindi, come se di Romagna tornassero, data la volta, verso le case se ne vennero, e alla casa del buon uom picchiarono, il quale, sì come colui che molto era dimestico di ciascuno, aperse la porta prestamente: al quale Pinuccio disse: «Vedi, a te conviene stanotte albergarci: noi ci credemmo dover potere entrare in Firenze, e non ci siamo sì saputi studiare,[12] che noi non siam qui pure a così fatta ora, come tu vedi, giunti.»

A cui l'oste rispose: «Pinuccio, tu sai bene come io sono agiato [13] di poter così fatti uomini, come voi siete, albergare; ma pur, poi che questa ora v'ha qui sopraggiunti, né tempo ci è da potere andare altrove, io v'albergherò volentieri com'io potrò.»

Ismontati adunque i due giovani e nello alberghetto en-

6 *per grado*: con piacere.
7 temuto, voluto evitare.
8 pensando.
9 *senza... persona*: senza che nessuno se ne accorgesse.
10 *tolti... vettura*: presi a nolo due ronzini, una sera sul tardi.
11 *presa... volta*: fatto un giro.
12 affrettare.
13 ben provvisto.

trati, primieramente i loro ronzini adagiarono,[14] e appresso, avendo ben seco portato da cena, insieme con l'oste cenarono. Ora non avea l'oste che una cameretta assai piccola, nella quale eran tre letticelli messi come il meglio l'oste avea saputo; né v'era per tutto ciò tanto di spazio rimaso, essendone due dall'una delle facce della camera e 'l terzo di rincontro [15] a quegli dall'altra, che altro che strettamente andar vi si potesse. Di questi tre letti fece l'oste il men cattivo acconciar per li due compagni, e fecegli coricare: poi, dopo alquanto, non dormendo alcun di loro, come che di dormir mostrassero, fece l'oste nell'un de' due che rimasi erano coricar la figliuola, e nell'altro s'entrò egli e la donna sua, la quale allato del letto dove dormiva pose la culla nella quale il suo piccolo figlioletto teneva. Ed essendo le cose in questa guisa disposte, e Pinuccio avendo ogni cosa veduta, dopo alquanto spazio, parendogli che ogn'uomo addormentato fosse, pianamente [16] levatosi, se n'andò al letticello dove la giovane amata da lui si giaceva, e miselesi a giacere allato: dalla quale, ancora che paurosamente il facesse, fu lietamente raccolto, e con essolei di quel piacere che più disideravano prendendo si stette. E standosi così Pinuccio con la giovane, avvenne che una gatta fece certe cose cadere, le quali la donna destatasi sentì: per che levatasi, temendo non [17] fosse altro, così al buio come era, se n'andò là dove sentito avea il romore. Adriano, che a ciò non avea l'animo,[18] per avventura per alcuna opportunità natural si levò, alla quale espedire andando,[19] trovò la culla postavi dalla donna, e non potendo senza levarla oltrepassare, presala, la levò del luogo dove era e poscia allato al letto dove esso dormiva; e fornito [20] quello per che levato s'era e tornandosene, senza della culla curarsi, nel letto se n'entrò.

La donna, avendo cerco e trovato che quello che cadu-

14 sistemarono.
15 fronte.
16 in silenzio.
17 *temendo non*: temendo che.
18 *avea l'animo*: stava attento.
19 *per avventura.. .andando*: per caso si alzò per una sua necessità fisica, e recandosi a soddisfarla.
20 fatto.

to era non era tal cosa,[21] non si curò d'altrimenti accender
lume per vederlo, ma, garrito alla [22] gatta, nella cameretta
se ne tornò, e a tentone dirittamente al letto dove il marito
dormiva se n'andò; ma, non trovandovi la culla, disse
seco stessa: « Oimè, cattiva [23] me, vedi quel che io faceva!
in fé di Dio, che io me n'andava dirittamente nel letto
degli osti [24] miei »; e, fattasi un poco più avanti e trovando
la culla, in quello letto al quale ella era allato insieme con
Adriano si coricò, credendosi col marito coricare. Adriano,
che ancora raddormentato non era, sentendo questo, la
ricevette bene e lietamente, e senza fare altramenti motto,
da una volta in su caricò l'orza [25] con gran piacer della donna.

E così stando, temendo Pinuccio non il sonno con la
sua giovane il soprapprendesse,[26] avendone quel piacer preso
che egli desiderava, per tornar nel suo letto a dormire le
si levò dal lato, e là venendone, trovando la culla, credette
quello essere quel dell'oste: per che, fattosi un poco più
avanti, insieme con l'oste si coricò, il quale per la venuta
di Pinuccio si destò. Pinuccio, credendosi essere allato ad
Adriano, disse: « Ben ti dico che mai sì dolce cosa non
fu come è la Niccolosa! al corpo di Dio, io ho avuto con
lei il maggior diletto che mai uomo avesse con femina,
e dicoti che io sono andato da sei volte in su in villa,[27] poscia che io mi partii quinci. »[28]

L'oste, udendo queste novelle e non piacendogli troppo,
prima disse seco stesso: ‹ Che diavol fa costui qui? › poi,
più turbato che consigliato,[29] disse: « Pinuccio, la tua è
stata una gran villania, e non so perché tu mi t'abbi a

21 *tal cosa*: quello che aveva pensato.
22 *garrito alla*: sgridata la.
23 povera.
24 ospiti.
25 *caricò l'orza*: qui, metafora erotica. Propriamente, « caricare
l'orza » significa tirare la fune per issare la vela che deve raccogliere il vento; quindi, anche « riempire di vento, riempire eccessi-
vamente ».
26 cogliesse all'improvviso.
27 *sono... villa*: altra metafora erotica, sono andato a diver-
tirmi (*villa* è la campagna) per più di sei volte.
28 di qui.
29 *più... consigliato*: preso più da ira che da giudizio, buon
senso.

far questo; ma, per lo corpo di Dio, io te ne pagherò. »

Pinuccio, che non era il più savio giovane del mondo, avveggendosi del suo errore, non ricorse [30] ad emendare come meglio avesse potuto, ma disse: « Di che mi pagherai? che mi potrestù fare tu? » [31]

La donna dell'oste, che col marito si credeva essere, disse ad Adriano: « Oimè! odi gli osti nostri che hanno non so che parole insieme. »

Adriano ridendo disse: « Lasciali fare, che Iddio gli metta in mal anno: [32] essi bevver troppo iersera. »

La donna, parendole avere udito il marito garrire e udendo Adriano, incontanente conobbe là dove stata era e con cui: per che, come savia, senza alcuna parola dire, subitamente si levò, e presa la culla del suo figlioletto, come che punto lume nella camera non si vedesse, per avviso [33] la portò allato al letto dove dormiva la figliuola e con lei si coricò; e quasi desta fosse per lo rumore del marito, il chiamò e domandollo che parole egli avesse con Pinuccio: il marito rispose: « Non odi tu ciò ch'e' dice che ha fatto stanotte alla Niccolosa? »

La donna disse: « Egli mente bene per la gola, ché con la Niccolosa non è egli giaciuto: ché io mi ci coricai io in quel punto che io non ho mai poscia potuto dormire; e tu se' una bestia che gli credi. Voi bevete tanto la sera, che poscia sognate la notte e andate in qua e in là senza sentirvi, [34] e parvi far maraviglie: egli è gran peccato che voi non vi fiaccate il collo! Ma che fa egli costì Pinuccio? perché non si sta egli nel letto suo? »

D'altra parte Adriano, veggendo che la donna saviamente la sua vergogna e quella della figliuola ricopriva, disse: « Pinuccio, io te l'ho detto cento volte che tu non vada attorno, ché questo tuo vizio del levarti in sogno e di dire le favole che tu sogni per vere ti daranno una volta la mala ventura: torna qua, che Dio ti dea la mala notte! »

---

30 si volse.

31 *potrestù fare tu*: potresti fare proprio tu. Ripetizione enfatica del pronome.

32 *gli... anno*: li mandi in malora, li maledica.

33 *per avviso*: per quel che poteva immaginare, a naso.

34 svegliarvi.

L'oste, udendo quello che la donna diceva e quello che diceva Adriano, cominciò a creder troppo bene che Pinuccio sognasse: per che, presolo per la spalla, lo 'ncominciò a dimenare e a chiamar, dicendo: « Pinuccio, destati:· tornati al letto tuo. »

Pinuccio, avendo raccolto [35] ciò che detto s'era, cominciò a guisa d'uom che sognasse ad entrare in altri farnetichi: [36] di che l'oste faceva le maggior risa del mondo. Alla fine, pur [37] sentendosi dimenare, fece sembiante di destarsi, e chiamando Adrian, disse: « È egli ancora [38] dì, che tu mi chiami? »

Adriano disse: « Sì, vienne qua. »

Costui, infignendosi [39] e mostrandosi ben sonnocchioso, al fine si levò dal lato all'oste e tornossi al letto con Adriano; e, vènuto il giorno e levatisi, l'oste incominciò a ridere e a farsi beffe di lui e de' suoi sogni. E così d'uno in altro motto, acconci [40] i due giovani i lor ronzini e messe le lor valigie e bevuto con l'oste, rimontati a cavallo se ne vennero a Firenze, non meno contenti del modo in che la cosa avvenuta era, che dello effetto stesso della cosa. E poi appresso, trovati altri modi, Pinuccio con la Niccolosa si ritrovò, la quale alla madre affermava lui fermamente aver sognato; per la qual cosa la donna, ricordandosi dell'abbracciar d'Adriano, sola seco diceva d'aver vegghiato.

35 colto, capito.
36 vaneggiamenti.
37 sempre.
38 già.
39 fingendo di non capir nulla.
40 avendo preparato.

Novella settima

TALANO D'IMOLESE SOGNA CHE UNO LUPO SQUARCIA TUTTA
LA GOLA E 'L VISO ALLA MOGLIE: DICELE CHE SE NE GUARDI:
ELLA NOL FA, E AVVIENLE.[1]

Essendo la novella di Panfilo finita e l'avvedimento della donna commendato da tutti, la reina a Pampinea disse che dicesse la sua, la quale allora cominciò:

Altra volta, piacevoli donne, delle verità dimostrate da' sogni, le quali molte scherniscono, s'è fra noi ragionato; e però, come che[2] detto ne sia, non lascerò[3] io che con una novelletta assai brieve io non vi narri quello che ad una mia vicina, non è ancor guari,[4] addivenne, per non crederne uno di lei[5] dal marito veduto.

Io non so se voi vi conosceste Talano d'Imolese, uomo assai onorevole. Costui, avendo una giovane, chiamata Margarita, bella tra tutte l'altre, per moglie presa,[6] ma sopra ogni altra bizzarra, spiacevole e ritrosa,[7] in tanto che[8] a senno di niuna persona voleva fare alcuna cosa, né altri far la poteva a suo: il che quantunque gravissimo fosse a comportare[9] a Talano, non potendo altro fare, se 'l sofferiva. Ora avvenne una notte, essendo Talano con questa sua Margarita in contado ad una lor possessione, dormendo egli, gli parve in sogno vedere la donna sua andar per un bosco assai bello, il quale essi non guari lontano alla lor casa avevano: e mentre così andar la vedeva, gli parve che d'una parte del bosco uscisse un grande e fiero lupo, il quale prestamente s'avventava alla gola di costei e ti-

---

1 Data la genericità dei riscontri medievali, non si sono potuti indicare al tema, assai diffuso, precedenti notevoli.

2 *come che*: benché.

3 tralascerò.

4 molto.

5 *per... lei*: per non credere a un sogno che la riguardava.

6 *avendo... presa*: ha il valore di *aveva presa*.

7 *bizzarra... ritrosa*: bizzosa, villana, scontrosa.

8 *in tanto che*: al punto che.

9 sopportare.

ravala in terra, e lei gridante aiuto si sforzava di tirar via; e poi di bocca uscitagli, tutta la gola e 'l viso pareva l'avesse guasto.[10]

Il quale la mattina appresso levatosi, disse alla moglie: « Donna, ancora che la tua ritrosia non abbia mai sofferto che io abbia potuto avere un buon dì con teco, pur sarei dolente quando mal t'avvenisse; e per ciò, se tu crederrai al mio consiglio, tu non uscirai oggi di casa; » e domandato da lei del [11] perché, ordinatamente le contò il sogno suo.

La donna, crollando il capo, disse: « Chi mal ti vuol, mal ti sogna: tu ti fai [12] molto di me pietoso, ma tu sogni di me quello che tu vorresti vedere; e per certo io me ne guarderò, e oggi e sempre, di non farti né di questo né d'altro mio male mai allegro. »

Disse allora Talano: « Io sapeva bene che tu dovevi dir così, per ciò che tal grado ha chi tigna pettina; [13] ma credi che [14] ti piace; io per me il dico per bene, e ancora da capo te ne consiglio, che tu oggi ti stea in casa o almeno ti guardi d'andare nel nostro bosco. »

La donna disse: « Bene, io il farò »; e poi seco stessa cominciò a dire: « Hai veduto come costui maliziosamente si crede avermi messa paura d'andare oggi al bosco nostro? là dove egli per certo dee aver data posta a qualche cattiva,[15] e non vuol che io il vi truovi. Oh! egli avrebbe buon manicar co' ciechi,[16] e io sarei bene sciocca se io nol conoscessi e se io il credessi! ma per certo e' non gli verrà fatto: e' convien pur che io vegga, se io vi dovessi star tutto dì, che mercatantia [17] debba esser questa che egli oggi far vuole. »

E come questo ebbe detto, uscito il marito da una par-

10 *l'avesse guasto*: le avesse scempiato.

11 il.

12 *ti fai*: ti dimostri.

13 *per... pettina*: poiché questa è la riconoscenza che riceve chi pettina un tignoso.

14 quello che.

15 *dee... cattiva*: deve aver dato appuntamento a qualche donna di malaffare.

16 *egli... ciechi*: espressione proverbiale, egli si troverebbe bene a mangiar coi ciechi, cioè farebbe il suo comodo, scegliendosi i migliori bocconi.

17 affare.

te della casa, ed ella uscì dall'altra; e come più nascosamente poté, senza alcuno indugio, se n'andò nel bosco, e in quello nella più folta parte che v'era si nascose, stanto attenta e guardando or qua or là, se alcuna persona venir vedesse. E mentre in questa guisa stava senza alcun sospetto [18] di lupo, ed ecco vicino a lei uscir d'una macchia folta un lupo grande e terribile, né poté ella, poi che veduto l'ebbe, appena dire « Domine aiutami, » che il lupo le si fu avventato alla gola, e presala forte, la cominciò a portar via come se stata fosse un piccolo agnelletto. Essa non poteva gridare, sì aveva la gola stretta, né in altra maniera aiutarsi; per che, portandosenela il lupo, senza fallo strangolata l'avrebbe, se in certi pastori non si fosse scontrato, li quali sgridandolo [19] a lasciarla il costrinsero; ed essa misera e cattiva,[20] da' pastori riconosciuta e a casa portatane, dopo lungo studio [21] da' medici fu guarita, ma non sì, che tutta la gola e una parte del viso non avesse per sì fatta maniera guasta, che dove prima era bella, non paresse poi sempre sozzissima e contraffatta.[22] Laonde ella, vergognandosi d'apparire dove veduta fosse, assai volte miseramente pianse la sua ritrosia e il non avere, in quello che niente le costava, al vero sogno del marito voluto dar fede.

18 paura, timore.
19 impaurendolo con grinta.
20 infelice.
21 cura.
22 deforme.

Novella ottava

BIONDELLO FA UNA BEFFA A CIACCO D'UN DESINARE, DELLA
QUALE CIACCO CAUTAMENTE SI VENDICA FACCENDO LUI
SCONCIAMENTE BATTERE.[1]

Universalmente ciascuno della lieta compagnia disse
quello che Talano veduto avea dormendo non essere stato
sogno ma visione,[2] sì appunto, senza alcuna cosa marcar-
ne, era avvenuto. Ma tacendo ciascuno, impose la reina
alla Lauretta che seguitasse, la qual disse:

Come costoro, savissime donne, che oggi davanti a me
hanno parlato, quasi tutti da alcuna cosa già detta mossi
sono stati a ragionare, così me muove la rigida vendetta,
ieri raccontata da Pampinea, che fé lo scolare, a dover
dire d'una assai grave a colui che la sostenne, quantunque
non fosse per ciò tanto fiera. E per ciò dico che:

Essendo in Firenze uno da tutti chiamato Ciacco,[3] uomo
ghiottissimo quanto alcun altro fosse giammai, e non possendo la sua possibilità[4] sostenere le spese che la sua ghiot-
tornia richiedea, essendo per altro assai costumato e tutto
pieno di belli e di piacevoli motti, si diede ad essere, non
del tutto uom di corte, ma morditore,[5] e ad usare con coloro che ricchi erano e di mangiare delle buone cose si di-
lettavano; e con questi a desinare e a cena, ancor che
chiamato non fosse ogni volta, andava assai sovente. Era
similmente in quei tempi in Firenze uno il quale era
chiamato Biondello, piccoletto della persona, leggiadro[6]
molto e più pulito che una mosca,[7] con una cuffia in ca-

1 La novella è esplicitamente ambientata nel mondo della *Commedia* dantesca, dal quale il Boccaccio trasse spunto per un intreccio fantastico.
2 sogno veritiero.
3 famoso per la sua golosità, fu posto da Dante, proprio per
questo suo vizio, nell'Inferno.
4 ricchezza, patrimonio.
5 critico (dei costumi dei signori).
6 elegante, vezzoso.
7 Per l'abitudine dell'insetto di pulirsi e ripulirsi.

po,[8] con una zazzerina bionda e per punto [9] senza un capel torto avervi, il quale quel medesimo mestiere usava che Ciacco.

Il quale essendo una mattina di quaresima andato là dove il pesce si vende, e comperando due grossissime lamprede per messer Vieri de' Cerchi,[10] fu veduto da Ciacco; il quale, avvicinatosi a Biondello, disse: « Che vuol dir questo? »

A cui Biondello rispose: « Iersera ne furon mandate tre altre troppo più belle che queste non sono e uno storione a messer Corso Donati,[11] le quali non bastandogli per voler dar mangiare a certi gentili uomini, m'ha fatte comperare quest'altre due: non vi verrai tu? »

Rispose Ciacco: « Ben sai che io vi verrò. »

E quando tempo gli parve, a casa messer [12] Corso se n'andò, e trovollo con alcuni suoi vicini che ancora non era andato a desinare: al quale egli, essendo da lui domandato che andasse faccendo, rispose: « Messere, io vengo a desinar con voi e con la vostra brigata. »

A cui messer Corso disse: « Tu sie 'l ben venuto, e per ciò che egli è tempo, andianne. »

Postisi dunque a tavola, primieramente ebbero del cece e della sorra,[13] e appresso del pesce d'Arno fritto, senza più. Ciacco, accortosi dello 'nganno di Biondello e in sé non poco turbatosene, propose di dovernel pagare:[14] né passar molti dì che egli in lui si scontrò, il qual già molti aveva fatti ridere di questa beffa. Biondello, vedutolo, il salutò, e ridendo il domandò chenti [15] fosser state le lamprede di messer Corso; a cui Ciacco rispondendo disse: « Avanti

8 *cuffia in capo*: cosa rara tra gli uomini, quindi segno di eccessiva ricercatezza.

9 *per punto*: a puntino.

10 La personalità più importante della ricca e potente famiglia fiorentina dei Cerchi che furono a capo dei guelfi bianchi.

11 Fu invece capo dei guelfi neri, sempre in grande rivalità con Vieri de' Cerchi, anche per la sua tendenza munifica, di spenditore, a cui non corrispondeva una ricchezza pari a quella dell'altro.

12 *a casa messer*: a casa di messere, con la normale, per l'italiano antico, omissione del *di*.

13 ventresca di tonno.

14 ripagare, ricambiare.

15 come, di che qualità.

che otto giorni passino tu il saprai molto meglio dir di me. »

E senza mettere indugio al fatto, partitosi da Biondello, con un saccente barattiere [16] si convenne del prezzo, e datogli un bottaccio [17] di vetro, il menò vicino della loggia de' Cavicciuli, e mostrogli in quella un cavaliere chiamato messer Filippo Argenti,[18] uomo grande e nerboruto, e forte, sdegnoso, iracundo e bizzarro [19] più che altro, e dissegli: « Tu te ne andrai a lui con questo fiasco in mano e diragli così: ‹ Messere, a voi mi manda Biondello, e mandavi pregando che vi piaccia d'arrubinargli [20] questo fiasco del vostro buon vin vermiglio, ch'e' si vuole alquanto sollazzar con suoi zanzeri ›; [21] e sta bene accorto che egli non ti ponesse le mani addosso, per ciò che egli ti darebbe il mal dì, e avresti guasti i fatti miei. »

Disse il barattiere: « Ho io a dire altro? »

Disse Ciacco: « No, va pure; e come tu hai questo detto, torna qui a me col fiasco, e io ti pagherò. »

Mossosi adunque il barattiere, fece a messer Filippo l'ambasciata. Messer Filippo, udito costui, come colui che piccola levatura avea,[22] avvisando che Biondello, il quale egli conosceva, si facesse beffe di lui, tutto tinto [23] nel viso, dicendo: « Che arrubinatemi e che zanzeri son questi? che nel mal anno metta Iddio te e lui », si levò in piè e distese il braccio per pigliar con la mano il barattiere; ma il barattiere, come colui che attento stava, fu presto [24] e fuggì via, e per altra parte ritornò a Ciacco, il quale ogni cosa veduta avea, e dissegli ciò che messer Filippo aveva detto.

Ciacco contento pagò il barattiere, e non riposò mai ch'egli [25] ebbe ritrovato Biondello, al quale egli disse: « Fostù a questa pezza [26] dalla loggia de' Cavicciuli? »

16 *saccente barattiere*: astuto faccendiere.
17 fiasco.
18 Ricchissimo fiorentino della famiglia degli Adimari, posto da Dante nell'Inferno come iracondo.
19 collerico.
20 riempirgli; letteralmente, fargli diventare color rubino.
21 compagnoni, compagni di briga.
22 *piccola... avea*: gli bastava poco per alterarsi, arrabbiarsi.
23 infuocato.
24 pronto, veloce.
25 *ch'egli*: finché.
26 *Fostù... pezza*: sei stato in questi ultimi tempi.

Rispose Biondello: « Mai no; [27] perché me ne domandi tu? »

Disse Ciacco: « Per ciò che io ti so dire che messer Filippo ti fa cercare, non so quel ch'e' si vuole. »

Disse allora Biondello: « Bene, io vo verso là, io gli farò motto. » [28]

Partitosi Biondello, Ciacco gli andò appresso per vedere come il fatto andasse. Messer Filippo, non avendo potuto giugnere [29] il barattiere, era rimaso fieramente turbato e tutto in se medesimo si rodea, non potendo dalle parole dette dal barattiere cosa del mondo trarre,[30] altro se non che Biondello, ad instanzia di cui che sia,[31] si facesse beffe di lui; e in questo che egli così si rodeva, e Biondel venne. Il quale come egli vide, fattoglisi incontro, gli diè nel viso un gran punzone.[32]

« Oimè! messer, » disse Biondel, « che è questo? »

Messer Filippo, presolo per li capelli e stracciatagli la cuffia in capo e gittato il cappuccio per terra e dandogli tuttavia forte, diceva: « Traditore, tu il vedrai bene ciò che questo è: che *arrubinatemi* e che *zanzeri* mi mandi tu dicendo a me? paiot' io fanciullo da dovere essere uccellato? »

E così dicendo, con le pugna, le quali aveva che parevan di ferro, tutto il viso gli ruppe, né gli lasciò in capo capello che ben gli volesse,[33] e convoltolo [34] per lo fango, tutti i panni in dosso gli stracciò; e sì a questo fatto si studiava,[35] che pure [36] una volta dalla prima innanzi non gli poté Biondello dire una parola, né domandar perché questo gli facesse. Aveva egli bene inteso dello *arrubinatemi* e de' *zanzeri*, ma non sapeva che ciò si volesse dire. Alla fine,

27 *Mai no*: proprio no; negazione rafforzata.
28 *gli farò motto*: lo saluterò.
29 raggiungere, prendere.
30 *cosa... trarre*: ricavare alcun significato.
31 *ad... sia*: per volere di chissà chi.
32 colpo
33 *ben gli volesse*: gli stesse a posto. I capelli sono qui personificati: quasi, non c'era capello che lo rispettasse.
34 fattolo rotolare, avvoltolare.
35 applicava.
36 solo.

avendol messer Filippo ben battuto ed essendogli molti dintorno, alla [37] maggior fatica del mondo gliele trasser di mano così rabbuffato e malconcio come era; e dissergli perché messer Filippo questo avea fatto, riprendendolo di ciò che mandato gli avea dicendo, e dicendogli ch'egli doveva bene oggimai cognoscer messer Filippo e che egli non era uomo da motteggiar con lui. Biondello piangendo si scusava, e diceva che mai a messer Filippo non aveva mandato per vino; ma poi che un poco si fu rimesso in assetto, tristo e dolente se ne tornò a casa, avvisando questa essere stata opera di Ciacco.

E poi che dopo molti dì, partiti i lividori del viso, cominciò di casa ad uscire, avvenne che Ciacco il trovò, e ridendo il domandò: « Biondello, chente ti parve il vino di messer Filippo? »

Rispose Biondello: « Tali fosser parute a te le lampre-de di messer Corso! »

Allora disse Ciacco: « A te sta oramai: qualora tu mi vuogli così ben dare da mangiar come facesti, io darò a te così ben da bere come avesti. »

Biondello, che conoscea che contro a Ciacco egli poteva più aver mala voglia che opera,[38] pregò Iddio della pace sua, e da indi innanzi si guardò di mai più non beffarlo.

37 con la.
38 *più... opera*: volergli piuttosto che fargli del male.

Novella nona

DUE GIOVANI DOMANDANO CONSIGLIO A SALAMONE, L'UNO
COME POSSA ESSERE AMATO, L'ALTRO COME GASTIGAR DEBBA
LA MOGLIE RITROSA: ALL'UN RISPONDE CHE AMI, ALL'ALTRO
CHE VADA AL PONTE ALL'OCA.[1]

Niuno altro che la reina, volendo il privilegio servare
a Dioneo, restava a dover novellare; la qual, poi che le
donne ebbero assai riso dello sventurato Biondello, lieta
cominciò così a parlare:

Amabili donne, se con sana mente sarà riguardato l'ordine delle cose, assai leggiermente si conoscerà tutta la
universal moltitudine delle femine dalla natura e da' costumi e dalle leggi essere agli uomini sottomessa, e secondo
la discrezion[2] di quegli convenirsi reggere e governare; e
per ciò ciascuna che quiete, consolazione e riposo vuole
con quegli uomini avere a' quali s'appartiene,[3] dee essere
umile, paziente e ubidente, oltre all'essere onesta: il che
è sommo e spezial tesoro di ciascuna savia. E quando a
questo le leggi, le quali il ben comune riguardano in tutte
le cose, non ci ammaestrassono, e l'usanza o costume che
vogliam dire, le cui forze son grandissime e reverende,
la natura assai apertamente cel mostra, la quale ci ha fatte ne' corpi dilicate e morbide, negli animi timide e paurose, nelle menti benigne e pietose, e hacci date le corporali forze leggieri, le voci piacevoli, e i movimenti de'
membri soavi: cose tutte testificanti noi avere dell'altrui
governo bisogno. E chi ha bisogno d'essere aiutato e go-
vernato, ogni ragion vuol lui dovere essere obediente e
subietto e reverente all'aiutatore e al governator suo: e
cui abbiam noi aiutatori e governatori, se non gli uomini?
Dunque agli uomini dobbiamo, sommamente onorandogli,

---

1 L'ascendenza, latamente orientale, del tema non toglie alla
novella boccacciana l'originalità assoluta dello svolgimento.
2 giudizio.
3 *a' quali s'appartiene*: con i quali è in rapporto.

soggiacere; e qual da questo si parte,[4] estimo che degnissima sia non solamente di riprension grave, ma d'aspro gastigamento. E a così fatta considerazione, come che altra volta avuta l'abbia, pur poco fa mi ricondusse ciò che Pampinèa della ritrosa moglie di Talano raccontò, alla quale Iddio quel gastigamento mandò che il marito dare non aveva saputo; e però nel mio giudicio cape[5] tutte quelle esser degne, come già dissi, di rigido e aspro gastigamento, che dall'esser piacevoli, benivole e pieghevoli, come la natura, l'usanza e le leggi vogliono, si partono. Per che m'aggrada di raccontarvi un consiglio renduto da Salamone, sì come utile medicina a guerire quelle che così son fatte da cotal male; il quale niuna che di tal medicina degna non sia, reputi ciò esser detto per lei, come che[6] gli uomini un cotal proverbio usino: « Buon cavallo e mal cavallo vuole sprone, e buona femina e mala femina vuol bastone. » Le quali parole chi volesse sollazzevolmente[7] interpretare, di leggieri si concederebbe da tutte così essere vero: ma pur vogliendole moralmente intendere, dico che è da concedere. Sono naturalmente le femine tutte labili e inchinevoli,[8] e per ciò a correggere la iniquità di quelle, che troppo fuori de' termini posti loro si lasciano andare, si conviene il bastone che le punisca; e a sostentar[9] la virtù dell'altre che trascorrere non si lascino, si conviene il bastone che le sostenga e che le spaventi. Ma, lasciando ora stare il predicare, a quel venendo che di dire ho nello animo, dico che:

Essendo già quasi per tutto il mondo l'altissima fama del miracoloso senno di Salamone discorsa[10] per l'universo e il suo essere di quello[11] liberalissimo mostratore a chiunque per esperienzia ne voleva certezza, molti di diverse parti del mondo a lui per loro strettissimi e ardui bisogni concor-

---

4 *e qual... si parte*: e chi si allontana da un tale modo di comportarsi.

5 *nel... cape*: io giudico, ritengo.

6 *come che*: benché.

7 scherzosamente.

8 *labili e inchinevoli*: volubili e facili a cedere.

9 sostenere.

10 diffusa.

11 *di quello*: del senno.

revano per consiglio; e tra gli altri che a ciò andavano, si
partì un giovane, il cui nome fu Melisso, nobile e ricco
molto, della città di Laiazzo, là onde egli era e dove egli
abitava. E verso Jerusalem cavalcando, avvenne che uscendo d'Antioccia con un altro giovane chiamato Giosefo, il
qual 'quel medesimo cammin teneva che faceva esso, ca-
valcò per alquanto spazio; e, come costume è de' cammi-
nanti, con lui cominciò ad entrare in ragionamento. Avendo Melisso già da Giosefo di sua condizione e donde fosse
saputo, dove egli andasse e per che il domandò: al quale
Giosefo disse che a Salamone andava, per aver consiglio
da lui che via tener dovesse con una sua moglie più che
altra femina ritrosa e perversa,[12] la quale egli né con prieghi né con lusinghe né in alcuna altra guisa dalle sue ri-
trosie ritrar poteva; e appresso lui similmente, donde fosse
e dove andasse e per che domandò.

Al quale Melisso rispose: « Io son di Laiazzo, e sì come tu hai una disgrazia, così n'ho io un'altra: io sono
ricco giovane e spendo il mio in mettere tavola e onorare
i miei cittadini, ed è nuova e strana cosa a pensare che
per tutto questo io non posso trovare uom che ben mi voglia; e per ciò io vado dove tu vai, per aver consiglio
come addivenir possa che io amato sia. »

Camminarono adunque i due compagni insieme, e in
Jerusalem pervenuti, per introdotto [13] d'uno de' baroni di
Salamone, davanti da lui furon messi, al qual brievemente
Melisso disse la sua bisogna; a cui Salamone rispose:
« Ama. »

E detto questo, prestamente Melisso fu messo fuori, e
Giosefo disse quello per che v'era; al quale Salamone nul-
l'altro rispose, se non: « Va al Ponte all'oca »; il che detto,
similmente Giosefo fu senza indugio dalla presenza del re
levato, e ritrovò Melisso il quale l'aspettava, e dissegli ciò
che per risposta avea avuto.

Li quali, a queste parole pensando e non potendo d'esse
comprendere né intendimento [14] né frutto alcuno per la loro
bisogna, quasi scornati, a ritornarsi indietro entrarono in

12 *ritrosa e perversa*: scontrosa e malvagia.
13 *per introdotto*: su presentazione.
14 senso.

cammino; e poi che alquante giornate camminati furono, pervennero ad un fiume sopra il quale era un bel ponte; e per ciò che una gran carovana di some sopra muli e sopra cavalli passavano, convenne lor sofferir di passar [15] tanto che quelle passate fossero. Ed essendo già quasi che tutte passate, per ventura v'ebbe [16] un mulo il quale adombrò, sì come sovente gli veggiam fare, né volea per alcuna maniera avanti passare: per la qual cosa un mulattiere, presa una stecca,[17] prima assai temperatamente lo 'ncominciò a battere perché 'l passasse. Ma il mulo ora da questa parte della via e ora da quella attraversandosi,[18] talvolta indietro tornando, per niun partito passar volea: per la qual cosa il mulattiere oltre modo adirato gl'incominciò con la stecca a dare i maggior colpi del mondo, ora nella testa e ora ne' fianchi e ora sopra la groppa; ma tutto era nulla.

Per che Melisso e Giosefo, li quali questa cosa stavano a vedere, sovente dicevano al mulattiere: « Deh! cattivo, che farai? vuo 'l tu uccidere? perché non t'ingegni tu di menarlo bene e pianamente [19] egli verrà più tosto che a bastonarlo come tu fai. »

A' quali il mulattiere rispose: « Voi conoscete i vostri cavalli e io conosco il mio mulo: lasciate far me con lui; » e questo detto ricominciò a bastonarlo, e tante d'una parte e d'altra ne gli diè, che il mulo passò avanti, sì che il mulattiere vinse la pruova.[20]

Essendo adunque i due giovani per partirsi, domandò Giosefo un buono uomo il quale a capo del ponte sedeva, come quivi si chiamasse: al quale il buono uomo rispose: « Messere, qui si chiama il Ponte all'oca. »

Il che come Giosefo ebbe udito, così si ricordò delle parole di Salamone, e disse verso Melisso: « Or ti dico io, compagno, che il consiglio datomi da Salamone potrebbe esser buono e vero, per ciò che assai manifesta-

15 *lor... passar*: reputarono opportuno aspettare per passare.
16 *v'ebbe*: ci fu.
17 *stecca*: bastone.
18 mettendosi di traverso.
19 con dolcezza.
20 scommessa.

mente conosco che io non sapeva battere la donna mia, ma questo mulattiere m'ha mostrato quello che io abbia a fare. »

Quindi, dopo alquanti dì divenuti ad Antioccia, ritenne Giosefo Melisso seco a riposarsi alcun dì : ed essendo assai ferialmente [21] dalla donna ricevuto, le disse che così facesse far da cena come Melisso divisasse : [22] il quale, poi vide che a Giosefo piaceva, in poche parole se ne diliberò.[23] La donna, sì come per lo passato era usata, non come Melisso divisato avea, ma quasi tutto il contrario fece.

Il che Giosefo vedendo, turbato [24] disse : « Non ti fu egli detto in che maniera tu facessi questa cena fare? »

La donna, rivoltasi orgogliosa, disse : « Ora che vuol dir questo? deh! ché non ceni, se tu vuoi cenare? se mi fu detto altramenti, a me parve da far così; se ti piace, sì ti piaccia; se non, sì te ne sta. » [25]

Maravigliossi Melisso della risposta della donna, e biasimolla assai : Giosefo, udendo questo, disse : « Donna, ancor se' tu quel che tu suogli, ma credimi che io ti farò mutar modo »; e a Melisso rivolto disse : « Amico, tosto vedremo chente [26] sia stato il consiglio di Salamone; ma io ti priego non ti sia grave lo stare a vedere, e di reputare per un giuoco [27] quello che io farò. E acciò che tu non m'impedischi, ricorditi della risposta che ci fece il mulattiere quando del suo mulo c'increbbe. »

Al quale Melisso disse : « Io sono in casa tua, dove dal tuo piacere io non intendo di mutarmi. » [28]

Giosefo, trovato un baston tondo d'un querciuolo giovane, se n'andò in camera, dove la donna, per istizza da tavola levatasi, brontolando se n'era andata; e presala per le treccie, la si gittò a' piedi e cominciolla fieramente a battere con questo bastone. La donna cominciò prima a gridare e poi a minacciare; ma veggendo che per tutto

21 freddamente.
22 ordinasse.
23 *se ne diliberò* : se la spicciò.
24 adirato.
25 *sì... sta* : fa a meno.
26 quale.
27 scherzo, burla.
28 discostarmi.

ciò Giosefo non ristava,[29] già tutta rotta cominciò a chiedere mercé per Dio che egli non l'uccidesse, dicendo oltre a ciò di mai dal suo piacer non partirsi.[30] Giosefo per tutto questo non rifinava,[31] anzi con più furia l'una volta che l'altra, or per lo costato, or per l'anche e ora su per le spalle battendola forte, l'andava le costure ritrovando,[32] né prima ristette che egli fu stanco: e in brieve niuno osso né alcuna parte rimase nel dosso della buona donna, che macerata[33] non fosse.

E questo fatto, ne venne a Melisso e dissegli: « Doman vedrem che pruova avrà fatto il consiglio del *Va' al Ponte all'oca* »; e riposatosi alquanto e poi lavatesi le mani, con Melisso cenò, e quando fu tempo, s'andarono a riposare. La donna cattivella[34] a gran fatica si levò di terra e in sul letto si gittò, dove, come poté il meglio, riposatasi, la mattina vegnente per tempissimo levatasi, fé domandar Giosefo quello che voleva si facesse da desinare. Egli, di ciò insieme ridendosi con Melisso, il divisò; e poi, quando fu ora, tornati, ottimamente ogni cosa e secondo l'ordine dato trovaron fatta: per la qual cosa il consiglio prima da lor male inteso sommamente lodarono.

E dopo alquanti dì partitosi Melisso da Giosefo e tornato a casa sua, ad alcun, che savio uomo era, disse ciò che da Salamone avuto avea: il quale gli disse: « Niuno più vero consiglio né migliore ti potea dare. Tu sai che tu non ami persona, e gli onori e' servigi li quali tu fai, gli fai non per amore che tu ad altrui porti, ma per pompa. Ama adunque, come Salamon ti disse, e sarai amato. »

Così adunque fu gastigata la ritrosa, e il giovane amando fu amato.

29 *non ristava*: non smetteva.
30 *di... partirsi*: di assecondare sempre i suoi desideri.
31 cessava.
32 *l'andava... ritrovando*: la picchiava. La metafora è mutuata dal gergo dei sarti, che usavano appianare le cuciture col ferro caldo.
33 pesta.
34 misera.

Novella decima

DONNO GIANNI AD INSTANZIA DI COMPAR PIETRO FA LO
'NCANTESIMO PER FAR DIVENTAR LA MOGLIE UNA CAVALLA;
E QUANDO VIENE AD APPICAR LA CODA, COMPAR PIETRO,
DICENDO CHE NON VI VOLEVA CODA, GUASTA TUTTO
LO 'NCANTAMENTO.[1]

Questa novella dalla reina detta diede un poco da mormorare alle donne e da ridere a' giovani; ma poi che ristate furono,[2] Dioneo così cominciò a parlare:

Leggiadre donne, infra molte bianche colombe aggiugne più di bellezza uno nero corvo, che non farebbe un candido cigno; e così tra molti savi alcuna volta un men savio è non solamente uno accrescere splendore e bellezza alla lor maturità, ma ancora diletto e sollazzo. Per la qual cosa, essendo voi tutte discretissime e moderate, io, il qual sento anzi dello scemo che no,[3] faccendo la vostra virtù più lucente col mio difetto, più vi debbo esser caro che se con più valore quella facessi divenir più oscura; e per conseguente più largo arbitrio[4] debbo avere in dimostrarvi tal qual io sono, e più pazientemente dee da voi esser sostenuto[5] che non dovrebbe se io più savio fossi, quel dicendo che io dirò. Dirovvi adunque una novella non troppo lunga, nella quale comprenderete quanto diligentemente si convengano osservare le cose imposte da coloro che alcuna cosa per forza d'incantamento fanno, e quanto piccol fallo in quelle commesso ogni cosa guasti dallo incantator fatta.

L'altr'anno fu a Barletta un prete, chiamato donno Gianni di Barolo,[6] il qual, per ciò che povera chiesa avea, per sostentar la vita sua con una cavalla cominciò a portar

---

1 Forse il Boccaccio si è impadronito di un motivo popolarissimo come la metamorfosi (da Apuleio ai *fabliaux*, da Vincenzo di Beauvais a Jacques de Vitry) per montare l'osceno raccontino.

2 *ristate furono*: ebbero cessato (di mormorare e di ridere).

3 *sento... no*: ho un po' dello svanito, del dissennato.

4 *largo arbitrio*: ampia libertà.

5 sopportato.

6 *donno... Barolo*: *donno* è una delle tante forme (dialettali) di *don. Barolo* è Barletta.

mercatantia in qua e in là per le fiere di Puglia e a comperare e a vendere. E così andando, prese stretta dimestichezza con uno che si chiamava Pietro da Tresanti,[7] che quello medesimo mestiere con uno suo asino faceva; e in segno d'amorevolezza e d'amistà, alla guisa pugliese, nol chiamava se non compar Pietro, e quante volte in Barletta arrivava, sempre alla chiesa sua nel menava, e quivi il teneva seco ad albergo e come poteva l'onorava.[8] Compar Pietro, d'altra parte, essendo poverissimo e avendo una piccola casetta in Tresanti, appena bastevole a lui e ad una sua giovane e bella moglie e all'asino suo, quante volte donno Gianni in Tresanti capitava, tante sel menava a casa, e come poteva, in riconoscimento dell'onor che da lui in Barletta riceveva, l'onorava. Ma pure, al fatto dello albergo,[9] non avendo compar Pietro se non un piccol letticello nel quale con la sua bella moglie dormiva, onorar nol poteva come voleva, ma conveniva che, essendo in una sua stalletta allato all'asino suo allogata la cavalla di donno Gianni, che [10] egli allato a lei sopra alquanto di paglia si giacesse. La donna, sappiendo l'onor che il prete al marito faceva a Barletta, era più volte, quando il prete vi veniva, volutasene andare a dormire con una sua vicina, che avea nome Zita Carapresa di Giudice Leo, acciò che il prete col marito dormisse nel letto, e avevalo molte volte al prete detto, ma egli non aveva mai voluto.

E tra l'altre volte, una le disse: « Comar Gemmata, non ti tribolar di me, ché io sto bene, per ciò che quando mi piace io fo questa mia cavalla diventare una bella zitella [11] e stommi con essa, e poi, quando voglio la fo diventar cavalla; e per ciò da lei non mi partirei. »

La giovane si maravigliò e credettelo, e al marito il disse, aggiugnendo: « Se egli è così tuo [12] come tu di', ché non ti fai insegnare quello incantesimo, che tu possa far cavalla di me e fare i fatti tuoi con l'asino e con la cavalla,

7 Paese sopra Barletta.
8 ospitava onorevolmente.
9 al... albergo: quanto all'alloggio.
10 Riprende, a distanza, il conveniva che.
11 ragazza.
12 tuo amico.

e guadagneremo due cotanti? [13] e quando a casa fossimo tornati, mi potresti rifar femina come io sono. »

Compar Pietro, che era anzi grossetto uom che no,[14] credette questo fatto e accordossi al consiglio, e come meglio seppe, cominciò a sollicitar donno Gianni, che questa cosa gli dovesse insegnare; donno Gianni s'ingegnò assai di trarre costui di questa sciocchezza, ma pur non potendo, disse: « Ecco, poi che voi pur volete, domattina ci leveremo, come noi sogliamo, anzi dì, e io vi mostrerò come si fa. È il vero che quello che più è malagevole in questa cosa si è l'appiccar la coda, come tu vedrai. »

Compar Pietro e comar Gemmata, appena avendo la notte dormito, con tanto desidero questo fatto aspettavano, come vicino a dì fu, si levarono e chiamarono donno Giani, il quale, in camiscia levatosi, venne nella cameretta di compar Pietro e disse: « Io non so al mondo persona a cui io questo facessi, se non a voi, e per ciò, poi che vi pur piace, io il farò: vero è che far vi conviene quello che io vi dirò, se voi volete che venga fatto. »

Costoro dissero di far ciò che egli dicesse: per che donno Gianni, preso un lume, il pose in mano a compar Pietro e dissegli: « Guata ben come io farò, e fa che tu tenghi bene a mente come io dirò; e guardati, quanto tu hai caro di non guastare ogni cosa, che, per cosa che tu oda o veggia, tu non dica una parola sola; e priega Iddio che la coda s'appicchi bene. »

Compar Pietro, preso il lume, disse che ben lo farebbe.

Appresso donno Gianni fece spogliare ignuda nata[15] comar Gemmata, e fecela stare con le mani e co' piedi in terra, a guisa che stanno le cavalle, ammaestrandola similmente che di cosa che avvenisse motto non facesse; e con le mani cominciandole a toccare il viso e la testa, cominciò a dire: « Questa sia bella testa di cavalla »; e toccandole i capelli, disse: « Questi sien belli crini di cavalla »; e poi toccandole le braccia, disse: « E queste sieno belle gambe e belli piedi di cavalla »; poi toccandole il

13 *due cotanti*: due volte tanto, il doppio.
14 *anzi... no*: piuttosto ingenuo, sempliciotto.
15 *ignuda nata*: forma rafforzativa, tutta nuda, nuda come la fa natura.

petto e trovandolo sodo e tondo, risvegliandosi tale che non era chiamato e su levandosi,[16] disse: «E questo sia bel petto di cavalla»; e così fece alla schiena e al ventre e alle groppe e alle cosce e alle gambe. E ultimamente, niuna cosa restandogli a fare se non la coda, levata la camiscia e preso il piuolo col quale egli piantava gli uomini [17] e prestamente nel solco per ciò fatto messolo, disse: «E questa sia bella coda di cavalla.»

Compar Pietro, che attentamente infino allora aveva ogni cosa guardata, veggendo questa ultima e non parendonegli bene, disse: «O donno Gianni, io non vi voglio coda, io non vi voglio coda!»

Era già l'umido radicale,[18] per lo quale tutte le piante s'appiccano,[19] venuto, quando donno Gianni tiratolo indietro disse: «Oimè, compar Pietro, che hai tu fatto? non ti diss'io, che tu non facessi motto di cosa che tu vedessi? La cavalla era per esser fatta, ma tu favellando hai guasto [20] ogni cosa, né più ci ha modo di poterla rifare oggimai.»

Compar Pietro disse: «Bene sta, io non vi voleva quella coda io: perché non diciavate voi a me ‹Falla tu›? e anche l'appiccavate troppo bassa.»

Disse donno Gianni: «Perché tu non l'avresti per la prima volta saputa appiccar sì com'io.»

La giovane, queste parole udendo, levatasi in piè, di buona fé [21] disse al marito: «Deh! bestia che tu se', perché hai tu guasti li tuoi fatti e' miei? qual cavalla vedestù [22] mai senza coda? Se m'aiuti Iddio, tu se' povero, ma egli sarebbe ragione [23] che tu fossi molto più.»

Non avendo adunque più modo a dover fare della giovane cavalla,[24] per le parole che dette avea compar Pietro,

---

16 *risvegliandosi... levandosi*: si allude ovviamente al sesso.

17 *piuolo... uomini*: l'attributo sessuale (poi detto *coda*) con cui si procrea, si fan nascere (*piantano*) gli uomini.

18 *umido radicale*: umore che dà la vita.

19 attecchiscono.

20 rovinato.

21 *di buona fé*: in buona fede, credula.

22 vedesti tu.

23 *egli... ragione*: sarebbe giusto, meriteresti.

24 *Non... cavalla*: non essendoci più la possibilità di trasformare la donna in cavalla.

ella dolente e malinconosa si rivestì, e compar Pietro con uno asino, come usato era, attese a fare il suo mestiere antico; e con donno Gianni insieme n'andò alla fiera di Bitonto, né mai più di tal servigio il richiese.

Quanto di questa novella si ridesse, meglio dalle donne intesa che Dioneo non voleva, colei sel pensi che ancora ne riderà. Ma, essendo le novelle finite e il sole già cominciando ad intiepidire, e la reina, conoscendo il fine della sua signoria esser venuto, in piè levatasi e trattasi la corona, quella in capo mise a Panfilo, il quale solo di così fatto onore restava ad onorare; e sorridendo disse: « Signor mio, gran carico ti resta, sì come è l'avere il mio difetto e degli altri che il luogo hanno tenuto che tu tieni, essendo tu l'ultimo, ad ammendare,[1] di che Iddio ti presti grazia, come a me l'ha prestata di farti re. »

Panfilo, lietamente l'onor ricevuto, rispose: « La vostra virtù e degli altri miei sudditi farà sì che io, come gli altri sono stati, sarò da lodare; » e secondo il costume de' suoi predecessori col siniscalco delle cose opportune avendo disposto, alle donne aspettanti si rivolse, e disse: « Innamorate donne, la discrezion[2] d'Emilia, nostra reina stata questo giorno, per dare alcun riposo alle vostre forze, arbitrio vi diè di ragionare quel che più vi piacesse; per che, già riposati essendo, giudico che sia da ritornare alla legge usata, e per ciò voglio che domane ciascuna di voi pensi di ragionare sopra questo, cioè: ‹ di chi liberalmente ovvero magnificamente alcuna cosa operasse intorno a' fatti d'amore o d'altra cosa ›. Queste cose e dicendo e udendo[3] senza dubbio niuno gli animi vostri ben disposti a valorosamente adoperare[4] accenderà: ché la vita vostra, che altro che brieve esser non puote nel mortal corpo, si perpetuerà nella laudevole fama; il che ciascuno che al ventre solamente, a guisa che le bestie fanno, non serve, dee non solamen-

---

1 *l'avere... ammendare*: il dover riparare alle mancanze mie e di quelli che hanno ricoperto la carica da te assunta ora per ultimo.
2 acume, saggezza.
3 *Queste... udendo*: il narrare e l'ascoltare questi argomenti.
4 operare, agire.

te desiderare, ma con ogni studio cercare e operare. »
La tema [5] piacque alla lieta brigata, la quale con licenzia del nuovo re tutta levatasi da sedere, agli usati diletti si diede, ciascuno secondo quello a che più dal desiderio era tirato; e così fecero insino all'ora della cena. Alla quale con festa venuti, e serviti diligentemente e con ordine, dopo la fine di quella si levarono a' balli costumati,[6] e forse mille canzonette più sollazzevoli di parole che di canto maestrevoli [7] avendo cantate, comandò il re a Neifile che una ne cantasse a suo nome; la quale, con voce chiara e lieta, così piacevolmente e senza indugio incominciò: [8]

> Io mi son giovinetta, e volentieri
> m'allegro, e canto en la stagion novella,
> merzé d'amore e de' [9] dolci pensieri.
> Io vo pe' verdi prati riguardando
> i bianchi fiori e' gialli e i vermigli,
> le rose in su le spine e i bianchi gigli,
> e tutti quanti gli vo somigliando [10]
> al viso di colui, che me amando
> ha presa e terrà sempre, come quella
> ch'altro non ha in disio ch'e' suoi piaceri.[11]
> De' quai quand'io ne truovo alcun che sia,
> al mio parer, ben simile di lui,
> il colgo e bascio e parlomi con lui,
> e com'io so, così l'anima mia
> tutta gli apro, e ciò che 'l cor disia:
> quindi con altri il metto in ghirlandella
> legato co' miei crin biondi e leggieri.
> E quel piacer che di natura il fiore
> agli occhi porge, quel simil mel dona
> che s'io vedessi la propia persona [12]

5 *La tema*: il tema.
6 usati, consueti.
7 *di canto maestrevoli*: eccellenti per la melodia.
8 A Neifile tocca ora intonare una ballata di soli endecasillabi disposti in ripresa (ABA) e quattro strofe (CDDCCBA) accomunate dalle due rime BA iterate alla fine di ognuna di esse.
9 *merzé... de'*: grazie ad amore e ai.
10 paragonando.
11 *suoi piaceri*: ciò che lui desidera.
12 *quel... persona*: mi dà un piacere pari a quello che proverei se scorgessi proprio la persona.

che m'ha accesa del suo dolce amore:
quel che mi faccia più il suo odore,
esprimer nol potrei con la favella,
ma i sospir ne son testimon veri.
Li quai non escon già mai del mio petto,
come dell'altre donne, aspri né gravi,
ma se ne vengon fuor caldi e soavi,
e al mio amor sen vanno nel cospetto,
il qual, come gli sente, a dar diletto
di sé a me si muove, e viene in quella [13]
ch'i' son per dir: « Deh vien, ch'i' non disperi. »

Assai fu e dal re e da tutte le donne commendata la canzonetta di Neifile: appresso alla quale, per ciò che già molta notte andata n'era,[14] comandò il re che ciascuno per infino al giorno s'andasse a riposare.

13 *in quella*: proprio nel momento.
14 *per... n'era*: poiché era già trascorsa gran parte della notte.

FINISCE LA NONA GIORNATA DEL « DECAMERON »; INCOMINCIA
LA DECIMA E ULTIMA, NELLA QUALE, SOTTO IL REGGIMENTO
DI PANFILO, SI RAGIONA DI CHI LIBERALMENTE OVVERO
MAGNIFICAMENTE ALCUNA COSA OPERASSE INTORNO A' FATTI
D'AMORE O D'ALTRA COSA.

Attorno all'esaltazione della liberalità, cioè cortesia e generosità d'animo cavallerescamente intese, s'accende progressivamente nella giornata conclusiva una nobile gara d'argomenti tra i novellatori. Le magnanime gesta rassegnate nelle loro illustrazioni suonano come veri e propri exempla, dotati di una funzione educativa e catartica: appannaggio di nobili figure o retaggio di un mondo antico o feudale, queste virtù escono sovente dal dominio delle classi privilegiate per vivere tra uomini semplici o sopravvivere all'instabilità degli eventi. Appunto il capriccio della sorte, secondo la dimostrazione di un grande re distribuisce, oltre i meriti umani, i suoi doni. La polemica protesta del buon Ruggieri s'infrange contro l'irrisolto contrasto, che per altra via la casistica aneddotica arricchisce di più confortanti dimostrazioni: nella lezione di stile impartita dal brigante Ghino di Tacco ad un alto dignitario ecclesiastico, nella prova di estrema generosità offerta da Natan a Mitridanes i pregi della magnanimità si riversano sugli antagonisti restaurando o rovesciando in stima e amicizia le iniziali ostilità. Per questa strada il Boccaccio aggira, tramite una vigile riduzione dei sentimenti alti, che circolano sommessi o quasi sottaciuti negli eroi, scaricandosi come gesti sugli avversari, l'enfasi di una celebrazione astratta ed esemplaria insita in ogni agiografia. L'edificante ritrattistica perde di vigore pedagogico con il sormontare, dal passato letterario dello scrittore, del mondo della « fiaba » — la sepolta viva e il giardino fiorito in gennaio —, cioè dall'irrompere dello straordinario, dell'irreale germinato dal caso, del miracolo ottenuto per magia, nell'esistenza più dimessa di personaggi borghesi. I quali si adeguano, trascinati piuttosto che agenti, alle forze del surreale: è la fortuita eccezionalità dell'occasione, come commentano le no-

vellatrici nei loro vanti virtuosi, a richiedere in via quasi obbligatoria atti di esemplare magnanimità. Sulla strada di un'abile variatio *tematica s'abbinano spontaneamente, richiamandosi l'una l'altra, le novelle erotiche che contrappuntano e oppongono in parte la virtù nei re. Come nella prima Carlo d'Angiò depone la sua disonesta passione senile per la giovane e innocente giovinetta figlia di un suo vassallo, in nome di un prestigio e di un potere, che potevano incoraggiare il vizio, così nella seconda il sovrano aragonese consola, allevia e aiuta disinteressatamente l'amore divorante che per lui nutre la figlia di uno speziale, guarendo nel corpo e nel cuore la disperata inferma. Non è questo un indifferenziato elogio della regalità: ma un'ideale aspirazione, non disgiunta da ragioni polemiche, inviata ai potenti per ricordare anche a loro, e soprattutto a loro, la via della virtù. Ciò malgrado, in concomitanza alla glorificazione del tramontato mondo cavalleresco, quando s'alza il tono narrativo e si complica l'intreccio, le ragioni didattiche minacciano o irretiscono la novella. Paludato e drappeggiato nelle forme di un saggio dimostrativo, lo scambio di generosità tra Tito e Gisippo a vantaggio o a sfavore di Sofronia si impettisce in una sequenza di vicende obbligate, si raggela nella manierata compostezza di esponenti dell'amicizia; la monotona iterazione della meccanica di base, sfociante in esiti scontati, lascia all'autore ristretti margini di manovra narrativa. Appunto per questo lo schema oratorio cede al fascino favoloso della storia nell'incontro di cortesia e liberalità che lega il mercante al Saladino, densa di colpi di scena, gremita di avventure fascinose, ricca di cordialità. Il tema dell'amicizia respira nell'avvicendarsi e nell'intersecarsi di due civiltà, di due mondi collegati da una magnanimità che dai toni epici della prima parte sale alle magiche vibrazioni del finale, trasferendo nella cornice borghese di Torello gli splendori della corte orientale. Questo movimento manca del tutto nella pur agitata vicenda di Griselda, nella quale l'ambizione del Boccaccio di sublimare un motivo popolaresco, l'umiltà, nell'aura feudale s'ingegna a disegnare una figura paziente di donna innamorata in preda alla superiore volontà di un principe contraddittorio e vile nella sua potenza. Gualtieri*

*non esce dagli angusti confini di una recitazione tanto fred-
da quanto calcolata, Griselda sfuma nell'oleografica di un
ritratto tardo-gotico: tutt'intorno il paradiso della cortesia
si stilizza in un paesaggio accecante di vistosi colori.*

Ancora eran vermigli certi nuvoletti nell'occidente, essendo già quegli dello oriente nelle loro estremità simili ad oro lucentissimi divenuti per li solari raggi che molto loro avvicinandosi li ferieno,[1] quando Panfilo, levatosi, le donne e' suoi compagni fece chiamare. E venuti tutti, con loro insieme diliberato del dove andar potessero al lor diletto, con lento passo si mise innanzi, accompagnato da Filomena e da Fiammetta, tutti gli altri appresso seguendogli; e molte cose della loro futura vita insieme parlando e dicendo e rispondendo, per lungo spazio s'andaron diportando: e data una volta assai lunga,[2] cominciando il sole già troppo a riscaldare, al palagio si ritornarono. E quivi dintorno alla chiara fonte, fatti risciacquare i bicchieri, chi volle alquanto bevve, e poi fra le piacevoli ombre del giardino infino ad ora di mangiare s'andarono sollazzando; e poi ch'ebber mangiato e dormito, come far soleano, dove al re piacque si ragunarono, e quivi il primo ragionamento[3] comandò il re a Neifile, la quale lietamente così cominciò:

1 ferivano.
2 *data... lunga*: avendo fatto un lungo giro.
3 novella.

Novella prima

UN CAVALIERE SERVE AL [4] RE DI SPAGNA; PARGLI MALE ESSER
GUIDERDONATO,[5] PER CHE [6] IL RE CON ESPERIENZIA [7] CERTISSIMA
GLI MOSTRA NON ESSER COLPA DI LUI MA DELLA SUA
MALVAGIA FORTUNA, ALTAMENTE DONANDOGLI POI.[8]

Grandissima grazia, onorabili donne, reputar mi debbo,
che il nostro re me a tanta cosa, come è a raccontar della
magnificenzia, m'abbia preposta,[9] la quale, come il sole è di
tutto il cielo bellezza e ornamento, è chiarezza e lume di
ciascuna altra virtù. Dironne adunque una novelletta assai
leggiadra, al mio parere, la quale rammemorarsi [10] per certo
non potrà esser se non utile.

Dovete adunque sapere che, tra gli altri valorosi cavalieri che da gran tempo in qua sono stati nella nostra
città, fu un di quegli, e forse il più da bene, messer Ruggieri de' Figiovanni; il quale, essendo e ricco e di grande [11]
animo, e veggendo che, considerata la qualità del vivere
e de' costumi di Toscana, egli, in quella dimorando, poco
o niente potrebbe del suo valor dimostrare, prese per partito di volere un tempo [12] essere appresso ad Anfonso re
d'Ispagna,[13] la fama del valore del quale quella di ciascun
altro signor trapassava [14] a que' tempi; e assai onorevol-

---

4 il.

5 ricompensato.

6 *per che*: per cui.

7 prova.

8 *altamente... poi*: ricompensandolo poi generosamente. Anche
se non è consentito additare una fonte precisa, il nucleo della novella si radica su un motivo di larga fortuna nella letteratura medievale (*Speculum historiale* di Vincenzo di Beauvais, *Exempla* di
Jacques de Vitry, *Legenda aurea* di Jacopo da Varazze ecc.) pros-
sima al Boccaccio.

9 *m'abbia preposta*: m'abbia incaricata per prima.

10 ricordarsi.

11 nobile.

12 *un tempo*: per un po' di tempo.

13 *Anfonso... Ispagna*: Alfonso VIII di Castiglia (1155-1215), famoso per la sua liberalità.

14 oltrepassava.

mente in [15] arme e in cavalli e in compagnia a lui se n'andò in Ispagna, e graziosamente fu dal re ricevuto. Quivi adunque dimorando messer Ruggieri e splendidamente vivendo e in fatti d'arme maravigliose cose faccendo, assai tosto si fece per valoroso cognoscere. Ed essendovi già buon tempo dimorato, e molto alle maniere del re riguardando,[16] gli parve che esso ora ad uno e ora ad un altro donasse castella e città e baronie assai poco discretamente, sì come dandole a chi nol valea;[17] e per ciò che a lui, che da quello che egli era si teneva,[18] niente era donato, estimò che molto ne diminuisse la fama sua: per che di partirsi diliberò e al re domandò commiato. Il re gliele concedette, e donogli una delle miglior mule che mai si cavalcasse e la più bella, la quale per lo lungo cammino che a fare avea fu cara a messer Ruggieri. Appresso questo, commise il re ad un suo discreto famigliare [19] che, per quella maniera che miglior gli paresse, s'ingegnasse di cavalcare la prima giornata con messer Ruggieri in guisa che egli non paresse dal re mandato, e ogni cosa che egli dicesse di lui raccogliesse, sì che ridire gliele sapesse, e l'altra mattina appresso [20] gli comandasse che egli indietro al re tornasse. Il famigliare, stato attento, come messer Ruggieri uscì della terra, così assai acconciamente [21] con lui si fu accompagnato, dandogli a vedere che egli veniva verso Italia.

Cavalcando adunque messer Ruggieri sopra la mula dal re datagli, e costui d'una cosa e d'altra parlando, essendo vicino ad ora di terza,[22] disse: « Io credo che sia ben fatto che noi diamo stalla [23] a queste bestie »; ed entrati in una stalla, tutte l'altre, fuor che la mula, stallarono; per che cavalcando avanti, stando sempre il famiglio attento alle

15 *assai... in*: molto decorosamente con.
16 ponendo cura, attenzione.
17 *assai... valea*: con molto poca moderazione, prudenza, perché le dava a chi non valeva.
18 *si teneva*: si considerava.
19 *commise... famigliare*: il re incaricò un suo prudente servitore.
20 *l'altra... appresso*: la mattina del giorno dopo.
21 con abilità.
22 *ad ora di terza*: alle nove del mattino.
23 *noi diamo stalla*: facciamo riposare.

parole del cavaliere, vennero ad un fiume, e quivi abbe-
verando le lor bestie, la mula stallò nel fiume; il che veggendo messer Ruggieri, disse: « Deh! dolente ti faccia
Dio, bestia, ché tu se' fatta come il signore che a me ti
donò. »

Il famigliare questa parola ricolse, e come che [24] molte
ne ricogliesse camminando tutto il dì seco, niun'altra, se
non in somma lode del re, dir ne gli udì: per che la mattina seguente, montati a cavallo e volendo cavalcare verso
Toscana, il famigliare gli fece il comandamento [25] del re,
per lo quale messer Ruggieri incontanente [26] tornò addietro.
E avendo già il re saputo quello che egli della mula aveva detto, fattolsi chiamare, con lieto viso [27] il ricevette, e
domandollo perché lui alla sua mula avesse assomigliato
ovvero la mula a lui.

Messer Ruggieri con aperto viso gli disse: « Signor mio,
per ciò ve l'assomigliai, perché, come voi donate dove non
si conviene e dove si converrebbe non date, così ella dove
si conveniva non stallò e dove non si convenia sì. »

Allora disse il re: « Messer Ruggieri, il non avervi donato come fatto ho a molti, li quali a comparazion di voi
da niente sono, non è avvenuto perché io non abbia voi
valorosissimo cavalier conosciuto e degno d'ogni gran dono, ma la vostra fortuna, che lasciato non m'ha,[28] in ciò ha
peccato e non io. E che io dica vero, io il vi mosterrò
manifestamente. »

A cui messer Ruggieri rispose: « Signor mio, io non mi
turbo di non aver dono ricevuto da voi, per ciò che io
nol desiderava per esser più ricco, ma del non aver voi
in alcuna cosa testimonianza renduta alla mia virtù: [29] nondimeno io ho la vostra per buona scusa e per onesta, e
son presto di veder ciò che vi piacerà, quantunque io vi
creda senza testimonio. » [30]

Menollo adunque il re in una sua gran sala, dove, sì

24 *come che*: benché.
25 *gli... comandamento*: gli comunicò l'ordine.
26 subito.
27 *con... viso*: con franchezza.
28 *che... m'ha*: che non mi ha offerto l'occasione di farvi doni.
29 valore.
30 testimonianza, prova.

come egli davanti [31] aveva ordinato, erano due gran forzieri serrati, e in presenzia di molti gli disse: « Messer Ruggieri, nell'uno di questi forzieri è la mia corona, la verga reale e 'l pomo, e molte mie belle cinture, fermagli, anella e ogn'altra cara gioia che io ho: l'altro è pieno di terra. Prendete adunque l'uno, e quello che preso avrete sì sia vostro, e potrete vedere chi è stato verso il vostro valore ingrato, o io o la vostra fortuna. »

Messer Ruggieri, poscia che vide così piacere al re, prese l'uno, il quale il re comandò che fosse aperto, e trovossi esser quello che era pien di terra; laonde il re ridendo disse: « Ben potete vedere, messer Ruggieri, che quello è vero che io vi dico della fortuna; ma certo il vostro valor merita che io m'opponga alle sue forze. Io so che voi non avete animo [32] di divenire spagnuolo, e per ciò non vi voglio qua donare né castel né città, ma quel forziere che la fortuna vi tolse, quello in dispetto di lei voglio che sia vostro, acciò che nelle vostre contrade nel possiate portare e della vostra virtù con la testimonianza de' miei doni meritamente gloriarvi possiate co' vostri vicini. »

Messer Ruggieri presolo, e quelle grazie rendute al re che a tanto dono si confaceano, con esso lieto se ne ritornò in Toscana.

31 precedentemente.
32 intenzione.

Novella seconda

GHINO DI TACCO [1] PIGLIA L'ABATE DI CLIGNÌ [2] E MEDICALO
DEL MALE DELLO STOMACO E POI IL LASCIA; IL QUALE,
TORNATO IN CORTE DI ROMA, LUI RICONCILIA CON BONIFAZIO
PAPA, E FALLO FRIERE DELLO SPEDALE. [3]

Lodata era già stata da tutti la magnificenzia del re Anfonso nel [4] fiorentin cavaliere usata, quando il re, al quale
molto era piaciuta, ad Elissa impose che seguitasse; la quale prestamente incominciò:

Dilicate donne, l'essere stato un re magnifico e l'avere
la sua magnificenzia usata verso colui che servito l'avea,
non si può dire che laudevole e gran cosa non sia: ma che
direm noi se si racconterà un cherico aver mirabil magnificenzia usata verso persona che, se inimicato l'avesse, [5] non
ne sarebbe stato biasimato da persona? Certo non altro se
non che quella del re fosse virtù e quella del cherico miracolo, con ciò sia cosa che essi tutti avarissimi troppo più
che le femine sieno, e d'ogni liberalità nimici a spada
tratta: e quantunque ogn'uomo naturalmente appetisca
vendetta delle ricevute offese, i cherici, come si vede, quantunque la pazienzia predichino e sommamente la remission
delle offese commendino, più focosamente che gli altri
uomini a quella discorrono. [6] La qual cosa, cioè come un
cherico magnifico fosse, nella mia seguente novella potrete
conoscere aperto. [7]

1 Nobiluomo senese, esiliato, pare, per contrasti politici, si diede
al brigantaggio, acquistando nel Duecento fama per l'audacia delle
sue imprese.
2 Cluny, in Borgogna, celebre per la sua importantissima abbazia.
3 *friere dello Spedale*: frate dell'ordine degli Spedalieri. Sug-
gestivo è, per l'inquadramento della novella, interpretata dal ma-
snadiere ricordato da Dante per la sua crudeltà (*Purg.*, VI, 14), il
resoconto storico della disavventura toccata a un abate di Cluny del
XII secolo in Lunigiana.
4 verso il.
5 *se... l'avesse*: anche se l'avesse trattato da nemico.
6 si lasciano andare.
7 chiaramente.

Ghino di Tacco, per la sua fierezza e per le sue ruberie uomo assai famoso, essendo di Siena cacciato e nimico de' conti di Santafiore, ribellò[8] Radicofani alla Chiesa di Roma, e in quel dimorando, chiunque per le circustanti parti passava rubar faceva a'[9] suoi masnadieri. Ora, essendo Bonifazio papa ottavo in Roma, venne a corte l'abate di Clignì, il quale si crede essere un de' più ricchi prelati del mondo; e quivi guastatoglisi lo stomaco, fu da' medici consigliato che egli andasse a' bagni di Siena, e guerirebbe senza fallo; per la qual cosa, concedutogliele[10] il Papa, senza curar della fama di Ghino, con grandissima pompa d'arnesi e di some e di cavalli e di famiglia entrò in cammino. Ghino di Tacco, sentendo la sua venuta, tese le reti, e, senza perderne un sol ragazzetto,[11] l'abate con tutta la sua famiglia e le sue cose in uno stretto luogo racchiuse; e questo fatto, un de' suoi, il più saccente,[12] bene accompagnato mandò allo abate, il qual da parte di lui assai amorevolmente[13] gli disse che gli dovesse piacere d'andare a smontare con esso Ghino al castello. Il che l'abate udendo, tutto furioso rispose che egli non ne voleva far niente, sì come quegli che con Ghino niente aveva a fare; ma che egli andrebbe avanti, e vorrebbe veder chi l'andar gli vietasse.

Al quale l'ambasciadore umilmente parlando disse: « Messere, voi siete in parte venuto dove, dalla forza di Dio in fuori, di niente ci si teme per noi,[14] e dove le scomunicazioni e gl'interdetti sono scomunicati[15] tutti; e per ciò piacciavi per lo migliore[16] di compiacere a Ghino di questo. »

Era già, mentre queste parole erano,[17] tutto il luogo di

8 sollevò, fece ribellare.

9 *rubar... a'*: faceva rapinare dai.

10 avendoglielo permesso, accordato.

11 *perderne un sol ragazzetto*: lasciarsi scappare neppure il più semplice servo.

12 esperto, scaltro.

13 con fare cortese.

14 *dalla... noi*: oltre il potere divino, nulla si teme qui da parte nostra.

15 vietati. Ironico gioco di parole (cfr. *scomunicazioni*).

16 *per lo migliore*: per il vostro meglio.

17 erano dette, scambiate.

masnadieri circundato: per che l'abate, co' suoi preso veggendosi, disdegnoso forte, con l'ambasciadore prese la via verso il castello, e tutta la sua brigata e li suoi arnesi con lui; e smontato, come Ghino volle, tutto solo fu messo in una cameretta d'un palagio assai oscura e disagiata, e ogn'altro uomo secondo la sua qualità per lo castello fu assai bene adagiato,[18] e i cavalli e tutto l'arnese [19] messo in salvo, senza alcuna cosa toccarne.

E questo fatto, se n'andò Ghino all'abate e dissegli: «Messere, Ghino, di cui voi siete oste,[20] vi manda pregando [21] che vi piaccia di significarli [22] dove voi andavate, e per qual cagione.»

L'abate, che, come savio, aveva l'altierezza giù posta,[23] gli significò dove andasse e perché. Ghino, udito questo, si partì, e pensossi di volerlo guerire senza bagno: e faccendo nella cameretta sempre ardere un gran fuoco e ben guardarla, non tornò a lui infino alla seguente mattina: e allora in una tovagliuola bianchissima gli portò due fette di pane arrostito e un gran bicchiere di vernaccia da Corniglia,[24] di quella dello abate medesimo; e sì disse all'abate: «Messer, quando Ghino era più giovane, egli studiò in medicina, e dice che apparò niuna medicina al mal dello stomaco esser miglior che quella che egli vi farà, della quale queste cose che io vi reco sono il cominciamento; e per ciò prendetele e confortatevi.»

L'abate, che maggior fame aveva che voglia di motteggiare, ancora che con isdegno il facesse, sì mangiò il pane e bevve la vernaccia, e poi molte cose altiere disse e di molte domandò e molte ne consigliò, e in ispezieltà [25] chiese di poter veder Ghino. Ghino, udendo quelle, parte ne lasciò andar sì come vane, e ad alcuna assai cortesemente rispose, affermando che, come Ghino più tosto potesse,

18 messo a suo agio, sistemato.
19 equipaggiamento.
20 ospite.
21 a chiedere gentilmente.
22 fargli sapere (cfr. poi *significò*).
23 *come... posta*: saggio qual era, aveva deposta l'alterigia.
24 *vernaccia da Corniglia*: vino secco delle Cinque Terre, molto pregiato.
25 *in ispezieltà*: specialmente, in particolare.

il visiterebbe; e questo detto, da lui si partì, né prima vi tornò che il seguente dì con altrettanto pane arrostito e con altrettanta vernaccia; e così il tenne più giorni, tanto che egli s'accorse l'abate aver mangiate fave secche le quali egli studiosamente [26] e di nascosto portate v'aveva e lasciate.

Per la qual cosa egli il domandò da parte di Ghino come star gli pareva dello stomaco; al quale l'abate rispose: « A me parrebbe star bene, se io fossi fuori delle sue mani; e appresso questo, niun altro talento [27] ho maggiore che di mangiare, sì ben m'hanno le sue medicine guerito. »

Ghino adunque avendogli de' suoi arnesi medesimi e alla sua famiglia fatta acconciare una bella camera, e fatto apparecchiare un gran convito, al quale con molti uomini del castello fu tutta la famiglia dello abate, a lui se n'andò la mattina seguente e dissegli: « Messere, poi che voi ben vi sentite, tempo è d'uscire d'infermeria »; e per la man presolo, nella camera apparecchiatagli nel menò, e in quella co' suoi medesimi lasciatolo, a far che il convito fosse magnifico attese. L'abate co' suoi alquanto si ricreò, e qual fosse la sua vita stata narrò loro, dove essi in contrario tutti dissero sé essere stati maravigliosamente onorati da Ghino; ma l'ora del mangiar venuta, l'abate e tutti gli altri ordinatamente e di buone vivande e di buoni vini serviti furono, senza lasciarsi Ghino ancora all'abate conoscere. [28] Ma poi che l'abate alquanti dì in questa maniera fu dimorato, avendo Ghino in una sala tutti li suoi arnesi fatti venire, e in una corte che di sotto a quella era tutti i suoi cavalli infino al più misero ronzino, allo abate se n'andò e domandollo come star gli pareva e se forte si credeva essere da cavalcare; a cui l'abate rispose che forte era egli assai e dello stomaco ben guerito, e che starebbe bene qualora fosse fuori delle mani di Ghino.

Menò allora Ghino l'abate nella sala dove erano i suoi arnesi e la sua famiglia tutta, e fattolo ad una finestra accostare donde egli poteva tutti i suoi cavalli vedere, disse: « Messer l'abate, voi dovete sapere che l'esser gentile

26 a bella posta.
27 voglia.
28 *all'abate conoscere*: riconoscere dall'abate.

uomo e cacciato di casa sua e povero, e avere molti e possenti nimici, hanno, per potere la sua vita e la sua nobiltà difendere, e non malvagità d'animo, condotto Ghino di Tacco, il quale io sono, ad essere rubatore delle strade e nimico della corte di Roma. Ma per ciò che voi mi parete valente signore, avendovi io dello stomaco guerito come io ho, non intendo di trattarvi come un altro farei, a cui, quando nelle mie mani fosse come voi siete, quella parte delle sue cose mi farei che mi paresse:[29] ma io intendo che voi a me, il mio bisogno considerato, quella parte delle vostre cose facciate che voi medesimo volete. Elle sono interamente qui dinanzi da voi tutte, e i vostri cavalli potete voi da cotesta finestra nella corte vedere; e per ciò e la parte e il tutto come vi piace prendete, e da questa ora innanzi sia e l'andare e lo stare nel piacer vostro. »

Maravigliossi l'abate che in un rubator di strada fosser parole sì libere,[30] e piacendogli molto, subitamente la sua ira e lo sdegno caduti, anzi in benivolenzia mutatisi, col cuore amico di Ghino divenuto, il corse ad abbracciar, dicendo : « Io giuro a Dio che, per dover guadagnare l'amistà d'uno uomo fatto come omai io giudico che tu sii, io sofferrei di ricevere troppo maggiore ingiuria che quella che infino a qui paruta m'è che tu m'abbi fatta.[31] Maladetta sia la fortuna, la quale a sì dannevole[32] mestier ti costrigne! » E appresso questo, fatto delle sue molte cose pochissime e opportune prendere e de' cavalli similmente, e l'altre lasciategli tutte, a Roma se ne tornò.

Aveva il Papa saputa la presura[33] dello abate, e, come che molto gravata gli fosse,[34] veggendolo il domandò come i bagni fatto gli avesser pro : al quale l'abate sorridendo rispose : « Santo Padre, io trovai più vicino che i bagni un

29 *a cui... paresse* : nei confronti del quale, se fosse in mio potere come voi ora, prenderei delle sue cose tutta la quantità che mi piacesse.

30 nobili, liberali.

31 *sofferrei... fatta* : sopporterei di subire un'offesa molto più grave di quella che fino ad ora mi è sembrato aver ricevuto da te.

32 riprovevole.

33 cattura.

34 *come... fosse* : sebbene gli fosse molto rincresciuta.

valente medico, il quale ottimamente guerito m'ha »; e contogli il modo, di che il Papa rise: al quale l'abate, seguitando il suo parlare, da magnifico[35] animo mosso, domandò una grazia.

Il Papa, credendo lui dover domandare altro, liberamente[36] offerse di far ciò che domandasse; allora l'abate disse: « Santo Padre, quello che io intendo di domandarvi è che voi rendiate la grazia vostra a Ghino di Tacco mio medico, per ciò che tra gli altri uomini valorosi e da molto che io accontai[37] mai, egli è per certo un de' più,[38] e quel male il quale egli fa, io il reputo molto maggior peccato della fortuna che suo: la qual se voi con alcuna cosa dandogli, donde egli possa secondo lo stato suo vivere, mutate, io non dubito punto che in poco di tempo non ne paia a voi quello che a me ne pare. »

Il Papa, udendo questo, sì come colui che di grande animo fu e vago de'[39] valenti uomini, disse di farlo volentieri, se da tanto fosse come diceva, e che egli il facesse sicuramente venire. Venne adunque Ghino, fidato,[40] come allo abate piacque, a corte; né guari appresso del Papa fu, che egli il reputò valoroso, e riconciliatoselo gli donò una gran prioria di quelle dello Spedale, di quello avendol fatto far cavaliere; la quale egli, amico e servidore di santa Chiesa e dello abate di Clignì, tenne mentre visse.

35 generoso.
36 spontaneamente.
37 incontrai.
38 un de' più: sottinteso valorosi e da molto.
39 vago de': sensibile ai.
40 dopo essere stato assicurato.

Novella terza

MITRIDANES, INVIDIOSO DELLA CORTESIA DI NATAN, ANDANDO
PER UCCIDERLO, SENZA CONOSCERLO CAPITA A LUI, E DA
LUI STESSO INFORMATO DEL MODO, IL TRUOVA IN UN
BOSCHETTO COME ORDINATO AVEA; IL QUALE RICONOSCENDOLO
SI VERGOGNA, E SUO AMICO DIVIENE.[1]

Simil cosa a miracolo per certo pareva a tutti avere udito, cioè che un cherico alcuna cosa magnificamente avesse
operata; ma riposandosene già il ragionare delle donne,
comandò il re a Filostrato che procedesse; il quale prestamente incominciò:

Nobili donne, grande fu la magnificenzia del re di Spagna, e forse cosa più non udita giammai quella dell'abate
di Clignì; ma forse non meno maravigliosa cosa vi parrà
l'udire che uno, per liberalità usare ad un altro che il
suo sangue, anzi il suo spirito,[2] disiderava, cautamente[3] a
dargliele si disponesse; e fatto l'avrebbe se colui prender
l'avesse voluto, sì come io in una mia novelletta intendo
di dimostrarvi.

Certissima cosa è, se fede si può dare alle parole d'alcuni genovesi e d'altri uomini che in quelle contrade stati
sono, che nelle parti del Cattaio[4] fu già uno uomo di le-
gnaggio nobile e ricco senza comparazione, per nome chiamato Natan; il quale, avendo un suo ricetto[5] vicino ad una
strada per la qual quasi di necessità passava ciascuno che
di Ponente verso Levante andar voleva o di Levante venire in Ponente, e avendo l'animo grande e liberale e disideroso che fosse per opera[6] conosciuto, quivi avendo molti maestri,[7] fece in piccolo spazio di tempo fare un de' più

1 Come afferma l'autore (cfr. terzo paragrafo), è probabile che
di questo racconto, diffuso nella letteratura orientale, sia giunto
l'eco in Europa attraverso una trasmissione orale: l'episodio della
feminella si trova già nella agiografia medievale (*Legenda aurea*,
XXVII).

2 vita.
3 con accortezza.
4 Catai (Cina settentrionale).
5 casa.
6 *per opera*: attraverso le sue azioni.
7 architetti.

belli e de' maggiori é de' più ricchi palagi che mai fosse stato veduto, e quello di tutte quelle cose che opportune erano a dovere gentili uomini ricevere e onorare fece ottimamente fornire. E avendo grande e bella famiglia,[8] con piacevolezza e con festa chiunque andava e venivà faceva ricevere e onorare; e in tanto perseverò in questo laudevol costume, che già non solamente il Levante ma quasi tutto il Ponente per fama il conoscea. Ed essendo egli già d'anni pieno, né però del corteseggiar[9] divenuto stanco, avvenne che la sua fama agli orecchi pervenne d'un giovane chiamato Mitridanes, di paese non guari[10] al suo lontano; il quale, sentendosi non meno ricco che Natan fosse, divenuto della sua fama e della sua virtù invidioso, seco propose con maggior liberalità quella o annullare o offuscare. E fatto fare un palagio simile a quello di Natan, cominciò a fare le più smisurate cortesie che mai facesse alcuno altro, a chi andava o veniva per quindi;[11] e senza dubbio in piccol tempo assai divenne famoso.

Ora avvenne un giorno che dimorando il giovane tutto solo nella corte del suo palagio, una feminella, entrata dentro per una delle porti[12] del palagio, gli domandò limosina ed ebbela; e ritornata per la seconda porta pure[13] a lui, ancora l'ebbe, e così successivamente insino alla duodecima; e la tredecima volta tornata, disse Mitridanes: « Buona femina, tu se' assai sollicita a[14] questo tuo dimandare »; e nondimeno le fece limosina.

La vecchierella, udita questa parola, disse: « O liberalità di Natan, quanto se' tu maravigliosa! ché per trentadue porti che ha il suo palagio, sì come questo, entrata e domandatagli limosina, mai da lui, che egli mostrasse, riconosciuta non fui, e sempre l'ebbi: e qui non venuta ancora se non per tredici, e riconosciuta proverbiata[15] sono stata »; e così dicendo, senza più ritornarvi, si dipartì.

8 servitù.
9 spendere in cortesie.
10 molto.
11 *per quindi*: per di là.
12 porte.
13 sempre.
14 *sollicita a*: insistente in.
15 redarguita.

Mitridanes, udite le parole della vecchia, come colui che ciò che della fama di Natan udiva diminuimento [16] della sua estimava, in rabbiosa ira acceso, cominciò a dire: « Ahi lasso a me! quando aggiugnerò io alla liberalità delle gran cose di Natan,[17] non che io il trapassi, come io cerco, quando nelle piccolissime io non gli mi posso avvicinare? Veramente io mi fatico invano, se io di terra nol tolgo: la qual cosa, poscia che la vecchiezza nol porta via, convien senza alcuno indugio che io faccia con le mie mani. »

E con questo impeto levatosi, senza comunicare il suo consiglio [18] ad alcuno, con poca compagnia montato a cavallo, dopo il terzo dì dove Natan dimorava pervenne; e a' compagni imposto che sembianti facessero di non esser con lui né di conoscerlo e che di stanzia si procacciassero infino che da lui altro avessero,[19] quivi adunque in sul fare della sera pervenuto e solo rimaso, non guari lontano al bel palagio trovò Natan tutto solo, il quale senza alcuno abito pomposo andava a suo diporto; cui egli, non conoscendolo, domandò se insegnar gli sapesse dove Natan dimorasse.

Natan lietamente rispose: « Figliuol mio, niuno è in questa contrada che meglio di me cotesto ti sappia mostrare, e per ciò, quando ti piaccia, io vi ti menerò. »

Il giovane disse che questo gli sarebbe a grado [20] assai, ma che, dove esser potesse,[21] egli non voleva da Natan esser veduto né conosciuto: al quale Natan disse: « E cotesto ancora farò, poi che ti piace. »

Ismontato adunque Mitridanes con Natan, che in piacevolissimi ragionamenti assai tosto il mise, infino al suo bel palagio n'andò. Quivi Natan fece ad un de' suoi famigliari prendere il caval del giovane, e accostatoglisi agli orecchi gl'impose che egli prestamente con tutti quegli della casa facesse [22] che niuno al giovane dicesse lui esser Natan; e così

16 diminuzione.

17 aggiugnerò... Natan: giungerò a tale liberalità da compiere gli atti di magnificenza di Natan.

18 proposito.

19 e che... avessero: e che si provvedessero di alloggio finché non ricevessero altri ordini da lui.

20 gli... grado: gli sarebbe gradito.

21 dove esser potesse: qualora fosse possibile.

22 operasse in modo.

fu fatto. Ma poi che nel palagio furono, mise Mitridanes in
una bellissima camera dove alcuno nol vedeva, se non quegli che egli al suo servigio diputati avea; e sommamente faccendolo onorare, esso stesso gli tenea compagnia.

Col quale dimorando Mitridanes, ancora che in reverenzia come padre l'avesse,[23] pur lo domandò chi el fosse: al
quale Natan rispose: « Io sono un picciol[24] servidor di Natan, il quale dalla mia fanciullezza con lui mi sono invec-
chiato, né mai ad altro che tu mi vegghi mi trasse;[25] per chè,
come che ogni altro uomo molto di lui si lodi, io me ne posso poco lodare io. »

Queste parole porsero alcuna speranza a Mitridanes di
potere con più consiglio e con più salvezza dare effetto al
suo perverso intendimento: il qual[26] Natan assai cortesemente domandò chi egli fosse, e qual bisogno per quindi il portasse, offerendo il suo consiglio e il suo aiuto in ciò che per
lui si potesse.[27] Mitridanes soprastette alquanto al rispondere,
e ultimamente diliberando di fidarsi di lui, con una lunga
circuizion di parole[28] la sua fede richiese, e appresso il consiglio e l'aiuto; e chi egli era e per che venuto e da che mosso
interamente gli discoperse.

Natan, udendo il ragionare e il fiero[29] proponimento di
Mitridanes, in sé tutto si cambiò, ma senza troppo stare,[30]
con forte animo e con fermo viso gli rispose: « Mitridanes,
nobile uomo fu il tuo padre, dal quale tu non vuogli degenerare, sì alta impresa avendo fatta come hai, cioè d'essere
liberale a tutti; e molto la invidia che alla virtù di Natan
porti commendo, per ciò che, se di così fatte fossero assai,
il mondo, che è miserissimo, tosto buon diverrebbe. Il tuo
proponimento mostratomi senza dubbio sarà occulto, al quale io più tosto util consiglio che grande aiuto posso donare:
il quale è questo. Tu puoi di quinci vedere, forse un mezzo

23 *l'avesse*: lo tenesse, lo reputasse.
24 di poco conto, umile.
25 *né... trasse*: né mai mi innalzò a un grado maggiore di quello in cui mi vedi.
26 *il qual*: al quale.
27 *per... potesse*: dipendesse da lui
28 *con... parole*: con un lungo giro di parole.
29 feroce.
30 *senza troppo stare*: senza troppo indugiare.

miglio vicin di qui, un boschetto, nel quale Natan quasi ogni mattina va tutto solo, prendendo diporto per ben lungo spazio: quivi leggier [31] cosa ti fia il trovarlo e farne il tuo piacere. Il quale se tu uccidi, acciò che tu possa senza impedimento a casa tua ritornare, non per quella via donde tu qui venisti, ma per quella che tu vedi a sinistra uscir fuor del bosco n'andrai, per ciò che, ancora che [32] un poco più salvatica sia, ella è più vicina a casa tua e per te più sicura. »

Mitridanes, ricevuta la informazione, e Natan da lui essendo partito, cautamente a' suoi compagni, che similmente là entro erano, fece sentire [33] dove aspettare il dovessero il dì seguente. Ma, poi che il nuovo dì fu venuto, Natan, non avendo animo vario al [34] consiglio dato a Mitridanes, né quello in parte alcuna mutato, solo se n'andò al boschetto a dover morire.

Mitridanes, levatosi e preso il suo arco e la sua spada, ché altra arme non avea, e montato a cavallo, n'andò al boschetto, e di lontano vide Natan tutto soletto andar passeggiando per quello; e diliberato, avanti che l'assalisse, di volerlo vedere e d'udirlo parlare, corse verso lui, e presolo per la benda [35] la quale in capo avea, disse: « Vegliardo, tu se' morto! » Al quale niuna altra cosa rispose Natan, se non: « Dunque l'ho io meritato. »

Mitridanes, udita la voce e nel viso guardatolo, subitamente riconobbe lui esser colui che benignamente l'avea ricevuto e familiarmente accompagnato e fedelmente consigliato; per che di presente [36] gli cadde il furore e la sua ira si convertì in vergogna; laonde egli, gittata via la spada, la qual già per ferirlo [37] avea tirata fuori, da caval dismontato, piagnendo corse a' piè di Natan e disse: « Manifestamente conosco, carissimo padre, la vostra liberalità, riguardando con quanta cautela [38] venuto siate per darmi il vostro spirito,[39]

31 facile.
32 *ancora che*: benché.
33 sapere.
34 *vario al*: diverso dal.
35 turbante.
36 *di presente*: subito.
37 ucciderlo.
38 accortezza.
39 vita.

del quale io, niuna ragione avendo, a voi medesimo disideroso mostra'mi : ma Iddio, più al mio dover sollicito che io stesso, a quel punto che maggior bisogno è stato gli occhi m'ha aperti dello 'ntelletto, li quali misera invidia m'avea serrati. E per ciò quanto voi più pronto stato siete a compiacermi, tanto più mi cognosco debito [40] alla penitenzia del mio errore : prendete adunque di me quella vendetta che convenevole estimate al mio peccato. »

Natan fece levar Mitridanes in piede, e teneramente l'abbracciò e basciò, e gli disse : « Figliuol mio, alla tua impresa, chente [41] che tu la vogli chiamare o malvagia o altrimenti, non bisogna di domandar né di dar perdono, per ciò che non per odio la seguivi,[42] ma per potere essere tenuto migliore. Vivi adunque di me sicuro, e abbi di certo che niuno altro uom vive il quale te quant'io ami, avendo riguardo all'altezza dello animo tuo, il quale non ad ammassar denari, come i miseri [43] fanno, ma ad ispender gli ammassati s'è dato. Né ti vergognare d'avermi voluto uccidere per divenir famoso, né credere che io me ne maravigli. I sommi imperadori e i grandissimi re non hanno [44] quasi con altra arte che d'uccidere, non uno uomo come tu volevi fare, ma infiniti, e ardere paesi e abbattere le città, li loro regni ampliati, e per conseguente la fama loro : per che, se tu per più farti famoso me solo uccider volevi, non maravigliosa cosa né nuova [45] facevi, ma molto usata. »

Mitridanes, non iscusando il suo disidero perverso, ma commendando l'onesta scusa da Natan trovata ad esso, ragionando [46] pervenne a dire sé oltre modo maravigliarsi come a ciò si fosse Natan potuto disporre, e a ciò dargli modo e consiglio : al quale Natan disse : « Mitridanes, io non voglio che tu del mio consiglio e della mia disposizione [47] ti maravigli, per ciò che, poi che io nel mio albitrio fui [48] e disposto a

40 obbligato.
41 quale.
42 perseguivi.
43 avari.
44 *non hanno* : va unito a *li loro regni ampliati* che segue.
45 straordinaria.
46 parlando.
47 proposito, decisione.
48 *poi... fui* : da quando fui arbitro di me stesso.

fare quello medesimo che tu hai a fare impreso, niun fu che mai a casa mia capitasse, che io nol contentasse a mio potere di ciò che da lui mi fu domandato. Venistivi tu vago [49] della mia vita, per che, sentendolati domandare, acciò che tu non fossi solo colui che sanza la sua dimanda di qui si partisse, prestamente diliberai di donarlati, e acciò che tu l'avessi, quel consiglio ti diedi che io credetti che buon ti fosse ad aver la mia e non perder la tua; e per ciò ancora ti dico e priego che, s'ella ti piace, che tu la prenda e te medesimo ne sodisfaccia: io non so come io la mi possa meglio spendere. Io l'ho adoperata già ottanta anni, e ne' miei diletti e nelle mie consolazioni usata; e so che, seguendo il corso della natura, come gli altri uomini fanno e generalmente tutte le cose, ella mi può omai piccol tempo esser lasciata: per che io giudico molto meglio esser quella donare, come io ho sempre i miei tesori donati e spesi, che tanto volerla guardare,[50] che ella mi sia contro a mia voglia tolta dalla natura. Piccol dono è donare cento anni: quanto adunque è minor donarne sei o otto che io a starci abbia? Prendila adunque, se ella t'aggrada, io te ne priego; per ciò che, mentre vivuto ci sono, niuno ho ancor trovato che disiderata l'abbia, né so quando trovar me ne possa veruno, se tu non la prendi che la dimandi. E se pure avvenisse che io ne dovessi alcun trovare, conosco che, quanto più la guarderò, di minor pregio sarà; e però, anzi che ella divenga più vile, prendila, io te ne priego. »

Mitridanes, vergognandosi forte, disse: « Tolga Iddio che così cara [51] cosa come la vostra vita è, non che io, da voi dividendola, la prenda, ma pur la disideri, come poco avanti faceva; alla quale non che io diminuissi gli anni suoi, ma io l'aggiugnerei [52] volentier de' miei, se io potessi. »

A cui prestamente Natan disse: « E, se tu puoi, .vuo'nele [53] tu aggiugnere? e farai a me fare verso di te quello che mai verso alcuno altro non feci, cioè delle tue cose pigliare, che mai dell'altrui non pigliai. »

49 desideroso.
50 custodire.
51 preziosa.
52 *l'aggiugnerei* : l'accrescerei.
53 *vuo'nele* : gliene vuoi tu.

« Sì, » disse subitamente Mitridanes.

« Adunque, » disse Natan, « farai tu come io ti dirò. Tu ti rimarrai, giovane come tu se', qui nella mia casa e avrai nome, Natan, e io me n'andrò nella tua e farommi sempre chiamar Mitridanes. »

Allora Mitridanes rispose : « Se io sapessi così bene operare come voi sapete e avete saputo, io prenderei senza troppa diliberazione [54] quello che m'offerete; ma per ciò che egli mi pare esser molto certo che le mie opere sarebbon diminuimento della fama di Natan, e io non intendo di guastare in altrui quello che in me io non so acconciare,[55] nol prenderò. »

Questi e molti altri piacevoli ragionamenti stati tra Natan e Mitridanes, come a Natan piacque, insieme verso il palagio se ne tornarono, dove Natan più giorni sommamente onorò Mitridanes, e lui con ogni ingegno e saper confortò nel suo alto e grande proponimento. E volendosi Mitridanes con la sua compagnia ritornare a casa, avendogli Natan assai ben fatto conoscere che mai di liberalità nol potrebbe avanzare, il licenziò.[56]

54 *senza troppa diliberazione* : senza stare a pensarci sopra.
55 perfezionare.
56 *avanzare, il licenziò* : superare, vincere, lo lasciò andare.

Novella quarta

MESSER GENTIL DE' CARISENDI, VENUTO DA MODONA, TRAE
DELLA SEPOLTURA UNA DONNA AMATA DA LUI, SEPPELLITA
PER MORTA; LA QUALE RICONFORTATA PARTORISCE UN
FIGLIUOL MASCHIO, E MESSER GENTILE LEI E 'L FIGLIUOLO
RESTITUISCE A NICCOLUCCIO CACCIANIMICO,[1] MARITO DI LEI.[2]

Maravigliosa cosa parve a tutti che alcuno del propio
sangue fosse liberale: e veramente affermaron Natan aver
quella [3] del re di Spagna e dello abate di Clignì trapassata.
Ma poi che assai e una cosa e altra detta ne fu, il re, verso
Lauretta riguardando, le dimostrò che egli desiderava che
ella dicesse; per la qual cosa Lauretta prestamente incominciò:

Giovani donne, magnifiche cose e belle sono state le raccontate, né mi pare che alcuna parte restata sia a noi che
abbiamo a dire, per la qual novellando vagar possiamo, sì
son tutte dall'altezza delle magnificenzie raccontate occupate,
se noi ne' fatti d'amore già non mettessimo mano, li quali
ad ogni materia prestano abbondantissima copia di ragionare. E per ciò, sì per questo e sì per quello a che la nostra
età principalmente ci dee inducere, una magnificenzia da
uno innamorato fatta mi piace di raccontarvi, la quale, ogni
cosa considerata, non vi parrà per avventura minore che alcuna delle mostrate, se quello è vero che i tesori si donino,
le inimicizie si dimentichino, e pongasi la propia vita, l'onore
e la fama, ch'è molto più, in mille pericoli per potere la
cosa amata possedere.

Fu adunque in Bologna, nobilissima città di Lombardia,[4]
un cavaliere per virtù e per nobiltà di sangue ragguardevole

1 I Carisendi e i Caccianemico erano due nobili famiglie bolognesi: la prima diede il nome alla celebre torre, la seconda è
ricordata da Dante (*Inf.*, XVIII, 50).

2 La fonte diretta è costituita dalla tredicesima « quistione
d'amore » del *Filocolo*, dove il Boccaccio aveva liberamente rielaborato popolari spunti della novellistica orientale tramite un inter-
mediario latino del Medioevo, l'*Historia Apolloni regis Tyri*.

3 la liberalità.

4 l'Italia del Nord secondo il concetto medievale.

assai, il qual fu chiamato messer Gentil Carisendi, il qual giovane d'una gentil donna chiamata madonna Catalina, moglie d'un Niccoluccio Caccianimico, s'innamorò; e perché male dello amor della donna era,[5] quasi disperatosene, podestà chiamato di Modona, v'andò. In questo tempo, non essendo Niccoluccio a Bologna, e la donna ad una sua possessione forse tre miglia alla terra vicina essendosi, per ciò che gravida era, andata a stare, avvenne che subitamente un fiero accidente la soprapprese,[6] il quale fu tale e di tanta forza, che in lei spense ogni segno di vita, e per ciò eziandio da alcun medico morta giudicata fu; e per ciò che le sue più congiunte parenti dicevan sé avere avuto[7] da lei non essere ancora di tanto tempo gravida, che perfetta potesse essere la creatura, senza altro impaccio darsi, quale ella era, in uno avello d'una chiesa ivi vicina dopo molto pianto la seppellirono.

La qual cosa subitamente da un suo amico fu significata a messer Gentile, il qual di ciò, ancora che della sua grazia fosse poverissimo, si dolfe[8] molto, ultimamente seco dicendo: « Ecco, madonna Catalina, tu se' morta: io, mentre che vivesti, mai un solo sguardo da te aver non potei: per che, ora che difender non ti potrai, convien per certo che, così morta come tu se', io alcun bascio ti tolga. »

E questo detto, essendo già notte, dato ordine come la sua andata occulta fosse,[9] con un suo famigliare montato a cavallo, senza ristare colà pervenne dove seppellita era la donna; e aperta la sepoltura, in quella diligentemente entrò, e postolesi a giacere allato, il suo viso a quello della donna accostò, e più volte con molte lagrime piagnendo il basciò. Ma, sì come noi veggiamo l'appetito degli uomini a niun termine star contento, ma sempre più avanti desiderare, e spezialmente quello degli amanti, avendo costui seco diliberato di più non starvi, disse: « Deh! perché non le tocco io, poi che io son qui, un poco il petto? io non la debbo mai

5 *male... era*: non era corrisposto in amore dalla donna.
6 colse improvvisamente.
7 saputo.
8 dolse.
9 *dato... fosse*: disposte le cose in modo che non si sapesse nulla della sua partenza.

più toccare, né mai più la toccai. » Vinto adunque da questo appetito, le mise la manò in seno, e per alquanto spazio tenutalavi, gli parve sentire alcuna cosa [10] battere il cuore a costei. Il quale, poi che ogni paura ebbe cacciata da sé, con più sentimento cercando,[11] trovò costei per certo non esser morta, quantunque poca e debole estimasse la vita : per che soavemente quanto più poté, dal suo famigliare aiutato, del monimento [12] la trasse, e davanti al caval messalasi, segretamente in casa sua la condusse in Bologna.

Era quivi la madre di lui, valorosa e savia donna, la qual, poscia che dal figliuolo ebbe distesamente ogni cosa udita, da pietà mossa, chetamente con grandissimi fuochi e con alcun bagno in costei rivocò la smarrita vita; la quale come rivenne, così la donna gittò un gran sospiro e disse : « Oimè! ora ove sono io? » A cui la valente donna rispose : « Confortati, tu se' in buon luogo. »

Costei, in sé tornata e dintorno guardandosi, non bene conoscendo dove ella fosse e veggendosi davanti messer Gentile, piena di maraviglia la madre di lui pregò che le dicesse in che guisa ella quivi venuta fosse : alla quale messer Gentile ordinatamente contò ogni cosa. Di che ella dolendosi, dopo alquanto quelle grazie gli rendé che ella poté, e appresso il pregò per quello amore il quale egli l'aveva già portato e per cortesia di lui, che in casa sua ella da lui non ricevesse cosa che fosse meno che onor di lei e del suo marito, e come il dì venuto fosse, alla sua propia casa la lasciasse tornare.

Alla quale messer Gentile rispose : « Madonna, chente che [13] il mio disidero si sia stato ne' tempi passati, io non intendo al presente né mai per innanzi (poi che Iddio m'ha questa grazia conceduta che da morte a vita mi v'ha renduta, essendone cagione l'amore che io v'ho per addietro portato) di trattarvi né qui né altrove, se non come cara sorella. Ma questo mio beneficio, operato in voi questa notte, merita alcun guiderdone; e per ciò io voglio che voi non mi neghiate una grazia la quale io vi domanderò. »

10 *alcuna cosa* : un po'.
11 *con... cercando* : tastando con maggior attenzione.
12 *del monimento* : dalla sepoltura.
13 *chente che* : qualunque.

Al quale la donna benignamente rispose sé essere apparecchiata, solo che ella potesse, e onesta fosse : messer Gentile allora disse : « Madonna, ciascun vostro parente e ogni bolognese credono e hanno per certo voi esser morta, per che niuna persona è la quale più a casa v'aspetti; e per ciò io voglio di grazia da voi, che vi debbia piacere di dimorarvi tacitamente [14] qui con mia madre infino a tanto che io da Modona torni, che sarà tosto. E la cagione per che io questo vi cheggio è per ciò che io intendo di voi, in presenzia de' migliori cittadini di questa terra, fare un caro e uno solenne dono al vostro marito. »

La donna, conoscendosi al cavaliere obbligata e che la domanda era onesta, quantunque molto disiderasse di rallegrare della sua vita i suoi parenti, si dispuose a far quello che messer Gentile domandava; e così sopra la sua fede gli promise. E appena erano le parole della sua risposta finite, che ella sentì il tempo del partorire esser venuto : per che, teneramente dalla madre di messer Gentil aiutata, non molto stante [15] partorì un bel figliuol maschio : la qual cosa in molti doppi [16] moltiplicò la letizia di messer Gentile e di lei. Messer Gentile ordinò che le cose opportune tutte vi fossero e che così fosse servita costei come se sua propia moglie fosse; e a Modona segretamente se ne tornò.

Quivi fornito [17] il tempo del suo uficio e a Bologna dovendosene tornare, ordinò, quella mattina che in Bologna entrar doveva, di molti e gentili uomini di Bologna, tra' quali fu Niccoluccio Caccianimico, un grande e bel convito in casa sua; e tornato e ismontato e con lor trovatosi, avendo similmente la donna ritrovata più bella e più sana che mai e il suo figlioletto star bene, con allegrezza incomparabile i suoi forestieri [18] mise a tavola, e quegli fece di più vivande magnificamente servire. Ed essendo già vicino alla sua fine di mangiare, avendo egli prima alla donna detto quello che di fare intendeva e con lei ordinato il modo che dovesse tenere, così cominciò a parlare : « Signori, io mi ricordo avere

14 di nascosto.
15 *non molto stante* : dopo non molto.
16 *in molti doppi* : sommamente.
17 compiuto.
18 ospiti.

alcuna volta inteso in Persia essere, secondo il mio giudicio, una piacevole usanza, la quale è che, quando alcuno vuole sommamente onorare il suo amico, egli lo 'nvita a casa sua e quivi gli mostra quella cosa, o moglie o amica o figliuola o che che si sia, la quale egli ha più cara, affermando che, se egli potesse, così come questo gli mostra, molto più volentieri gli mosterria il cuor suo; la quale [19] io intendo di volere osservare in Bologna. Voi, la vostra mercé,[20] avete onorato il mio convito, e io intendo onorar voi alla persesca,[21] mostrandovi la più cara cosa che io abbia nel mondo o che io debbia aver mai. Ma prima che io faccia questo, vi priego mi diciate quello che sentite [22] d'un dubbio il quale io vi moverò. Egli è alcuna persona la quale ha in casa un suo buono e fedelissimo servidore, il quale inferma gravemente: questo cotale, senza attendere il fine [23] del servo infermo, il fa portare nel mezzo della strada, né più ha cura di lui: viene uno strano,[24] e mosso a compassione dello 'nfermo e' sel reca a casa, e con gran sollicitudine e con ispesa il torna nella prima sanità. Vorrei io ora sapere se, tenendolsi e usando i suoi servigi, il primo signore si può a buona equità [25] dolere o ramaricare del secondo, se, egli raddomandandolo, rendere nol volesse. »

I gentili uomini, fra sé avuti vari ragionamenti e tutti in una sentenzia concorrendo,[26] a Niccoluccio Caccianimico, per ciò che bello e ornato favellatore era, commisero la risposta. Costui, commendata primieramente l'usanza di Persia, disse sé con gli altri insieme essere in questa oppinione, che il primo signore niuna ragione [27] avesse più nel suo servidore, poi che in sì fatto caso non solamente abbandonato, ma gittato l'avea, e che per li benefici del secondo usati giustamente parea di lui il servidore divenuto; per che, tenendolo,

19 *la quale* : la quale usanza.
20 *la vostra mercé* : per grazia vostra
21 *alla persesca* : alla moda persiana, secondo l'uso di Persia.
22 pensate.
23 *il fine* : la morte.
24 estraneo, straniero.
25 *a... equità* : a buon diritto, con ragione.
26 *in... concorrendo* : d'accordo su uno stesso parere.
27 *niuna ragione* : nessun diritto.

niuna noia, niuna forza, niuna ingiuria faceva al primiero. Gli altri tutti che alle tavole erano, ché v'avea di valenti uomini, tutti insieme dissono sé tener quello[28] che da Niccoluccio era stato risposto.

Il cavaliere, contento di tal risposta e che Niccoluccio l'avesse fatta, affermò sé essere in quella oppinione altressì, e appresso disse: « Tempo è omai che io secondo la promessa v'onori »; e chiamati due de' suoi famigliari, gli mandò alla donna, la quale egli egregiamente avea fatta vestire e ornare, e mandolla pregando[29] che le dovesse piacere di venire a far lieti i gentili uomini della sua presenzia.

La qual, preso in braccio il figliolin suo bellissimo, da' due famigliari accompagnata, nella sala venne, e come al cavalier piacque, appresso ad un valente uomo si pose a sedere; ed egli disse: « Signori, questa è quella cosa che io ho più cara e intendo d'avere che alcun'altra: guardate se egli vi pare che io abbia ragione. »

I gentili uomini, onoratala e commendatala molto e al cavaliere affermato che cara la doveva avere, la cominciarono a riguardare: e assai ve n'eran che lei avrebbon detto colei chi ella era, se lei per morta non avessero avuta. Ma sopra tutti la riguardava Niccoluccio, il quale, essendosi alquanto partito[30] il cavaliere, sì come colui che ardeva di sapere chi ella fosse, non potendosene tenere, la domandò se bolognese fosse o forestiera. La donna, sentendosi al[31] suo marito domandare, con fatica di risponder si tenne:[32] ma pur, per servare l'ordine postole, tacque. Alcun altro la domandò se suo era quel figlioletto, e alcuno se moglie fosse di messer Gentile o in altra maniera sua parente; a' quali niuna risposta fece.

Ma sopravvegnendo messer Gentile, disse alcun de' suoi forestieri: « Messere, bella cosa è questa vostra, ma ella ne par mutola; è ella così? »

« Signori, » disse messer Gentile, « il non avere ella al

28 *dissono... quello*: dissero di pensare lo stesso.
29 a pregare. È frequente la costruzione con il gerundio dopo « mandare ».
30 allontanato.
31 dal.
32 trattenne.

presente parlato è non piccolo argomento [33] della sua virtù. »

« Diteci adunque voi, » seguitò colui, « chi ella è. »

Disse il cavaliere : « Questo farò io volentieri, sol che voi mi promettiate, per cosa che io dica, niuno doversi muovere del luogo suo fino a tanto che io non ho la mia novella finita. »

Al quale avendol promesso ciascuno ed essendo già levate le tavole, messer Gentile, allato della donna sedendo, disse : « Signori, questa donna è quel leale e fedel servo, del quale io poco avanti vi fe' la dimanda; la quale, da' suoi poco avuta cara e così come vile e più non utile nel mezzo della strada gittata, da me fu ricolta e con la mia sollicitudine e opera delle mani la trassi alla morte : e Iddio, alla mia buona affezion riguardando, di corpo spaventevole [34] così bella divenir me l'ha fatta. Ma acciò che voi più apertamente intendiate come questo avvenuto mi sia, brievemente vel farò chiaro. » E cominciatosi dal suo innamorarsi di lei, ciò che avvenuto era infino allora distintamente narrò con gran maraviglia degli ascoltanti, e poi soggiunse : « Per le quali cose, se mutata non avete sentenzia da poco in qua, e Niccoluccio spezialmente, questa donna meritamente è mia, né alcuno con giusto titolo me la può raddomandare. »

A questo niun rispose, anzi tutti attendevan quello che egli più avanti dovesse dire. Niccoluccio e degli altri che v'erano e la donna, di compassion lagrimavano; ma messer Gentile, levatosi in piè e preso nelle sue braccia il picciol fanciullino e la donna per la mano, e andato verso Niccoluccio, disse : « Leva su, compare; io non ti rendo tua mogliere, la quale i tuoi parenti e suoi gittarono via, ma io ti voglio donare questa donna mia comare con questo suo figlioletto, il quale io son certo che fu da te generato e il quale io a battesimo tenni e nomina'lo Gentile. E priegoti che, perch'ella sia nella mia casa vicin di tre mesi [35] stata, che ella non ti sia men cara; ché io ti giuro per quello Iddio che forse già di lei innamorar mi fece acciò che il mio amore fosse, sì come stato è, cagion della sua salute, che ella mai o col padre e con la madre o con teco più onestamente non

33 prova.
34 *di corpo spaventevole* : da orribile corpo esanime.
35 *vicin... mesi* : per quasi tre mesi.

visse, che ella appresso di mia madre ha fatto nella mia casa. » E questo detto, si rivolse alla donna e disse : « Madonna, omai da ogni promessa fattami io v'assolvo, e libera vi lascio di Niccoluccio » ; e rimessa la donna e 'l fanciul nelle braccia di Niccoluccio, si tornò a sedere.

Niccoluccio disiderosamente [36] ricevette la sua donna e 'l figliuolo, tanto più lieto quanto più n'era di speranza lontano, e, come meglio poté e seppe, ringraziò il cavaliere; e gli altri che tutti di compassion lagrimavano, di questo il commendaron molto, e commendato fu da chiunque l'udì. La donna con maravigliosa festa fu in casa sua ricevuta, e quasi risuscitata con ammirazione fu più tempo guatata da' bolognesi; e messer Gentile sempre amico visse di Niccoluccio e de' suoi parenti e di quei della donna.

Che adunque qui, benigne donne, direte? Estimerete l'aver donato un re lo scettro e la corona, e uno abate senza suo costo [37] aver riconciliato un malfattore al Papa, o un vecchio porgere la sua gola al coltello del nimico, essere stato da agguagliare al fatto di messer Gentile? Il quale giovane e ardente, e giusto titolo parendogli avere in ciò che la traccutaggine [38] altrui aveva gittato via ed egli per la sua buona fortuna aveva ricolto, non solo temperò onestamente il suo fuoco, ma liberalmente quello che egli soleva con tutto il pensier disiderare e cercar di rubare, avendolo, restituì. Per certo niuna delle già dette a questa mi par simigliante.

36 con gran piacere.
37 *senza suo costo* : senza pagare nulla di suo.
38 negligenza.

Novella quinta

MADONNA DIANORA DOMANDA A MESSER ANSALDO UN
GIARDINO DI GENNAIO BELLO COME DI MAGGIO: MESSER
ANSALDO CON L'OBLIGARSI AD UNO NIGROMANTE GLIELE DÀ;
IL MARITO LE CONCEDE CHE ELLA FACCIA IL PIACERE DI
MESSER ANSALDO, IL QUALE, UDITA LA LIBERALITÀ DEL
MARITO, L'ASSOLVE DELLA PROMESSA, E IL NIGROMANTE,
SENZA VOLERE ALCUNA COSA DEL SUO, ASSOLVE
MESSER ANSALDO.[1]

Per [2] ciascuno della lieta brigata era già stato messer Gentile con somme lode tolto [3] infino al cielo, quando il re impose ad Emilia che seguisse; la qual baldanzosamente, quasi di dire disiderosa, così cominciò:

Morbide [4] donne, niun con ragione dirà messer Gentile non aver magnificamente operato, ma il voler dire che più non si possa, il più potersi non fia forse malagevole a mostrarsi: [5] il che io avviso [6] in una mia novelletta di raccontarvi.

In Frioli,[7] paese, quantunque freddo, lieto di belle montagne, di più fiumi e di chiare fontane, è una terra [8] chiamata Udine, nella quale fu già una bella e nobile donna chiamata madonna Dianora, e moglie d'un gran ricco uomo nominato Gilberto, assai piacevole e di buona aria.[9] E meritò questa donna per lo suo valore d'essere amata sommamente da un nobile e gran barone, il quale aveva nome messer Ansaldo Gradense, uomo d'alto affare, e per arme e per cortesia conosciuto per tutto. Il quale, ferventemente

1 Anche di questa novella l'immediato, indubitabile precedente è costituito da una questione (la ɪᴠ) del *Filocolo* dove il motivo di remota ascendenza orientale era stato contaminato con spunti delle *Metamorfosi* di Ovidio.
2 da.
3 innalzato.
4 delicate.
5 *ma... mostrarsi*: ma se uno dicesse che non si può operare più magnificamente, non sarebbe malagevole dimostrare che si può.
6 intendo.
7 Friuli.
8 città.
9 *di buona aria*: di buona indole.

amandola e ogni cosa faccendo che per lui si poteva [10] per essere amato da lei, e a ciò spesso per sue ambasciate sollicitandola, invano si faticava. Ed essendo alla donna gravi le sollicitazioni del cavaliere, e veggendo che, per negare [11] ella ogni cosa da lui domandatole, esso per ciò d'amarla né di sollicitarla si rimaneva,[12] con una nuova e al suo giudicio impossibil domanda si pensò di volerlosi torre da dosso.

E ad una femina che a lei da parte di lui spesse volte veniva, disse un dì così: « Buona femina, tu m'hai molte volte affermato che messer Ansaldo sopra tutte le cose m'ama e maravigliosi doni m'hai da sua parte proferti; li quali voglio che si rimangano a lui, per ciò che per quegli mai ad amar lui né a compiacergli mi recherei. E se io potessi esser certa che egli cotanto m'amasse quanto tu di', senza fallo io mi recherei ad amar lui e a far quello che egli volesse; e per ciò, dove di ciò mi volesse far fede [13] con quello che io domanderò, io sarei a' suoi comandamenti presta. » [14]

Disse la buona femina: « Che è quello, madonna, che voi disiderate che el faccia? »

Rispose la donna: « Quello che io disidero è questo: io voglio del [15] mese di gennaio che viene, appresso di questa terra [16] un giardino pieno di verdi erbe, di fiori e di fronzuti albori, non altrimenti fatto che se di maggio fosse; il quale dove [17] egli non faccia, né te né altri mi mandi mai più, per ciò che, se più mi stimolasse,[18] come io infino a qui del tutto al mio marito e a' miei parenti tenuto ho nascoso, così, dolendomene loro, di levarlomi da dosso m'ingegnerei. »

Il cavaliere, udita la domanda e la proferta della sua donna, quantunque grave cosa e quasi impossibile a dover

10 *che... poteva*: che fosse in suo potere.
11 *per negare*: per quanto rifiutasse.
12 *si rimaneva*: cessava.
13 *dove... fede*: qualora mi volesse fornire una prova certa.
14 pronta.
15 nel.
16 *appresso... terra*: nei pressi di questa città.
17 nel caso che.
18 *mi stimolasse*: mi sollecitasse.

fare gli paresse e conoscesse per niun'altra cosa ciò essere dalla donna addomandato, se non per torlo dalla sua speranza, pur seco propose di voler tentare quantunque fare se ne potesse; [19] e in più parti per lo mondo mandò cercando se in ciò alcun si ·trovasse che aiuto o consiglio gli desse; e vennegli uno alle mani il quale, dove ben salariato fosse, per arte nigromantica profereva di farlo.[20] Col quale messer Ansaldo per grandissima quantità di moneta convenutosi, lieto aspettò il tempo postogli; il qual venuto, essendo i freddi grandissimi e ogni cosa piena di neve e di ghiaccio, il valente uomo in un bellissimo prato vicino alla città con sue arti fece sì, la notte alla quale il calendi gennaio seguitava,[21] che la mattina apparve, secondo che color che 'l vedevan testimoniavano, un de' più be' giardini che mai per alcun fosse stato veduto, con erbe e con alberi e con frutti d'ogni maniera. Il quale come messere Ansaldo lietissimo ebbe veduto, fatto cogliere de' più be' frutti e de' più be' fior che v'erano, quegli occultamente fé presentare [22] alla sua donna, e lei invitare a vedere il giardino da lei addomandato, acciò che per quel potesse lui amarla conoscere,[23] e ricordarsi della promission fattagli e con saramento fermata,[24] e come leal donna poi procurar d'attenergliele.[25]

La donna, veduti i fiori e' frutti, e già da molti del maraviglioso giardino avendo udito dire, s'incominciò a pentere della sua promessa; ma con tutto il pentimento, sì come vaga [26] di veder cose nuove, con molte altre donne della città andò il giardino a vedere, e non senza maraviglia commendatolo [27] assai, più che altra femina dolente a casa se ne tornò, a quel pensando a che per quello era

19 *quantunque... potesse*: tutto ciò che si potesse fare.
20 *dove... farlo*: offriva di farlo con arti negromantiche, e fosse ben pagato.
21 *la notte... seguitava*: la notte di capodanno.
22 *fe' presentare*: inviò in dono.
23 *acciò... conoscere*: affinché per mezzo di quel giardino potesse comprendere quanto amore nutriva per lei.
24 *con saramento fermata*: suggellata dal giuramento.
25 *d'attenergliele*: di tenerle fede.
26 desiderosa.
27 lodatolo.

obbligata. E fu il dolore tale, che non potendol ben dentro nascondere, convenne che, di fuori apparendo, il marito di lei se n'accorgesse; e volle del tutto da lei di quello saper la cagione. La donna per vergogna il tacque molto: [28] ultimamente, costretta, ordinatamente gli aperse [29] ogni cosa.

Gilberto primieramente, ciò udendo, si turbò forte: poi, considerata la pura intenzion della donna, con miglior consiglio, cacciata via l'ira, disse: « Dianora, egli non è atto di savia né d'onesta donna d'ascoltare alcuna ambasciata delle così fatte, né di pattovire [30] sotto alcuna condizione con alcuno la sua castità. Le parole per gli orecchi dal cuore ricevute hanno maggior forza che molti non stimano, e quasi ogni cosa diviene agli amanti possibile. Male adunque facesti prima ad ascoltare e poscia a pattovire; ma per ciò che io conosco la purità dello animo tuo, per solverti [31] dal legame della promessa, quello ti concederò che forse alcuno altro non farebbe, inducendomi ancora [32] la paura del nigromante, al qual forse messer Ansaldo, se tu il beffassi, far ci farebbe dolenti. Voglio io che tu a lui vada, e, se per modo alcun puoi, t'ingegni di far che, servata [33] la tua onestà, tu sii da questa promessa disciolta: dove altramenti non si potesse, per questa volta il corpo, ma non l'animo, gli concedi. »

La donna, udendo il marito, piagneva e negava sé cotal grazia voler da lui. A Gilberto, quantunque la donna il negasse molto, piacque che così fosse: per che, venuta la seguente mattina, in su l'aurora, senza troppo ornarsi, con due suoi famigliari innanzi e con una cameriera appresso, n'andò la donna a casa messere [34] Ansaldo.

Il quale, udendo la sua donna a lui esser venuta, si maravigliò forte, e levatosi e fatto il nigromante chiamare, gli disse: « Io voglio che tu vegghi quanto di bene la tua arte m'ha fatto acquistare »; e incontro andatile, senza al-

28 per lungo tempo.
29 *gli aperse*: gli rivelò.
30 pattuire.
31 scioglierti.
32 anche.
33 conservata.
34 *a casa messer*: a casa di messere.

cun disordinato appetito seguire,[35] con reverenza onestamente la ricevette, e in una bella camera ad un gran fuoco se n'entrar tutti; e fatto lei porre a seder, disse: « Madonna, io vi priego, se il lungo amore il quale io v'ho portato merita alcun guiderdone,[36] che non vi sia noia d'aprirmi[37] la vera cagione che qui a così fatta ora v'ha fatta venire e con cotal compagnia. »

La donna, vergognosa e quasi con le lagrime sopra gli occhi, rispose: « Messere, né amor che io vi porti né promessa fede mi menan qui, ma il comandamento del mio marito, il quale, avuto più rispetto alle fatiche del[38] vostro disordinato amore che al suo e mio onore, mi ci ha fatta venire; e per comandamento di lui disposta sono per questa volta ad ogni vostro piacere. »

Messer Ansaldo, se prima si maravigliava, udendo la donna molto più s'incominciò a maravigliare: e dalla liberalità di Gilberto commosso, il suo fervore in compassione cominciò a cambiare, e disse: « Madonna, unque a Dio non piaccia,[39] poscia che così è come voi dite, che io sia guastatore dello onore di chi ha compassione al mio amore; e per ciò l'esser qui sarà, quanto vi piacerà, non altramenti che se mia sorella foste, e, quando a grado vi sarà,[40] liberamente vi potrete partire, sì veramente che[41] voi al vostro marito di tanta cortesia, quanta la sua è stata, quelle grazie renderete che convenevoli crederete, me sempre per lo tempo avvenire avendo per fratello e per servidore. »

La donna, queste parole udendo, più lieta che mai, disse: « Niuna cosa mi poté mai far credere, avendo riguardo a' vostri costumi, che altro mi dovesse seguir della mia venuta che quello che io veggio che voi ne fate; di che[42] io vi sarò sempre obbligata »; e preso commiato, onorevolmente accompagnata si tornò a Gilberto, e raccontogli

35 *senza... seguire*: senza lasciarsi andare ad istinti smodati.
36 ricompensa.
37 rivelarmi.
38 *alle fatiche del*: alle imprese sostenute dal.
39 *unque... piaccia*: non sia mai.
40 *a grado vi sarà*: vi aggraderà, piacerà.
41 *sì veramente che*: purché.
42 *di che*: per cui.

ciò che avvenuto era; di che strettissima e leale amistà lui e messer Ansaldo congiunse.

Il nigromante, al quale messer Ansaldo di dare il promesso premio s'apparecchiava, veduta la liberalità di Gilberto verso messer Ansaldo e quella di messer Ansaldo verso la donna, disse: «Già Dio non voglia, poi che io ho veduto Gilberto liberale del suo onore e voi del vostro amore, che io similmente non sia liberale del mio guiderdone; e per ciò, conoscendo quello a voi star bene,[43] intendo che vostro sia.» Il cavaliere si vergognò e ingegnossi a suo potere di fargli o tutto o parte prendere; ma poi che in vano si faticava, avendo il nigromante dopo il terzo dì tolto via il suo giardino, e piacendogli di partirsi, il comandò a Dio;[44] e spento del cuore il concupiscibile amore verso la donna, acceso d'onesta carità[45] si rimase.

Che direm qui, amorevoli donne? preporremo la quasi morta donna e il già rattiepidito amore per la spossata[46] speranza a questa liberalità di messer Ansaldo, più ferventemente che mai amando ancora e quasi da più speranza acceso e nelle sue mani tenente la preda tanto seguita?[47] Sciocca cosa mi parrebbe a dover creder che quella liberalità a questa comparar si potesse.

43 *quello... bene*: che è giusto che riceviate la somma pattuita.
44 *il comandò a Dio*: lo accomiatò.
45 affetto.
46 prostrata, indebolita.
47 *nelle... seguita*: che teneva nelle sue mani la preda tanto a lungo braccata.

Novella sesta

Chi potrebbe pienamente raccontare i vari ragionamenti
tra le donne stati, qual maggior liberalità usasse o Gilberto
o messer Ansaldo o il nigromante, intorno a' fatti di madonna Dianora? troppo sarebbe lungo. Ma poi che il re
alquanto disputare ebbe conceduto, alla Fiammetta guardando, comandò che novellando traesse lor di quistione;
la quale, niuno indugio preso, incominciò:

Splendide donne, io fui sempre in oppinione che nelle
brigate, come la nostra è, si dovesse sì largamente ragionare che la troppa strettezza della intenzion [3] delle cose dette non fosse altrui materia di disputare: il che molto più
si conviene nelle scuole tra gli studianti che tra noi, le
quali appena alla rocca e al fuso bastiamo. E per ciò io,
che in animo alcuna cosa dubbiosa forse avea, veggendovi
per le già dette alla mischia, quella lascerò stare, e una
ne dirò, non mica d'uomo di poco affare, ma d'un valoroso re, quello che egli cavallerescamente operasse in nulla
mancando il suo onore.

Ciascuna di voi molte volte può avere udito ricordare
il re Carlo vecchio, ovver primo, per la cui magnifica impresa e poi per la gloriosa vittoria avuta del re Manfredi
furon di Firenze i Ghibellin cacciati e ritornaronvi i Guelfi.[4]
Per la qual cosa un cavalier, chiamato messer Neri degli
Uberti, con tutta la sua famiglia e con molti denari uscen-

---

1 Carlo I d'Angiò, sconfitti Manfredi e Corradino di Svevia,
divenne re di Napoli e della Sicilia nel 1625 e fu cacciato dall'isola nel 1282 in seguito alla guerra dei Vespri. Fu sempre descritto dal
Boccaccio con parole di lode e d'ammirazione.

2 Priva di qualunque diretta « fonte », la narrazione sfrutta
forse motivi della contemporanea aneddotica angioina.

3 *strettezza della intenzion*: oscurità di ciò che si intende, del
senso.

4 Nel 1266 dopo la battaglia di Benevento.

done, non si volle altrove che sotto le braccia del re Carlo
riducere. E per essere in solitario luogo e quivi finire in
riposo la vita sua, a Castello a mare di Stabia se n'andò;
e ivi forse una balestrata rimosso [5] dall'altre abitazioni della
terra, tra ulivi e nocciuoli e castagni, de' quali la contrada è abondevole, comperò una possessione, sopra la quale
un bel casamento e agiato fece, e allato a quello un dilettevole giardino, nel mezzo del quale, a nostro modo, [6] avendo
d'acqua viva copia, fece un bel vivaio e chiaro, e quello
di molto pesce riempié leggiermente. [7]

E a niun'altra cosa attendendo che a fare ogni dì più
bello il suo giardino, avvenne che il re Carlo, nel tempo
caldo, per riposarsi alquanto a Castello a mar se n'andò;
dove udita la bellezza del giardino di messer Neri, disiderò
di vederlo. E avendo udito di cui era, pensò che, per ciò
che di parte avversa alla sua era il cavaliere, più familiarmente con lui si volesse fare, [8] e mandogli a dire che con
quattro compagni chetamente [9] la seguente sera con lui voleva cenare nel suo giardino. Il che a messer Neri fu
molto caro, e magnificamente avendo apparecchiato e con
la sua famiglia avendo ordinato ciò che far si dovesse,
come più lietamente poté e seppe, il re nel suo bel giardino ricevette. Il qual, poi che il giardin tutto e la casa
di messer Neri ebbe veduta e commendata, essendo le tavole messe allato al vivaio, ad una di quelle, lavato, [10] si
mise a sedere, e al conte Guido di Monforte, [11] che l'un de'
compagni era, comandò che dall'un de' lati di lui sedesse,
e messer Neri dall'altro, e ad altri tre, che con lui eran
venuti, comandò che servissero secondo l'ordine posto da
messer Neri. Le vivande vi vennero dilicate, e i vini vi furono ottimi e preziosi, e l'ordine bello e laudevole molto sen-

---

5 *una balestrata rimosso*: lontano un tiro di balestra.
6 *a nostro modo*: secondo l'usanza fiorentina.
7 facilmente.
8 *più... fare*: fosse opportuno comportarsi con maggiore semplicità.
9 semplicemente.
10 lavatosi le mani.
11 Una delle personalità più prestigiose della corte del re Carlo e suo vicario in Toscana: è ricordato da Dante (*Inf.*, XII, 118
sgg.).

za alcun sentore [12] e senza noia; il che il re commendò molto. E mangiando egli lietamente, e del luogo solitario giovandogli,[13] e nel giardino entrarono due giovinette d'età forse di quindici anni l'una, bionde come fila d'oro e co' capelli tutti inanellati e sopr'essi sciolti una leggiera ghirlandetta di provinca,[14] e nelli lor visi più tosto agnoli parevan che altra cosa, tanto gli avevan dilicati e belli; ed eran vestite d'un vestimento di lino sottilissimo e bianco come neve in su le carni, il quale dalla cintura in su era strettissimo e da indi in giù largo a guisa d'un padiglione e lungo infino a' piedi. E quella che dinanzi veniva, recava in su le spalle un paio di vangaiole,[15] le quali con la sinistra man tenea, e nella destra aveva un baston lungo; l'altra che veniva appresso, aveva sopra la spalla sinistra una padella e sotto quel braccio medesimo un fascetto di legne e nella mano un treppiede, e nell'altra mano uno utel [16] d'olio e una facellina accesa; le quali il re vedendo si maravigliò, e sospeso attese quello che questo volesse dire.

Le giovinette, venute innanzi onestamente e vergognose, fecero la reverenzia al re; e appresso, là andatesene onde nel vivaio s'entrava, quella che la padella aveva, postala giù e l'altre cose appresso, prese il baston che l'altra portava, e amendune nel vivaio, l'acqua del quale loro infino al petto aggiugnea, se n'entrarono. Uno de' famigliari di messer Neri prestamente quivi accese il fuoco, e posta la padella sopra il treppié e dell'olio messovi, cominciò ad aspettare che le giovani gli gittasser del pesce. Delle quali, l'una frugando in quelle parti dove sapeva che i pesci si nascondevano e l'altra le vangaiole parando, con grandissimo piacere del re, che ciò attentamente guardava, in piccolo spazio di tempo presero pesce assai; e al famigliar gittatine, che quasi vivi nella padella gli metteva, sì come ammaestrate erano state, cominciarono a prendere de' più belli e a gittare su per la tavola davanti al re e al conte Guido e al padre. Questi pesci su per la mensa guizza-

12 strepito.
13 provando piacere.
14 pervinca.
15 Specie di rete da pesca.
16 Piccolo vaso di terracotta invetriato dove si conservava l'olio.

vano, di che il re aveva maraviglioso piacere; e similmente egli prendendo di questi, alle giovani cortesemente gli gittava indietro, e così per alquanto spazio cianciarono,[17] tanto che il famigliare quello ebbe cotto che dato gli era stato; il qual più per uno intramettere[18] che per molto cara o dilettevol vivanda, avendol messer Neri ordinato, fu messo davanti al re. Le fanciulle, veggendo il pesce cotto e avendo assai pescato, essendosi tutto il bianco vestimento e sottile loro appiccato alle carni, né quasi cosa alcuna del dilicato lor corpo celando, usciron del vivaio; e ciascuna le cose recate avendo riprese, davanti al re vergognosamente passando, in casa se ne tornarono. Il re e 'l conte e gli altri che servivano, avevano molto queste giovinette considerate, e molto in se medesimo l'avea lodate ciascuno per belle e per ben fatte, e oltre a ciò per piacevoli e per costumate; ma sopra ad ogn'altro erano al re piaciute, il quale sì attentamente ogni parte del corpo loro aveva considerata, uscendo esse dell'acqua, che chi allora l'avesse punto non si sarebbe sentito.[19] E più a loro ripensando, senza sapere chi si fossero né come, si sentì nel cuor destare un ferventissimo disidero di piacer loro, per lo quale assai ben conobbe sé divenire innamorato, se guardia non se ne prendesse; né sapeva egli stesso qual di lor due si fosse quella che più gli piacesse, sì era di tutte cose l'una simiglievole all'altra.

Ma poi che alquanto fu sopra questo pensier dimorato, rivolto a messer Neri, il domandò chi fossero le due damigelle; a cui messer Neri rispose: « Monsignore, queste son mie figliuole ad un medesimo parto nate, delle quali l'una ha nome Ginevra la bella e l'altra Isotta[20] la bionda. » A cui il re le commendò molto, confortandolo[21] a maritarle: dal che messer Neri, per più non poter,[22] si scusò.

17 scherzarono.

18 *per uno intramettere*: come piatto servito tra le portate principali (detto « intramesso » e usato per stuzzicare l'appetito).

19 *chi... sentito*: non si sarebbe accorto se qualcuno l'avesse punto.

20 *Ginevra... Isotta*: sono i nomi di famose eroine della narrativa cortese.

21 esortandolo.

22 *per... poter*: adducendo come ragione la mancanza di mezzi.

E in questo, niuna cosa fuor che le frutte restando a dar nella cena, vennero le due giovinette in due giubbe di zendado [23] bellissime, con due grandissimi piattelli [24] d'argento in mano pieni di vari frutti, secondo che la stagion portava, e quegli davanti al re posarono sopra la tavola. E questo fatto, alquanto indietro tiratesi, cominciarono a cantare un suono [25] le cui parole cominciano

> Là ov'io son giunto, Amore,
> non si poria contare lungamente,

con tanta dolcezza e sì piacevolmente, che al re, che con diletto le riguardava e ascoltava, pareva che tutte le gerarchie degli angeli quivi fossero discese a cantare; e quel detto, inginocchiatesi, reverentemente commiato domandarono al re, il quale, ancora che la lor partita gli gravasse, pure in vista lietamente il diede.[26] Fornita adunque la cena e il re co' suoi compagni rimontati a cavallo e messer Neri lasciato, ragionando d'una cosa e d'altra, al reale ostiere [27] se ne tornarono.

Quivi, tenendo il re la sua affezion [28] nascosa né per grande affare che sopravvenisse potendo dimenticar la bellezza e la piacevolezza di Ginevra la bella, per amor di cui la sorella a lei simigliante ancora amava, sì nell'amorose panie s'invescò, che quasi ad altro pensar non poteva, e altre cagioni dimostrando, con messer Neri teneva una stretta dimestichezza e assai sovente il suo bel giardin visitava per veder la Ginevra; e già più avanti sofferir non potendo ed essendogli, non sappiendo altro modo vedere, nel pensier caduto di dover non solamente l'una ma amendune le giovinette al padre torre, e il suo amore e la sua intenzione fé manifesta al conte Guido; il quale, per ciò

23 drappo sottile finissimo, di seta o di lino.
24 vassoi.
25 *un suono*: un'aria. Come confermano il settenario e l'endecasillabo surriferiti, si tratterà probabilmente di una ballata con ripresa bimembre.
26 *ancora... diede*: benché gli spiacesse la loro partenza, lo concesse loro con viso apparentemente felice.
27 palazzo.
28 passione.

che valente uomo era, gli disse: « Monsignore, io ho gran maraviglia di ciò che voi mi dite, e tanto ne l'ho maggiore che un altro non avrebbe, quanto mi par meglio dalla vostra fanciullezza infino a questo dì avere i vostri costumi conosciuti, che alcun altro. E non essendomi paruto giammai nella vostra giovanezza, nella quale amor più leggiermente doveva i suoi artigli ficcare, aver tal passion conosciuta, sentendovi ora che già siete alla vecchiezza vicino, m'è sì nuovo e sì strano che voi per amore amiate, che quasi un miracol mi pare. E se a me di ciò cadesse [29] il riprendervi, io so bene ciò che io ve ne direi, avendo riguardo che voi ancora siete con l'arme indosso nel regno nuovamente acquistato, tra nazion non conosciuta e piena d'inganni e di tradimenti, e tutto occupato di grandissime sollicitudini e d'alto affare, né ancora vi siete potuto porre a sedere: [30] e intra tante cose abbiate fatto luogo al lusinghevole amore. Questo non è atto di re magnanimo, anzi d'un pusillanimo giovinetto. E oltre a questo, che è molto peggio, dite che diliberato avete di dovere le due figliuole torre al povero cavaliere, il quale in casa sua oltre al poter suo v'ha onorato e per più onorarvi quelle quasi ignude v'ha dimostrate, testificando per quello quanta sia la fede che egli ha in voi, e che esso fermamente creda voi essere re e non lupo rapace. Ora evvi così tosto della memoria caduto le violenze fatte alle donne da Manfredi avervi l'entrata aperta in questo regno? [31] qual tradimento si commise giammai più degno d'etterno supplicio, che saria questo, che voi a colui che v'onora togliate il suo onore e la sua speranza e la sua consolazione? che si direbbe di voi, se voi il faceste? Voi forse estimate che sufficiente scusa fosse il dire: ‹ Io il feci per ciò che egli è ghibellino. › Ora è questo della [32] giustizia dei re, che coloro che nelle lor braccia ricorrono in cotal forma, chi che essi si sieno, in così

29 toccasse, spettasse.
30 *porre a sedere*: regnare stabilmente e in pace.
31 *avervi... regno?*: avere favorito la conquista del regno da parte vostra. Così infatti si diceva, che appunto alla sconfitta di Manfredi avesse contribuito lo sdegno delle donne per le violenze che era solito commettere nei loro confronti.
32 degno della.

fatta guisa si trattino? Io vi ricordo, re, che grandissima gloria v'è aver vinto Manfredi e sconfitto Corradino, ma molto maggiore è se medesimo vincere; e per ciò voi, che avete gli altri a correggere,[33] vincete voi medesimo e questo appetito raffrenate, né vogliate con così fatta macchia ciò che gloriosamente acquistato avete guastare. »

Queste parole amaramente punsero l'animo del re, e tanto più l'afflissero quanto più vere le conoscea; per che, dopo alcun caldo sospiro, disse: « Conte, per certo ogn'altro nimico, quantunque forte, estimo che sia al bene ammaestrato guerriere assai debole e agevole a vincere a rispetto del suo medesimo appetito;[34] ma, quantunque l'affanno sia grande e la forza bisogni inestimabile,[35] sì m'hanno le vostre parole spronato, che conviene, avanti che troppi giorni trapassino, che io vi faccia per opera[36] vedere che, come io so altrui vincere, così similmente so a me medesimo soprastare. »[37]

Né molti giorni appresso a queste parole passarono che tornato il re a Napoli, sì per torre a se stesso materia[38] d'operar vilmente alcuna cosa e sì per premiare il cavaliere dello onore ricevuto da lui, quantunque duro gli fosse il fare altrui possessor di quello che egli sommamente per sé disiderava, nondimen si dispose di voler maritare le due giovani, e non come figliuole di messer Neri, ma come sue. E con piacer di messer Neri, senza niuno indugio magnificamente dotatele, Ginevra la bella diede a messer Maffeo da Palizzi e Isotta la bionda a messer Guiglielmo della Magna,[39] nobili cavalieri e gran baron ciascuno; e loro assegnatele, con dolore inestimabile in Puglia se n'andò, e con fatiche continue tanto e sì macerò il suo fiero appetito, che, spezzate e rotte l'amorose catene, per quanto viver dovea libero rimase da tal passione.

Saranno forse di quei che diranno piccola cosa essere

33 *avete... correggere*: dovete governare gli altri.
34 *a rispetto... appetito*: proporzionalmente ai propri desideri.
35 *la... inestimabile*: incalcolabile la forza necessaria.
36 *per opera*: con i fatti, in pratica.
37 *a... soprastare*: controllare, vincere me stesso.
38 motivo, occasione.
39 *da Palizzi... della Magna*: due nobili e potenti famiglie del regno napoletano (*Magna* è Alemagna).

ad un re l'aver maritate due giovinette, e io il consentirò: ma molto grande e grandissima la dirò, se diremo un re innamorato questo abbia fatto, colei maritando cui [40] egli amava, senza aver preso o pigliare del suo amore fronda o fiore o frutto. Così adunque il magnifico re operò, il nobile cavaliere altamente premiando, l'amate giovinette laudevolmente onorando e se medesimo fortemente vincendo.

40 che.

Novella settima

IL RE PIETRO,[1] SENTITO IL FERVENTE AMORE PORTATOGLI
DALLA LISA INFERMA, LEI CONFORTA, E APPRESSO AD UN
GENTIL GIOVANE LA MARITA; E LEI NELLA FRONTE BASCIATA,
SEMPRE POI SI DICE SUO CAVALIERE.[2]

Venuta era la Fiammetta al fin della sua novella, e commendata era stata molto la virile magnificenzia del re Carlo, quantunque alcuna,[3] che quivi era ghibellina, commendar nol volesse; quando Pampinea, avendogliele il re imposto, incominciò:

Niun discreto,[4] ragguardevoli donne, sarebbe, che non dicesse ciò che voi dite del buon re Carlo, se non costei che gli vuol mal per altro;[5] ma, per ciò che a me va per la memoria una cosa non meno commendevole forse che questa, fatta da un suo avversario ancora in[6] una nostra giovane fiorentina, quella mi piace di raccontarvi.

Nel tempo che i franceschi[7] di Cicilia furon cacciati, era in Palermo un nostro fiorentino speziale,[8] chiamato Bernardo Puccini, ricchissimo uomo, il qual d'una sua donna senza più,[9] aveva un figliuola bellissima e già da marito. Ed essendo il re Pietro di Raona signore della isola divenuto, faceva in Palermo maravigliosa festa co' suoi baroni;

---

1 *Il... Pietro*: Pietro III d'Aragona, proclamato re di Sicilia nel 1282, a conclusione della guerra dei Vespri.

2 cavalier servente, secondo le usanze cortesi. L'episodio simile presentato in una cronaca latina dugentesca deporrebbe per una genesi storica della novella. Ma la ballata in essa contenuta (a noi trasmessa anche da sola per via manoscritta), attribuita a un Mico Mocati menzionato da Dante nel *De vulgari eloquentia* lascia adito ad altre ipotesi genetiche. Di certo la fantasia del Boccaccio travestì poeticamente i dati, storici e naturali.

3 una.

4 *Niun discreto*: nessuna persona saggia.

5 *per altro*: per ragioni diverse, di natura politica.

6 nei riguardi di.

7 francesi.

8 farmacista.

9 *senza più*: senza altri figli.

nella qual festa, armeggiando egli alla catalana,[10] avvenne che la figliuola di Bernardo, il cui nome era Lisa, da una finestra dove ella era con altre donne, il vide correndo egli,[11] e sì maravigliosamente le piacque, che, una volta e altra poi riguardandolo, di lui ferventemente s'innamorò. E cessata la festa ed ella in casa del padre standosi, a niun'altra cosa poteva pensare se non a questo suo magnifico e alto [12] amore; e quello che intorno a ciò più l'offendeva, era il cognoscimento della sua infima condizione, il quale niuna speranza appena le lasciava pigliare di lieto fine; ma non, per tanto, da amare il re indietro si voleva tirare, e per paura di maggior noia [13] a manifestar non l'ardiva. Il re di questa cosa non s'era accorto né si curava: di che ella, oltre a quello che si potesse estimare, portava intollerabil dolore. Per la qual cosa avvenne che, crescendo in lei amor continuamente e una malinconia sopr'altra aggiugnendosi, la bella giovane più non potendo infermò, ed evidentemente,[14] di giorno in giorno, come la neve al sole, si consumava. Il padre di lei e la madre, dolorosi di questo accidente, con conforti [15] continui e con medici e con medicine in ciò che si poteva l'atavano; ma niente era,[16] per ciò che ella, sì come del suo amore disperata, aveva eletto [17] di più non volere vivere.

Ora avvenne che, offerendole il padre di lei ogni suo piacere,[18] le venne in pensiero, se acconciamente [19] potesse, di volere il suo amore e il suo proponimento, prima che morisse, fare al re sentire;[20] e per ciò un dì il pregò che egli le facesse venire Minuccio d'Arezzo. Era in que' tempi Minuccio tenuto un finissimo cantatore e sonatore, e volen-

10 *armeggiando... catalana*: giostrando secondo l'usanza dei tornei della Catalogna.
11 *correndo egli*: mentre correva.
12 nobile, elevato.
13 *di maggior noia*: di mali maggiori.
14 a vista d'occhio.
15 cure.
16 *niente era*: ogni tentativo era vano.
17 scelto.
18 *ogni suo piacere*: tutto ciò che desiderasse.
19 convenientemente.
20 sapere.

tieri dal re Pietro veduto, il quale [21] Bernardo avvisò che la Lisa volesse per udirlo alquanto e sonare e cantare: per che, fattogliele dire, egli, che piacevole [22] uomo era, incontanente [23] a lei venne; e poi che alquanto con amorevoli parole confortata l'ebbe, con una sua viuola dolcemente sonò alcuna stampita [24] e cantò appresso alcuna canzone; le quali allo amor della giovane erano fuoco e fiamma, là dove egli la credea consolare.

Appresso questo disse la giovane che a lui solo alquante parole voleva dire; per che, partitosi ciascun altro, ella gli disse: « Minuccio, io ho eletto te per fidissimo guardatore [25] d'un mio segreto, sperando primieramente che tu quello a niuna persona, se non a colui che io ti dirò, debbi manifestar giammai; e appresso, che in quello che per te si possa tu mi debbi aiutare: così tí priego. Dei adunque sapere, Minuccio mio, che il giorno che il nostro signor re Pietro fece la gran festa della sua esaltazione,[26] mel venne, armeggiando egli, in sì forte punto veduto, che dello amor di lui mi s'accese un fuoco nell'anima che al partito [27] m'ha recata che tu mi vedi; e conoscendo io quanto male il mio amore ad un re si convenga, e non potendolo non che cacciare ma diminuire, ed egli essendomi oltre modo grave a comportare,[28] ho per minor doglia eletto di voler morire; e così farò. È il vero che [29] io fieramente n'andrei sconsolata, se prima egli nol sapesse: e non sappiendo per cui potergli questa mia disposizion fare sentire più acconciamente che per te, a te commettere la voglio, e priegoti che non rifiuti di farlo; e quando fatto l'avrai, assapere mel facci,[30] acciò che io, consolata morendo, mi sviluppi [31] da queste pene »; e questo detto piagnendo, si tacque.

21 è complemento oggetto.
22 cortese.
23 subito.
24 sonata a ballo (dal provenzale *estampida*).
25 custode.
26 insediamento al trono.
27 *al partito*: nello stato.
28 *egli... comportare*: essendomi assai gravoso sopportare l'amore.
29 *È il vero che*: vero è che.
30 *assapere mel facci*: fammelo sapere.
31 *mi sviluppi*: mi sciolga.

Maravigliossi Minuccio dell'altezza dello animo di costei e del suo fiero proponimento, e increbbenegli [32] forte; e subitamente nello animo corsogli come onestamente la poteva servire, le disse: « Lisa, io t'obbligo la mia fede,[33] della quale vivi sicura che mai ingannata non ti troverrai; e appresso commendandoti di sì alta impresa, come è aver l'animo posto a così gran re, t'offero il mio aiuto, col quale io spero, dove [34] tu confortar ti vogli, sì adoperare, che avanti che passi il terzo giorno ti credo recar novelle che sommamente ti saran care; e per non perder tempo, voglio andare a cominciare. » La Lisa, di ciò da capo pregatol molto e promessogli di confortarsi, disse che s'andasse con Dio.

Minuccio partitosi, ritrovò un Mico da Siena [35] assai buon dicitore in rima a quei tempi, e con prieghi lo strinse a far la canzonetta che segue:

> Muoviti, Amore, e vattene a messere,[36]
>   e contagli le pene ch'io sostegno;
>   digli ch'a morte vegno,
>   celando per temenza [37] il mio volere.
> Merzede, Amore, a man giunte ti chiamo,
>   ch'a Messer vadi là dove dimora.
>   Dì che sovente lui disio e amo,
>   sì dolcemente lo cor m'innamora;
>   e per lo foco ond'io tutta m'infiamo,
>   temo morire, e già non saccio [38] l'ora
>   ch'i' parta da sì grave pena dura,
>   la qual sostegno per lui disiando,
>   temendo e vergognando:
>   deh! il mal mio, per Dio, fagli assapere.
> Poi che di lui, Amor, fu' innamorata,
>   non mi donasti ardir quanto temenza

32 gliene rincrebbe.
33 *io... fede*: ti do la mia parola.
34 qualora.
35 Vedi nota 2, pag. 878.
36 *a messere*: dal mio signore. È questi l'*incipit* di una ballata formata da una ripresa quadrimembre (ABBA) e di tre strofe (CDCDCDDEEA) dove gli endecasillabi, nettamente preponderanti sui settenari, sono disposti in modo che il primo e l'ultimo della ripresa coincide nella rima con il ritornello di ciascuna strofa.
37 *per temenza*: per timore, paura.
38 so.

che io potessi sola una fiata [39]
lo mio voler dimostrare in parvenza
a quegli che mi tien tanto affannata;
così morendo il morir m'è gravenza.[40]
Forse che non gli saria spiacenza,[41]
se el sapesse quanta pena i' sento,
s'a me dato ardimento
avesse in fargli mio stato sapere.
 Poi che 'n piacere non ti fu,[42] Amore,
ch'a me donassi tanta sicuranza,[43]
ch'a Messer far savessi lo mio core,
lasso, per messo mai o per sembianza,[44]
mercé ti chero,[45] dolce mio signore,
che vadi a lui, e donagli membranza [46]
del giorno ch'io il vidi a scudo e lanza [47]
con altri cavalieri arme portare:
presilo a riguardare
innamorata sì che 'l mio cor pere.[48]

Le quali parole Minuccio prestamente intonò [49] d'un suono soave e pietoso, sì come la materia di quelle richiedeva, e il terzo dì se n'andò a corte, essendo ancora il re Pietro a mangiare; dal quale gli fu detto che egli alcuna cosa cantasse con la sua viuola. Laonde egli cominciò sì dolcemente sonando a cantar questo suono, che quanti nella real sala n'erano parevano uomini adombrati,[50] sì tutti stavano taciti e sospesi ad ascoltare, e il re per poco [51] più che gli altri. E avendo Minuccio il suo canto fornito, il re il domandò donde questo venisse che mai più non gliele pareva avere udito.

« Monsignore, » rispose Minuccio, « e' non sono ancora

39 *una fiata*: una volta.
40 dolore.
41 dispiacere.
42 *Poi... fu*: dato che non ti è stato gradito.
43 sicurezza.
44 *per sembianza*: di persona.
45 chiedo.
46 *donagli membranza*: fagli sovvenire.
47 lancia.
48 perisce.
49 musicò.
50 incantati.
51 *per poco*: quasi.

tre giorni che le parole si fecero e 'l suono » ; [52] il quale avendo il re domandato per cui, rispose : « Io non l'oso scovrir se non a voi. »

Il re, disideroso d'udirlo, levate le tavole, nella camera sel fé venire, dove Minuccio ordinatamente ogni cosa udita gli raccontò; di che il re fece gran festa e commendò [53] la giovane assai, e disse che di sì valorosa giovane si voleva aver compassione; e per ciò andasse da sua parte a lei e la confortasse, e le dicesse che senza fallo quel giorno in sul vespro la verrebbe a visitare.

Minuccio, lietissimo di portare così piacevole novella, alla giovane senza ristare con la sua viuola n'andò, e con lei sola parlando, ogni cosa stata raccontò, e poi la canzone cantò con la sua viuola. Di questo fu la giovane tanto lieta e tanto contenta, che evidentemente senza alcuno indugio apparver segni grandissimi della sua sanità; e con disidero, senza sapere o presummere alcun della casa che ciò si fosse, cominciò ad aspettare il vespro, nel quale il suo signor veder dovea. Il re, il quale liberale e benigno signore era, avendo poi più volte pensato alle cose udite da Minuccio e conoscendo ottimamente la giovane e la sua bellezza, divenne ancora più che non era di lei pietoso; e in sull'ora del vespro montato a cavallo, sembiante faccendo d'andare a suo diporto, pervenne là dov'era la casa dello speziale : e quivi, fatto domandare che aperto gli fosse un bellissimo giardino il quale lo speziale avea, in quello smontò, e dopo alquanto domandò Bernardo che fosse della figliuola, se egli ancora maritata l'avesse.

Rispose Bernardo : « Monsignore, ella non è maritata, anzi è stata e ancora è forte [54] malata : è il vero che da nona in qua ella è maravigliosamente migliorata. »

Il re intese prestamente quello che questo miglioramento voleva dire, e disse : « In buona fé, danno sarebbe che ancora [55] fosse tolta al mondo sì bella cosa : noi la vogliamo venire a visitare. »

E con due compagni solamente e con Bernardo nella

52 musica.
53 lodò.
54 assai.
55 già.

camera di lei poco appresso se n'andò, e come là entro fu, s'accostò al letto dove la giovane alquanto sollevata con disio l'aspettava, e lei per la man prese dicendo: « Madonna, che vuol dir questo? voi siete giovane e dovreste l'altre confortare, e voi vi lasciate aver male? noi vi vogliam pregare che vi piaccia, per amor di noi, di confortarvi in maniera che voi siate tosto guerita. »

La giovane, sentendosi toccare alle [56] mani di colui il quale ella sopra tutte le cose amava, come che [57] ella alquanto si vergognasse, pur sentiva tanto piacer nell'animo, quanto se stata fosse in Paradiso; e, come poté, gli rispose: « Signor mio, il volere io le mie poche forze sottoporre a gravissimi pesi, m'è di questa infermità stata cagione, dalla quale voi, vostra buona mercé, tosto libera mi vedrete. »

Solo il re intendeva il coperto parlare della giovane e da più ogn'ora la reputava,[58] e più volte seco stesso maladisse la fortuna che di tale uomo l'aveva fatta figliuola; e poi che alquanto fu con lei dimorato e più ancora confortatala, si partì. Questa umanità del re fu commendata assai, e in grande onor fu atribuita allo speziale e alla figliuola; la quale tanto contenta rimase, quanto altra donna di suo amante fosse giammai, e da migliore speranza aiutata, in pochi giorni guerita, più bella diventò che mai fosse.

Ma poi che guerita fu, avendo il re con la reina diliberato qual merito [59] di tanto amore le volesse rendere, montato un dì a cavallo con molti de' suoi baroni a casa dello spezial se n'andò, e nel giardino entratosene, fece lo spezial chiamare e la sua figliuola: e in questo [60] venuta la reina con molte donne, e la giovane tra lor ricevuta, cominciarono maravigliosa festa. E dopo alquanto il re insieme con la reina, chiamata la Lisa, le disse il re: « Valorosa giovane, il grande amor che portato n'avete v'ha grande onore da noi impetrato,[61] del quale noi vogliamo che per amor di noi siate contenta: e l'onore è questo, che, con

56 dalle.
57 *come che*: benché.
58 *e... reputava*: e la stimava sempre più.
59 ricompensa.
60 *in questo*: intanto.
61 ottenuto.

ciò sia cosa che [62] voi da marito siate, noi vogliamo che colui prendiate per marito che noi vi daremo, intendendo sempre, non ostante questo, vostro cavaliere appellarci, senza più di tanto amor voler da voi che un sol bascio. »

La giovane, che di vergogna tutta era nel viso divenuta vermiglia, faccendo suo il piacer [63] del re, con bassa voce così rispose: « Signor mio, io son molto certa che, se egli si sapesse che io di voi innamorata mi fossi, la più della gente me ne reputerebbe matta, credendo forse che io a me medesima fossi uscita di mente e che io la mia condizione e oltre a questo la vostra non conoscessi; ma come Iddio sa, che solo i cuori de' mortali vede, io nell'ora che voi prima mi piaceste, conobbi voi essere re e me figliuola di Bernardo speziale, e male a me convenirsi in sì alto luogo l'ardore dello animo dirizzare. Ma sì come voi molto meglio di me conoscete, niuno secondo debita elezione [64] ci s'innamora, ma secondo l'appetito e il piacere: alla qual legge più volte s'opposero le forze mie, e, più non potendo, v'amai e amo e amerò sempre. È il vero che, com'io ad [65] amore di voi mi sentii prendere, così mi disposi di far sempre del vostro voler mio; [66] e per ciò, non che io faccia questo di prender volentier marito e d'aver caro quello il quale vi piacerà di donarmi, che mio onore e stato sarà, ma se voi diceste che io dimorassi nel fuoco, credendovi io piacere, mi sarebbe diletto. Avere uno re per cavaliere, sapete quanto mi si conviene, e per ciò più a ciò non rispondo; né il bascio che solo del mio amor volete, senza licenzia di madama la reina vi sarà per me conceduto. Nondimeno di tanta benignità verso me, quanta è la vostra e quella di madama la reina che è qui, Iddio per me vi renda e grazie e merito, ché io da render non l'ho; » e qui si tacque.

Alla reina piacque molto la risposta della giovane, e parvele così savia come il re l'aveva detto. Il re fece chiamare il padre della giovane e la madre, e sentendogli

62 *con... che*: dato che.
63 volontà, desiderio.
64 *secondo debita elezione*: con una scelta ragionata.
65 da.
66 *far... mio*: far sempre che la vostra volontà fosse la mia.

contenti di ciò che fare intendeva, si fece chiamare un giovane, il quale era gentile uomo ma povero, ch'avea nome Perdicone, e postegli certe anella in mano, a lui, non recusante di farlo, fece sposare la Lisa.

A' quali incontanente il re, oltre a molte gioie e care [67] che egli e la reina alla giovane donarono, gli donò Ceffalù e Calatabellotta, due bonissime terre e di gran frutto, dicendo : « Queste ti doniam noi per dote della donna : quello che noi vorremo fare a te, tu tel vedrai nel tempo avvenire »; e questo detto, rivolto alla giovane, disse : « Ora vogliam noi prender quel frutto che noi del vostro amor aver dobbiamo »; e presole con amendune le mani il capo, le basciò la fronte.

Perdicone e 'l padre e la madre di Lisa, ed ella altressì, contenti grandissima festa fecero e liete nozze; e secondo che molti affermano, il re molto bene servò alla giovane il convenente,[68] per ciò che mentre visse sempre s'appellò suo cavaliere, né mai in alcun fatto d'arme andò, che egli altra sopransegna [69] portasse che quella che dalla giovane mandata gli fosse.

Così adunque operando si pigliano gli animi de' suggetti,[70] dassi altrui materia di bene operare, e le fame etterne s'acquistano : alla qual cosa oggi pochi o niuno ha l'arco teso dello 'ntelletto,[71] essendo il più de' signori divenuti crudeli tiranni.

---

67 preziose.
68 *servò... convenente* : mantenne la promessa.
69 sciarpa, insegna che la donna dava al suo cavaliere da porre sull'armatura.
70 sudditi.
71 *ha... 'ntelletto* : ha indirizzato la mente.

Novella ottava

SOFRONIA, CREDENDOSI ESSER MOGLIE DI GISIPPO, È MOGLIE
DI TITO QUINZIO FULVO, E CON LUI SE NE VA A ROMA,
DOVE GISIPPO IN POVERO STATO ARRIVA, E CREDENDO DA
TITO ESSER DISPREZZATO, SÉ AVERE UNO UOMO UCCISO,
PER MORIRE, AFFERMA; TITO, RICONOSCIUTOLO, PER
ISCAMPARLO, DICE SÉ AVERLO MORTO; IL CHE COLUI CHE
FATTO L'AVEA VEDENDO, SE STESSO MANIFESTA; PER LA
QUAL COSA DA OTTAVIANO TUTTI SONO LIBERATI, E TITO DÀ
A GISIPPO LA SORELLA PER MOGLIE E CON LUI COMUNICA [1]
OGNI SUO BENE.[2]

Filomena, per comandamento del re, essendo Pampinea
di parlar ristata e già avendo ciascuna commendato il re
Pietro, e più la ghibellina che l'altre, incominciò:

Magnifiche donne, chi non sa li re poter, quando vogliono, ogni gran cosa fare e loro altressì spezialissimamente richiedersi l'esser magnifici? Chi adunque, possendo,
fa quello che a lui s'appartiene, fa bene; ma non se ne
dée l'uomo tanto maravigliare, né alto con somme lode
levarlo, come un altro si converria che il facesse, a cui per
poca possa meno si richiedesse.[3] E per ciò se voi con tante
parole l'opere de' re essaltate e paionvi belle, e io non dubito punto che molto più non vi debbian piacere ed esser
da voi commendate quelle de' nostri pari, quando sono
a quelle de' re simiglianti o maggiori; per che una laudevole opera e magnifica usata tra due cittadini amici [4] ho
proposto in una novella di raccontarvi.

Nel tempo adunque che Ottavian Cesare, non ancora
chiamato Augusto, ma nello uficio chiamato triumvirato
lo 'mperio di Roma reggeva,[5] fu in Roma un gentile uomo

---

1 mette in comune, spartisce.

2 Forse su questa novella influì direttamente un racconto della
Disciplina clericalis di Pietro Alfonso, che godette di largo favore
nella narrativa medievale.

3 *come... richiedesse*: come si converrebbe esaltare (*levare*) un
altro che facesse lo stesso e dal quale si pretendesse molto meno,
essendo in condizioni più disagiate.

4 *usata... amici*: compiuta tra due amici, semplici cittadini.

5 Cioè tra il 43 e il 30 a.C.

chiamato Publio Quinzio Fulvo; il quale, avendo un suo figliuolo, Tito Quinzio Fulvo nominato, di maraviglioso ingegno, ad imprender [6] filosofia il mandò ad Atene,[7] e quantunque [8] più poté il raccomandò ad un nobile uomo della terra chiamato Cremete, il quale era antichissimo suo amico. Dal quale Tito nelle propie case di lui fu allogato in compagnia d'un suo figliuolo nominato Gisippo, e sotto la dottrina d'un filosofo, chiamato Aristippo, e Tito e Gisippo furon parimente da Cremete posti ad imprendere. E venendo i due giovani usando insieme, tanto si trovarono i costumi loro esser conformi, che una fratellanza e una amicizia sì grande ne nacque tra loro, che mai poi da altro caso che da morte non fù separata: niun di loro aveva né ben né riposo, se non tanto quanto erano insieme. Essi avevano cominciati gli studi, e parimente ciascuno d'altissimo ingegno dotato saliva alla gloriosa altezza della filosofia con pari passo e con maravigliosa laude: e in cotal vita con grandissimo piacer di Cremete, che quasi l'un più che l'altro non avea per [9] figliuolo, perseveraron ben tre anni. Nella fine de' quali, sì come di tutte le cose addiviene, addivenne che Cremete, già vecchio, di questa vita passò: di che essi pari compassione, sì come di comun padre, portarono, né si discernea per gli amici né per gli parenti di Cremete qual più fosse per lo sopravvenuto caso da racconsolar di lor due. Avvenne, dopo alquanti mesi, che gli amici di Gisippo e i parenti furon con lui, e insieme con Tito il confortaron a tor moglie, e trovarongli una giovane di maravigliosa bellezza e di nobilissimi parenti discesa e cittadina d'Atene, il cui nome era Sofronia, d'età forse di quindici anni. E appressandosi il termine delle future nozze, Gisippo pregò un dì Tito che con lui andasse a vederla, ché veduta ancor non l'avea; e nella casa di lei venuti, ed essa sedendo in mezzo d'amenduni, Tito, quasi consideratore della bellezza della sposa del suo amico, la cominciò attentissimamente a riguardare, e ogni par-

6 studiare.

7 La città più famosa per le sue scuole filosofiche, dove le nobili famiglie romane mandavano i figli.

8 quanto.

9 *avea per*: considerava, trattava come.

te di lei smisuratamente piacendogli, mentre quelle seco sommamente lodava, sì fortemente, senza alcun sembiante mostrarne, di lei s'accese, quanto di donna alcuno amante s'accendesse giammai; ma poi che alquanto con lei stati furono, partitisi, a casa se ne tornarono.

Quivi Tito, solo nella sua camera entratosene, alla piaciuta giovane cominciò a pensare, tanto più accendendosi quanto più nel pensiero si stendea: [10] di che accorgendosi, dopo molti caldi sospiri, seco cominciò a dire: « Ahi! misera la vita tua, Tito! dove e in che pon l'animo e l'amore e la speranza tua? Or non conosci tu, sì per li ricevuti onori da Cremete e dalla sua famiglia e sì per la intera amicizia la quale è tra te e Gisippo, di cui costei è sposa, questa giovane convenirsi avere in quella reverenza che sorella? [11] che dunque ami? dove ti lasci trasportare allo [12] 'ngannevole amore? dove alla lusinghevole speranza? Apri gli occhi dello 'ntelletto, e te medesimo, o misero, riconosci; dà luogo alla ragione, raffrena il concupiscibile appetito, tempera i disideri non sani e ad altro dirizza i tuoi pensieri; contrasta in questo cominciamento alla tua libidine, e vinci te medesimo mentre che tu hai tempo. Questo non si conviene che tu vuogli, questo non è onesto; questo a che tu seguir ti disponi, eziandio essendo certo di giugnerlo, che non se', tu il dovresti fuggire, se quello riguardassi che la vera amistà richiede e che tu dei. Che dunque farai, Tito? lascerai il non convenevole amore, se quello vorrai fare che si conviene. » E poi, di Sofronia ricordandosi, in contrario volgendo, ogni cosa detta dannava, dicendo: « Le leggi d'amore sono di maggior potenzia che alcune altre: elle rompono, non che quelle della amistà, ma le divine. Quante volte ha già il padre la figliuola amata, il fratello la sorella, la matrigna il figliastro? cose più mostruose che l'uno amico amar la moglie dell'altro, già fattosi mille volte. Oltre a questo io son giovane, e la giovanezza è tutta sottoposa all'amorose leggi: quello adunque che ad amor piace a me convien che piaccia. L'one-

10 dilungava, soffermava.

11 *questa... sorella*: che per tale giovane si deve avere lo stesso rispetto che per una sorella.

12 dallo (e poco dopo *alla*: dalla).

ste cose s'appartengono a' più maturi : io non posso volere
se non quello che amor vuole. La bellezza di costei merita
d'essere amata da ciascheduno; e se io l'amo, che giovane
sono, chi me ne potrà meritamente riprendere? Io non
l'amo perché ella sia di Gisippo, anzi l'amo che l'amerei di
chiunque ella stata fosse. Qui pecca la fortuna che a Gisippo mio amico l'ha conceduta più tosto che ad uno altro :
e se ella dee essere amata, che dee e meritamente per la
sua bellezza, più dee esser contento Gisippo, risappiendolo,
che io l'ami io che un altro. » E da questo ragionamento,
faccendo beffe di se medesimo, tornando in sul contrario,
e di questo in quello e di quello in questo, non solamente
quel giorno e la notte seguente consumò, ma più altri, in
tanto che, il cibo e 'l sonno perdutone, per debolezza fu
costretto a giacere.[13]

Gisippo, il qual più dì l'avea veduto di pensier pieno
e ora il vedea infermo, se ne doleva forte, e con ogni arte
e sollicitudine, mai da lui non partendosi, s'ingegnava di
confortarlo, spesso e con instanzia domandandolo della cagione de' suoi pensieri e della infermità; ma, avendogli più
volte Tito dato favole per risposta e Gisippo avendole conosciute,[14] sentendosi pur Tito constringere, con pianti e con
sospiri gli rispose in cotal guisa : « Gisippo, se agli Dii
fosse piaciuto, a me era assai più a grado la morte che il
più vivere, pensando che la fortuna m'abbi condotto in
parte che della mia virtù mi sia convenuto far pruova, e
quella con grandissima vergogna di me truovi vinta; ma
certo io n'aspetto tosto quel merito[15] che mi si conviene,
cioè la morte, la qual mi fia più cara che il vivere con
rimembranza della mia viltà, la quale, per ciò che a te né
posso né debbo alcuna cosa celare, non senza gran rossor
ti scoprirrò. » E, cominciatosi da capo, la cagion de' suoi
pensieri e la battaglia di quegli, e ultimamente di quali
fosse la vittoria, e sé per l'amor di Sofronia perire gli discoperse, affermando che, conoscendo egli quanto questo
gli si sconvenisse, per penitenzia n'avea preso il voler morire, di che tosto credeva venire a capo.

13 mettersi a letto.
14 riconosciute come tali (cioè come *favole*).
15 compenso.

Gisippo, udendo questo e il suo pianto vedendo, alquanto prima sopra sé stette,[16] sì come quegli che del piacere [17] della bella giovane, avvegna che più temperatamente, era preso; ma senza indugio diliberò la vita dello amico più che Sofronia dovergli esser cara, e così, dalle lagrime di lui a lagrimare invitato, gli rispose piagnendo: « Tito, se tu non fossi di conforto bisognoso come tu se', io dì te a te medesimo mi dorrei, sì come d'uomo il quale hai la nostra amicizia violata, tenendomi sì lungamente la tua gravissima passione nascosa. E come che [18] onesto non ti paresse, non son per ciò le disoneste cose, se non come l'oneste, da celare all'amico, per ciò che chi amico è, come delle oneste con l'amico prende piacere, così le non oneste s'ingegna di torre dello animo dello amico; ma ristarommene [19] al presente, e a quel verrò che di maggior bisogno esser conosco. Se tu ardentemente ami Sofronia a me sposata,[20] io non me ne maraviglio, ma maravigliere'mi io ben se così non fosse, conoscendo la sua bellezza e la nobiltà dell'animo tuo, atta tanto più a passion sostenere, quanto ha più d'eccellenza la cosa che piaccia. E quanto tu ragionevolmente ami Sofronia, tanto ingiustamente della fortuna ti duoli, quantunque tu ciò non esprimi, che a me conceduta l'abbia, parendoti il tuo amarla onesto, se d'altrui fosse stata che mia. Ma se tu se' savio come suoli, a cui la poteva la fortuna concedere, di cui tu più l'avessi a render grazie, che d'averla a me conceduta? Qualunque altro avuta l'avesse, quantunque il tuo amore onesto stato fosse, l'avrebbe egli a sé amata più tosto che a te,[21] il che di me, se così mi tieni amico come io ti sono, non dei sperare; [22] e la cagione è questa, che io non mi ricordo, poi che amici fummo, che io alcuna cosa avessi che così non fosse tua come mia. Il che,[23] se tanto fosse la cosa avanti

16 *sopra sé stette*: rimase sospeso.
17 aspetto piacevole, bellezza.
18 *come che*: benché.
19 lascerò i lamenti.
20 promessa sposa.
21 *a sé... te*: voluta per sé piuttosto che per te.
22 aspettare.
23 *Il che*: per cui.

che altramenti esser non potesse, così ne farei come dell'altre; ma ella è ancora in sì fatti termini, che di te solo la posso fare, e così farò; per ciò che io non so quello che [24] la mia amistà ti dovesse esser cara, se io d'una cosa che onestamente far si puote, non sapessi d'un mio voler far tuo. Egli è il vero che Sofronia è mia sposa e che io l'amava molto e con gran festa le sue nozze aspettava; ma per ciò che tu, sì come molto più intendente [25] di me, con più fervor disideri così cara cosa come ella è, vivi sicuro che non mia ma tua moglie verrà nella mia camera. E per ciò lascia il pensiero, caccia la malinconia, richiama la perduta sanità e il conforto e l'allegrezza, e da questa ora innanzi lieto aspetta i meriti del tuo molto più degno amore che il mio non era. »

Tito, udendo così parlare a Gisippo, quanto la lusinghevole speranza di quello gli porgeva piacere, tanto la debita ragion [26] gli recava vergogna, mostrandogli che quanto più era di Gisippo la liberalità, tanto di lui ad usarla pareva la sconvenevolezza maggiore; per che, non ristando di piagnere, con fatica così gli rispose: « Gisippo, la tua liberale e vera amistà assai chiaro mi mostra quello che alla mia s'appartenga di fare. Tolga via Iddio [27] che mai colei, la quale egli sì come a più degno ha a te donata, che [28] io da te la riceva per mia. Se egli avesse veduto che a me si convenisse costei, né tu né altri dee credere che mai a te conceduta l'avesse. Usa adunque lieto la tua elezione [29] e il discreto consiglio e il suo dono, e me nelle lagrime, le quali egli, sì come ad indegno di tanto bene m'ha apparecchiate, consumar lascia, le quali o io vincerò e saratti caro, o esse me vinceranno e sarò fuor di pena. »

Al quale Gisippo disse: « Tito, se la nostra amistà mi può concedere tanto di licenzia, che io a seguire un mio piacer ti sforzi, e te a doverlo seguire puote inducere, questo fia quello in che io sommamente intendo d'usarla: e

24 *quello che*: quanto.
25 amante, innamorato.
26 *debita ragion*: coscienza del dovere.
27 *tolga... Iddio*: Dio non permetta, non voglia.
28 Solita ripresa della congiunzione (*che mai*).
29 *la tua elezione*: il fatto che sia stato scelto tu.

dove tu non condiscenda piacevole [30] a' prieghi miei, con quella forza che ne' beni [31] dello amico usar si dee, farò che Sofronia fia tua. Io conosco quanto possono le forze d'amore, e so che elle non una volta ma molte hanno ad infelice morte gli amanti condotti; e io veggio te sì presso, che tornare addietro né vincere potresti le lagrime, ma procedendo, vinto verresti meno; al quale io senza alcun dubbio tosto verrei appresso. Adunque, quando per altro io non t'amassi, m'è, acciò che io viva, cara la vita tua. Sarà adunque Sofronia tua, ché di leggiere [32] altra che così ti piacesse non troverresti; e io, il mio amore leggiermente ad un'altra volgendo, avrò te e me contentato. Alla qual cosa forse così liberal non sarei, se così rade o con quella difficoltà le mogli si trovasser che si truovan gli amici; e per ciò, potend'io leggerissimamente altra moglie trovare ma non altro amico, io voglio innanzi (non vo' dir perder lei, ché non la perderò dandola a te, ma ad un altro me la trasmuterò [33] di bene in meglio) trasmutarla, che perder te. E per ciò, se alcuna cosa possono in te i prieghi miei, io ti priego che, di questa afflizion togliendoti, ad una ora consoli te e me, e con buona speranza ti disponghi a pigliar quella letizia che il tuo caldo amore della cosa amata disidera. »

Come che Tito di consentire a questo, che Sofronia sua moglie divenisse, si vergognasse, e per questo duro stesse [34] ancora, tirandolo da una parte amore e d'altra i conforti [35] di Gisippo sospignendolo, disse: « Ecco, Gisippo, io non so quale io mi dica che io faccia più, o il mio piacere o il tuo, faccendo quello che tu pregando mi di' che tanto ti piace; e poi che la tua liberalità è tanta che vince la mia debita vergogna, e io il farò. Ma di questo ti rendi certo, che io nol fo come uomo che non conosca me da te ricever non solamente la donna amata, ma con quella la vita mia. Facciano gl'Iddii, se esser può, che con onore e con ben di te io ti possa ancora mostrare quanto a grado

30 volentieri.
31 *ne' beni*: nell'interesse.
32 *di leggiere*: facilmente.
33 scambierò.
34 *duro stesse*: resistesse.
35 consigli, esortazioni.

mi sia ciò che tu verso me, più pietoso di me che io medesimo, adoperi. »[36]

Appresso queste parole disse Gisippo: « Tito, in questa cosa, a volere che effetto abbia, mi par da tener questa via. Come tu sai, dopo lungo trattato de' miei parenti e di quei di Sofronia, essa è divenuta mia sposa; e per ciò, se io andassi ora a dire che io per moglie non la volessi, grandissimo scandalo ne nascerebbe e turberei i suoi e' miei parenti. Di che niente mi curerei se io per questo vedessi lei dover divenir tua; ma io temo, se io a questo partito [37] la lasciassi, che i parenti suoi non la dieno prestamente ad un altro, il qual forse non sarai desso tu, e così tu avrai perduto quello che io non avrò acquistato. E per ciò mi pare, dove tu sii contento, che io con quello che cominciato ho seguiti avanti, e sì come mia me la meni a casa e faccia le nozze; e tu poi occultamente, sì come noi saprem fare, con lei sì come con tua moglie ti giacerai. Poi a luogo e a tempo manifesteremo il fatto; il quale, se lor piacerà, bene starà; se non piacerà, sarà pur fatto, e non potendo indietro tornare, converrà per forza che sien contenti. »

Piacque a Tito il consiglio: per la qual cosa Gisippo come sua nella sua casa la ricevette, essendo già Tito guarito e ben disposto; [38] e fatta la festa grande, come fu la notte venuta, lasciar le donne la nuova sposa nel letto del suo marito e andar via. Era la camera di Tito a quella di Gisippo congiunta, e dell'una si poteva nell'altra andare; per che, essendo Gisippo nella sua camera e ogni lume avendo spento, a Tito tacitamente andatosene, gli disse che con la sua donna s'andasse a coricare. Tito vedendo questo, vinto da vergogna, si volle pentere e recusava l'andata; ma Gisippo, che con intero [39] animo, come con le parole, al suo piacere era pronto, dopo lunga tencione vel pur mandò. Il quale, come nel letto giunse, presa la giovane, quasi come sollazzando, chetamente la domandò se sua moglie esser voleva. Ella, credendo lui esser Gisippo,

36 fai.
37 *a questo partito*: a tali condizioni.
38 *ben disposto*: tornato sano.
39 leale.

rispose di sì; ond'egli un bello e ricco anello le mise in dito dicendo: « E io voglio esser tuo marito.» E quinci consumato il matrimonio, lungo e amoroso piacer prese di lei, senza che ella o altri mai s'accorgesse che altri che Gisippo giacesse con lei.

Stando adunque in questi termini il maritaggio di Sofronia e di Tito, Publio suo padre di questa vita passò: per la qual cosa a lui fu scritto che senza indugio a vedere i fatti suoi [40] a Roma se ne tornasse. E per ciò egli d'andarne e di menarne Sofronia diliberò con Gisippo, il che, senza manifestarle come la cosa stesse, far non si dovea né potea acconciamente. Laonde, un dì nella camera chiamatala, interamente come il fatto stava le dimostrarono, e di ciò Tito per molti accidenti tra lor due stati la fece chiara.[41] La qual, poi che l'uno e l'altro un poco sdegnosetta ebbe guatato, dirottamente cominciò a piagnere, sé dello inganno di Gisippo rammaricando: e prima che nella casa di Gisippo nulla parola di ciò facesse, se n'andò a casa il padre suo, e quivi a lui e alla madre narrò lo 'nganno il quale ella ed eglino da Gisippo ricevuto avevano, affermando sé esser moglie di Tito, e non di Gisippo come essi credevano. Questo fu al padre di Sofronia gravissimo, e co' suoi parenti e con que' di Gisippo ne fece una lunga e gran querimonia, e furon le novelle e le turbazioni [42] molte e grandi. Gisippo era a' suoi e a que' di Sofronia in odio, e ciascun diceva lui degno non solamente di riprensione, ma d'aspro gastigamento. Ma egli sé onesta cosa aver fatta affermava e da dovernegli essere rendute grazie da' parenti di Sofronia, avendola a miglior di sé maritata.

Tito d'altra parte ogni cosa sentiva e con gran noia sosteneva; e conoscendo costume esser de' greci tanto innanzi sospignersi co' romori e con le minacce, quanto penavano a trovar chi loro rispondesse, e allora non solamente umili ma vilissimi divenire, pensò più non fossero senza risposta da comportare le lor novelle. E avendo esso animo romano e senno ateniese, con assai acconcio modo i pa-

40 *vedere... suoi*: curare le sue faccende, i propri interessi.
41 *la fece chiara*: informò Sofronia.
42 *le novelle e le turbazioni*: le chiacchiere, le questioni e le liti.

renti di Gisippo e que' di Sofronia in un tempio fé ragunare, e in quello entrato accompagnato da Gisippo solo, così agli aspettanti parlò: « Credesi per molti filosofanti, che ciò che s'adopera da' mortali sia degli Iddii immortali disposizione e provvedimento, e per questo vogliono alcuni essere di necessità ciò che ci[43] si fa o farà mai; quantunque alcuni altri sieno che questa necessià impongano[44] a quel che è fatto solamente. Le quali oppinioni se con alcuno avvedimento riguardate fieno, assai apertamente si vedrà che il riprender cosa che frastornar[45] non si possa, niuna altra cosa è a fare se non volersi più savio mostrare che gl'Iddii, li quali noi dobbiam credere che con ragion perpetua[46] e senza alcuno errore dispongono e governan noi e le nostre cose; per che, quanto le loro operazioni ripigliare[47] sia matta presunzione e bestiale, assai leggiermente il potete vedere, e ancora chenti e quali catene coloro meritino che tanto in ciò si lasciano trasportare dall'ardire. De' quali, secondo il mio giudicio, voi siete tutti, se quello è vero che io intendo che voi dovete aver detto e continuamente dite, per ciò che mia moglie Sofronia è divenuta, dove lei a Gisippo avavate data, non riguardando che *ab etterno* disposto fosse che ella non di Gisippo divenisse ma mia, sì come per effetto si conosce al presente. Ma per ciò che 'l parlar della segreta provvedenza e intenzion degl'Iddii pare a molti duro e grave a comprendere, presupponendo che essi di niuno nostro fatto s'impaccino, mi piace di condiscendere a' consigli degli uomini;[48] de' quali dicendo, mi converrà far due cose molto a' miei costumi contrarie: l'una fia alquanto me commendare, e l'altra il biasimare alquanto altrui o avvilire. Ma, per ciò che dal vero né nell'una né nell'altra non intendo partirmi, e la presente materia il richiede, il pur farò. I vostri ramarichii, più da furia che da ragione incitati, con continui mormorii, anzi romori, vituperano, mordono e dannano

43 in terra.
44 imputino, attribuiscano.
45 cambiare.
46 *ragion perpetua*: leggi eterne.
47 riprendere, condannare.
48 *condiscendere... uomini*: accondiscendere a considerazioni prettamente umane.

Gisippo, per ciò che colei m'ha data per moglie col suo consiglio, che voi a lui col vostro avevate data, laddove io estimo che egli sia sommamente da commendare; e le ragioni son queste: l'una però che egli ha fatto quello che amico dee fare, l'altra perché egli ha più saviamente fatto che voi non avevate. Quello che le sante leggi della amicizia vogliono che l'uno amico per l'altro faccia, non è mia intenzion di spiegare al presente, essendo contento d'avervi tanto solamente ricordato di quelle, che il legame della amistà troppo più stringa che quel del sangue o del parentado, con ciò sia cosa che gli amici noi abbiamo quali ce li eleggiamo, e i parenti quali gli ci dà la fortuna. E per ciò, se Gisippo amò più la mia vita che la vostra benivolenza, essendo io suo amico, come io mi tengo, niuno se ne dee maravigliare. Ma veniamo alla seconda ragione, nella quale con più instanzia vi si convien dimostrare lui più essere stato savio che voi non siete, con ciò sia cosa che della providenzia degli Iddii niente mi pare che voi sentiate,[49] e molto men conosciate della amicizia gli effetti. Dico che il vostro avvedimento, il vostro consiglio e la vostra diliberazione aveva Sofronia data a Gisippo giovane e filosafo, quello di Gisippo la diede a giovane e filosafo; il vostro consiglio la diede ad ateniese, e quel di Gisippo a romano; il vostro ad un gentil giovane, quel di Gisippo ad un più gentile; il vostro ad un ricco giovane, quel di Gisippo ad un ricchissimo, il vostro ad un giovane il quale non solamente non l'amava, ma appena la conosceva, quel di Gisippo ad un giovane il quale sopra ogni sua felicità e più che la propia vita l'amava. E che quello che io dico sia vero e più da commendare che quello che voi fatto avavate, riguardisi a parte a parte. Che io giovane e filosafo sia come Gisippo, il viso mio e gli studi, senza più lungo sermon farne, il possono dichiarare: una medesima età è la sua e la mia, e con pari passo sempre proceduti siamo studiando. È il vero ch'egli è ateniese e io romano. Se della gloria della città si disputerà, io dirò che io sia di città libera ed egli di tributaria; io dirò che io sia di città donna[50] di tutto 'l mondo, ed

49 sappiate.
50 signora.

egli di città obbediente alla mia; io dirò che io sia di città
fiorentissima d'arme, d'imperio e di studi, dove egli non
potrà la sua se non di studi commendare. Oltre a questo,
quantunque voi qui scolar mi veggiate assai umile, io non
son nato della feccia del popolazzo di Roma: le mie case
e i luoghi publici di Roma son pieni d'antiche imagini
de' miei maggiori, e gli annali romani si troveranno pieni
di molti triumfi menati da' Quinzi in sul romano Capito-
lio: né è per vecchiezza marcita, anzi oggi più che mai
fiorisce la gloria del nostro nome. Io mi taccio, per vergogna, delle mie ricchezze, nella mente avendo che l'onesta
povertà sia antico e larghissimo patrimonio de' nobili cittadini di Roma; la quale, se dalla oppinione de' volgari [51] è
dannata e son commendati i tesori, io ne sono, non come
cupido, ma come amato dalla fortuna, abbondante. E
assai conosco che egli v'era qui, e dovea essere e dee, caro
d'aver per parente Gisippo; ma io non vi debbo per alcuna cagione meno essere a Roma caro, considerando che
di me là avrete ottimo oste,[52] e utile e sollicito e possente
padrone,[53] così nelle pubbliche opportunità come ne' bisogni privati. Chi dunque, lasciando star la volontà [54] e con
ragion riguardando, più i vostri consigli commenderà che
quegli del mio Gisippo? Certo niuno. È adunque Sofronia
ben maritata a Tito Quinzio Fulvo, nobile, antico e ricco
cittadin di Roma e amico di Gisippo: per che chi di ciò
si duole o si rammarica, non fa quello che dee ne sa quello che egli si fa. Saranno forse alcuni che diranno non dolersi Sofronia esser moglie di Tito, ma dolersi del modo
nel quale sua moglie è divenuta: nascosamente, di furto,
senza saperne amico o parente alcuna cosa. E questo non
è miracolo, né cosa che di nuovo [55] avvenga. Io lascio stare
volentieri quelle che già conro a' voleri de' padri hanno i
mariti presi e quelle che si sono con li loro amanti fuggi-
te, e prima amiche sono state che mogli, e quelle che prima con le gravidezze e co' parti hanno i matrimoni pale-

51 *de' volgari*: della gente comune.
52 ospite.
53 protettore.
54 passione.
55 *di nuovo*: per la prima volta.

sati che con la lingua, e hagli fatti la necessità aggradire: [56] quello che di Sofronia non è avvenuto, anzi ordinatamente, discretamente e onestamente da Gisippo a Tito è stata data. E altri diranno colui averla maritata a cui di maritarla non apparteneva: sciocche lamentanze son queste e femminili, e da poca considerazion procedenti. Non usa ora la fortuna di nuovo varie vie e istrumenti nuovi a recare le cose agli effetti diterminati. Che ho io a curare se il calzolaio più tosto che il filosofo [57] avrà d'un mio fatto secondo il suo giudicio disposto o in occulto o in palese, se il fine è buono? debbomi io ben guardare, se il calzolaio non è discreto, che egli più non ne possa fare, e ringraziarlo del fatto. Se Gisippo ha ben Sofronia maritata, l'andarsi del modo dolendo e di lui è una stultizia superflua; se del suo senno voi non vi confidate,[58] guardatevi che egli più maritar non ne possa, e di questa il ringraziate. Nondimeno dovete sapere che io non cercai né con ingegno [59] né con fraude d'imporre alcuna macula all'onestà e alla chiarezza [60] del vostro sangue nella persona di Sofronia; e quantunque io l'abbia occultamente per moglie presa, io non venni come rattore [61] a torle la sua virginità né come nimico la volli men che onestamente avere, il vostro parentado rifiutando; ma ferventemente acceso della sua vaga bellezza e delle virtù di lei, conoscendo, se con quello ordine che voi forse volete dire cercata l'avessi, che, essendo ella molto amata da voi, per tema che io a Roma menata non ne l'avessi, avuta non l'avrei. Usai adunque l'arte occulta che ora vi puote essere aperta, e feci Gisippo, a quello che egli di fare non era disposto, consentire il mio nome; e appresso, quantunque io ardentemente l'amassi, non come amante ma come marito i suoi congiugnimenti cercai, non appressandomi prima a lei, sì come essa medesima può con verità testimoniare, che io e con le debite parole e con

56 *hagli... aggradire*: sono stati accettati per forza.
57 *il calzolaio... filosofo*: allusione all'episodio di Apelle e del calzolaio narrato dagli scrittori latini (conosciuto dal Boccaccio tramite Valerio Massimo).
58 fidate.
59 astuzia, inganno.
60 nobiltà.
61 rapitore.

l'anello l'ebbi sposata, domandandola se ella me per marito volea: a che ella rispose di sì. Se esser le pare ingannata, non io ne son da riprender, ma ella, che me non domandò chi io fossi. Questo è adunque il gran male, il gran peccato, il gran fallo adoperato da Gisippo amico e da me amante, che Sofronia occultamente sia divenuta moglie di Tito Quinzio; per questo il lacerate,[62] minacciate e insidiate. E che ne fareste voi più, se egli ad un villano, ad un ribaldo, ad un servo data l'avesse? quali catene, qual carcere, quali croci ci basteriéno?[63] Ma lasciamo ora star questo: egli è venuto il tempo il quale io ancora non aspettava, cioè che mio padre sia morto e che a me conviene a Roma tornare, per che, meco volendone Sofronia menare, v'ho palesato quello che io forse ancora v'avrei nascoso; il che, se savi sarete, lietamente comporterete,[64] per ciò che, se ingannare o oltraggiare v'avessi voluto, schernita ve la poteva lasciare: ma tolga Iddio via questo, che in romano spirito tanta viltà albergar possa giammai. Ella adunque, cioè Sofronia, per consentimento degli Dii e per vigore delle leggi umane e per lo laudevole senno del mio Gisippo e per la mia amorosa astuzia è mia; la qual cosa voi, per avventura più che gli Dii o che gli altri uomini savi tenendovi, bestialmente in due maniere forte a me noiose mostra[65] che voi danniate: l'una è Sofronia tenendovi, nella quale, più che mi piaccia, alcuna ragion non avete,[66] e l'altra è il trattar Gisippo, al quale meritamente obligati siete, come nimico. Nelle quali quanto sciocamente facciate io non intendo al presente di più aprirvi, ma come amici vi consigliare[67] che si pongano giuso[68] gli sdegni vostri, e i crucci presi si lascino tutti, e che Sofronia mi sia restituita, acciò che io lietamente vostro parente mi parta e viva vostro: sicuri di questo che, o piacciavi o non piacciavi

62 *il lacerate*: lo straziate, rimproverate aspramente.
63 sarebbero sufficienti.
64 sopporterete.
65 si mostra, appare.
66 *più... avete*: non avete maggiori diritti di me che sono il marito.
67 *vi consigliare*: consigliarvi (in dipendenza da *intendo*).
68 *pongano giuso*: depongano.

900

quel che è fatto, se altramenti operare intendeste, io vi
torrò Gisippo, e senza fallo, se a Roma pervengo, io riavrò colei che è meritamente mia, mal grado che voi n'abbiate;[69] e quanto lo sdegno de' romani animi possa, sempre
nimicandovi,[70] vi farò per esperienza conoscere. »

Poi che Tito così ebbe detto, levatosi in piè tutto nel
viso turbato, preso Gisippo per mano, mostrando d'aver
poco a cura quanti nel tempio n'erano, di quello, crollando la testa e minacciando, s'uscì. Quegli che là entro
rimasono, in parte dalle ragioni di Tito al parentado e alla
sua amistà indotti, e in parte spaventati dall'ultime sue
parole, di pari concordia diliberarono essere il miglior
d'aver Tito per parente, poi che Gisippo non aveva esser
voluto, che aver Gisippo per parente perduto e Tito per
nimico acquistato. Per la qual cosa andati, ritrovar Tito
e dissero che piaceva lor che Sofronia fosse sua, e d'aver
lui per caro parente e Gisippo per buono amico: e fattasi
parentevole e amichevole festa insieme, si dipartirono e Sofronia gli rimandarono; la quale, sì come savia, fatta della
necessità virtù, l'amore il quale aveva a Gisippo prestamente rivolse a Tito, e con lui se n'andò a Roma, dove
con grande onore fu ricevuta.

Gisippo, rimasosi in Atene, quasi da tutti poco a capital tenuto,[71] dopo non molto tempo, per certe brighe cittadine,[72] con tutti quegli di casa sua, povero e meschino fu
d'Atene cacciato e dannato ad essilio perpetuo. Nel quale
stando Gisippo, e divenuto non solamente povero ma mendico, come poté il men male[73] a Roma se ne venne, per provare se di lui Tito si ricordasse; e saputo lui esser vivo
e a tutti i romani grazioso,[74] e le sue case apparate,[75] dinanzi
ad esse si mise a star tanto che Tito venne; al quale egli
per la miseria nella quale era non ardì di far motto, ma
ingegnossi di farglisi vedere, acciò che Tito riconoscendolo il facesse chiamare; per che, passato oltre Tito e a

69 mal... n'abbiate : per quanto possa spiacervi.
70 trattandovi da nemici.
71 poco... tenuto : scarsamente stimato.
72 brighe cittadine : discordie tra fazioni avverse di concittadini.
73 come... male : alla meno peggio.
74 a... grazioso : ben accetto, amato da tutti.
75 le... apparate : saputo dove stava di casa.

Gisippo parendo che egli veduto l'avesse e schifatolo, ricordandosi di ciò che già per lui fatto aveva, sdegnoso e disperato si dipartì. Ed essendo già notte ed esso digiuno e senza denari, senza sapere dove s'andasse, più che d'altro di morir disideroso, s'avvenne in uno luogo molto salvatico [76] della città, dove veduta una gran grotta, in quella per istarvi quella notte si mise, e sopra la nuda terra e male in arnese, vinto dal lungo pianto, s'addormentò. Alla qual grotta due, li quali insieme erano la notte andati ad imbolare, col furto fatto andarono in sul matutino, e a quistion venuti, l'uno, che era più forte, uccise l'altro e andò via. La qual cosa avendo Gisippo sentita e veduta, gli parve alla morte molto da lui disiderata, senza uccidersi egli stesso, aver trovata via; e per ciò, senza partirsi, tanto stette che' i sergenti della corte, [77] che già il fatto aveva sentito, vi vennero, e Gisippo furiosamente ne menarono preso. [78] Il quale essaminato confessò sé averlo ucciso, né mai poi esser potuto della grotta partirsi; per la qual cosa il pretore, che Marco Varrone era chiamato, comandò che fosse fatto morire in croce, sì come allor s'usava.

Era Tito per ventura in quella ora venuto al pretorio; il quale, guardando nel viso il misero condennato e avendo udito il perché, subitamente il riconobbe esser Gisippo, e maravigliossi della sua misera fortuna e come quivi arrivato fosse; e ardentissimamente disiderando d'aiutarlo, né veggendo alcuna altra via alla sua salute se non d'accusar sé e di scusar lui, prestamente si fece avanti e gridò: « Marco Varrone, richiama il povero uomo il quale tu dannato hai, per ciò che egli è innocente: io ho assai con una colpa offesi gl'Iddii, uccidendo colui il quale i tuoi sergenti questa mattina morto trovarono, senza volere ora con la morte d'un altro innocente offendergli. »

Varrone si maravigliò e dolfegli [79] che tutto il pretorio l'avesse udito; e non potendo con suo onore ritrarsi da far quello che comandavan le leggi, fece indietro ritornar

76 solitario.
77 *i sergenti della corte*: le guardie della polizia.
78 *ne... preso*: lo condussero prigioniero.
79 gli dolse.

Gisippo, e in presenza di Tito gli disse : « Come fostù [80] sì folle che, senza alcuna pena sentire,[81] tu confessassi quello che tu non facesti giammai, andandone la vita? [82] tu dicevi che eri colui il quale questa notte avevi ucciso l'uomo, e questi or viene e dice che non tu ma egli l'ha ucciso. »

Gisippo guardò e vide che colui era Tito, e assai ben conobbe lui far questo per la sua salute, sì come grato del servigio già ricevuto da lui; per che, di pietà piagnendo, disse : « Varrone, veramente io l'uccisi, e la pietà di Tito alla mia salute è omai troppo tarda. »

Tito d'altra parte diceva : « Pretore, come tu vedi, costui è forestiere, e senza arme fu trovato allato all'ucciso, e veder puoi la sua miseria dargli cagione di voler morire; e per ciò liberalo, e me, che l'ho meritato, punisci. »

Maravigliossi Varrone della instanzia di questi due, e già presummeva niuno dovere essere colpevole; e pensando al modo della loro assoluzione, ed ecco venire un giovane, chiamato Publio Ambusto, di perduta speranza [83] e a tutti i romani notissimo ladrone, il quale veramente l'omicidio aveva commesso; e conoscendo niuno de' due esser colpevole di quello che ciascuno s'accusava, tanta fu la tenerezza che nel cuor gli venne per la innocenzia di questi due, che, da grandissima compassion mosso, venne dinanzi a Varrone e disse : « Pretore, i miei fati mi traggono a dover solvere la dura quistion [84] di costoro, e non so quale Iddio dentro mi stimola e infesta a doverti il mio peccato manifestare; e per ciò sappi niun di costoro esser colpevole di quello che [85] ciascuno sé medesimo accusa. Io son veramente colui che quello uomo uccisi istamane in sul dì; e questo cattivello [86] che qui è, là vid'io che si dormiva, mentre che io i furti fatti divideva con colui cui io uccisi. Tito non bisogna che io scusi : la sua fama è chiara per tutto lui non essere uomo di tal condizione : adunque liberagli,

80 fosti tu.
81 *senza... sentire* : cioè, senza essere stato sottoposto a tortura.
82 *andandone la vita* : rischiandoci la vita.
83 *di perduta speranza* : da cui non si poteva sperare più nulla di buono.
84 *solvere... quistion* : risolvere, decidere l'insolubile contesa.
85 di cui.
86 poveretto.

e di me quella pena piglia che le leggi m'impongono. »

Aveva già Ottaviano questa cosa sentita, e fattiglisi tutti e tre venire, udir volle che cagion movesse ciascuno a volere essere il condannato; la quale ciascun narrò. Ottaviano li due, per ciò che erano innocenti, e il terzo per amor di loro liberò.

Tito, preso il suo Gisippo e molto prima della sua tiepidezza e diffidenzia ripresolo, gli fece maravigliosa festa e a casa sua nel menò, là dove Sofronia con pietose lagrime il ricevette come fratello; e ricreatolo[87] alquanto, e rivestitolo e ritornatolo nello abito debito alla sua virtù e gentilezza, primieramente con lui ogni suo tesoro e possessione fece comune, e appresso una sua sorella giovinetta, chiamata Fulvia, gli dié per moglie; e quindi gli disse : « Gisippo, a te sta omai o il volere qui appresso di me dimorare, o volerti con ogni cosa che donata t'ho in Acaia tornare. » Gisippo, costrignendolo da una parte l'essilio che aveva della sua città e d'altra l'amore il qual portava debitamente alla grata amistà di Tito, a divenir romano s'accordò; dove[88] con la sua Fulvia, e Tito con la sua Sofronia, sempre in una casa gran tempo e lietamente vissero, più ciascun giorno, se più potevano essere, divenendo amici.

Santissima cosa adunque è l'amistà, e non solamente di singular reverenzia degna, ma d'essere con perpetua laude commendata, sì come discretissima madre di magnificenzia e d'onestà, sorella di gratitudine e di carità, e di odio e d'avarizia nimica, sempre, senza priego aspettar, pronta a quello in altrui virtuosamente operare che in sé vorrebbe che fosse operato; li cui sacratissimi effetti oggi radissime volte si veggono in due, colpa e vergogna della misera cupidigia de' mortali, la qual, solo alla propria utilità riguardando, ha costei fuor degli estremi termini della terra in essilio perpetuo relegata. Quale amore, qual ricchezza, qual parentado avrebbe il fervore, le lagrime e' sospiri di Tito con tanta efficacia fatti a Gisippo nel cuor sentire, che egli per ciò la bella sposa gentile e amata da

87 ristoratolo.
88 a Roma.

lui avesse fatta divenir di Tito, se non costei? Quali leggi, quali minacce, quali paure le giovanili braccia di Gisippo ne' luoghi solitari, ne' luoghi oscuri, nel letto proprio avrebbe fatto astenere dagli abbracciamenti della vaga giovane, forse talvolta invitatrice, se non costei? Quali stati, qua' meriti, quali avanzi [89] avrebbon fatto Gisippo non curar di perdere i suoi parenti e quei di Sofronia, non curar de' disonesti mormorii del popolazzo, non curar delle beffe e degli scherni, per sodisfare all'amico, se non costei? E d'altra parte, chi avrebbe Tito, senza alcuna diliberazione, possendosi egli onestamente infignere [90] di vedere, fatto prontissimo a procurar la propria morte, per levar Gisippo dalla croce la quale egli stesso si procacciava, se non costei? Chi avrebbe Tito senza alcuna dilazione [91] fatto liberalissimo a comunicare il suo ampissimo patrimonio con Gisippo, al quale la fortuna il suo aveva tolto, se non costei? Chi avrebbe Tito senza alcuna suspizione fatto ferventissimo a concedere la propia sorella per moglie a Gisippo, il quale vedeva poverissimo e in estrema miseria posto, se non costei?

Disiderino adunque gli uomini la moltitudine de' consorti,[92] le turbe de' fratelli, e la gran quantità de' figliuoli, e con gli lor denari il numero de' servidori s'accrescano; e non guardino, qualunque s'è l'uno di questi, ogni minimo suo pericolo più temere che sollicitudine aver di tor via i grandi del padre o del fratello o del signore, dove tutto il contrario far si vede all'amico.[93]

89 (prospettive di) vantaggi, guadagni.
90 fingere, dissimulare.
91 esitazione.
92 congiunti, parenti.
93 *e non guardino... amico*: e non considerino che chiunque di tali congiunti teme ogni suo più piccolo rischio molto più di quanto non si adoperino ad allontanare i grandi pericoli dal padre, dal fratello o dal signore, mentre si vede che l'amico agisce nel modo opposto (evidente il tono sarcastico dell'affermazione).

Novella nona

IL SALADINO IN FORMA DI MERCATANTE [1] È ONORATO DA
MESSER TORELLO; FASSI IL PASSAGGIO; [2] MESSER TORELLO
DÀ UN TERMINE ALLA DONNA SUA A RIMARITARSI; È PRESO,
E PER ACCONCIARE UCCELLI VIENE IN NOTIZIA DEL SOLDANO, [3]
IL QUALE, RICONOSCIUTOLO E SÉ FATTO RICONOSCERE,
SOMMAMENTE L'ONORA; MESSER TORELLO INFERMA, E PER
ARTE MAGICA IN UNA NOTTE N'È RECATO A PAVIA, E ALLE
NOZZE CHE DELLA RIMARITATA SUA MOGLIE SI FACEVANO,
DA LEI RICONOSCIUTO, CON LEI A CASA SUA SE NE TORNA. [4]

Aveva alle sue parole già Filomena fatta fine, e la magnifica gratitudine di Tito da tutti parimente era stata
commendata molto, quando il re, il deretano [5] luogo riser-
vando a Dioneo, così cominciò a parlare:

Vaghe donne, senza alcun fallo Filomena, in ciò che
dell'amistà dice, racconta 'l vero, e con ragione nel fine
delle sue parole si dolfe [6] lei oggi così poco da' mortali esser
gradita. E se noi qui per dover correggere i difetti mon-
dani o pur per riprendergli, fossimo, io seguiterei con diffuso sermone le sue parole; ma per ciò che altro è il nostro fine, a me è caduto nell'animo di dimostrarvi forse con
una istoria assai lunga ma piacevol per tutto, [7] una delle
magnificenzie del Saladino, acciò che per le cose che nella
mia novella udirete, se pienamente l'amicizia d'alcuno non
si può per li nostri vizi acquistare, almeno diletto prendia-
mo del servire, [8] sperando che, quando che sia, di ciò merito ci debba seguire.

1 *in... mercatante*: sotto le spoglie del mercante.
2 crociata.
3 *per... soldano*: viene a conoscenza del soldano per la sua bra-
vura nell'ammaestrare i falconi.
4 Qualche saltuario riscontro nella letteratura leggendaria fio-
rita intorno al Saladino e nella tradizione exemplaria del Medioevo
offre conferma dell'originalità di questa novella.
5 ultimo.
6 dolse.
7 *per tutto*: in ogni sua parte.
8 *del servire*: nell'usare cortesia.

Dico adunque che, secondo che alcuni affermano, al tempo dello imperadore Federigo primo,[9] a racquistare la Terra Santa si fece per li cristiani un general passaggio. La qual cosa il Saladino, valentissimo signore e allora soldano di Babilonia,[10] alquanto dinanzi sentendo, seco propone di volere personalmente vedere gli apparecchiamenti de' signori cristiani a quel passaggio, per meglio poter provvedersi. E ordinato in Egitto ogni suo fatto,[11] sembiante faccendo d'andare in pellegrinaggio, con due de' suoi maggiori e più savi uomini e con tre famigliari [12] solamente, in forma di mercatante si mise in cammino. E avendo cerche [13] molte province cristiane, e per Lombardia cavalcando per passare oltre a' monti, avvenne che, andando da Melano a Pavia ed essendo già vespro, si scontrarono in un gentile uomo, il cui nome era messer Torello di Stra da Pavia, il quale con suoi famigliari e con cani e con falconi se n'andava a dimorare ad un suo bel luogo il quale sopra 'l Tesino aveva.

Li quali come messer Torel vide, avvisò [14] che gentili uomini e stranier fossero, e disiderò d'onorargli; per che, domandando il Saladino un de' suoi famigliari quanto ancora avesse di quivi a Pavia e se ad ora giugner potesser d'entrarvi,[15] non lasciò rispondere al famigliare, ma rispose egli: « Signori, voi non potrete a Pavia pervenire ad ora che dentro possiate entrare. »

« Adunque, » disse il Saladino, « piacciavi d'insegnarne, per ciò che stranier siamo, dove noi possiamo meglio albergare. »

Messer Torello disse: « Questo farò io volentieri: io era testé in pensiero [16] di mandare un di questi miei infin vicin di Pavia per alcuna cosa: io nel manderò con voi, ed

---

9 *Federigo primo*: Federico Barbarossa, imperatore dal 1152 al 1190. La crociata cui si allude è la terza (1189).

10 Babilonia d'Egitto (Il Cairo).

11 *ogni suo fatto*: tutti i suoi interessi.

12 servitori.

13 visitate, perlustrate.

14 stimò.

15 *se... d'entrarvi*: se potessero entrarvi prima della chiusura delle porte.

16 *io... pensiero*: stavo or ora pensando.

egli vi conducerà in parte dove voi albergherete assai convenevolmente. »

E al più discreto de' suoi accostatosi, gl'impose quello che egli avesse a fare, e mandol con loro; ed egli al suo luogo andatosene, prestamente, come si poté il meglio, fece ordinare una bella cena e metter le tavole in un suo giardino; e questo fatto, sopra la porta se ne venne ad aspettargli. Il famigliare, ragionando co' gentili uomini di diverse cose, per certe strade gli trasviò [17] e al luogo del suo signore, senza che essi se n'accorgessero, condotti gli ebbe.

Li quali come messer Torel vide, tutto a piè fattosi loro incontro, ridendo disse: « Signori, voi siate i molto ben venuti. » Il Saladino, il quale accortissimo era, s'avvide che questo cavaliere aveva dubitato che essi non avesser tenuto [18] lo 'nvito se, quando gli trovò, invitati gli avesse; per ciò, acciò che negar non potesser d'esser la sera con lui, con ingegno [19] a casa sua gli aveva condotti; e risposto al suo saluto, disse: « Messere, se dei cortesi uomini l'uom [20] si potesse ramaricare, noi ci dorremmo di voi, il quale, lasciamo stare del nostro cammino che impedito alquanto avete, ma senza altro essere stata da noi la vostra benivolenza meritata che d'un sol saluto,[21] a prender sì alta cortesia, come la vostra è, n'avete quasi costretti. »

Il cavaliere, savio e ben parlante, disse: « Signori, questa che voi ricevete da me, a rispetto di quella che vi si converrebbe, per quello che io ne' vostri aspetti comprenda, fia povera cortesia; ma nel vero fuor di Pavia voi non potreste essere stati in luogo alcun che buon fosse, e per ciò non vi sia grave l'avere alquanto la via traversata,[22] per un poco men disagio avere. »

E così dicendo, la sua famiglia venuta dattorno a costoro, come smontati furono, i cavalli adagiarono; [23] e messer

17 deviò.
18 *aveva... tenuto*: aveva temuto che essi non avrebbero accettato.
19 *con ingegno*: per mezzo di un sotterfugio.
20 *l'uom*: introduce una proposizione impersonale.
21 *senza... saluto*: non avendo fatto altro che un saluto al fine di meritare la vostra benevolenza.
22 allungata.
23 sistemarono.

Torello i tre gentili uomini menò alle camere per loro apparecchiate, dove gli fece scalzare e rinfrescare alquanto con freschissimi vini, e in ragionamenti piacevoli infino all'ora di poter cenare gli ritenne. Il Saladino e' compagni e' famigliari tutti sapevan latino,[24] per che molto bene intendevano ed erano intesi, e pareva a ciascun di loro che questo cavaliere fosse il più piacevole e 'l più costumato uomo, e quegli che meglio ragionasse che alcun altro che ancora n'avesser veduto. A messer Torello d'altra parte pareva che costoro fossero magnifichi uomini e da molto più[25] che avanti stimato non avea, per che seco stesso si dolea che di compagnia e di[26] più solenne convito quella sera non gli poteva onorare; laonde egli pensò di volere la seguente mattina ristorare, e informato un de' suoi famigli di ciò che far voleva, alla sua donna,[27] che savissima era e di grandissimo animo, nel mandò a Pavia, assai quivi vicina e dove porta alcuna non si serrava.

E appresso questo menati i gentili uomini nel giardino, cortesemente gli domandò chi e' fossero e donde e dove andassero; al quale il Saladino rispose: « Noi siamo mercatanti cipriani e di Cipri vegniamo, e per nostre bisogne andiamo a Parigi. »

Allora disse messer Torello: « Piacesse a Dio che questa nostra contrada producesse così fatti gentili uomini, chenti[28] io veggio che Cipri fa mercatanti! »

E di questi ragionamenti in altri stati alquanto, fu di cenar tempo: per che a loro l'onorarsi alla tavola commise,[29] e quivi, secondo cena sprovveduta,[30] furono assai bene e ordinatamente serviti. Né guari,[31] dopo le tavole levate, stettero che, avvisandosi messer Torello loro essere stanchi, in bellissimi letti gli mise a riposare, ed esso similmente poco appresso s'andò a dormire.

24 italiano.
25 *da molto più*: di condizione molto più elevata.
26 *di... di*: con... con.
27 moglie.
28 quali.
29 *l'onorarsi... commise*: li invitò a restar serviti.
30 *secondo... sprovveduta*: tenendo presente che era una cena improvvisata.
31 molto.

Il famigliare mandato a Pavia fé l'ambasciata alla donna, la quale non con feminile animo ma con reale,[32] fatti prestamente chiamare degli amici e de' servidori di messer Torello assai, ogni cosa opportuna a grandissimo convito fece apparecchiare, e a lume di torchio [33] molti de' più nobili cittadini fece al convito invitare, e fé torre [34] panni e drappi e vai,[35] e compiutamente mettere in ordine ciò che dal marito l'era stato mandato a dire.

Venuto il giorno, i gentili uomini si levarono, co' quali messer Torello montato a cavallo e fatti venire i suoi falconi, ad un guazzo [36] vicin gli menò, e mostrò loro come essi volassero; ma dimandando il Saladin di alcuno che a Pavia e al migliore albergo gli conducesse, disse messer Torello: « Io sarò desso, per ciò che esser mi vi conviene. »[37] Costoro credendolsi furon contenti, e insieme con lui entrarono in cammino: ed essendo già terza [38] ed essi alla città pervenuti, avvisando d'essere al migliore albergo inviati, con messer Torello alle sue case pervennero, dove già ben cinquanta de' maggior cittadini eran venuti per ricevere i gentili uomini, a' quali subitamente furon dintorno a' freni e alle staffe.

La qual cosa il Saladino e' compagni veggendo, troppo ben s'avvisaron ciò che era, e dissono: « Messer Torello, questo non è ciò che noi v'avam domandato: assai n'avete questa notte passata fatto, e troppo più che noi non vagliamo, per che acconciamente [39] ne potevate lasciare andare al cammin nostro. »

A' quali messer Torello rispose: « Signori, di ciò che iersera vi fu fatto, so io grado [40] alla fortuna più che a voi, la quale ad ora vi colse in cammino che bisogno vi fu di venire alla mia piccola casa: di questo di stamattina sarò io tenuto a voi, e con meco insieme tutti questi gentili

32 regale.
33 torcia.
34 *fe' torre* : fece tirar fuori.
35 pellicce.
36 stagno.
37 *per... conviene* : poiché devo andarci.
38 le nove.
39 con decoro.
40 *so io grado* : mi tengo obbligato.

uomini che dintorno vi sono, a' quali, se cortesia vi par fare il negar di voler con loro desinare, far lo potete, se voi volete. »

Il Saladino e' compagni vinti smontarono, e ricevuti da' gentili uomini lietamente furono alle camere menati, le quali ricchissimamente per loro erano apparecchiate; e posti giù gli arnesi da camminare [41] e rinfrescatisi alquanto, nella sala, dove splendidamente era apparecchiato, vennero; e data l'acqua alle mani e a tavola messi con grandissimo ordine e bello, di molte vivande magnificamente furon serviti, intanto che,[42] se lo 'mperadore venuto vi fosse, non si sarebbe più potuto fargli d'onore. E quantunque il Saladino e' compagni fossero gran signori e usi di vedere grandissime cose, nondimeno si maravigliarono essi molto di questa, e lor pareva delle maggiori, avendo rispetto alla qualità del cavaliere, il qual sapevano che era cittadino [43] e non signore. Finito il mangiare e le tavole levate, avendo alquanto d'alte cose parlato, essendo il caldo grande, come a messer Torel piacque, i gentili uomini di Pavia tutti s'andarono a riposare; ed esso con li suoi tre rimase, e con loro in una camera entratosene, acciò che niuna sua cara [44] cosa rimanesse che essi veduta non avessero, quivi si fece la sua valente donna chiamare. La quale, essendo bellissima e grande della persona e di ricchi vestimenti ornata, in mezzo di due suoi figlioletti, che parevano due agnoli, se ne venne davanti a costoro e piacevolmente gli salutò. Essi vedendola si levarono in piè e con reverenzia la ricevettono, e fattala sedere fra lor, gran festa fecero de' due belli suoi figlioletti. Ma poi che con loro in piacevoli ragionamenti entrata fu, essendosi alquanto partito [45] messer Torello, essa piacevolmente donde fossero e dove andassero gli domandò; alla quale i gentili uomini così risposero come a messer Torello avevan fatto.

Allora la donna con lieto viso disse: « Adunque veggio io che il mio feminile avviso sarà utile, e per ciò vi priego

41 *gli... camminare*: le vesti da viaggio.
42 *intanto che*: al punto che.
43 privato (contrapposto a *signore*).
44 preziosa.
45 allontanato.

che di spezial grazia mi facciate di non rifiutare né avere a vile quel piccioletto dono il quale io vi farò venire; ma, considerando che le donne secondo il lor piccol cuore piccole cose danno, più al buono animo di chi dà riguardando che alla quantità del dono, il prendiate. » E fattesi venire per ciascuno due paia di robe,[46] l'un foderato di drappo e l'altro di vaio, non miga cittadine né da mercatanti, ma da signore, e tre giubbe di zendado [47] e pannilini, disse: « Prendete queste: io ho delle robe il mio signore vestito con voi: [48] l'altre cose, considerando che voi siete alle vostre donne lontani, e la lunghezza del cammin fatto e quella di quel che è a fare, e che i mercatanti son netti e dilicati uomini, ancor che [49] elle vaglian poco, vi potranno esser care. »

I gentili uomini si maravigliarono e apertamente conobber messer Torello niuna parte di cortesia voler lasciare a far loro, e dubitarono, veggendo la nobiltà delle robe non mercatantesche, di non esser da messer Torello conosciuti: ma pure alla donna rispose l'un di loro: « Queste son, madonna, grandissime cose e da non dover di leggier pigliare, se i vostri prieghi a ciò non ci strignessero, alli quali dir di no non si puote. »

Questo fatto, essendo già messer Torello ritornato, la donna, accomandatigli a Dio,[50] da lor si partì, e di simili cose di ciò, quali a loro si convenieno, fece provvedere a' famigliari. Messer Torello con molti prieghi impetrò da loro che tutto quel dì dimorasson con lui; per che, poi che dormito ebbero, vestitesi le robe loro, con messer Torello alquanto cavalcar per la città, e l'ora della cena venuta, con molti onorevoli compagni magnificamente cenarono.

E, quando tempo fu, andatisi a riposare, come il giorno venne, su si levarono, e trovarono in luogo de' loro ronzini stanchi tre grossi pallafreni [51] e buoni, e similmente

46 vesti.
47 stoffa di seta assai fine.
48 *con voi*: come voi.
49 *ancor che*: sebbene.
50 *accomandatigli a Dio*: accomiatatili, salutatili.
51 cavalli da sella.

nuovi cavalli e forti alli loro famigliari; la qual cosa veggendo il Saladino, rivolto a' suoi compagni disse: « Io
giuro a Dio che più compiuto uomo né più cortese né
più avveduto di costui non fu mai; e se li re cristiani son
così fatti re verso di sé chente costui è cavaliere, al soldano di Babilonia non ha luogo d'aspettare pure un, non
che tanti quanti, per addosso andargliene, veggiam che
s'apparecchiano! »; [52] ma sappiendo che il rinunziargli non
avrebbe luogo, [53] assai cortesemente ringraziandolne, montarono a cavallo.

Messer Torello con molti compagni gran pezza di via
gli accompagnò fuor della città, e quantunque al Saladino
il partirsi da messer Torello gravasse, tanto già innamorato se n'era, pure, strignendolo l'andata, [54] il pregò che indietro se ne tornasse; il quale, quantunque duro gli fosse
il partirsi da loro, disse: « Signori, io il farò poi che vi
piace, ma così vi vo' dire: io non so chi voi vi siete, né
di saperlo più che vi piaccia addomando; ma chi che voi
vi siate, che voi siate mercatanti non lascerete voi per
credenza a me [55] questa volta: e a Dio vi comando. »

Il Saladino, avendo già da tutti i compagni di messer
Torello preso commiato, gli rispose dicendo: « Messere,
egli potrà ancora avvenire che noi vi farem vedere di nostra mercatantia, per la quale noi la vostra credenza raf-
fermeremo: e andatevi con Dio. »

Partissi adunque il Saladino e i compagni con grandissimo animo, se vita gli durasse e la guerra la quale aspettava nol disfacesse, [56] di fare ancora non minore onore a
messer Torello che egli a lui fatto avesse; e molto e di lui
e della sua donna e di tutte le sue cose e atti e fatti ragionò co' compagni, ogni cosa più commendando. Ma poi
che tutto il Ponente non senza gran fatica ebbe cercato, [57]

52 *son così fatti... s'apparecchiano*: sono rispetto alla loro condizione tali re quale è costui cavaliere, al soldano di Babilonia non
mette conto aspettarne anche uno solo, nonché tanti quanti vedia-
mo che si preparano ad andargli addosso.
53 *il... luogo*: sarebbe stato sconveniente rifiutare.
54 *strignendolo l'andata*: avendo fretta di partire.
55 *non.... me*: non mi lascerete credere.
56 *nol disfacesse*: non lo mandasse in rovina.
57 visitato.

entrato in mare, co' suoi compagni se ne tornò in Alessandria, e pienamente informato si dispose alla difesa. Messer Torello se ne tornò in Pavia, e in lungo pensier fu chi questi tre esser potessero, né mai al vero non aggiunse [58] né s'appressò.

Venuto il tempo del passaggio e faccendosi l'apparecchiamento [59] grande per tutto, messer Torello, nonostante i prieghi della sua donna e le lagrime, si dispose ad andarvi del tutto: e avendo ogni appresto fatto [60] ed essendo per cavalcare, disse alla sua donna, la quale egli sommamente amava: « Donna, come tu vedi, io vado in questo passaggio sì per onor del corpo e sì per salute [61] dell'anima: io ti raccomando le nostre cose e 'l nostro onore; e per ciò che io sono dell'andar certo, e del tornare, per mille casi che posson sopravvenire, niuna certezza ho, voglio io che tu mi facci una grazia: che che di me s'avvegna, ove tu non abbi certa novella della mia vita, che tu m'aspetti uno anno e un mese e un dì senza rimaritarti, incominciando da questo dì che io mi parto. »

La donna, che forte piagneva, rispose: « Messer Torello, io non so come io mi comporterò [62] il dolore nel qual, partendovi voi, mi lasciate; ma, dove [63] la mia vita sia più forte di lui e altro di voi avvenisse,[64] vivete e morite sicuro che io viverò e morrò moglie di messer Torello e della sua memoria. »

Alla qual messer Torello disse: « Donna, certissimo sono, che, quanto in te sarà, che questo che tu mi prometti avverrà; ma tu se' giovane donna e se' bella e se' di gran parentado, e la tua virtù è molta ed è conosciuta per tutto; per la qual cosa io non dubito punto che molti grandi e gentili uomini, se niente di me si suspicherà, non ti domandino a' tuoi fratelli e a' parenti; dagli stimoli de' quali, quantunque tu vogli, non ti potrai difendere e per forza

58 al... aggiunse: non colse nel vero.
59 preparativi.
60 avendo... fatto: cioè, avendo preparato tutto quello che gli occorreva.
61 salvezza.
62 mi comporterò: riuscirò a sopportare.
63 qualora.
64 e... avvenisse: vi succedesse qualche cosa, moriste.

ti converrà[65] compiacere a' voler loro : e questa è la cagion per la quale io questo termine, e non maggiore, ti dimando. »

La donna disse : « Io farò ciò che io potrò di quello che detto v'ho; e quando pure altro far mi convenisse, io v'ubidirò, di questo che m'imponete, certamente. Priego io Iddio che a così fatti termini né voi né me rechi a questi tempi. »

Finite le parole, la donna piagnendo abbracciò messer Torello, e trattosi di dito un anello, gliele diede dicendo : « Se egli avviene che io muoia prima che io vi rivegga, ricordivi di me quando il vedrete. »

Ed egli presolo, montò a cavallo, e detto ad ogn'uomo addio, andò a suo viaggio : e pervenuto a Genova con sua compagnia, montato in galea andò via, e in poco tempo pervenne ad Acri[66] e con l'altro essercito[67] de' cristiani si congiunse. Nel quale quasi a mano a man[68] cominciò una grandissima infermeria[69] e mortalità, la qual durante, qual che si fosse l'arte o la fortuna del Saladino, quasi tutto il rimaso degli scampati cristiani da lui a man salva fur presi, e per molte città divisi e imprigionati : fra' quali presi messer Torello fu uno, e in Alessandria menato in prigione. Dove non essendo conosciuto e temendo esso di farsi conoscere, da necessità costretto si diede a conciar uccelli,[70] di che egli era grandissimo maestro, e per questo a notizia venne del Saladino : laonde egli di prigione il trasse e ritennelo per suo falconiere. Messer Torello, che per altro nome che il cristiano dal Saladino non era chiamato, il quale egli non riconosceva né il soldano lui, solamente in Pavia l'animo avea e più volte di fuggirsi aveva tentato, né gli era venuto fatto; per che esso, venuti certi genovesi per ambasciadori al Saladino per la ricompera[71] di certi lor cittadini, e dovendosi partire, pensò di scrive-

65 *ti converrà* : dovrai.
66 San Giovanni d'Acri in Siria.
67 *l'altro essercito* : il restante dell'esercito.
68 *a mano a man* : subito.
69 epidemia.
70 *conciar uccelli* : addomesticare.
71 riscatto.

re alla donna sua come egli era vivo e a lei come più tosto potesse tornerebbe, e che ella l'attendesse; e così fece, e caramente pregò un degli ambasciadori, che conoscea, che facesse che quelle alle mani dell'abate di San Pietro in Ciel d'oro,[72] il qual suo zio era, pervenissero.

E in questi termini stando messer Torello, avvenne un giorno che, ragionando con lui il Saladino di suoi uccelli, messer Torello cominciò a sorridere e fece uno atto con la bocca il quale il Saladino, essendo a casa sua a Pavia, aveva molto notato; per lo quale atto al Saladino tornò alla mente messer Torello, e cominciò a fiso a riguardallo e parvegli desso: per che, lasciato il primo ragionamento, disse: « Dimmi, cristiano, di che paese se' tu di Ponente? » « Signor mio, » disse messer Torello, « io sono lombardo, d'una città chiamata Pavia, povero uomo e di bassa condizione. »

Come il Saladino udì questo, quasi certo di quello che dubitava, fra sé lieto disse: « Dato m'ha Iddio tempo di mostrare a costui quanto mi fosse a grado la sua cortesia », e senza altro dire, fattisi tutti i suoi vestimenti in una camera acconciare, vel menò dentro e disse: « Guarda, cristiano, se tra queste robe n'è alcuna che tu vedessi giammai. »

Messer Torello cominciò a guardare, e vide quelle che al Saladino aveva la sua donna donate, ma non estimò dover potere essere che desse fossero, ma tuttavia rispose: « Signor mio, niuna ce ne conosco: è ben vero che quelle due somiglian robe di che io già con tre mercatanti, che a casa mia capitarono, vestito ne fui. »

Allora il Saladino, più non potendo tenersi, teneramente l'abbracciò, dicendo: « Voi siete messer Torel di Stra,· e io son l'uno de' tre mercatanti a' quali la donna vostra donò queste robe; e ora è venuto il tempo di far certa la vostra credenza qual sia la mia mercatantia, come nel partirmi da voi dissi che potrebbe avvenire. »

Messer Torello, questo udendo, cominciò ad esser lietissimo e a vergognarsi; ad esser lieto d'avere avuto così fatto oste,[73] a vergognarsi che poveramente gliele pareva aver

72 *San Pietro in Ciel d'oro*: famosa chiesa di Pavia.
73 ospite.

ricevuto: a cui il Saladin disse: « Messer Torello, poi
che Iddio qui mandato mi v'ha, pensate che non io oramai, ma voi qui siate il signore. »

E fattasi la festa insieme grande,[74] di reali vestimenti il
fé vestire, e nel cospetto menatolo di tutti i suoi maggiori baroni,[75] e molte cose in laude del suo valor dette, comandò che da ciascun, che la sua grazia avesse cara, così onorato fosse come la sua persona: il che da quindi innanzi
ciascun fece, ma molto più che gli altri i due signori li
quali compagni erano stati del Saladino in casa sua. L'altezza della subita gloria, nella qual messer Torel si vide,
alquanto le cose di Lombardia gli trassero della mente, e
massimamente per ciò che sperava fermamente le sue lettere dovere essere al zio pervenute.

Era nel campo ovvero essercito de' cristiani, il dì che
dal Saladino furon presi, morto e seppellito un cavalier
provenzale di piccol valore, il cui nome era messer Torello
di Dignes: per la qual cosa, essendo messer Torello di
Stra per la sua nobiltà per lo essercito conosciuto, chiunque udì dir « messer Torello è morto » credette di messer Torel di Stra, e non di quel di Dignes, e il caso, che
sopravvenne, della presura, non lasciò sgannar gl'ingannati;[76] per che molti italici tornarono con questa novella,
tra' quali furono de' sì presuntuosi[77] che ardiron di dire sé
averlo veduto morto ed essere stati alla sepoltura. La qual
cosa saputa dalla donna e da' parenti di lui fu di grandissima e inestimabile doglia cagione, non solamente a loro, ma a ciascuno che conosciuto l'avea. Lungo sarebbe a
mostrare qual fosse e quanto il dolore e la tristizia e 'l
pianto della sua donna; la quale dopo alquanti mesi che
con tribulazion continua doluta s'era e a men dolersi avea
cominciato, essendo ella da' maggiori uomini di Lombardia domandata, da' fratelli e dagli altri suoi parenti fu
cominciata a sollicitare di rimaritarsi. Il che ella molte
volte e con grandissimo pianto avendo negato, costretta
alla fine le convenne far quello che vollero i suoi parenti,

74 *E.. grande*: e fattisi l'un l'altro molte feste.
75 dignitari.
76 *della... ingannati*: impedì agli ingannati di ricredersi.
77 audaci, temerari.

con questa condizione, che ella dovesse stare senza a marito andarne tanto quanto ella aveva promesso a messer Torello.

Mentre in Pavia eran le cose della donna in questi termini, e già forse otto dì al termine del doverne ella andare a marito eran vicini, avvenne che messer Torello in Alessandria vide un dì uno, il qual veduto avea con gli ambasciadori genovesi montar sopra la galea che a Genova ne venia; per che, fattolsi chiamare, il domandò che viaggio avuto avessero e quando a Genova fosser giunti; al quale costui disse: « Signor mio, malvagio viaggio fece la galea, sì come in Creti [78] sentii, là dove io rimasi; per ciò che, essendo ella vicina di Cicilia, si levò una tramontana pericolosa che nelle secche di Barberia [79] la percosse, né scampò testa,[80] e intra gli altri, due miei fratelli vi perirono. »

Messer Torello, dando alle parole di costui fede, che eran verissime, e ricordandosi che il termine ivi a pochi dì finiva da lui domandato alla donna, e avvisando niuna cosa di suo stato doversi sapere a Pavia, ebbe per constante [81] la donna dovere essere rimaritata; di che egli in tanto dolor caddè, che, perdutone il mangiare e a giacer postosi, diliberò di morire. La qualcosa come il Saladin sentì, che sommamente l'amava, venne da lui; e dopo molti prieghi e grandi fattigli, saputa la cagion del suo dolore e della sua infermità, il biasimò molto che avanti [82] non gliele aveva detto, e appresso il pregò che si confortasse, affermandogli che, dove questo facesse, egli adoprerebbe sì che egli sarebbe in Pavia al termine dato; e dissegli come. Messer Torello, dando fede alle parole del Saladino, e avendo molte volte udito dire che ciò era possibile e fatto s'era assai volte, si 'ncominciò a confortare e a sollicitare il Saladino che di ciò si diliberasse.[83] Il Saladino ad un suo nigromante, la cui arte già espermenta-

78 Creta.
79 *nelle... Barberia*: nelle Sirti, sulle coste della Libia.
80 persona.
81 *per constante*: per certo.
82 prima.
83 *si diliberasse*: si affrettasse.

ta aveva, impose che egli vedesse via [84] come messer Torello sopra un letto in una notte fosse portato a Pavia; a cui il nigromante rispose che ciò saria fatto, ma che egli per ben di lui il facesse dormire.

Ordinato questo, tornò il Saladino a messer Torello, e trovandol del tutto disposto a volere pure essere in Pavia al termine dato, se esser potesse, e se non potesse, a voler morire, gli disse così : « Messer Torello, se voi affettuosamente amate la donna vostra e che ella d'altrui non divegna dubitate,[85] sallo Iddio che io in parte alcuna non ve ne so riprendere, per ciò che di quante donne mi parve veder mai ella è colei li cui costumi, le cui maniere e il cui abito,[86] lasciamo star la bellezza che è fior caduto, più mi paion da commendare e da aver care. Sarebbemi stato carissimo, poi che la fortuna qui v'aveva mandato, che quel tempo che voi e io viver dobbiamo, nel governo del regno che io tengo parimenti signori vivuti fossimo insieme : e se questo pur non mi dovea esser conceduto da Dio, dovendovi questo cader nell'animo, o di morire o di ritrovarvi al termine posto in Pavia, sommamente avrei disiderato d'averlo saputo a tempo, che io con quello onore, con quella grandezza, con quella compagnia che la vostra virtù merita v'avessi fatto porre a casa vostra : il che poi che conceduto non m'è, e voi pur disiderate d'esser là di presente,[87] come io posso, nella forma che detta v'ho, ve ne manderò. »

Al qual messer Torello disse : « Signor mio, senza le vostre parole m'hanno gli effetti assai dimostrato della vostra benivolenzia, la qual mai da me in sì supremo grado non fu meritata, e di ciò che voi dite, eziandio non dicendolo, vivo e morrò certissimo; ma poi che così preso ho per partito, io vi priego che quello che mi dite di fare si faccia tosto, per ciò che domane è l'ultimo dì che io debbo essere aspettato. »

Il Saladino disse che ciò senza fallo era fornito: e il seguente dì, attendendo di mandarlo via la vegnente not-

84 *vedesse via* : trovasse il mezzo.
85 avete paura.
86 contegno.
87 *di presente* : subito.

te, fece il Saladin fare in una gran sala un bellissimo e ricco letto di materassi, secondo la loro usanza, tutti di velluti e di drappi ad oro,[88] e fecevi por suso una coltre lavorata a certi compassi [89] di perle grossissime e di carissime pietre preziose, la qual fu poi di qua [90] stimata infinito tesoro, e due guanciali quali a così fatto letto si richiedeano; e questo fatto, comandò che a messer Torello, il quale era già forte,[91] fosse messa in dosso una roba alla guisa saracinesca, la più ricca e la più bella cosa che mai fosse stata veduta per [92] alcuno, e in testa alla lor guisa gli fece una delle sue lunghissime bende ravvolgere. Ed essendo già l'ora tarda, il Saladino con molti de' suoi baroni nella camera, là dove messer Torello era, se n'andò, e postoglisi a sedere allato, quasi lagrimando a dir cominciò : « Messer Torello, l'ora che da voi divider mi dee s'appressa, e per ciò che io non posso né accompagnarvi né farvi accompagnare, per la qualità del cammino che a fare avete, che nol sostiene, qui in camera da voi mi convien prender commiato, al qual prendere venuto sono. E per ciò, prima che io a Dio v'accomandi, vi priego per quello amore e per quella amistà la qual è tra noi, che di me vi ricordi; e, se possibile è, anzi che i nostri tempi [93] finiscano, che voi, avendo in ordine poste le vostre cose di Lombardia, una volta almeno a vedermi vegniate, acciò che io possa in quella, essendomi d'avervi veduto rallegrato, quel difetto [94] supplire che ora per la vostra fretta mi convien commettere; e infino che questo avvenga, non vi sia grave visitarmi con lettere e di quelle cose che vi piaceranno richiedermi, che più volentier per voi che per alcuno uom che viva le farò certamente. »

Messer Torello non poté le lagrime ritenere, e per ciò da quelle impedito, con poche parole rispose impossibil dover essere che mai i suoi benefici e il suo valore di men-

88 *ad oro* : trapunto d'oro.
89 fregi.
90 *di qua* : qui da noi, in occidente.
91 rimesso in salute.
92 da.
93 *i nostri tempi* : le nostre vite.
94 mancanza.

te gli uscissero, e che senza fallo quello che gli domandava farebbe, dove tempo gli fosse prestato. Per che il Saladino, teneramente abbracciatolo e basciatolo, con molte
lagrime gli disse: «Andate con Dio»; e dalla camera
s'uscì, e gli altri baroni appresso tutti da lui s'accomiata-
rono, e col Saladino in quella sala ne vennero, là dove egli
avea fatto il letto acconciare. Ma essendo già tardi e il nigromante aspettando lo spaccio [95] e affrettandolo, venne un
medico con un beveraggio, e fattogli vedere che per for-
tificamento di lui gliele dava,[96] gliel fece bere; né stette guari [97] che addormentato fu. E così dormendo, fu portato per
comandamento del Saladino in su il bel letto, sopra il
quale esso una grande e bella corona pose di gran valore,
e sì la segnò, che apertamente fu poi compreso quella dal
Saladino alla donna di messer Torello esser mandata. Appresso mise in dito a messer Torello uno anello, nel quale
era legato un carbunculo,[98] tanto lucente che un torchio acceso pareva, il valor del quale appena si poteva stimare;
quindi gli fece una spada cignere, il cui guernimento non
si saria di leggieri apprezzato,[99] e oltre a questo un ferma-
glio gli fé davanti appiccare nel qual erano perle mai
simili non vedute, con altre care pietre assai: e poi da
ciascun de' lati di lui due grandissimi bacin d'oro pieni di
doble [100] fé porre, e molte reti di perle e anella e cinture e
altre cose, le quali lungo sarebbe a raccontare, gli fece
metter da torno. E questo fatto, da capo basciò messer
Torello e al nigromante disse che si spedisse; [101] per che incontanente in presenzia del Saladino il letto con tutto
messer Torello fu tolto via, e il Saladino co' suoi baroni
di lui ragionando si rimase.

Era già nella chiesa di San Piero in Ciel d'oro di Pavia, sì come dimandato avea, stato posato messer Torello

95 *lo spaccio*: il disbrigo della cosa.
96 *fattogli... dava*: datogli a intendere che glielo dava per rin-
cuorarlo.
97 *né... guari*: non passò molto tempo.
98 rubino.
99 *il... apprezzato*: l'ornamento della quale era di tale valore,
che non era facile calcolarlo.
100 doppie (monete d'oro).
101 *si spedisse*: portasse a termine la sua roba.

con tutti i sopradetti gioielli e ornamenti, e ancor si dormiva, quando, sonato già il matutino, il sagrestano nella chiesa entrò con un lume in mano; e occorsogli subitamente di vedere il ricco letto, non solamente si maravigliò, ma, avuta grandissima paura, indietro fuggendo si tornò; il quale l'abate e' monaci veggendo fuggire, si maravigliarono e domandarono della cagione. Il monaco la disse.

« Oh, » disse l'abate, « e sì non se' tu oggimai fanciullo né se' in questa chiesa nuovo, che tu così leggermente spaventarti debbi: ora andiam noi, veggiamo chi t'ha fatto baco. »[102]

Accesi adunque più lumi, l'abate con tutti i suoi monaci nella chiesa entrati videro questo letto così maraviglioso e ricco, e sopra quello il cavalier che dormiva; e mentre dubitosi[103] e timidi, senza punto al letto accostarsi, le nobili gioie riguardavano, avvenne che, essendo la virtù del beveraggio consumata, che[104] messer Torello destatosi gittò un gran sospiro. Li monaci come questo videro, e l'abate con loro, spaventati e gridando « Domine aiutaci, » tutti fuggirono. Messer Torello, aperti gli occhi e dattorno guatatosi, conobbe manifestamente sé essere là dove al Saladino domandato avea, di che forte fu seco contento: per che, a seder levatosi e partitamente[105] guardando ciò che dattorno avea, quantunque prima avesse la magnificenzia del Saladin conosciuta, ora gli parve maggiore e più la conobbe. Non per tanto, senza altramenti mutarsi,[106] sentendo i monaci fuggire e avvisatosi il perché, cominciò per nome a chiamar l'abate e a pregarlo che egli non dubitasse, per ciò che egli era Torel suo nepote. L'abate, udendo questo, divenne più pauroso, come colui che per morto l'avea[107] di molti mesi innanzi; ma dopo alquanto, da veri argomenti rassicurato, sentendosi pur chiamare, fattosi il segno della santa croce, andò a lui.

Al quale messer Torel disse: « O padre mio, di che du-

102 paura.
103 timorosi.
104 *che*: pleonastico. Riprende il *che* precedente.
105 nei dettagli.
106 *senza altramenti mutarsi*: senza più muoversi.
107 *per morto l'avea*: lo credeva morto.

bitate voi? io son vivo, la Dio mercè, e qui d'oltre mar ritornato. »

L'abate, con tutto che egli avesse la barba grande e in abito arabesco fosse, pure dopo alquanto il raffigurò,[108] e rassicuratosi tutto, il prese per la mano e disse: « Figliuol mio, tu sii il ben tornato, » e seguitò: « Tu non ti dei maravigliare della nostra paura, per ciò che in questa terra non ha uomo che non creda fermamente che tu morto sii, tanto che io ti so dire che madonna Adalieta [109] tua moglie, vinta da' prieghi e dalle minacce de' parenti suoi e contro a suo volere, è rimaritata; e questa mattina ne dee ire al nuovo marito, e le nozze e ciò che a festa bisogno fa è apparecchiato. »

Messer Torello, levatosi di'n su il ricco letto e fatta all'abate e a' monaci maravigliosa festa, ognun pregò che di questa sua tornata con alcun non parlasse, infino a tanto che egli non avesse una sua bisogna fornita. Appresso questo, fatto le ricche gioie porre in salvo, ciò che avvenuto gli fosse infino a quel punto raccontò all'abate. L'abate, lieto delle sue fortune, con lui insieme rendé grazie a Dio. Appresso questo domandò messer Torel l'abate chi fosse il nuovo marito della sua donna. L'abate gliele disse.

A cui messer Torel disse: « Avanti che di mia tornata si sappia, io intendo di veder che contenenza [110] fia quella di mia mogliere in queste nozze; e per ciò, quantunque usanza non sia le persone religiose andare a così fatti conviti, io voglio che per amor di me voi ordiniate che [111] noi v'andiamo. »

L'abate rispose che volentieri: e come giorno fu fatto, mandò al nuovo sposo dicendo che con un compagno voleva essere alle sue nozze: a cui il gentile uomo rispose che molto gli piaceva. Venuta dunque l'ora del mangiare, messer Torello, in quello abito che era, con lo abate se n'andò alla casa del novello sposo, con maraviglia guatato da chiunque il vedeva, ma riconosciuto da nullo; e l'abate a tutti diceva lui essere un saracino mandato dal soldano

---

108 riconobbe.
109 Adelaide.
110 contegno.
111 *ordiniate che*: facciate in modo che.

al re di Francia ambasciadore. Fu adunque messer Torel messo ad una tavola appunto rimpetto alla donna sua, la quale egli con grandissimo piacer riguardava, e nel viso gli pareva turbata di queste nozze. Ella similmente alcuna volta guardava lui, non già per conoscenza alcuna che ella n'avesse,[112] ché la barba grande e lo strano abito e la ferma credenza che ella aveva che egli fosse morto gliele toglievano, ma per la novità dell'abito.

Ma poi che tempo parve a messer Torello di volerla tentare se di lui si ricordasse, recatosi in mano l'anello che dalla donna nella sua partita gli era stato donato, si fece chiamare un giovinetto che davanti a lei serviva, e disse-gli : « Dì da mia parte alla nuova sposa che nelle mie contrade s'usa, quando alcuno forestiere, come io son qui, mangia al convito d'alcuna sposa nuova, come ella è, in segno d'aver caro che egli venuto vi sia a mangiare, ella la coppa con la qual bee gli manda piena di vino; con la quale, poi che il forestiere ha bevuto quello che gli piace, ricoperchiata la coppa, la sposa bee il rimanente. »

Il giovinetto fé l'ambasciata alla donna, la quale, sì come costumata e savia, credendo costui essere un gran barbassoro,[113] per mostrare d'avere a grado la sua venuta, una gran coppa dorata, la qual davanti avea, comandò che lavata fosse ed empiuta di vino e portata al gentile uomo; e così fu fatto. Messer Torello, avendosi l'anello di lei messo in bocca, sì fece che bevendo il lasciò cadere nella coppa, senza avvedersene alcuno, e poco vino lasciatovi, quella ricoperchiò e mandò alla donna. La quale presala, acciò che l'usanza di lui compiesse, scoperchiata, se la mise a bocca e vide l'anello, e senza dire alcuna cosa alquanto il riguardò : e riconosciuto che egli era quello che dato avea nel suo partire a messer Torello, presolo e fiso guardato colui il qual forestiere credeva, e già conoscendolo,[114] quasi furiosa [115] divenuta fosse, gittata in terra la tavola che davanti aveva, gridò : « Questi è il mio signore, questi ve-

112 *per... n'avesse* : perché le sembrasse di riconoscerlo in qualche modo.
113 dignitario.
114 riconoscendolo.
115 pazza.

ramente è messer Torello! » e corsa alla tavola alla quale
esso sedeva, senza aver riguardo a' suoi drappi o a cosa
che sopra la tavola fosse, gittatasi oltre quanto poté, l'abbracciò strettamente, né mai dal suo collo fu potuta, per
detto o per fatto d'alcuno che quivi fosse, levare, infino a
tanto che per [116] messer Torello non le fu detto che alquanto
sopra sé stesse,[117] per ciò che tempo da abbracciarlo le sarebbe ancor prestato [118] assai. Allora ella dirizzatasi, essendo già
le nozze tutte turbate e in parte più liete che mai per lo
racquisto d'un così fatto cavaliere, pregandone egli, ogni
uomo stette cheto; per che messer Torello dal dì della sua
partita infino a quel punto ciò che avvenuto gli era a tutti
narrò, conchiudendo che al gentile uomo, il quale, lui morto credendo, aveva la sua donna per moglie presa, se egli
essendo vivo la si ritoglieva, non doveva spiacere. Il nuovo
sposo, quantunque alquanto scornato fosse, liberamente [119] e
come amico rispose che delle sue cose era nel suo volere
quel farne che più gli piacesse.[120] La donna e l'anella e la
corona avute dal nuovo sposo quivi lasciò, e quello che
della coppa aveva tratto si mise, e similmente la corona
mandatale dal Soldano; e usciti dalla casa dove erano, con
tutta la pompa [121] delle nozze infino alla casa di messer Torel se n'andarono; e quivi gli sconsolati amici e parenti e
tutti i cittadini che quasi per un miracolo il riguardavano, con lunga e lieta festa racconsolarono. Messer Torello,
fatta delle sue care gioie parte a colui che avute avea le
spese delle nozze e all'abate e a molti altri, e per più d'un
messo significata la sua felice repatriazione [122] al Saladino,
suo amico e suo servidore ritenendosi, più anni con la sua
valente donna poi visse, più cortesia usando che mai.

Cotale adunque fu il fin delle noie di messer Torello e
di quelle della sua cara donna, e il guiderdone delle lor

116 da.
117 *sopra sé stesse* : stesse in sé, si padroneggiasse.
118 dato.
119 generosamente.
120 *quel... piacesse* : farne quel che più gli piacesse.
121 seguito.
122 rientro in patria.

liete e preste [123] cortesie; le quali molti si sforzano di fare che, benché abbian di che, sì mal far le sanno, che prima le fanno assai più comperar che non vagliono, che fatte l'abbiano: [124] per che, se loro merito [125] non ne segue, né essi né altri maravigliar se ne dee.

123 pronte.
124 *le quali... l'abbiano*: molti, sebbene siano in grado di fare simili cortesie, le fanno così malamente che, ancor prima di compierle, se le fanno pagare più di quanto valgono.
125 ricompensa.

Novella decima

IL MARCHESE DI SALUZZO DA' PRIEGHI DE' SUOI UOMINI
COSTRETTO DI PIGLIAR MOGLIE, PER PRENDERLA A SUO MODO,
PIGLIA UNA FIGLIUOLA D'UN VILLANO, DELLA QUALE HA
DUE FIGLIUOLI, LI QUALI LE FA VEDUTO DI UCCIDERGLI; [1]
POI, MOSTRANDO LEI ESSERGLI RINCRESCIUTA [2] E AVERE
ALTRA MOGLIE PRESA, A CASA FACCENDOSI RITORNARE LA
PROPRIA FIGLIUOLA COME SE SUA MOGLIE FOSSE, LEI
AVENDO IN CAMISCIA CACCIATA E AD OGNI COSA TROVANDOLA
PAZIENTE, PIÙ CARA CHE MAI IN CASA TORNATALASI,[3] I
SUOI FIGLIUOLI GRANDI LE MOSTRA, E COME MARCHESANA
L'ONORA E FA ONORARE.[4]

Finita la lunga novella del re, molto a tutti nel sembiante [5] piaciuta, Dioneo ridendo disse: « Il buono uomo
che aspettava la seguente notte di fare abbassare la coda
ritta della fantasima,[6] avrebbe dati men di due denari di
tutte le lode che voi date a messer Torello »; e appresso,
sappiendo che a lui solo restava il dire, incominciò:

Mansuete [7] mie donne, per quel che mi paia, questo dì
d'oggi è stato dato a re e a soldani e a così fatta gente: e
per ciò, acciò che io troppo da voi non mi scosti, vo' ragionar d'un marchese, non cosa magnifica ma una matta
bestialità, come che [8] bene ne gli seguisse alla fine; la quale
io non consiglio alcun che segua, per ciò che gran peccato fu che a costui ben n'avvenisse.

Già è gran tempo, fu tra' marchesi di Saluzzo il mag-

1 *li... uccidergli*: che le fa credere d'avere ucciso.
2 *mostrando... rincresciuta*: facendo apparire che ella gli sia
venuta a noia.
3 fattala tornare.
4 Tanto è diffuso il tema femminile al centro della narrazione,
quanto è originale nel panorama delle numerose redazioni antiche
e moderne la versione del Boccaccio.
5 *nel sembiante*: a quel che si vedeva.
6 Cfr. pag 581, nota 13.
7 Detto da Dioneo per accattivarsi l'indulgenza delle donne verso le sue audaci novelle.
8 *come che*: sebbene.

gior della casa un giovane chiamato Gualtieri, il quale, essendo senza moglie e senza figliuoli, in niuna altra cosa il suo tempo spendeva che in uccellare [9] e in cacciare, né di prender moglie né d'aver figliuoli alcun pensiero avea; di che egli era da reputar molto savio. La qual cosa a' suoi uomini [10] non piacendo, più volte il pregarono che moglie prendesse, acciò che egli senza erede né essi senza signor rimanessero, offerendosi di trovargliele tale e di sì fatto padre e madre discesa, che buona speranza se ne potrebbe avere ed esso contentarsene molto.

A' quali Gualtieri rispose: « Amici miei, voi mi strignete a quello che io del tutto aveva disposto di non far mai, considerando quanto grave cosa sia a poter trovare chi co' suoi costumi ben si convenga e quanto del contrario sia grande la copia, e come dura vita sia quella di colui che a donna non bene a sé conveniente s'abbatte. E il dire che voi vi crediate a' [11] costumi de' padri e delle madri le figliuole conoscere, donde argomentate di darlami tal che mi piacerà, è una sciocchezza, con ciò sia cosa che io non sappia dove [12] i padri possiate conoscere, né come i segreti delle madri di quelle; quantunque, pur conoscendoli, sieno spesse volte le figliuole a' padri e alle madri dissimili. Ma poi che pure in queste catene vi piace d'annodarmi, e [13] io voglio esser contento; e acciò che io non abbia da dolermi d'altrui che di me,[14] se mal venisse fatto, io stesso ne voglio essere il trovatore, affermandovi che, cui che io mi tolga,[15] se da voi non fia come donna [16] onorata, voi proverete con gran vostro danno quanto grave mi sia l'aver contra mia voglia presa mogliere a' vostri prieghi. » I valenti uomini risponson ch'eran contenti, sol che esso si recasse [17] a prender moglie.

9 andare a caccia d'uccelli.
10 sudditi.
11 dai, per i.
12 come, in che modo.
13 ebbene.
14 *d'altrui che di me*: di altri che all'infuori di me.
15 *cui... tolga*: qualunque donna io mi scelga.
16 signora.
17 si inducesse.

Erano a Gualtieri buona pezza [18] piaciuti i costumi d'una povera giovinetta che d'una villa [19] vicina a casa sua era, e, parendogli bella assai, estimò che con costei dovesse aver vita assai consolata.[20] E per ciò, senza più avanti cercare, costei propose di volere sposare: e fattosi il padre chiamare, con lui, che poverissimo era, si convenne di torla per moglie.

Fatto questo, fece Gualtieri tutti i suoi amici della contrada adunare, e disse loro: « Amici miei, egli v'è piaciuto e piace che io mi disponga a tor moglie, e io mi vi son disposto più per compiacere a voi che per disidero che io di moglie avessi. Voi sapete quello che voi mi prometteste, cioè d'esser contenti e d'onorar come donna qualunque quella fosse che io togliessi; e per ciò venuto è il tempo che io sono per servare a voi la promessa, e che io voglio che voi a me la serviate. Io ho trovata una giovane secondo il cuor mio, assai presso di qui, la quale io intendo di tor per moglie e di menarlami fra qui e pochi dì a casa; e per ciò pensate come la festa delle nozze sia bella e come voi onorevolmente ricever la possiate, acciò che io mi possa della vostra promession chiamar contento, come voi della mia vi potrete chiamare. »

I buoni uomini lieti tutti risposero ciò piacer loro, e che, fosse chi volesse, essi l'avrebber per donna e onorerebbonla in tutte cose sì come donna; appresso questo tutti si misero in assetto di far bella e grande e lieta festa, e il simigliante fece Gualtieri. Egli fece preparare le nozze grandissime e belle, e invitarvi molti suoi amici e parenti e gran gentili uomini e altri dattorno; e oltre a questo fece tagliare e far più robe belle e ricche al dosso [21] d'una giovane, la quale della persona gli pareva che la [22] giovinetta la quale aveà proposto di sposare; e oltre a questo apparecchiò cinture e anella e una ricca e bella corona, e tutto ciò che a novella sposa si richiedea.

18 *buona pezza*: da un bel po' di tempo.
19 villaggio.
20 lieta.
21 *al dosso*: sulla misura.
22 *la quale... la*: che gli sembrava avere la stessa figura della.

E venuto il dì che alle nozze predetto [23] avea, Gualtieri in su la mezza terza [24] montò a cavallo, e [25] ciascun altro che ad onorarlo era venuto; e ogni cosa opportuna avendo disposta, disse: « Signori, tempo è d'andare per la novella sposa, » e messosi in via con tutta la compagnia sua pervennero alla villetta. E giunti a casa del padre della fanciulla, e lei trovata che con acqua tornava dalla fonte in gran fretta per andar poi con altre femine a veder venire la sposa di Gualtieri, la quale come Gualtieri vide, chiamatala per nome, cioè Griselda, domandò dove il padre fosse; al quale ella vergognosamente rispose: « Signor mio, egli è in casa. »

Allora Gualtieri smontato e comandato ad ogn'uomo che l'aspettasse, solo se n'entrò nella povera casa, dove trovò il padre di lei che aveva nome Giannucolo, e dissegli: « Io son venuto a sposar la Griselda, ma prima da lei voglio sapere alcuna cosa in tua presenza »; e domandolla se ella sempre, togliendola egli per moglie, s'ingegnerebbe di compiacergli e di niuna cosa che egli dicesse o facesse non turbarsi,[26] e s'ella sarebbe obbediente, e simili altre cose assai, delle quali ella a tutte rispose di sì. Allora Gualtieri, presala per mano, la menò fuori, e in presenzia di tutta la sua compagnia e d'ogni altra persona la fece spogliare ignuda, e fattisi quegli vestimenti venire che fatti aveva fare, prestamente la fece vestire e calzare, e sopra i suoi capegli così scarmigliati com'erano le fece mettere una corona; e appresso questo, maravigliandosi ogn'uomo di questa cosa, disse: « Signori, costei è colei la quale io intendo che mia moglie sia, dove ella me voglia per marito »; e poi a lei rivolto, che di se medesima vergognosa e sospesa stava, le disse: « Griselda, vuo'mi tu per tuo marito? »

A cui ella rispose: « Signor mio, sì. »

Ed egli disse: « E io voglio te per mia moglie »; e in presenza di tutti la sposò, e fattala sopra un pallafren montare, onorevolmente accompagnata a casa la si menò. Qui-

23 destinato.
24 *in su... terza*: un'ora e mezzo dopo l'alba.
25 insieme con.
26 adirarsi.

930

vi furon le nozze belle e grandi e la festa non altramenti
che se presa avesse la figliuola del re di Francia.

La giovane sposa parve che co' vestimenti insieme l'animo e i costumi mutasse. Ella era, come già dicemmo, di
persona e di viso bella, e così come bella era, divenne tanto avvenevole, tanto piacevole e tanto costumata, che non
figliuola di Giannucolo e guardiana di pecore pareva stata,
ma d'alcun nobile signore: di che ella faceva maravigliare
ogn'uom che prima conosciuta l'avea; e oltre a questo era
tanto obbediente al marito e tanto servente,[27] che egli si teneva il più contento e il più appagato uomo del mondo, e
similmente verso i sudditi del marito era tanto graziosa e
tanto benigna, che niun ve n'era che più che sé non l'a-
masse e che non l'onorasse di grado,[28] tutti per lo suo bene
e per lo suo stato [29] e per lo suo essaltamento pregando, dicendo, dove dir solieno Gualtieri aver fatto come poco savio d'averla per moglie presa, che egli era il più savio e
il più avveduto uomo che al mondo fosse, per ciò che niun
altro che egli avrebbe mai potuto conoscere l'alta virtù di
costei nascosa sotto i poveri panni e sotto l'abito villesco.[30]
E in brieve non solamente nel suo marchesato, ma per tutto, anzi che gran tempo fosse passato, seppe ella sì fare,
che ella fece ragionare del suo valore e del suo bene adoperare, e in contrario rivolgere, se alcuna cosa detta s'era
contra 'l marito per lei [31] quando sposata l'avea. Ella non fu
guari con Gualtieri dimorata, che ella ingravidò, e al tempo partorì una fanciulla, di che Gualtieri fece gran festa.

Ma poco appresso, entratogli un nuovo pensier nell'animo, cioè di volere con lunga esperienzia e con cose intollerabili provare la pazienzia di lei, primieramente la punse
con parole, mostrandosi turbato e dicendo che i suoi uomini pessimamente si contentavano di lei per la sua bassa
condizione, e spezialmente poi che vedevano che ella portava figliuoli; e della figliuola che nata era tristissimi, altro
che mormorar non facevano.

27 servizievole.
28 *di grado*: di buon grado, volentieri.
29 *per... stato*: per la sua buona condizione e per la sua prosperità.
30 contadinesco, campagnolo.
31 *per lei*: a causa sua.

Le quali parole udendo la donna, senza mutar viso o buon proponimento in alcuno atto, disse: « Signor mio, fa di me quello che tu credi che più tuo onore e consolazion sia, ché io sarò di tutto contenta, sì come colei che conosco che io sono da men di loro, e che io non era degna di questo onore al quale tu per tua cortesia mi recasti. » Questa risposta fu molto cara a Gualtieri, conoscendo costei non essere in alcuna superbia levata, per onor che egli o altri fatto l'avesse.

Poco tempo appresso, avendo con parole generali [32] detto alla moglie che i sudditi non potevan patir quella fanciulla di lei nata, informato un suo famigliare, il mandò a lei, il quale con assai dolente viso le disse: « Madonna, se io non voglio morire, a me conviene far quello che il mio signor mi comanda. Egli m'ha comandato che io prenda questa vostra figliuola e ch'io... » e non disse più.

La donna, udendo le parole e vedendo il viso del famigliare, e delle parole dette ricordandosi, comprese che a costui fosse imposto che egli l'uccidesse: per che prestamente, presala della culla e basciatala e benedettala, come che gran noia [33] nel cuor sentisse, senza mutar viso in braccio la pose al famigliare e dissegli: « Te', fa compiutamente quello che il tuo e mio signore t'ha imposto; ma non la lasciar per modo che le bestie e gli uccelli la divorino, salvo se egli nol ti comandasse. » Il famigliare, presa la fanciulla e fatto a Gualtieri sentire ciò che detto aveva la donna, maravigliandosi egli della sua costanzia, lui con essa ne mandò a Bologna ad una sua parente, pregandola che, senza mai dire cui figliuola si fosse, diligentemente l'allevasse e costumasse. [34]

Sopravenne appresso che la donna da capo ingravidò, e al tempo debito partorì un figliuol maschio, il che carissimo fu a Gualtieri; ma, non bastandogli quello che fatto avea, con maggior puntura trafisse la donna, e con sembiante turbato un dì le disse: « Donna, poscia che tu questo figliuol maschio facesti, per niuna guisa con questi miei viver son potuto, sì duramente si ramaricano che uno ne-

32 vaghe, generiche.
33 dolore.
34 educasse.

pote di Giannucolo dopo me debba rimaner lor signore: di che io mi dotto, se io non ci vorrò esser cacciato, che non [35] mi convenga far di quello che io altra volta feci, e alla fine lasciar te e prendere un'altra moglie. »

La donna con paziente animo l'ascoltò, né altro rispose se non: « Signor mio, pensa di contentar te e di sodisfare al piacer tuo, e di me non avere pensiero alcuno, per ciò che niuna cosa m'è cara se non quant'io la veggo a te piacere. »

Dopo non molti dì Gualtieri, in quella medesima maniera che mandato avea per la figliuola, mandò per lo figliuolo, e similmente dimostrato d'averlo fatto uccidere, a nutricar [36] nel mandò a Bologna, come la fanciulla aveva mandata: della qual cosa la donna né altro viso né altre parole fece che della fanciulla fatto avesse, di che Gualtieri si maravigliava forte e seco stesso affermava niun'altra femina questo poter fare che ella faceva; e se non fosse che carnalissima de' figliuoli, mentre gli piacea,[37] la vedea, lei avrebbe creduto ciò fare per più non curarsene, dove come savia lei farlo cognobbe. I sudditi suoi, credendo che egli uccidere avesse fatti i figliuoli, il biasimavan forte e reputavanlo crudele uomo, e alla [38] donna avevan grandissima compassione; la quale con le donne, le quali con lei de' figliuoli così morti si condoleano, mai altro non disse se non che quello ne piaceva a lei che a colui che generati gli avea.

Ma, essendo più anni passati dopo la natività della fanciulla, parendo tempo a Gualtieri di fare l'ultima pruova della sofferenza [39] di costei, con molti de' suoi disse che per niuna guisa più sofferir poteva d'aver per moglie Griselda, e che egli cognosceva che male e giovenilmente [40] aveva fatto quando l'aveva presa, e per ciò a suo poter voleva procacciar col Papa che con lui dispensasse [41] che un'altra donna

---

35 *mi dotto... non*: temo, se non vorrò essere cacciato da qui, dalla mia terra, che non.
36 nutrire, allevare.
37 *carnalissima... piacea*: affettuosissima verso i figli, finché glielo permetteva.
38 verso la.
39 capacità di sopportare.
40 da persona immatura, con leggerezza.
41 *con lui dispensasse*: gli desse la dispensa.

prender potesse e lasciar Griselda; di che egli da assai buoni uomini fu molto ripreso, a che null'altro rispose se non che convenia che così fosse. La donna, sentendo queste cose e parendole dovere sperare [42] di ritornare a casa del padre e forse a guardar le pecore come altra volta aveva fatto e vedere ad un'altra donna tener colui al quale ella voleva tutto il suo bene, forte in se medesima si dolea; ma pur, come l'altre ingiurie della fortuna avea sostenute, così con fermo viso si dispose a questa dover sostenere.

Non dopo molto tempo Gualtieri fece venire sue lettere contraffatte da Roma, e fece veduto [43] a' suoi sudditi il Papa per quelle aver seco dispensato di poter torre altra moglie e lasciar Griselda; per che, fattalasi venir dinanzi, in presenza di molti le disse: « Donna, per concession fattami dal Papa io posso altra donna pigliare e lasciar te; e per ciò che i miei passati [44] sono stati gran gentili [45] uomini e signori di queste contrade, dove i tuoi stati son sempre lavoratori, io intendo che tu più mia moglie non sia, ma che tu a casa [46] Giannucolo te ne torni con la dote che tu mi recasti, e io poi un'altra, che trovata n'ho convenevole a me, ce ne menerò. »

La donna, udendo queste parole, non senza grandissima fatica, oltre alla [47] natura delle femine, ritenne le lagrime, e rispose: « Signor mio, io conobbi sempre la mia bassa condizione alla vostra nobiltà in alcun modo non convenirsi, e quello che io stato son con voi, da Dio e da voi il riconoscea, né mai, come donatolmi, mio il feci o tenni, ma sempre l'ebbi come prestatomi: piacevi di rivolerlo, e a me dee piacere e piace di renderlovi: ecco il vostro anello col quale voi mi sposaste, prendetelo. Comandatemi che io quella dote me ne porti che io ci recai: alla qual cosa fare né a voi pagator né a me borsa bisognerà né somiere, [48] per ciò che di mente uscito non m'è che ignuda m'aveste; e se voi giudicate onesto che quel corpo nel quale io

42 aspettarsi.
43 *fece veduto*: diede a vedere, fece credere.
44 antenati.
45 nobili.
46 *a casa*: a casa di.
47 *oltre alla*: superando la.
48 bestia da soma.

ho portati figliuoli da voi generati, sia da tutti veduto, io
me n'andrò ignuda, ma io vi priego, in premio della mia
verginità che io ci recai e non ne la porto, che almeno
una sola camiscia sopra [49] la dote mia vi piaccia che io portar ne possa. »

Gualtieri, che maggior voglia di piagnere avea che d'altro, stando pur col viso duro, disse: « E tu una camiscia
ne porta. »

Quanti dintorno v'erano il pregavano che egli una roba le donasse, ché non fosse veduta colei che sua moglie
tredici anni e più era stata, di casa sua così poveramente e
così vituperosamente uscire, come era uscirne in camiscia;
ma in vano andarono i prieghi; di che la donna, in camiscia e scalza e senza alcuna cosa in capo, accomandatili a
Dio, gli uscì di casa e al padre se ne tornò con lagrime e
con pianto di tutti coloro che la videro. Giannucolo, che
creder non avea mai potuto questo esser vero che Gualtieri
la figliuola dovesse tener moglie, e ogni dì questo caso
aspettando, guardati l'aveva i panni che spogliati s'avea
quella mattina che Gualtieri la sposò; per che recatigliele
ed ella rivestitiglisi, ai piccoli servigi della paterna casa si
diede, sì come far soleva, con forte animo sostenendo il
fiero assalto della nimica fortuna.

Come Gualtieri questo ebbe fatto, così fece veduto a'
suoi che presa aveva una figliuola d'uno dei conti da Panago; [50] e faccendo fare l'appresto [51] grande per le nozze,
mandò per Griselda che a lui venisse; alla quale venuta disse: « Io meno questa donna la quale io ho nuovamente tolta, [52] e intendo in questa sua prima venuta d'onorarla; e tu
sai che io non ho in casa donne che mi sappiano acconciare
le camere né fare molte cose che a così fatta festa si richeg-
giono: e per ciò tu, che meglio che altra persona queste
cose di casa sai, metti in ordine quello che da far ci è,
e quelle donne fa invitare che ti pare, e ricevile come se
donna di qui fossi: poi, fatte le nozze, te ne potrai a casa
tua tornare. »

49 oltre.
50 Panico (nel territorio bolognese).
51 preparativi.
52 presa in moglie.

Come che queste parole fossero tutte coltella al cuore di Griselda, come a colei che non aveva così potuto por giù l'amore che ella gli portava, come fatto avea la buona fortuna, rispose: « Signor mio, io son presta e apparecchiata. » Ed entratasene co' suoi pannicelli romagnuoli [53] e grossi in quella casa, della qual poco avanti era uscita in camiscia, cominciò a spazzare le camere e ordinarle, e a far porre capoletti e pancali [54] per le sale, a fare apprestare la cucina, e ad ogni cosa, come se una piccola fanticella [55] della casa fosse, porre le mani, né mai ristette che ella ebbe tutto acconcio e ordinato quanto si convenia.

E appresso questo, fatto da parte di Gualtieri invitare tutte le donne della contrada, cominciò ad attender la festa: e venuto il giorno delle nozze, come che i panni avesse poveri in dosso, con animo e con costume donnesco [56] tutte le donne che a quelle vennero, e con lieto viso, ricevette. Gualtieri, il quale diligentemente aveva i figliuoli fatti allevare in Bologna alla sua parente, che maritata era in casa de' conti da Panago, essendo già la fanciulla d'età di dodici anni la più bella cosa che mai si vedesse (e il fanciullo era di sei) avea mandato a Bologna al parente suo, pregandol che gli piacesse di dovere con questa sua figliuola e col figliuolo venire a Saluzzo, e ordinare [57] di menare bella e orrevole compagnia con seco, e di dire a tutti che costei per sua mogliere gli menasse, senza manifestare alcuna cosa [58] ad alcuno chi ella si fosse altramenti. Il gentile uomo, fatto secondo che il marchese il pregava, entrato in cammino, dopo alquanti dì con la fanciulla e col fratello e con nobile compagnia in su l'ora del desinare giunse a Saluzzo, dove tutti i paesani e molti altri vicini dattorno trovò, che attendevan questa novella sposa di Gualtieri. La quale dalle donne ricevuta, e nella sala dove erano messe le tavole venuta, Griselda, così come era, le si fece lietamen-

53 di panno grossolano, di lana greggia, usato dai contadini.

54 *capoletti e pancali*: i primi erano panni imbottiti da porre alla parete sopra il capo del letto, i secondi drappi con i quali si coprivano le panche per ornamento.

55 servetta.

56 da signora, nobile.

57 disporre.

58 *alcuna cosa*: un po', in qualche modo.

te incontro dicendo: « Ben venga la mia donna. » Le donne, che molto avevano, ma invano, pregato Gualtieri che o facesse che la Griselda si stesse in una camera o che egli alcuna delle robe che sue erano state le prestasse, acciò che così non andasse davanti a' suoi forestieri,[59] furon messe a tavola e cominciate a servire. La fanciulla era guardata da ogn'uomo, e ciascun diceva che Gualtieri aveva fatto buon cambio; ma intra gli altri Griselda la lodava molto, e lei e il suo fratellino.

Gualtieri, al qual pareva pienamente aver veduto quantunque[60] disiderava della pazienza della sua donna, veggendo che di niente la novità delle cose la cambiava, ed essendo certo ciò per mentecataggine[61] non avvenire, per ciò che savia molto la conoscea, gli parve tempo di doverla trarre dell'amaritudine, la quale estimava che ella sotto il forte viso nascosa tenesse; per che, fattalasi venire, in presenza d'ogn'uomo sorridendo le disse:.« Che ti par della nostra sposa? »

« Signor mio, » rispose Griselda, « a me ne par molto bene; e se così è savia come ella è bella, che 'l credo, io non dubito punto che voi non dobbiate con lei vivere il più consolato signore del mondo; ma quanto posso vi priego che quelle punture, le quali all'altra, che vostra fu, già deste, non diate a questa, ché appena che io creda[62] che ella le potesse sostenere, sì perché più giovane è, e sì ancora perché in dilicatezze è allevata, ove colei in continue fatiche da piccolina era stata. »

Gualtieri, veggendo che ella fermamente credeva costei dovere esser sua moglie, né per ciò in alcuna cosa men che ben parlava, la si fece sedere allato e disse: « Griselda, tempo è omai che tu senta frutto della tua lunga pazienza,[63] e che coloro, li quali me hanno reputato crudele e iniquo e bestiale, conoscano che ciò che io faceva, ad antiveduto[64] fine operava, volgliendo a te insegnar d'esser mo-

59 ospiti.
60 tutto quanto.
61 stupidità.
62 *appena che io creda*: stento a credere.
63 sofferenza, sopportazione.
64 ben calcolato.

glie e a loro di saperla torre e tenere, e a me partorire perpetua quiete mentre teco a vivere avessi: il che, quando venni a prender moglie, gran paura ebbi che non mi intervenisse, e per ciò, per prova pigliarne, in quanti modi tu sai ti punsi e trafissi. E però che io mai non mi sono accorto che in parola né in fatto dal mio piacer partita ti sii, parendo a me aver di te quella consolazione che io disiderava, intendo di rendere a te ad una ora ciò che io tra molte[65] ti tolsi, e con somma dolcezza le punture ristorare che io ti diedi. E per ciò con lieto animo prendi questa, che tu mia sposa credi, e il suo fratello: sono i nostri figliuoli, li quali e tu e molti altri lungamente stimato avete che io crudelmente uccider facessi; e io sono il tuo marito, il quale sopra ogn'altra cosa t'amo, credendomi poter dar vanto che niuno altro sia che, sì com'io, si possa di sua moglier contentare. »

E così detto, l'abbracciò e basciò, e con lei insieme, la qual d'allegrezza piagnea, levatosi, n'andarono là dove la figliuola tutta stupefatta queste cose ascoltando sedea, e abbracciatala teneramente e il fratello altressì, lei e molti altri che quivi erano sgannarone.[66] Le donne lietissime, levate dalle tavole, con Griselda n'andarono in camera e con migliore augurio[67] trattile i suoi pannicelli, d'una nobile roba delle sue la rivestirono, e come donna, la quale ella eziandio negli stracci pareva, nella sala la rimenarono. E quivi fattasi co' figliuoli maravigliosa festa, essendo ogn'uomo lietissimo di questa cosa, il sollazzo e 'l festeggiare multiplicarono e in più giorni tirarono;[68] e savissimo reputaron Gualtieri, come che troppo reputassero agre e intollerabili l'esperienze prese della sua donna, e sopra tutti savissima tenner Griselda. Il conte da Panago si tornò dopo alquanti dì a Bologna, e Gualtieri, tolto Giannucolo dal suo lavorio, come suocero il puose in istanto,[69] che egli onoratamente e con gran consolazione visse e finì la sua vec-

65 *tra molte*: in molte ore, per molto tempo.
66 tolsero dall'inganno.
67 *migliore augurio*: auspicio più propizio (di quando l'aveva no vestita per le nozze).
68 *in... tirarono*: prolungarono per più giorni.
69 alta condizione.

chiezza. Ed egli appresso, maritata altamente [70] la sua figliuola, con Griselda, onorandola sempre quanto più si
potea, lungamente e consolato visse.

Che si potrà dir qui, se non che anche nelle povere case
piovono dal cielo de' divini spiriti, come nelle reali di quegli che sarien più degni di guardar porci che d'avere sopra
uomini signoria? Chi avrebbe, altri che Griselda, potuto
col viso non solamente asciutto ma lieto, sofferire le rigi-
de e mai più non udite prove da Gualtieri fatte? Al quale non sarebbe forse stato male investito d'essersi abbattuto a [71] una, che quando fuor di casa l'avesse in camiscia
cacciata, s'avesse sì ad un altro fatto scuotere il pelliccione,
che riuscita ne fosse una bella roba. [72]

La novella di Dioneo era finita, e assai le donne, chi
d'una parte e chi d'altra tirando, chi biasimando una cosa
e chi un'altra intorno ad essa lodandone, n'avevan favellato; quando il re, levato il viso verso il cielo e vedendo che
il sole era già basso all'ora di vespro, senza da seder levarsi, così cominciò a parlare: « Adorne donne, come io credo che voi conosciate, il senno de' mortali non consiste
solamente nell'avere a memoria le cose preterite [1] o conoscere le presenti, ma per l'una e per l'altra di queste sapere antiveder [2] le future è da' solenni uomini senno grandissimo reputato. Noi, come voi sapete, domane saranno
quindici dì, per dovere alcun diporto [3] pigliare a sostenta-
mento della nostra sanità e della vita, cessando [4] le malin-
conie e' dolori e l'angosce, le quali per la nostra città continuamente, poi che questo pestilenzioso tempo incominciò, si veggono, uscimmo di Firenze; il che, secondo il mio

---

70 nobilmente.
71 *abbattuto a*: imbattuto in.
72 *s'avesse... roba*: si fosse data ad un amore disonesto (*scuotere il pelliccione* è ovviamente immagine equivoca) in modo da gua-
dagnarne una bella veste.

1 passate.
2 prevedere.
3 sollazzo.
4 evitando.

giudicio, noi onestamente abbiam fatto, per ciò che, se io ho saputo ben riguardare, quantunque liete novelle e forse attrattive [5] a concupiscenzia dette ci sieno, e del continuo mangiato e bevuto bene, e sonato e cantato, cose tutte da incitare le deboli menti a cose meno oneste, niuno atto, niuna parola, niuna cosa né dalla vostra parte né dalla nostra ci ho conosciuta da biasimare: continua onestà, continua concordia, continua fraternal dimestichezza mi ci è paruta vedere e sentire; il che senza dubbio in onore e servigio [6] di voi e di me m'è carissimo. E per ciò, acciò che per troppa lunga consuetudine alcuna cosa che in fastidio si convertisse nascer non ne potesse, e perché alcuno la nostra troppo lunga dimoranza gavillar [7] non potesse, e avendo ciascun di noi la sua giornata avuta la sua parte dell'onore che in me ancora dimora, giudicherei, quando piacer fosse di voi, che convenevole cosa fosse omai il tornarci là onde ci partimmo. Senza che, se voi ben riguardate, la nostra brigata, già da più altre saputa dattorno,[8] per maniera potrebbe multiplicare [9] che ogni nostra consolazion ci torrebbe; e per ciò, se voi il mio consiglio approvate, io mi serverò la corona donatami per infino alla nostra partita, che intendo che sia domattina: ove voi altramenti diliberaste, io ho già pronto cui per lo dì seguente ne debbia incoronare. »

I ragionamenti furon molti tra le donne e tra' giovani, ma ultimamente [10] presero per utile e per onesto il consiglio del re, e così di fare diliberarono come egli aveva ragionato: per la qual cosa esso, fattosi il siniscalco chiamare, con lui del modo che a tenere avesse nella seguente mattina parlò, e licenziata la brigata infino all'ora della cena, in piè si levò. Le donne e gli altri levatisi, non altramenti che usati si fossero, chi ad un diletto e chi ad un altro si diede; e l'ora della cena venuta, con sommo piacere furono a quella, e dopo quella a cantare e a sonare e a caro-

5 che invitano.
6 utilità.
7 criticare.
8 *già... dattorno*: venuta a conoscenza ormai di molte altre compagnie.
9 accrescersi.
10 alla fine.

lare[11] cominciarono; e menando la Lauretta una danza, comandò il re alla Fiammetta che dicesse una canzone, la quale assai piacevolmente così incominciò a cantare:[12]

S'amor venisse senza gelosia,
  io non so donna nata
  lieta com'io sarei, e qual vuol sia.[13]
Se gaia giovinezza
  in bello amante dee donna appagare,
  o pregio di virtute
  o ardire o prodezza,
  senno, costume o ornato parlare,
  o leggiadrie compiute,[14]
  io son colei per certo in cui salute,[15]
  essendo innamorata,
  tutte le veggio en la speranza mia.[16]
Ma per ciò ch'io m'avveggio
  che altre donne savie son com'io,
  io triemo di paura,
  e pur[17] credendo il peggio,
  di quello avviso en l'altre esser disio,
  ch'a me l'anima fura;[18]
  e così quel che m'è somma ventura,
  mi fa isconsolata
  sospirar forte e stare in vita ria.
Se io sentissi fede
  nel mio signor, quant'io sento valore,
  gelosa non sarei:
  ma tanto se ne vede,
  pur che sia, chi 'nviti l'amadore,[19]
  ch'io gli ho tutti[20] per rei.

11 danzare.
12 L'ultima ballata dell'opera si compone di endecasillabi e settenari, ripartiti in ripresa (AbA) e quattro strofe (cDecDeEbA): come si vede alla fine di ciascuna tornano le rime della ripresa (bA).
13 *io non so... sia*: non conosco donna al mondo che sarebbe felice quanto me, chiunque essa sia.
14 perfette.
15 *in cui salute*: per la felicità della quale.
16 *en... mia*: nell'oggetto del mio sperare.
17 sempre.
18 rapisce.
19 *tanto... l'amadore*: si vedono sì grandi cose a patto che la donna si metta a incoraggiare chi la corteggia.
20 tutti gli uomini.

Questo m'accuora, e volentier morrei,
e di chiunque il guata [21]
sospetto, e temo non nel porti via.
Per Dio, dunque, ciascuna
donna pregata sia che non s'attenti
di farmi in ciò oltraggio;
ché, se ne fia nessuna [22]
che con parole o cenni o blandimenti
in questo il mio danneggio [23]
cerchi o procuri, s'io il risapraggio,[24]
se io non sia svisata,[25]
piagner farolle amara tal follia.

Come la Fiammetta ebbe la sua canzone finita, così Dioneo, che allato l'era, ridendo disse: « Madonna, voi fareste una gran cortesia a farlo cognoscere [26] a tutte, acciò che per ignoranza non vi fosse tolta la possessione, poi che così ve ne dovete adirare. » Appresso questa se ne cantarono più altre; e già essendo la notte presso che mezza, come al re piacque, tutti s'andarono a riposare.

E come il nuovo giorno apparve, levati, avendo già il siniscalco via ogni lor cosa mandata, dietro alla guida del discreto [27] re verso Firenze si ritornarono: e i tre giovani, lasciate le sette donne in Santa Maria Novella, donde con loro partiti s'erano, da esse accommiatatisi, a' loro altri piaceri attesero, ed esse, quando tempo lor parve, se ne tornarono alle loro case.

21 *il guata*: lo guarda.
22 alcuna.
23 rovina.
24 *il risapraggio*: lo risaprò.
25 *se... svisata*: non mi colpisca una sciagura che mi sfiguri.
26 *a farlo cognoscere*: a rendere noto l'uomo che vi corteggia.
27 saggio.

Nobilissime giovani, a consolazion delle quali io a così lunga fatica messo mi sono, io mi credo, aiutantemi la divina grazia, sì come io avviso, per li vostri pietosi prieghi, non già per li miei meriti, quello compiutamente aver fornito che io nel principio della presente opera promisi di dover fare: per la qual cosa Iddio primieramente, e appresso voi ringraziando, è da dare alla penna e alla man faticata riposo. Il quale prima che io le conceda, brievemente ad alcune cosette, le quali forse alcuna di voi o altri potrebbe dire (con ciò sia cosa che a me paia esser certissimo queste non dovere avere spezial privilegio più che l'altre cose, anzi non averlo mi ricorda nel principio della quarta giornata aver mostrato),[1] quasi a tacite quistioni mosse, di rispondere intendo.

Saranno per avventura alcune di voi che diranno che io abbia nello scriver queste novelle troppa licenzia usata, sì come in fare alcuna volta dire[2] alle donne e molto spesso ascoltare cose non assai convenienti né a dire né ad ascoltare ad oneste donne. La qual cosa io nego, per ciò che niuna sì disonesta n'è, che, con onesti vocaboli dicendola, sì disdica ad alcuno: il che qui mi pare assai convenevolmente bene aver fatto. Ma presupponiamo che così sia, ché non intendo di piatir[3] con voi, ché mi vincereste; dico: a rispondere perché io abbia ciò fatto, assai ragioni vengon prontissime. Primieramente se alcuna cosa[4] in alcuna n'è,

1 *con ciò... mostrato*: dato che sono convinto che queste *cosette* non debbano godere di maggior considerazione che ogni altro umano argomento, come ho dimostrato all'inizio della quarta giornata.

2 *sì... dire*: cioè per esempio nel far pronunciare qualche volta.

3 disputare.

4 *alcuna cosa*: qualche oscenità.

la qualità delle novelle l'hanno richesta, le quali se con ragionevole occhio da intendente persona fien riguardate, assai aperto sarà conosciuto, se io quelle della lor forma trar [5] non avessi voluto, altramenti raccontar non poterle. E se forse pure alcuna particella è in quelle, alcuna paroletta più liberale che forse a spigolistra [6] donna non si conviene, le quali più le parole pesano che' fatti e più d'apparer s'ingegnano che d'esser buone, dico che più non si dee a me esser disdetto [7] d'averle scritte, che generalmente si disdica agli uomini e alle donne di dir tutto dì *foro* e *caviglia* e *mortaio* e *pestello* e *salsiccia* e *mortadello*,[8] e tutto pieno di simiglianti cose. Senza che alla mia penna non dee essere meno d'autorità [9] conceduta che sia al pennello del dipintore, il quale senza alcuna riprensione, o almen giusta, lasciamo stare che egli faccia a San Michele ferire il serpente con la spada o con la lancia, e a San Giorgio il dragone dove gli piace, ma egli fa Cristo maschio e Eva femina, e a Lui medesimo che volle per la salute della umana generazione sopra la croce morire, quando con un chiovo e quando con due i piè gli conficca in quella. Appresso assai ben si può cognoscere queste cose non, nella chiesa, delle cui cose e con animi e con vocaboli onestissimi si convien dire, quantunque nelle sue istorie d'altramenti fatte che le scritte da me si truovino assai,[10] né ancora nelle scuole de' filosofanti dove l'onestà non meno che in altra parte è richiesta, dette sono, né tra' cherici né tra' filosofi in alcun luogo; ma ne' giardini, in luogo di sollazzo,[11] tra persone giovani, benché mature e non pieghevoli per novelle,[12] in tempo nel quale andar con le brache in capo per iscampo di sé [13] era alli più onesti non disdicevole, dette sono. Le quali, chenti che elle si sieno, e

5 *della... trar*: snaturare.
6 bigotta.
7 *a... disdetto*: attribuirmi come sconveniente.
8 *foro... mortadello*: doppi sensi osceni.
9 facoltà.
10 *d'altramenti... assai*: vi si riscontrino molti fatti ben più scandalosi di quelli narrati da me.
11 *in... sollazzo*: a scopo di divertimento.
12 *non... novelle*: non influenzabili da racconti.
13 *andar... sé*: usare qualsiasi mezzo pur di salvarsi.

nuocere e giovar possono, sì come possono tutte l'altre cose, avendo riguardo allo ascoltatore. Chi non sa ch'è il vino óttima cosa a' viventi, secondo Cinciglione e Scolaio [14] e assai altri, e a colui che ha la febbre è nocivo? direm noi, per ciò che nuoce a' febbricitanti, che sia malvagio? Chi non sa che 'l fuoco è utilissimo, anzi necessario a' mortali direm noi, per ciò che egli arde le case e le ville e le città, che sia malvagio? L'arme similmente la salute [15] difendon di coloro che pacificamente di viver disiderano, e anche uccidon gli uomini molte volte, non per malizia di loro, ma di coloro che malvagiamente l'adoperano. Niuna corrotta mente intese mai sanamente [16] parola: e così come le oneste a quella non giovano, così quelle, che tanto oneste non sono, la ben disposta non posson contaminare, se non come il loto i solari raggi o le terrene brutture le bellezze del cielo. Quali libri, quali parole, quali lettere son più sante, più degne, più riverende, che quelle della divina Scrittura? e sì sono egli stati assai che, quelle perversamente [17] intendendo, sé e altrui a perdizione hanno tratto. Ciascuna cosa in se medesima è buona ad alcuna cosa,[18] e male adoperata può essere nociva di molte; [19] e così dico delle mie novelle. Chi vorrà da quelle malvagio consiglio o malvagia operazion trarre, elle nol vieteranno ad alcuno, se forse in sé l'hanno, e torte e tirate fieno ad averlo: e chi utilità e frutto ne vorrà, elle non negheranno, né sarà mai che altro che utili, e onesti sien dette o tenute, se a que' tempi o a quelle persone si leggeranno per cui e pe' quali state sono raccontate. Chi ha a dir paternostri o a fare il migliaccio o la torta al suo divoto,[20] lascile stare; elle non correranno di dietro a niuna a farsi leggere, benché e [21]

14 Famosi bevitori passati in proverbio.
15 sicurezza.
16 pienamente.
17 in modo distorto.
18 *ad alcuna cosa*: per qualche scopo.
19 *di molte*: per vari fini.
20 *a fare... divoto*: da confezionare il sanguinaccio o il dolce per il suo confessore. Il *migliaccio* è una torta impastata con sangue di maiale e miglio brillato.
21 anche.

le pinzochere altressì dicono e anche fanno delle cosette
otta per vicenda! [22]

Saranno similmente di quelle che diranno qui esserne
alcune che, non essendoci, sarebbe stato assai meglio. Con-
cedasi : ma io non poteva né doveva scrivere se non le
raccontate, e per ciò esse che le dissero le dovevan dir
belle, e io l'avrei scritte belle. Ma se pur presupporre si
volesse che io fossi stato di quelle e lo 'nventore e lo scrittore, che non fui, dico che io non mi vergognerei che tutte
belle non fossero, per ciò che maestro [23] alcun non si truova,
da Dio in fuori, che ogni cosa faccia bene e compiutamente : e Carlo Magno, che fu il primo facitore de' Paladini,
non ne seppe tanti creare che esso di lor soli potesse fare
oste.[24] Conviene nella moltitudine delle cose diverse qualità di cose trovarsi. Niun campo fu mai sì ben cultivato,
che in esso o ortica o triboli [25] o alcun pruno non si trovasse mescolato tra l'erbe migliori. Senza [26] che, ad avere a
favellare a semplici giovinette, come voi il più siete, sciocchezza sarebbe stata l'andar cercando e faticandosi in trovar cose molto esquisite,[27] e gran cura porre di molto misu-
ratamente parlare. Tuttavia chi va tra queste leggendo,
lasci star quelle che pungono, e quelle che dilettano leg-
ga : esse, per non ingannare alcuna persona, tutte nella
fronte [28] portan segnato quello che esse dentro dal loro seno
nascoso tengono.

E ancora, credo, sarà tal che dirà che ce ne son di
troppo lunghe : alle quali ancora dico che chi ha altra
cosa a fare, follia fa a queste leggere, eziandio se brievi
fossero. E come che molto tempo passato sia da poi che
io a scriver cominciai infino a questa ora che io al fine
vengo della mia fatica, non m'è per ciò uscito di mente
me avere questo mio affanno offerto alle oziose e non
all'altre : e a chi per tempo passar legge, niuna cosa puo-

22 *otta per vicenda* : talvolta se capita.
23 artefice.
24 esercito.
25 spine.
26 senza contare.
27 accuratamente scelte.
28 rubrica.

te esser lunga, se ella quel fa per che egli l'adopera. Le cose brievi si convengon molto meglio agli studianti,[29] li quali non per passare ma per utilmente adoperare il tempo faticano, che a voi donne, alle quali tanto del tempo avanza quanto negli amorosi piaceri non ispendete. E oltre a questo, per ciò che né ad Atene né a Bologna o a Parigi alcuna di voi non va a studiare, più distesamente parlar vi si conviene che a quegli che hanno negli studi gl'ingegni assottigliati.[30]

Né dubito punto che non sien di quelle ancor che diranno le cose dette esser troppo piene e di motti e di ciance e mal convenirsi ad uno uom pesato[31] e grave aver così fattamente scritto. A queste son io tenuto di render grazie e rendo, per ciò che, da buon zelo movendosi, tenere son della mia fama. Ma così alla loro opposizione vo' rispondere: io confesso d'esser pesato, e molte volte de' miei dì essere stato; e per ciò, parlando a quelle che pesato non m'hanno, affermo che io non son grave, anzi son io sì lieve che io sto a galla nell'acqua; e considerato che le prediche fatte da' frati per rimorder delle[32] lor colpe gli uomini, il più oggi piene di motti e di ciance e di scede[33] sono, estimai che quegli medesimi non stesser male nelle mie novelle, scritte per cacciar la malinconia delle femine. Tuttavia, se troppo per questo ridessero, il lamento di Geremia, la passione del Salvatore e il ramarichio[34] della Maddalena ne le potrà agevolmente guerire.

E chi starà in pensiero che di quelle ancor non si truovino che diranno che io abbia mala lingua e velenosa, per ciò che in alcun luogo scrivo il ver de' frati? A queste che così diranno si vuol perdonare, per ciò che non è da credere che altro che giusta cagione le muova, per ciò che i frati son buone persone e fuggono il disagio per l'amor di Dio, e macinano a raccolta[35] e nol ridicono; e se non

29 persone istruite.
30 resi più acuti.
31 posato.
32 *rimorder delle*: redarguire per le.
33 scempiaggini.
34 lamento (ai piedi della croce).
35 Cfr. pag. 665, nota 30.

che di tutti un poco viene del caprino, troppo sarebbe più piacevole il piato loro.[36] Confesso nondimeno le cose di questo mondo non avere stabilità alcuna, ma sempre essere in mutamento, e così potrebbe della mia lingua essere intervenuto; la quale, non credendo io al mio giudicio, il quale a mio potere io fuggo nelle mie cose, non ha guari[37] mi disse una mia vicina che io l'aveva la migliore e la più dolce del mondo: e in verità, quando questo fu, egli erano poche a scrivere[38] delle soprascritte novelle. E per ciò che animosamente[39] ragionan quelle cotali, voglio che quello che è detto basti lor per risposta.

E lasciando omai a ciascheduna e dire e credere come le pare, tempo è da por fine alle parole, Colui umilmente ringraziando che dopo sì lunga fatica col suo aiuto n'ha al disiderato fine condotto; e voi, piacevoli donne, con la sua grazia in pace vi rimanete, di me ricordandovi, se ad alcuna forse alcuna cosa[40] giova l'averle lette.

QUI FINISCE LA DECIMA E ULTIMA GIORNATA
DEL LIBRO CHIAMATO « DECAMERON » COGNOMINATO
PRENCIPE GALEOTTO.

36 *se... loro*: se non fosse che tutti puzzano un po' di caprone, sarebbe assai più divertente discutere con loro.
37 *il quale... guari*: che io, per quanto dipende da me, evito nei fatti miei, non molto tempo fa.
38 *egli... scrivere*: ne restavano poche da scrivere.
39 astutamente.
40 *alcuna cosa*: un po'.

INDICE

QUINTA GIORNATA

villania a certi cavalier fiorentini li quali soprapre-
so l'aveano 552

Finito di stampare il 19 agosto 1980
dalla Aldo Garzanti Editore s.p.a., Milano

Collezione I Garzanti · I Grandi Libri

Periodico settimanale   70   26 marzo 1974

Direttore responsabile Livio Garzanti

Pubblicazione registrata
presso il Tribunale di Milano n. 150 del 24-5-1965

Concessionaria per la distribuzione in Italia
Società di Diffusione Periodici s.r.l.
Via Zuretti 25, Milano

Spedizione in abbonamento postale
Tariffa ridotta editoriale
Autorizzazione n. 62341 del 29-8-1946
Direzione provinciale P.T. Milano

Associata all'Unione Stampa Periodica Italiana